여성과 법

2009 초판

여성과 법

황근수 지음

한국학술정보㈜

머리말

그간 여러 대학에서 수년간 법학에 관한 교양과목으로서 '女性과 法'이란 제목의 교과목을 강의하여 왔다. 한국에서 초기 여성 관련 법학의 강의는 1990년대 초반 여자대학에서 시작하여 점차 일반대학으로 확대되었다. 그 시발은 이렇다고 할지라도 오늘날에 여성 관련 법학의 강의와 이에 대한 관심은 과거의 그것보다 더욱 높아지고 있으며, 이에 대한 제도적인 보완과 시정의 필요성이 활발히 진행되고 있다.

한국의 경우 헌법제정 이래 일반법제도의 제정이 어언 반세기를 앞두고 있다. 시대의 흐름에 맞춰 남성의 입장에서 여성에 대한 시각도 많이 달라졌고, 이에 따라 女性에 대한 法的 平等의 목소리가 사회 전체에서 반향을 불러오고 있다. 法은 냉철한 이성에 바탕을 둘 것을 요구하지만, 또한 사회생활의 공동체를 이끌어 가기 위한 포용력을 요구한다. 이와 같은 법적 포용력을 통하여 실현 가능한 중요한 문제가 법적 소외자 내지 소수자(minority)의 인권에 관한 문제이다.

한편 법은 형식적 의미의 법뿐만 아니라 실질적인 의미의 법이어야 하며, 형식적인 법적 평등보다 실질적인 법적 평등이 더욱 높이 평가받는다. 이는 인간의 역사에서 아무리 이상적인 법과 제도가 있다고 할지라도, 이것만으로 이상적인 삶을 누릴 수 없는 까닭이다. 이에 따라 법과 제도의 완벽에 가까운 운용과 그 밖의 다른 사회적 제반 요인들을 고려하지 않을 수 없는 바, 특히 女性 관련 법률문제에 있어서 性차별 조항은 그 대표적인 것이라 하겠다.

이 책은 여성과 관련한 법률을 전체 법질서의 차원에서 기술하였고, 법적용에 있어서 문제되는 것들을 소개하였다. 주로 법률은 현행 실정법을 중심으로 헌법, 민법, 형법, 노동법상의 여성 관련 법률문제를 다루었으며, 나아가 소수자를 위한 배려의 차원에서 장애인 및 성전환 수술자 등에 대한 것도 말미에 다루었다. 강의에서는 교육자와 피교육자 사이 질의응답 내지 상호 적응을 추구하는 측면에서 토론식 교수 - 학습방식을 지향할 생각이다.

내용의 중심적인 것을 보자면 다음과 같다. 憲法의 경우 제11조의 평등조항을 중심으로 하여 남녀평등의 실현을 추구하는 사상적 측면을 살펴보았다. 民法에서는 재산법을 제외한 가족법(친족법, 상속법) 분야에 중점을 두고 기술하였으며, 刑法 분야에서는 여성 관련 범죄에 관한 것을 중심으로 하여 형사특별법(여성발전기본법, 가정폭력방지법, 성매매방지법 등)상의 여성 관련 범죄에 관하여도 다루었다. 勞動法 분야에서는 노동법상 여성근로자의 지위 및 남녀차별금지에 관한 실질적인 내용들을 다루었다.

또한 제2판에서는 초판의 오탈자와 문맥을 바로잡고, 약간의 내용 보완도

더하였다. 모쪼록, 대학생활 중에 학기마다 개설되는 '女性과 法' 과목을
수강하는 학생들에게 사회생활을 하는 데 있어 조금이라도 보탬이 되길 바
라는 마음뿐이다. 학자재현의 따가운 질타를 겸허히 받아들여 추후 더욱 새
롭고 알찬 내용으로 채워 나갈 것을 다짐한다.

2009년 1학기를 시작하는 어느 봄날

황근수 씀

목차

제1편 總論 / 13

제2편 各論 / 61

제1편

總 論

제1장 法一般

제1절 法의 槪念

◈ I 法과 社會

1. 法學

무릇 "사람은 社會的 存在이며 사회를 떠나서 생활할 수 없다."고 말한다(Aristoteles). 또한 "사람은 서로 결합하기 때문에 사람인 것(O. Girke, 19C)"이며, "사람의 사회적 교섭은 자연이 명하는 것이다(P. Vinogradoff, 19C)."라고 한다. 따라서 사람은 일정한 질서규범에 따라 사회생활을 영위하는 것이며, "社會 있는 곳에 法 있다(ubi societas ibi ius)."라고 하는 법언은 이런 뜻으로 볼 수 있다.[1]

한편 사회규범에는 원시사회에도 있었던 도덕규범, 종교규범 및 사회관습 따위도 있다. 이는 국가 성립 이전에도 있었던 것이며 제1차 사회규범이라고 하며, 이와 같은 사회규범 중에서 조직화된 국가권력의 뒷받침이 있는 것이 법규범이다.[2] 이것을 제2차 사회규범이라고 한다.

---

1) 法을 우리네 생활 속 살아 있는 실체로 파악할 때 인간의 肉體 중에 머리(head)와 가슴(breast)에 寄居해야 마땅할 것인바, 이와 무관하게 복부(belly)에 기거함으로써 오늘날 한국의 경우 수많은 부조리와 폐해를 낳고 있는 실정이다(필자 註).

2) 고대 文化로부터 法規範에 관한 동양과 서양의 실천정신은 중국에서 3국 시대와 유럽의 그리스도교의 정신에서 각각 그 일면을 엿볼 수 있다(昭烈皇帝, 모세(Moses) 등).

전술한 社會規範 사이 관련성에 관하여 짚어 볼 문제는 제1차 사회규범 중 어떤 것이 法規範이 되는가이다. 대개 법규범은 제1차 사회규범을 바탕으로 하는 경우가 많은바,[3] 시차적으로 본다면 이보다 뒤늦게 생기게 되는 것이다.

2. 法學의 位置

1) 사회과학으로서 법학

法學(Jurisprudenz, law science, Rechtswissenschaft)은 社會科學(social science)에 속하는 학문이다. 모든 지식의 체계화된 총체로서 학문은 철학과 과학으로 나뉜다. 科學은 가정을 전제로 예상하는 것이며, 사물의 특수성을 구체적, 실증적, 경험적으로 탐구하는 학문이다. 이에 반하여, 哲學은 가정 없이 사물의 보편성을 추상적, 논리적, 선험적으로 탐구하는 학문으로서, 그 근본원리의 구명을 임무로 하고 과학의 기초를 제공한다.

또한 과학에는 사물 가운데 자연현상을 대상으로 하는 자연과학, 인간의 정신(문화)현상을 대상으로 하는 정신과학이 있다. 정신과학은 인간의 정신현상에 중점을 둘 때 심리학, 교육학, 언어학 등 개인적 과학이 되며, 이를 사회현상에 착안하여 볼 때 사회학, 정치학, 경제학 등 사회과학이 된다.

결국, 법학은 법에 관한 사회현상에 착안하여 그것을 구명하는 학문이므로 사회과학에 속한다.[4] 이는 또한 법에 관한 사회현상을 연구대상으로 하는 점에서 같은 부류의 사회과학인 사회학, 정치학, 경제학 등과 구별된다 (아래 항 참조).

---

3) 때론 국가의 정책적 필요에 따라 그렇지 않은 경우도 있다(예: 민법개정 이전 동성동본의 혼인금지, 근친혼의 금지 등).

4) 법은 자주 개폐되고 항상 고정되어 있는 것이 아님을 이유로 유동적 사회현상의 연구대상으로서 법학의 과학성에 의문을 제기하는 사람도 있으나(H. Kirchmann, 19C), 법의 현상은 그러한 변화 가운데서도 공통성이 있고 무상함 속에서도 일정한 통일적 원리 내지 항구적 요소가 있음에 비추어 법학의 과학으로서의 성립근거가 있다고 할 것이다.

2) 법학의 분류

(1) 법철학

법철학(legal philosophy, Rechtsphilosophie)은 法의 本質을 연구하고, 법의 이상 내지 이념을 명확히 하여 법학의 방법론을 확립하는 것을 임무로 하는 학문이다. 이는 법학연구를 실정법을 초월한 자연법에 그 근원을 두고, 자연법만이 이상적인 법학의 형태를 나타내는 것이라고 하는 사상으로 법철학의 주류를 이룬다.

(2) 법과학

법과학(science of law)은 전술한 바와 같이 법에 관한 과학으로서 법사학, 법정책학, 법해석학, 법사회학 등으로 분류된다.

가. 법사학

법사학(legal history, Rechtsgeschichte)은 법에 관한 사실학의 한 부분으로서 인류의 法생활의 歷史를 구명하는 학문이다.[5] 이는 법학과 역사학의 두 분야에 걸친 학문으로, 오늘날 법에 대한 올바른 이해와 장래 법학 발전을 위하여 현재의 법이 생성, 개폐, 발전하여 온 과정을 역사적으로 고찰함을 그 목적으로 한다.

나. 법정책학

법정책학(Rechtspolitik)은 입법정책을 주요 대상으로 하는 학문이다. 이는 일정한 원리 내지 法목적을 實定法化하는 것을 목적으로 하는 실천과학이다.

---

5) 일반적으로 법사학에 관하여는 법제도사학(법제사)과 법사상사학(법사상사)을 포함하여 말한다(F. Savigny, G. Hugo, F. Puchta).

다. 법해석학

법해석학(Rechtsdogmatik)은 法의 적용으로서 裁判에 의한 법의 구체적 실현을 위해 통일적, 조직적인 해석을 부여하는 것이다. 따라서 현행 실정법 질서의 규범내용을 체계적으로 인식하는 것을 그 임무로 하는 실용적 학문이다.

이는 가장 좁은 의미의 법학이며, 법(특히 성문법)은 일반적 추상적으로 규정되어 있는바, 이것을 사회생활의 현실적, 개별적인 사실에 적용하기 위해서는 법규정의 해석이 필요하게 된다. 법의 해석은 법의 실천에 있어서 가장 중요한 것이며, 이러한 측면에서 볼 때 과거법학은 주로 법해석학으로서 발달해 왔다.[6]

라. 법사회학

법사회학(sociology of law, Rechtssoziologie)은 法현상을 社會學的 방법에 의하여 역사적인 사회현상의 하나로 파악하려는 학문으로 법학과 사회학의 부문으로 구성된다.[7] 이는 인접하는 사회현상(도덕, 종교, 정치 등) 내지 사회형태(가족, 사회, 국가 등)와의 관계에서 그 성립, 발전, 변화, 소멸의 법칙을 찾아내려는 학문이며, 19세기 이전 성문법 만능의 법해석학에 대한 반발로 성립되어 자유법론과 결부되어 발전하였다.

---

6) 시대의 변천에 따라 법해석학의 방법론에 있어서도 법의 형식논리적 해석을 중시하는 개념법학, 법의 목적적 고찰을 중시하는 목적법학, 법해석에 있어서 이익의 개념을 중시하는 이익법학, 법의 자유로운 탐구를 주장하는 자유법학, 및 심지어 법을 정치의 수단으로 이해하는 정치적 법학 등 여러 가지 입장이 있다.

7) 법사회학에 관하여, 이른바 '살아 있는 법(lebendes Recht)과 법규와의 대립', 즉 法規는 살아 있는 법의 기초 위에서 정립된 분쟁해결의 2차적 수단임에 대해, 현실의 민중행위의 규율과 일상생활의 질서유지는 이른바 '살아 있는 법'에 의한 것으로 보고 이에 대한 탐구와 분석을 통해 법학을 법규해석의 속박에서 해방하여 법학의 사회화를 시도하였다(E. Ehrlich, 19C).

⚖II 法의 特性

1. 法의 規範性

"법(ius, law, Recht)이란 무엇인가?"라고 하는 것은 다른 학문에 있어서와 마찬가지로 법학에 대한 첫 번째 문제이며 동시에 마지막 문제이다. 法은 하나의 社會規範임에는 틀림없는 것이나, 그렇다고 모든 사회규범이 다 법은 아니다. 여기에 법이 정치 및 국가와 밀접하게 관련되어 있는 이유다.

법은 사람의 사회생활에 있어서 질서유지를 위해 일정한 行爲의 基準을 제시하고 더불어 그 한계를 정하는 것이다. 즉 법은 일정한 행위에 대한 명령 내지 금지 등을 주된 내용으로 하는 사회규범이다.[8] 법은 자신의 행동을 이성에 따라 다소간 통제 가능한 의사의 자유를 가진 인간에 의해 사회적으로 설정된 목적달성을 위해 지켜지는 규범, 즉 행위의 일반법칙이다.

이렇듯 법규범은 사람의 자유의사의 작용에 의한 위반을 예상하여 성립한 것이며(범죄와 형벌 중 구파의 범죄이론), 이에 대한 배반의 가능성이 있는 당위의 법칙이다. 이런 점에서 자연법칙과 같은 필연의 법칙과 구별된다.

2. 法의 外面性

법은 外面에 나타나는 사람의 行動을 規律하는 규범이며, 내면적인 생활에는 원칙적으로 관여하지 않는다. 이런 의미에서 법은 외면적인 규범이라고 할 수 있으며, 도덕규범 또는 종교규범과 다른 점이 있다.

---

8) 사법 가운데 "만 20세로 성년이 된다."(민법§4), "상행위로 인한 채무의 법정이율은 연 6분으로 한다."(상법§54) 등 명령도 금지도 아닌 규정이 적지 않다. 그러나 이 또한 만 20세가 되지 못한 자의 법률행위에 대한 대리인의 동의 및 상사채무의 이자는 연 6분을 넘지 못한다는 명령 내지 금지의 뒷받침이 있는 것이다.

한편 법에 있어서도 고의 또는 과실이 문제될 수 있고, 악의 또는 선의와 같은 내부적 내지 정신적인 것이 문제되는 경우가 있다. 그렇지만 이러한 심리적 현상은 그것이 외부적인 행위로 나타났을 때 비로소 법률상의 문제가 되는 것이다.[9]

3. 國家의 承認과 强制性

법은 사회규범이다. 사회는 국가 이외 여러 가지가 있고, 각 사회마다 규범이 있지만 그 모두가 법은 아니다. 법은 특히 국가사회적 공동생활의 질서유지와 발전을 목적으로 하는 것이며, 國家라는 조직된 政治權力에 의해 그 공동생활의 행위준칙으로 승인된 것이다. 또한 국가에 의해 승인된 법은 국가에 의해 준수할 것이 강요된다.

이런 점에서 법은 국가라는 정치권력에 의해 승인되고 그 준수가 강행되는 것으로, 이 점에서 도덕규범, 종교규범과 다른 점이 있다. 法의 强制性과 관련하여, "법적 강제가 없는 법규는 그 자체가 모순이며 타지 않는 불, 빛이 없는 등불과 같다(R. Jhering, 19C)."라고 하는 말은 적절한 표현이 아닐까.

한편 법은 국가 권력에 의해 강제되는 것이지만, 실정법 가운데 국가의 강제성, 즉 형벌이나 강제집행의 방법이 없는 것도 적지 않다. 그러나 이 또한 대개 간접강제의 방법으로 강제될 수가 있다.[10] 결국, 법은 직접적 내지 간접적으로 국가라고 하는 정치적 권력에 의해 승인되고 그 준수가 강제 또는 적어도 지지되는 사회규범인 것이다.

---

9) 반국가단체구성(국가보안법§3), 내란·음모예비죄(형법§87), 간첩죄(형법§98), 범죄단체조직죄(형법§114) 등 예외적인 경우도 있다.

10) 민법상 부부의 동거의무(민법§826①), 재판상 이혼 및 손해배상청구(민법§840) 등. 나아가 준수 여부가 당사자의 자유의사에 맡겨 있는 임의규정이 있는데, 이러한 법규정 또한 준수에 직접 강제성이 없다. 하지만 법률행위 당사자가 특히 적용을 배제한다는 뜻이 없는 한 당해 법규정에 따라 법률관계가 정하여진다는 의미에서 법의 적용을 강제받는 결과가 된다.

4. 法과 유사한 用語

1) 법규와 법률

法規란 대개 법규범의 뜻으로 제정법을 가리키는 경우가 많지만, 이하에서 설명하는 법률과 혼동하여 쓰이고 있다. 法律이란 법률학이라고 하는 경우와 마찬가지로 법과 같이 쓰이지만, 국가제정법 내지 헌법의 절차에 따라 법률로 제정된 것[11](즉 좁은 의미의 법률)만을 가리키는 경우도 있다.

2) 법질서

흔히 생활規범을 법이라고 하지만, 이러한 법을 국가가 성문법으로 제정한 것(헌법, 형법, 민법, 상법 등) 또한 보통 법이라고 한다. 法秩序란 개개의 法(률)을 체계적인 전체로 본 경우 특히 법질서라고 하며, 근대법질서 또는 사법질서라고 하는 경우가 그것이다.[12]

---

11) 국가의 제정법과 헌법은 그 범위에서 볼 때 국가법이 헌법을 포함하지만, 국가법의 핵심적 내용은 헌법이라고 본다(K. Stern). 그렇다면 여기서 헌법은 국가의 조직 내지 국민과 국가 사이 기본적인 관계에 대하여 규정한 법을 말하는바, 통상 한 국가 내의 제정법인 법률의 개념과 구분하여 인식된다.

12) "사람의 이성에게는 합리적으로 이론적이면서도 실천적인 이성에 의해 '무엇을 하여야 하는가', '무엇을 희망해도 좋은가'라고 하는 실천이성의 우위사상에 선 일정한 행위의 기준"이 있다는 것이다(I. Kant, 18C).

제2절 法과 다른 社會規範

◀ I 法과 道德

사회생활의 규범으로서 法은 사람이 지켜야 할 行爲의 準則을 그 내용으로 하고 있는 점에서 도덕, 종교 및 관습과 다를 바 없다. 원시 사회규범은 도덕률, 종교규범, 법규범이 미분화된 상태였다. 그 후 원시사회가 국가라는 정치단체로 발전함에 따라 법은 이와 같은 인접사회규범으로부터 분화하게 되었다.

1. 法의 强制性

法과 道德은 사람이 지켜야할 行爲의 準則이며, 그 내용에 있어서 일치하는 것이 적지 않다.[13] 그래서 법과 도덕은 그 내용에 있어서 구별할 수 없는 것이며,[14] 결국 그 작용의 면에 있어서 법은 강제성을 띠고 있다는 점에서 도덕과의 차이를 찾을 수 있다.

말하자면 法은 국가라고 하는 조직적 권력단체에 의해 승인되고 그 실현이 보장되는 것임에 반하여, 道德은 그 준수가 강제될 수 없는 것이며 또한 강제되어서도 안 될 것이 적지 않다. 도덕률에 위반할 경우 사회적으로

---

13) 예를 들면, "사람을 살해한 자는 사형, 무기 또는 5년 이상의 징역에 처한다(형법§250)."라고 하여 법은 살인을 금지하고 있으나, 살인은 도덕규범에도 금지되는 것이 당연하다. 또한 "고의 또는 과실로 인한 위법행위로 타인에게 손해를 가한 자는 그 손해를 배상할 책임이 있다(민법§750)."라고 하여 법은 타인에게 손해를 가져오는 불법행위를 금지하고 있으나, 타인에 대해 손해를 가하는 행위는 도덕률에서도 허용될 수 없는 것이다.

14) 대개 사람의 행위 가운데 많은 것이 법과 도덕에 의해 이중으로 금지된다.

비난을 받을 수 있음에 도덕규범이 유지될 수 있지만, 국가권력에 의한 실천의 보장은 없다.

2. 道德의 社會性

법은 국가라는 정치권력의 단체에 의해 인정되고 지지되는 것이므로, 하나의 국가 안에서 서로 충돌하는 두 개 또는 그 이상의 법은 있을 수 없다.[15]

이에 반하여 도덕은 동일한 국가의 사회 안에서도 사회구조상 모순되는 두 가지 이상의 도덕률이 성립할 수 있다. 즉 동일한 사회 안에서 봉건적인 계층과 근대적 개인존중의 계층에 따라 도덕률이 모순되어 병존하는 경우가 그것이다.[16]

3. 道德의 內面性

법은 외부에 나타난 사람의 행위를 규제하는 규범인 데 대하여, 도덕은 외부적인 행위에 대한 준칙일 때도 있지만 내면적·정신적인 면도 규제하는 규범인 점에서 다르다.

즉 간음의 마음을 가지고 이성을 대하는 경우 도덕에서는 마음속의 간음으로 금지되지만, 법에서는 그것이 배우자의 '부정한 행위'로 외부에 나타났을 때 처벌의 대상이 되는 것이다.[17]

---

15) 다만 내용이 일치하지 않는 법이 있는 경우에도 특별법과 일반법의 관계에서 전자가 우선 적용되고, 그러한 범위에서 후자의 적용이 배제되어 적용상 충돌은 없게 된다.

16) 오늘날 고도의 자본주의 발달에 따른 빈익빈부익부현상의 심화로 인한 부유층집단과 빈곤층집단의 도덕률 내지 생활양식에서도 찾아볼 수 있겠다.

17) 민법상 이혼원인(§840)이 되고, 형법상 간통죄(§241)가 성립한다.

4. 法과 道德의 關係

전술한 바와 같이 법과 도덕은 몇 가지 다른 점이 있지만, 또한 양자는 밀접한 관계가 있다. 즉 법은 그 내용에 있어서 도덕과 같은 것도 있고, 다른 것도 적지 않다.

법과 내용을 같이하는 도덕이라면 그 실천적인 면에서 법의 존립배경인 국가조직의 힘에 의해 강하게 보장된다. 그렇다고 할지라도 그것이 도덕의 테두리를 벗어나는 것은 아니다.[18]

본시 법은 도덕과 일치하는 것이 바람직하겠지만, 그렇지 못한 것도 적지 않으며 때로는 도덕에 반하는 법도 존재한다.[19] 법과 도덕의 관계에서 볼 때 법은 새로운 도덕률을 법의 범주에 받아들이는 동시에 또한 새로운 도덕규범을 형성하는 바탕이 되기도 한다.

◈ II 法과 宗教

1. 宗教의 社會規範性

宗教는 인간이 무력함과 불완전함을 자각하고, 신이나 그 밖의 절대적 존재에 귀의하는 개인적·내심적 신앙에 그 本質이 있다. 한편 이러한 종교는 개인의 내면적 존재에 머물지 않고 신자들 사이에 단체를 형성하고 교의가 성립하며, 일정한 나름의 질서가 이루어져 그 사회의 생활을 규율하게 되는바, 종교도 하나의 사회규범이다.

---

18) "法은 道德의 최소한이다(G. Jellinek)."라고 하는 말은 이를 두고 하는 말이다.

19) '악법도 법'(Socrates)이라고 할 때, 이는 '도덕에 맞지 않는 법'도 지칭하는 것으로 생각되나 이러한 법도 그 나름의 목적과 타당한 근거가 있을 터, 역시 법규범으로서 효력을 가진다고 할 것이다.

이러한 측면에서 종교는 법이나 도덕과 같다. 특히 근세 이래 정치와 종교의 분리에 의하여 교회법은 교회에만 적용되는 자치법으로 인식되었고(헌법§20), 오늘날에도 유럽의 여러 나라들은 국가와 교회가 밀접한 관계를 맺고 있다.[20)

2. 宗敎의 非강제성

종교와 법이 분리되지 않은 제정일치의 원시사회에서는 종교적 권위에 의한 질서유지의 필요에 따라 종교적 권력이 매우 강했다.

그러나 점차 사회구성이 복잡다기해져 종교와 정치가 분리된 근대국가사회에서는 법규범의 실천이 국가라는 정치권력단체의 강제에 의해 보장되는 만큼 종교규범의 실천이 강제되지는 않는다.

3. 宗敎의 社會性

법은 국가라는 정치권력단체에 의해 인정 내지 지지되며 그 실천이 보장되는 것임에 반하여, 종교는 사회의식 속에서 영혼을 초월하여 절대자에 귀의(신앙)하는 데 그 본질이 있다. 따라서 종교는 법과 달리 동일 국가정치권력 안에서 다수 신앙집단이 병존할 수 있으며,[21)] 더욱이 거대한 신앙집단의 경우 국경을 넘어서까지 종교사회가 넓이를 가지게 된다.

---

20) 스페인, 이탈리아의 경우 가톨릭교회(태국은 불교)가 사실상 국교로 인정되는 것은 그 예이다.
21) 헌법상 종교의 자유에 의한 불교와 기독교의 병존 등(헌법§20).

4. 宗敎의 內面性

법은 외부에 나타난 사람의 행위를 규율하지만, 종교는 절대자에 대한 마음속으로부터의 귀의를 요구한다. 종교 또한 사람의 외부적 행위를 규율하기도 하지만, 대개는 내면적인 규범성에 법과 다른 두드러진 특징을 가진다.

⚖️ III 法과 慣習

1. 事實인 慣習과 慣習法

사실인 慣習(Gewohnheit)과 慣習法(Gewohnheitsrecht)과는 다른 개념이다(민법 §1).[22] 법은 관습을 기반으로 하여 생기는 경우가 많고 법과 관습은 밀접한 관계가 있다. 법 또한 관습을 존중하여 "법령 중 선량한 풍속 기타 사회질서에 관계없는 규정과 다른 관습이 있는 경우 당사자의 의사가 명확하지 아니할 때는 그 관습에 의한다(민법§106)."라고 규정하고 있다(사실인 관습).

2. 慣習의 社會規範性

관습도 사회생활 가운데 지켜야 할 하나의 준칙이다. 다만 그것은 법과 같이 국가라는 정치권력에 의해 인정되고 그 실천이 보장되는 것은 아니며,

---

22) 관습을 학리적으로 정의하자면, 법과 도덕인 형태를 각각 다른 방향으로 출발시키는 미분화된 상태(예: 자신의 경우 한편, 자비의 도덕적 의무로서, 다른 한편, 빈민구제법으로서 변화)라고 한다(G. Simmel). 이에 반하여 관습법은 법의 일종이다.

현실의 사회생활 속에서 무의식적으로 생겨나 자연히 형성되는 사실로서의 생활준칙에 불과하다.[23] 이에 위한한 경우 사회로부터 비난이 있을지언정, 국가권력에 의한 실천이 강제되는 것은 아니다(예: 단순한 식사약속 등).

다만 원시사회에서 관습은 법과 미분화한 상태에서 사회규범으로써 사람의 행동을 전면적으로 규제하였다. 이후 양자가 분화된 뒤 오랜 기간의 관습은 관습법으로 진화 및 성문화하여 법질서 속에 흡수되는 경우가 있고, 반대로 법의 실천이 계속되는 가운데 관습은 또한 실생활 속에 부단히 관습화해 간다.

◆ Ⅳ 法의 存立根據

1. 神意說

法은 사람이 지켜야 할 行爲準則, 生活規範으로서 어떠한 根據에서 지켜야 하는가? 이에 대하여 법은 전능한 신의 의사를 나타낸 것이며, 신의 의사를 받은 군주의 명령 내지 신의 의사를 접하여 깨달음을 얻은 현자의 가르침인 경우 절대적인 보편타당한 가치를 가지는 것으로 이에 복종해야 한다는 것이다.

그러나 신의 의사가 법의 내용이 된다고 할 경우, 신앙 속에 법을 묻어버리는 결과가 되어 신앙을 떠나서는 법이 존재하지 못한다는 것이 되고 만다.

---

23) 한편 본문에서 서술한 바와 같이 생활준칙에 불과한 관습이라도 사법질서 안에서는 그 법원성이 인정되고 있다(특히, 민법§1, 상법§1 등).

2. 自然法說

　법은 자연 내지 이성, 즉 신의 이성, 인류의 이성 또는 보편적인 이념을 기초로 하여 존립한다고 하여, '인간 자연의 본성에 따른 법'이라고도 말한다. 이는 실정법에 대한 자연법의 존재를 인정하며, 영구불변의 참다운 법은 인류사회에 자연히 존재하고 입법자는 이것을 찾아 성문화하는 것이라고 한다.[24]

　이처럼 절대적 불변성을 가진 보편타당한 자연법의 존재를 주장하는 것은 실정법의 상대적 불변성에 대한 불만에도 그 원인이 있다.[25]

3. 强制說

1) 명령설

　명령설은 국가는 만능이며 무제한의 절대권을 가지므로, 어떠한 법이라도 제정할 수 있고 국가가 정한 것만이 법이라고 하는 것이다. 즉 법은 주권자인 국가의 명령이라고 보는 입장으로,[26] 이러한 사상에 바탕을 둔 법실증주의는 실정법만을 인정하고 자연법을 배제한다.

　이 설에 관하여 보자면, 관습법과 같이 국가의 적극적인 의사에 의하지 않고 생겨나는 것이 있고, 또한 헌법과 국제법은 동설에 따를 경우 법이 될 수 없다는 모순이 생긴다.

---

24) 15C 자연법은 신으로부터 출발(신의 보편적 질서추구)하는 데 반하여, 17C 자연법은 신과 단절된 인간의 자연적 본능(사교성, 이성)으로부터 출발한다.

25) 18－19C 실정법의 상대적 불변성에 대한 반발로 자연법사상을 주장한 대표적 학자는 T. Hobbes, J. Locke, J. J. Rousseau 등이다.

26) 오늘날 민주국가에서 주권은 국민에게 있고, 권력이 국민으로부터 기인함을 선언하고 있음(우리나라의 경우도 마찬가지다(헌법§1②))에 비추어 진부한 학설로 평가된다.

2) 실력설

'實力은 權力이다(Might is right)', '실력은 법에 우선한다(Macht geht vor Recht)'라고 하는 말처럼 강자가 약자를 지배하는 실력에 법의 존재근거가 있다는 입장이다. 실력을 여러 가지 사상적 측면과 관련지어 파악해 볼 문제지만, 이런 입장에서는 법을 파괴하는 폭력(실력)도 법으로 인정하는 모순에 봉착한다. 이 설은 인간의 역사를 통하여 볼 때 과거부터 오늘날에 이르기까지 강자의 입장에서는 절대적인 논리로 인식된 것이라고 하겠다.

4. 歷史法說

법의 형성과정에서 민족적 특수성을 중시하여 법은 마치 언어와도 같이 국민의 생활 속에서 자연히 발생하는 것이며, 역사적, 경험적으로 성립하는 것이라고 한다.[27] 즉 법은 만들어지는 것이 아니라 발견되는 것이며, 관습법이 법의 유일한 법원(연원)이라는 것이다.

그러나 법은 민족적, 역사적 현상으로써 형성되는 경우도 있지만, 반면에 합목적적·합리성의 요구에 의해 제정되는 경우도 있는바, 특히 외국법을 계수하는 경우가 그러하다.

5. 認識說(의사설·계약설)

1) 승인설

법은 국민이 사회생활의 규범으로서 의식적·무의식적으로 승인하기 때문

---

27) 대표적인 학자는 G. Hugo, F. Savigny, F. Puchta 등이다.

에 지켜야 한다는 것이다. 즉 법은 개개인이 사회생활의 투쟁을 피하기 위하여 자유를 포기하고 자신을 속박하려는 데서 생기는 것이고, 그것이 각자의 의사에 따른 것이므로 준수되어야 한다는 이론이다(T. Hobbes의 『Liviathan』).

한편 강제된 승인도 승인으로 본다고 하는 것은 반대의사도 승인으로 인정하는 결과가 되는바, 이는 비논리적이며 또한 그 승인의 내용이 막연하다는 비판도 가능하다.

2) 사회의식설

사회는 그 결합을 유지하기 위하여 구성원 사이 공통된 사회의식이 있어야 하고, 당해 사회의식의 내용이 법이라고 한다. 미리 정해진 일정한 방법에 따라 어떤 의사가 발표된 때에 그 의사가 사회의사가 되는 것이며, 사회의식의 내용이 되는 법은 개인의사를 구속하고 준수되는 것이라고 한다. 이 또한 소정의 방법에 의해 발표된 어떤 의사가 사회의 공통의사이며, 이것이 법으로서 지켜야 할 기초가 된다고 하는 것은 지나친 의제(이론)라는 비판이 생긴다.

6. 價値說

法이 법으로서 준수되어야 할 근거는 그것이 어떠한 價値 내지 일정한 理念을 내재시키고 있기 때문이라고 한다. 이는 법의 기초를 윤리성 및 정의에 두는 입장으로 추상적이긴 하나 오늘날 대체로 받아들여지고 있는 이론이다.

◆V 法의 理念으로서 正義와 그 實現

법이 지켜져야 하는 근거에 관하여, 法은 社會正義의 구현이며 이것을 이념으로 할 때 법으로서 지켜져야 할 價値가 있는 것이라고 하겠다.[28] 그런데 정의라고 하는 것은 구체적으로 그 시대와 사회에 따라 상대적인 것이다.

때로는 개인의 이익보다 국가·사회의 이익이 우선되고, 때로는 개인의 사가 더 중시되어야 할 경우도 있다. 주의할 것은, 정의도 인류의 사회생활 가운데 실천되지 않으면 한갓 이상에 그치므로, 그 구체적인 내용은 실천의 보장에 필요한 국가정치권력에 의해 인정되어야 한다.

이와 같이, 법은 사회정의를 그 이념으로 하고, 그 구체적 내용이 국가에 의해 인정되는 동시에 그 실천이 보장될 때 비로소 사회규범인 법으로 존립하게 되는 것이다. 즉 법은 규범적 요소로서의 가치(내재적 이념)와 실질적 요소로서의 정치적 권력(실천보장)의 두 가지 요소를 갖추었을 때 실천사회규범인 법으로서 타당한 근거를 가진다고 할 것이다.

---

28) 정의에 관하여 자세한 것은, 『法의 精神』, C. Montesquieu; 『正義란 무엇인가』, H. Kelsen 등 참조.

제2장 女性과 法現實

제1절 女性과 人權問題

✍ I 人權의 의미와 특성

1. 여성인권의 의미

人權(human rights)이라고 하는 용어의 槪念은 18C 말 프랑스혁명을 겪으면서 발전해 온 것으로서, 이는 인간이 인간이기 때문에 당연히 가지는 이른바 人間의 生來的 權利를 말한다.[1]

이와 같은 인권의 실질적인 의미는 헌법상 인간의 존엄성으로부터 도출되는 것이며, 이러한 존엄성을 보장받을 수 있는 권리가 인권이다(동법§11). 인간의 존엄성으로서 인권은 모든 기본권이념의 출발이며, 인간에 대한 기본권 중 근간이 되는 최대가치의 권리이다.

또한 人權의 槪念에 대하여 '법적인 권리 이전에 도덕적 관점에서 승인하지 않을 수 없는 인간생존의 근본적 필수의 권리(도덕적 권리로서의 인권)' 내지 '권리자가 요구하는 대로 행할 강한 의미의 청구권 및 국가나 사회구성원들이 의무를 부담하는 내용의 권리(강한 의미의 청구권 또는 의무적 인권)'라고 한다.

---

[1] 니달숙, 『女性과 法』, 법영사, 2006, 3面, 이봉철, 『現代人權思想』, 아카넷, 2001, 25面 등. 이하의 내용에 관하여는 니달숙, 상게서를 참조하였음.

이러한 입장에서 人權을 논할 경우 根本目的은 개인의 생활에 존재하는 전형적인 위협행위(국가, 기업(집단) 등에 의한 생명, 재산, 생존수단 등에 대한 침해)를 방어하고 신체적, 정신적으로 또는 정치적 경제적으로 안전한 상태에서 인간다운 삶을 영위할 수 있게 하는 데 있다.[2]

한편 국가인권위원회법 제2조제1호에서는 "人權이라 함은 헌법 및 법률에서 보장하거나 대한민국이 가입·비준한 국제인권조약 및 국제관습법에서 인정하는 인간으로서의 존엄과 가치 및 자유와 권리를 말한다."고 규정하고 있다. 이로써 인권은 국내적으로는 물론 국제적으로 인정되어 온 人間의 基本的 權利임을 명확히 하고 있다.

2. 여성인권의 특성

性別의 차이를 떠나 人間이 尊嚴한 존재로서 보장받기 위한 요건으로는 인간의 人格性과 인간의 平等性이 포함되는 것을 의미한다. 인간의 존엄성에 관하여는 인간 개인이 지닌 고유의 가치가 존중되어야 한다는 것이며, 개인이 한갓 수단이나 도구의 대상으로서 다루어져서는 안 된다는 것을 말한다. 인간을 人格的 存在로서 대우한다는 것은 인간의 인격적 자율성의 존중과 성별이나 인종에 따라 차별해서는 안 되는 인간 상호간 동등한 지위(평등성)의 인식을 의미한다.

또한 人權은 普遍性을 갖는다. 보편적 인권이란 국가, 문화, 종교적 차이가 존재한다고 할지라도 인간이 지닌 천부적인 권리로서 인권은 동일한 것으로 인식하는 것이다. '세계인권선언' 내지 각종 '국제인권규약' 등은 국제적 차원에서 보편타당한 인권의 내용을 규정하고 있으며, 이와 같은 국제적 기준을 바탕으로 각 국가들은 인간의 권리를 보호하고 증진할 신성한 의무를 가지고 있다고 본다.[3]

---

2) 인권법위원회, 『人權法』, 아카넷, 2007, 76~94면.

이와 같은 관점에서 人權의 特性은 세계인권규약 및 각종 국제인권규약에서 잘 나타나 있다. 즉 '세계인권선언' 전문에는 "인류사회의 모든 인간은 태어나면서부터 가지고 있는 존엄성과 동등하고 양도할 수 없는 권리를 가지며, 이를 인정하는 것은 자유와 정의 및 세계평화의 기본"이라고 선언하고 있다.

또한 제1조에서는 "모든 인간은 태어나면서부터 자유롭고 동등한 존엄성과 권리를 가지고 있다."고 규정하고 있으며, 제2조에서는 "모든 인간은 인종, 피부색, 성별, 언론, 종교, 정치상의 기타 견해, 민족적 또는 사회적 출신, 재산, 가문 또는 기타 지위 등으로 인하여 어떠한 차별을 받지 않으며, 모든 권리와 자유를 향유할 자격을 가진다."고 규정하고 있다.[4]

이러한 취지의 선언은 '비엔나인권선언 및 행동강령' 제3조에도 잘 나타나 있다. 즉 同條에서는 "모든 人權은 普遍的이며 상호 관련되어 있으므로 모든 국가는 공정하고 평등한 방법으로 인권의 문제를 다루어야 한다."고 하고 있다. 또한 "비록 국가 간, 문화 간, 종교 간 차이가 존재하더라도 모든 국가들은 모든 인간의 인권과 기본적 자유를 증진하고 보호하도록 노력하여야 한다."라고 명시하고 있다.

◈ II 女性人權의 이론

1. 여성인권사상

여성인권의 문제에 있어서 사상적 기초가 되는 것은 平等理論이다(헌법

---

3) 한편 문화적 相對主義를 주장하는 者들은 문화적 다양성과 차이를 들어 인권의 기준은 각자 처해 있는 문화적 배경에 따라 달라질 수 있다고 주장하는바, 이러한 주장에 관하여 인간의 존엄성과 자유, 평등에의 권리는 시대와 지역을 초월하는 보편적 의미를 지니는 것으로 자국문화의 특성을 강조하고자 하는 상대주의적 관점에서의 인권관에서도 지양해야 하는 것으로 보아야 할 것이다.

4) 세계인권선언 전문, 동 선언 제1조, 제2조 등 참조.

제11조). 여성 또한 남성과 차별 없이 同等한 처우를 받아야 하며, 여성의 平等權은 기본적 권리로서 인식되어야 한다. 여성이 남성과 동등한 권리자로서 대우받는다는 것, 즉 여성의 권리를 한 人間의 權利로서 인식하기 위해서는 인권문제를 결정하는 데 있어서 여성의 적극적인 참여가 보장되어야 한다.

여성과 남성에 대한 兩性平等이론은 고대 그리스의 철학자 플라톤(Plato)의 사상에도 잘 나타나 있다. 그는 『國家論』 제5권에서 "여자들이 남자들과 같은 의무를 져야 한다면, 그들은 같은 정도의 양육과 교육을 받아야 한다."고 말한다.[5] 그는 재산과 처자에 대한 소유로서 개인적 이해를 추구하는 것을 방지하고 자녀를 공동체의 구성원으로 교육하며, 부인이 자녀양육의 책임에서 벗어나 자유롭게 사회활동을 할 수 있도록 공동양육을 해야 한다고 주장한다.

또한 루소의 경우 그의 저서 『Emile(에밀)』에서 '性에 관계없는 모든 점에서는 여성은 남성과 같다고 본다. 따라서 공통점은 남성과 여성은 平等하다는 것이며, 차이점은 남성과 여성은 비교할 수 없는 것이다. 그 까닭은 완전한 여성과 완전한 남성이라도 그 용모와 같이 정신도 같을 수 없기 때문이다.'라고 말한다.[6] 이와 같이 男性과 女性 사이의 차이는 우월과 열등의 차이가 아니라 性的 특성의 차이에 있는 것이다.

2. 여성인권운동

근대적인 女性人權運動은 1891년 프랑스의 여성운동가 올랭프 드 구즈(Olympe de Gouges)에 의해 女性權利宣言(Declaration of the Rights of Women)이 발표되면서 시작되었다고 본다. 그는 프랑스혁명(1789) 후 발표

---

5) 플라톤, 國家論, 이병길 역, 박영사, 1975, 226~230面.

6) J. J. Rousseau, Emile, pp.692 - 693(현대 여성인권 사상가 Carol Tavris의 사상 또한 이와 같은 맥락에서 이해된다(Carol Tavris, Mismeasure of Women, 1992, 참조)).

된 프랑스 인권선언은 남성의 인권선언이었다고 보고 女性의 權利宣言을 하기에 이른다. 그는 또한 여성의 공적인 역할과 자유의사에 의한 결혼, 재산권, 상속권 등 사회의 모든 영역에서 여성도 男性과 同等한 권리의 획득을 위한 운동을 전개하였다.

1990년대 와서 여성운동의 성과로 인권문제에 있어서 점차 性(gender, sex)에 대한 관점을 통합하면서 그 용어나 개념이 중립적으로 변하였다. 그럼에도 불구하고 여전히 인권이라는 용어의 사용에 있어서 과거 여성의 인권을 배제한 人權(rights of man)개념을 사용하는 경우가 있었다.[7] 이러한 문구가 더러는 수정되기도 하였으나, 남성중심의 사상에서 완전히 탈피하지는 못하였다.[8]

3. 여성인권의 개념

최초 女性人權이라는 용어는 1993년 6월 비엔나(Vienna)에서 개최된 유엔 세계인권대회에서 명시되었던바, 女性의 人權이란 '여성이 여성이라는 이유로 차별과 폭력을 받지 아니하고, 남성과 동등하게 人間으로서의 尊嚴과 價值 및 基本的 權利와 自由를 향유하는 것'을 말한다.[9]

여성도 人間으로서 생래적인 자연권을 향유할 권리를 가지며, 性이 다르다는 이유로 차별받아서는 안 된다. 女性의 權利도 온당한 人權으로 이해되어야 하며 여성폭력이 행해져서는 안 되고, 여성만이 가지는 특수성을 고려하는 평등구현이 실천되어야 한다.

여성인권에 관한 國際的인 論議는 소극적 의미와 적극적 의미의 2가지

---

7) 예컨대 세계인권선언 제1조에서 '모든 男子(men)는……'이라고 규정된 것이 '모든 人間(human beings)……'으로 변경되었다.

8) 세계인권선언 제1조의 전문에서는 "모든 人間(human heings)은 태어날 때부터 자유롭고 존엄성과 권리에 있어서 평등하다. 또한 인간은 이성과 양심을 부여받았고 서로 兄弟愛(brotherhood)의 정신으로 처신하여야 한다."라고 하고 있다.

9) 여기서 基本權과 관련하여, 시민적 내지 정치적 권리는 제1세대 인권, 경제적 내지 사회적 권리는 제2세대 인권, 박애정신에 기초한 연대권으로서 평화권, 개발권, 의사소통권 및 인도적 구조권 등은 제3세대 인권이라고 말한다.

로 구분된다.

첫째, 消極的 의미의 女性人權의 개념은 기존 인권에 대한 논의에서 미처 인식하지 못한 여성에 대한 인권침해를 인권의 범주에 포함시켜야 한다는 것이다. 즉 과거 시민적 내지 정치적 권리와 다르게 가정폭력, 성폭력, 인신매매 등 사적인 분야에서의 문제도 여성인권으로 본다.

둘째, 積極的 의미의 女性人權의 개념은 여성의 권리가 곧 인권이라고 보고 여성에 대한 모든 차별을 여성인권의 문제로 인식하는 것이다. 이는 한국의 헌법상 형식적 평등을 넘어 실질적 평등까지 보장될 것을 의미하는 바, 세계 여성차별철폐조약의 이행 내지 여성에 대한 유보조항의 철폐 등에서 그 구체적인 실천을 찾아볼 수 있다.

4. 여권신장론(Feminism)과 여성인권

1) 자유주의 페미니즘

自由主義 페미니스트(Susan Wendell)는 개별적인 행동들과 사회적인 구조들이 많은 여성들이 완전한 해방을 획득하는 것을 방해한다는 점을 인정한다. 이들은 女性들에게 공평한 고용기회의 창출과 같은 목표도 소년소녀들에게 동등한 조기교육을 제공하고 성의 편견의식을 종식시키는 것과 같은 수단을 요구함으로써 이루어질 수 있다고 한다.

특히 性의 平等은 여성의 의지력만으로는 성취되기 어렵다고 보고, 깊숙이 뿌리박힌 사회적, 심리학적인 구조의 근본적인 변화가 필요하다고 한다.

2) 실존주의 페미니즘

實存主義 페미니스트는 여성을 다음과 같이 두 가지 측면에서 바라본다.

즉 女性을 단순히 복잡한 문화구조의 산물로 생각하는 측면과 女性을 주로 인간에게 나타나는 긍정적인 것으로서 여성의 존재를 표현하는 측면이 그 것인바, 이 중 어느 것이 더 여성에 해방적인가에 대하여 논의한다. 시몬느 드 보부아르(Simone de Beauvior)는 女子를 제한하고 구속하는 법적, 정치적, 경제적, 사회적 및 문화적 상황들을 인정하고 女性이 이러한 상황들 속에서 자신을 제한하고 구속하도록 허용하는 방식들 또한 인정하면서 여성들에게 진정한 自我意識을 실현하기 위해 방해되는 것들을 과감히 떨쳐버리라고 한다.

3) 포스트모던 페미니즘

포스트모던(post - modern) 페미니즘은 1990년대 이래 제기된 새로운 흐름이다. 이들은 女性의 性과 男性의 性이 고정된 하나의 성질을 가진다고 하는 것에 대해 비판하고, 女性의 性은 수동적, 소극적, 감상적이며, 男性의 性은 적극적, 이성적이라는 이분법적인 고정된 틀의 해체를 주장한다. 이들은 여성성과 남성성은 사회적, 문화적, 역사적으로 변화하고 발전하기 때문에 고정된 틀로써 여성과 남성의 현실을 설명하기에 부족하다고 본다.

4) 소결

여권신장론(Feminism)에서는 여성의 수동적 인식을 타파하고 女性性의 主體性을 강조한다. 이들은 男女平等의 실현을 위해서는 남녀의 역할론을 극복하고, 여성권리의 증진을 위하여 사회적으로 뿌리박혀 정착된 장애요소들의 제거를 주장한다.[10]

---

10) 오늘날 여성학에서 女性억압의 根本原因을 言語 그 자체에서부터 나오는 것이라고 보고 있는바, 女性은 항상 남성과의 관계 속에서만 인정받는 존재라고 인식되어 왔다. 여성학에서는 이러한 남성중심적 사고의 핵심을 비판하면서 동시에 남성중심의 지배적 사회라는 것에 대하여도 비판하고 있다.

예컨대 家父長的 사회가 필연적인 것이 아니라 사회화 과정에서 만들어진 하나의 現象에 불과함을 인식하는 것이 그것이다.

▲Ⅲ 女性人權 운동사

1. 선진외국의 여성인권운동

1) 영국

(1) 여성운동의 전개

영국에서 女性運動은 18세기 중엽 産業革命과 함께 시작되었다. 그 당시 영국에서 女性노동자들은 공장에 대거 진출하여 임금노동자집단에 참가하였으며, 여성노동운동 초기에 여성노동자들은 방직공업을 중심으로 임금인상, 실업방지운동 등을 내세우며 노동운동에 참가하였다.

19세기에 들어와 영국에서 資本主義가 안정기에 접어들고 국가는 해외시장으로 눈을 돌리기 시작하여 식민지제국을 건설하는 데 성공하였던바, 이로써 女性의 해외진출이 촉진되었고 여자도 조합을 조직하고 그들의 권익옹호 운동을 시작하였다.

(2) 여성인권운동의 성과

1912년에 영국정부가 제출한 選擧法 개정안에서는 여성의 참정권 인정이 포함되지 않았고, 이에 1913년 女性의 參政權을 요구하는 시위가 런던(London)에서 전개되었다. 1914년 유럽을 중심으로 발발한 제1차 세계대전

으로 국가를 위한 동원이나 협력이 우선시되었고, 이에 따라 여성의 참정권
운동은 크게 제약을 받아 침체하게 되었다.

이후 1918년 12월 영국의회는 여성의 참정권 법률안을 가결시켰고 '30세
이상인 자'에 한하여 女性의 參政權이 인정되었다. 또 1927년에는 21세 이상
남녀에게 모두 평등하게 선거권을 부여하여 최초로 보통선거를 실시하였다.
그 후에도 여성운동은 지속되었고, 하나하나의 법률규정으로 결실을 보았다.

예를 들면, 1970년 '平等임금법'에서는 신입사원의 채용에 있어서 性차
별을 금지하고, 기왕에 고용되어 있는 자의 임금에 있어서 性차별을 금지하
도록 규정하였다. 1975년에는 '性차별배제법'이 영국 하원에서 가결됨으로
써 性의 차이에 의한 차별에 관하여, 단지 여성 또는 남성을 이유로 하는
차별을 위법행위로 보았고, 이는 채용이나 주거의 임대, 매매 및 금전의 대
부 등 모든 활동에 적용되었다. 따라서 의도적 성차별은 물론 무의식적으로
행한 성차별의 결과를 야기하는 행위도 위법행위로 처벌되었다.

또한 1975년 '社會保障연금법'은 동일한 일에 종사하는 男女에게 동등
한 임금을 지불하여야 한다고 규정하고 있다. 이 법에 따라 구인에서의 性
차별을 금지하고 평등추진을 위하여 '기회균등위원회'가 설립됨으로써 공평
한 법적 지위의 확립을 도모하였다.

2) 미국

(1) 여성운동의 전개

미국의 경우 1830년대에 인간의 天賦的 人權을 강조하는 자유주의원리
의 실현으로서 여성의 參政權운동이 시작되었다. 이후 미국에서 여성운동
은 1848년 뉴욕에서 열린 제1회 여성의 권리대회로부터 시작된다.

이 대회에서는 'Declaration of Sentiments' 선언을 발표하였던바, 동 선언
문에서는 '女性에게 요구되는 도덕이나 품행이 男性에게도 요구될 것과 사
회적 위반이나 파괴에 대해 남성도 동등하게 엄격한 벌을 받아야 하고, 투

표에 관한 신성한 권리의 획득이 여자의 의무임을 주장하여 천부적인 남녀 동등권과 여성에 대한 차별을 철폐'할 것을 선언하였다.[11]

1868년에는 흑인노예해방으로 미국 수정헌법 제14조가 규정되어 흑인에게 선거권이 인정되었으나, 여성에게는 선거권을 부여하지 않았다. 이에 따라 여성운동은 여성참정권을 획득하기 위한 운동으로 전개되었고, 그 결과 1869년에 와이오밍(Wyoming) 주에서 男女에게 동등한 選擧權이 인정되었으며 1918년까지 16개의 주에서 여성에게 참정권을 인정하였다. 이러한 변화로 인하여 1919년 연방 차원에서 수정헌법 제19조가 채택되어 1920년에는 헌법적 근거에 따라 21세 이상 여성들에게 남성과 동등한 선거권을 인정하게 되었다.

(2) 여성해방운동

미국에서 여성해방운동이 본격적으로 시작된 것은 1960년대이다. 1964년 민권법(The Civil Right Act)에서는 人種 및 性을 이유로 고용에 있어서 차별을 금지하는 조항을 두었다. 그 당시 연방대법원 Warren 판사는 인권을 옹호하는 많은 판결을 함으로써 흑인, 여성 등의 차별받은 집단들의 人權이 신장되는 성과를 낳았다.

1970년대 들어와 여성의 정치적 진출이 활발해졌고, 1972년 미국의회에서는 상·하양원의 찬성으로 헌법 수정안 제27조에 남녀동등권(Equal Rights Amendment: ERA)을 통과시켰으나, 州의회의 인준을 얻지 못하여 폐기되었다.

3) 일본

(1) 여성운동의 전개

일본에서는 1968년 메이지(明治)시대 이후에 근대적인 工業化로 생산방

---

11) 1950년에는 오하이오(Ohio) 주와 매사추세츠(Massachusetts) 주에서 女性의 權利대회가 열렸는데, 매사추세츠 주에서 열린 여성대회에서 여성은 선거권과 피선거권을 획득할 것을 결의하였다.

식이 바뀌고 공장에 고용되어 勤勞하는 女性의 숫자가 급증하였다. 그러나 女性勞動者들의 근로조건은 열악하고, 임금은 최저수준에 달하자 여공들은 파업을 일으켜 노동시간의 단축을 요구하였다. 또한 메이지 19년(1886)에는 그동안 인정되어 온 공창제의 폐지를 결의하였다.

제1차 세계대전 중에는 보통선거와 女性의 參政權 등을 요구하였고, 1924년에는 여성의 정치활동단체가 '여성의 참정권 획득동맹'을 결성하였다. 1942년에 애국부인회, 대일본 연합부인회, 대일본 국방부인회 등이 통합되어 대일본 부인회로 개칭하고 여성의 참정권운동을 전개하였다.

(2) 여성인권운동의 성과

1945년 12월에는 일본 중의원 選擧法 개정으로 20세 이상 남녀의 選擧權, 25세 이상 남녀의 被選擧權을 규정하였다. 이로써 여성입후보자 83인 중 39인이 정치권에 입문하여, 헌법제정과 민법개정 및 노동법 등의 정비와 체제의 개혁에 참가하였다. 1945년 패전 후 여성에 의하여 최초로 노동조합이 결성되어 활동하였으나, 1950년대 들어 남녀의 임금격차가 더욱 심해지는 현상을 낳았다.

또한 1970년대 들어와서 資本主義라는 미명 아래 고도성장으로 인한 공해문제, 주택난, 교육과 문화의 파괴, 의료와 양육 및 사회보장 등의 결여로 인하여 새롭고 다양한 형태의 사회적 폐해로써 문제들이 급속히 발생하게 되었다.

4) 한국[12]

(1) 국제협약의 가입 및 비준

UN(국제연합)과 ILO(국제노동기구)에서 채택한 국제조약 중에는 여성 관

---

12) 이하의 내용에 관하여는, 인권법교재위원회, 人權法, 아카넷, 2007, 255~276面 참조.

련 국제조약이 상당수 있는바, 한국의 경우 비준·가입한 女性차별과 관련한 대표적인 國際協約을 보면 다음과 같다.

1984년 12월 세계 150여 개 국가가 비준(1996년 1월 현재)한 가장 중요하고도 포괄적인 국제조약으로서 유엔 '女性差別철폐협약'에 비준하였다. 따라서 정부는 국내적 또는 국제적으로 이 협약을 이행해야 할 책무를 가지고 있으며, 이 조약을 비준한 국가들은 협약의 이행에 관한 국가보고서를 매 4년마다 유엔사무총장에게 제출해야 하고, 여성차별철폐위원회의 심의를 받아야 한다.

1991년 9월에는 UN에 가입했으며, 동년 12월에는 ILO에 가입하였다. 한국은 신생 加入國이지만, 유엔 안전보장이사회의 非상임국가, ILO 이사회의 非상임이사국으로 선출되어 국제기구에서 차지하는 비중이 날로 높아지고 있다. 또한 여성의 지위 향상과 관련하여 세계 여성지위위원회 회원국이며, 여성차별철폐위원회 회원국이다.

위에서 살펴본 바와 같이, 한국은 1991년에 UN이나 ILO 등과 같은 명실상부한 國際機構에 가입했음에도 불구하고 女性 관련 국제조약에 상당수 비준하지 않고 있다. 특히, ILO의 여성 관련 국제조약에는 거의 가입하지 않고 있으며,[13] UN 여성차별철폐협약 제9조와 제16조제1항에 대하여 아직 유보적인 입장을 취하고 있다.[14]

(2) 국내 여성 관련 인권법

가. 여성발전기본법

한국에 있어서 女性人權 관련법의 기초가 되는 것은 '여성발전기본법'이다. 이것은 1995년에 제정된 女性에 관한 基本法으로서, UN 여성

---

13) 한국이 비준하지 않고 있는 女性 관련 國際條約은 "UN 기혼여성의 국적에 관한 협약(1957)", "UN 결혼에의 동의, 최연소연령, 결혼신고에 관한 협약(1961)", "고용상 성차별금지 또는 남녀평등에 관한 규정을 둔 ILO 협약", "모성보호에 관한 규정을 둔 ILO 협약", "여성의 근로조건보호에 관한 규정을 둔 ILO 협약" 등이 대표적인 것이다.

14) UN 여성차별철폐협약 제9조는 '국적에 있어서 夫婦平等' 조항이며, 제16조제1항은 '가족의 성 및 직업을 선택할 권리를 포함하여 夫婦로서 동일한 個人的 權利'에 관한 조항이다.

차별철폐협약의 전문과 기본이념, 국가에 대한 책무를 기준으로 하여 모든 영역에서 남녀평등과 여성발전을 도모한다는 점에서 그 목적과 취지가 동일하다.

한편 이 법률은 개괄적이고 추상적이어서 최소한 UN 협약에서 규정한 국가의 책무와 내용은 이 법률에 의한 女性政策들에 의해 具體化되어야 할 것이다.

나. 여성 관련 법률의 제정 및 개정

1990년대에 들어와 한국사회는 男女平等을 지향하는 法과 制度의 개혁이 빠른 기간 내에 이루어졌다. 남녀평등을 실현하기 위한 국가의무를 규정한 '여성발전기본법' 이외에 여성의 사회참여를 위하여 가장 절실히 요구되는 과제라고 할 수 있는 '영유아보육법(1991)'이 제정되었다. 이밖에도 '성폭력특별법(1993)', '가정폭력방지법(1997)' 등의 제정이 있었고, 1995년에 개정된 '남녀고용평등법(1987 제정)'[15] 등이 있다.

특히 1998년에 제정된 '가정폭력범죄의 처벌 등에 관한 특례법'은 家庭暴力의 豫防과 被害者 保護에 대한 국가와 지방자치단체의 책무규정, 가정폭력상담소와 피해자보호시설의 설치 및 피해아동에 대한 기관종사자의 비밀엄수의무 등을 규정하고 있다.

또 1999년에 제정된 '남녀차별금지 및 구제에 관한 법률(2005년 12월 폐지)'은 남녀차별의 범위를 고용차별에서 확대하고,[16] 공공기관에서의 성희롱금지 및 여성특별위원회(여성부)에 직권 조사권을 부여했다. 더욱이 家庭에서의 兩性平等을 지향하는 민법 중 가족법의 개혁운동은 1990년 개정에서 큰 변화가 이루어졌고, 급기야 2005년에는 호주제가 폐지되기에 이르렀다.

2004년 초에는 '性매매방지법'이 제정되어 동년 9월에 시행되었던바,

---

15) 이 법은 제정 이후 몇 차례 개정을 거치면서, 근로관계에 있어서 모집과 채용 시 불평등한 요구조건 금지, 육아휴직대상자를 근로여성의 배우자인 남성근로자로 확대, 간접차별금지 및 직장 내 성희롱예방 및 피해자구제 등을 실현하게 되었다.

16) 교육, 용역의 제공 및 이용, 법과 정책의 집행에서의 남녀차별 등이 그것이다.

이로써 그간 이중적인 성윤리 속에서 실질적으로 성매매 여성만을 처벌해 온 '윤락행위 등 방지법'은 폐지되었다. 새로이 제정된 성매매방지법[17]은 性매수자인 남성들뿐만 아니라, 성매매의 중간 착취자 업주들에 대한 처벌을 강화하고 脫성매매를 원하는 여성들에 대한 국가의 보호와 지원을 강화했다.

이에 따라 향후 한국사회에서 性매매의 형태에 상당한 변화를 초래하고 性매매여성의 인권보호와 脫성매매여성에 대하여 상당히 기여할 것으로 기대된다.

다. 한국의 여성인권

한국에서 女性人權에 대한 요청은 대략 다음과 같은 분야로 나누어 볼 수 있다. 즉 勞動 분야에서는 여성차별의 반대와 평등의 요청으로 나타나고, 性 분야에서는 성적자기결정권(sexuelle Entscheidung)의 주장이다. 또한 家族생활 분야에서는 독립적인 주체로서 자율성을 갖고자 하는 요청 등이 그것이다.

a. 노동 및 사회참여와 여성인권

여성의 경제활동에 대한 참여율이 증가하고 참여 분야 또한 다양화되는 가운데 남녀고용평등법의 제정 및 개정, 고용할당제의 부분적 실시 등 남녀평등을 위한 법적 조치들이 이루어져 왔다. 그렇지만 女性들의 참여 분야는 아직도 주변적 내지 보조적인 지위나 비정규직 부분에 몰려 있고, 각종 성차별의 관행이 여전히 존재하고 있다.

예컨대 여성의 사회적 노동참여에 대한 육아 및 가사부담에 대한 지원과 보호 등에 있어서 실질적 평등이 이루어지지 못하고 있다.[18] 이렇

---

17) 여기에는 '性매매방지 및 피해자보호에 관한 법률'과 '性매매알선 등 행위의 처벌에 관한 법률'이 그 내용이다.

18) 한편 여성의 사회적인 勞動참여에 있어서 平等理念에 관하여는, 평등 자체의 요구와 평등보호의 요구가 혼재하는 모습을 보인다. 즉 남녀고용평등법은 남녀평등의 이념을 주장하고 있으나, 근로기준법은 야간근로 및 특정시간 이상의 초과노동의 금지, 모성보호 등을 그 이념으로 하고 있다. 또한 여성노동운동에서는 고용평등을 주장하면서도 여성의 생리휴가와 같은 경우에는 여성을 더욱 보호하는 방향으로 논리를 펴는 등 상반되는 태도를 취하는 듯하다.

게 볼 때 결국 女性保護의 논리는 형식적 평등 아래 숨어 있는 평등하지 않은 社會的 與件이나 男女의 差異에 근거한다고 보아야 한다.

b. 性(sexuality) 분야와 관련된 여성인권

1990년대 反성폭력운동과 이로 인한 여성의 성적자기결정권에 관한 논의는 한국 여성인권의 괄목할 만한 성과이다. 주로 이 무렵 한국사회에서 가정폭력, 성희롱 등 사적영역에서 발생하는 '女性에 대한 暴力(Violence against Women)'의 광범위한 주제들이 사회문제로 공론화됨으로써 성폭력을 방지하고 피해자 여성들을 지원하기 위한 법제도들이 마련되었다.[19]

오늘날 한국에서 性관념에 대하여 사회적으로 문제되는 몇 가지 현상들을 짚어 보면 다음과 같다.

① 性의 解放관념: 최근 한국에서도 性의 解放을 주장하고, 정조관념에 얽매이지 않는 여성들이 자신의 욕망을 표출하기 시작하였다. 과거에 비해 성폭력의 문제를 더 이상 숨기지 않고 표출(speaking out)하는 여성들이 늘고 있으며, 나아가 성희롱 사건을 법정으로 끌고 가는 여성 또한 점차 늘고 있다.

본시 性 분야에서 여성인권문제가 제기되는 것은 男女에 대하여 다르게 적용되는 이중적인 性윤리의식 때문이다. 남성에게는 성적 방종이 관용되어 매매춘 및 성산업 등이 번창하는 반면, 여성에게는 여전히 정조가 강조되는 풍조가 그것이다.

이러한 인식의 비판은 '성폭력특별법'[20]을 제정하는 과정에서 나타났던바, 동법의 제정과정에서 여성단체들이 性폭력을 정조에 대한 침해가 아니라 身體的 暴力이자 성적자기결정권에 대한 침해

---

19) 특히 韓國에서 女性運動의 성장에 힘입어 과거 '일본군 위안부' 문제가 한·일 양국에서뿐만 아니라 세계적으로 사회적인 이슈(issue)가 되어, 2000년 민간법정에서 일본천황(ひろひと)이 유죄판결을 받은 것은 대표적인 사례라고 하겠다.

20) 性폭력범죄에 대한 매스미디어(mass media)의 보도가 늘러 가는 가운데 김부남 사건(1991)이나 김보은 사건(1992) 등은 성폭력문제의 심각성을 알리는 계기가 되었다.

로 규정하려 했던 것도 이 때문이다.

② 性戯弄의 문제: 여성의 성적 인식의 변화에 따라 性戯弄에 대한 법제화는 1999년 '남녀고용평등법'의 제3차 개정 시 직장 내 성희롱에 관한 조항이 포함되었고, 동년 공공기관 내에서 성희롱을 금지하는 '남녀차별금지법'이 제정됨으로써 실현되었다.

이와 같은 성희롱에 대해 법제화의 촉발요인이 된 것은, 1993년 서울대 공과대학(화학과)에서 발생한 우 조교 사건이다.[21] 이 사건은 그동안 한국사회에서 만연한 성희롱문제를 사회적으로 여론화시켰으며, 성희롱이 엄연히 여성차별의 한 형태임을 인식하게 하였다.

③ 落胎의 문제: 性 분야에서 여성인권문제가 심각하게 대두되는 것 중 하나가 낙태문제이다. 낙태는 여성 자신에 대한 성과 몸에 대한 자기결정권과 밀접하게 관련되어 있다.

우리나라 未婚여성의 경우는 정조에 대한 이데올로기(idealism) 때문에 낙태하는 경우가 많으며, 旣婚여성의 경우 남아선호사상 때문에 낙태하는 경우가 많다. 특히 미혼여성의 경우 낙태에 대한 원인 제공의 행위로서 性행위의 무분별 또는 임신에 대한 무지도 큰 원인으로 보인다.

C. 결혼 및 가족생활과 관련된 여성인권

유교의 전통사상을 바탕으로 한국사회는 男性의 영역은 '社會'이며 女性의 영역은 '家庭'이라고 하는 남녀 사이 성별 분업의식이 강하게 남아 있으며, 남아선호의 의식 또한 여전히 강하다. 남아선호사상에 따라 여아낙태로 인한 출생성비의 불균형 초래는 이러한 사실을 극명하게 증명해 준다.[22]

---

21) 우 조교 사건은 1993년 8월 서울대 교내 게시판에 게시됨으로써 알려지기 시작하였던바, 신 교수의 성희롱과 해임의 부당성에 대해 피해자 우 조교가 民事上 損害賠償을 청구함으로써 문제시되었다. 제1심 승소(1994), 제2심 패소(1995)하였다가 끝내 최종적으로 제3심 대법원(1998)에서 승소하였다(대법원 1998.2.10 선고, 95다39533 판결).

22) 출산율 또한 기혼여성의 사회적 일과 가사일의 이중부담으로 인하여 출산파업(fertility strike)과 세계 1

오늘날 맞벌이 부부가 늘어 감에도 여성은 가사와 육아의 1차적 책임 자로 간주되는 반면, 남성은 가정을 대표하는 가장으로 인식된다. 그러 나 2005년 가부장적 제도의 핵심으로 여겨 온 호주제가 폐지됨으로써, 가족관계에서 양성평등을 실현하는 계기를 마련하였다.[23]

라. 여성인권보장을 위한 과제

a. 여성인권에 대한 인식전환

1990년대 이후 국제적 여성인권운동은 과거 공적인 영역에서 私的인 영역이라고 간주되는 영역, 즉 家庭 內에서 인권침해를 인식하도록 하 였다. 이 무렵 한국에서도 양성평등의 실현을 위한 법과 제도의 개선운 동이 활발하였으나, 일상생활 속에 깊이 배어 온 性차별에 대한 의식변 화는 미흡하였다. 이처럼 여성인권은 공적인 영역보다 사적인 일상생활 의 영역에서 발생하는 차별과 침해를 여성의 입장에서 자각하고 표현할 수 있는 개념정립이 필요하다.

향후 實質的 男女平等의 구체적 조건을 성취하기 위하여 인권의 개 념을 女性의 관점에서 대변할 수 있어야 한다.[24] 따라서 지금까지 여성 들이 겪어 온 차별을 그들의 권리로 개념화할 수 있을 때에야 비로소 여성인권의 신장을 실현할 수 있을 것이다.

b. 국제기구의 활용

한국사회에서 여성인권의 신장을 위하여 또 다른 방안의 하나로서 國 際人權協約과 國際機構 등을 적극 활용하는 것이 필요하다. 전술한 바

위를 기록하는 낮은 출산율로 나타나고 있다.

23) 이 밖에도 결혼이나 취업 등으로 인한 移住女性이 증가하고 있는 상황에서, 2000년대에 들어와 이주 여성들의 인권문제도 심각하게 제기되고 있는바, 2001년에 창립된 '이주여성인권센터'나 '이주여성인권 연대' 등은 이주여성의 인권보호를 위해 활동하고 있다.

24) 실례의 하나로서 최근에 접한 보도를 보면, 프랑스의 사르코지(N. Sarkozy) 대통령이 政府의 관료들에 게 관행적으로 수여해 오던 勳章수여의 상신을 받고서 그 대부분이 남성으로서 여성이 배제된 것을 이 유로 대상자 모두를 반려한 것은 한국에 있어서 시사하는 바가 크다('08년 1월 20일 방송보도).

와 같이, 한국은 1991년 UN(국제연합)과 ILO(국제노동기구)에 가입하고 있으나, 많은 여성 관련 국제조약에는 비준하지 않고 있다.

장차 여성인권의 신장을 위하여 아직 비준하지 않고 있는 국제조약을 조속히 비준해야 할 것이며, 또한 유엔 국제여성차별철폐조약의 가입국가로서 유보조항을 폐지하여 동 조약에 따른 권리의 내용을 실현할 수 있도록 해야 할 것이다.

지금까지 살펴본 여성인권의 문제 이외, 女性들 內部의 다양한 집단별 人權問題 또한 남겨진 과제이다. 이들 중 여성의 비정규직화의 방지 및 비정규직 여성노동자에 대한 차별철폐와 보호문제는 여성인권운동의 핵심사항이 될 것이다. 이에 더하여, 비정규직 여성뿐만 아니라 여성장애인, 미혼모, 한 부모 여성 및 이주여성 등 빈곤여성에게 고용기회와 다각적인 측면에서 사회적 권리를 보장해야 할 것이다.

2. UN과 ILO의 여성인권활동

1) 여성협약 등의 발전

20세기 초반 세계 양차대전을 겪으면서, 전쟁의 참혹과 인권유린의 경험을 바탕으로 평화를 추구하고 人間의 尊嚴性을 강조하게 되었다. 이에 따른 국제적 또는 제도적 장치가 유엔(UN)의 탄생이며, 유엔헌장, 세계인권선언, 각종 협약과 선언 등이 있었다.

女性의 地位와 權利를 증진시키기 위한 유엔의 활동은 국제적인 기준에서 평등에 대한 하나의 기준을 제시함으로써 지역적, 국내적인 불평등과 여성인권에 대한 편파적 시각을 시정하는 데 선도적 역할을 해 왔다.

초기 여성 관련 國際協約은 야간작업이나 광산노동 등의 중노동을 여성에게 금지한다는 女性保護의 협약이 많았다. 이것은 점차 여성의 법적 지위 향상을 위하여 시정되어야 하는 전통적 신분 내지 관습 등에 관한 협약으로 바뀌었으며, 1979년 여성차별철폐협약을 중심으로 차별의 철폐를 통한 여성의 남성과의 평등성으로 전개되었다.

2) 유엔의 여성차별철폐협약

유엔 여성차별철폐협약은 兩性平等에 관한 기본입장을 재정리하여 집대성한 것으로 1979년 12월 UN총회에서 채택되어 1981년 9월에 발효되었던 바, 한국은 1984년 12월에 비준하였다.[25] 1999년 10월 이 협약의 실효성을 확보하기 위하여 UN총회에서 협약의 선택의정서가 채택되었다. 이에 따라 同 협약에서 보장된 권리를 침해받은 개인이나 집단이 모든 이용 가능한 國內의 救濟節次를 통하여 권리를 구제받지 못한 경우 유엔 여성차별철폐위원회에 진정하여 구제받을 수 있게 되었다.

3) 유엔의 여성폭력철폐선언

1993년 12월 유엔총회에서는 여성폭력철폐선언을 채택하였다. 同 선언에서는 女性에 대한 暴力이 남녀 사이 불평등한 힘의 관계를 단적으로 나타내는 것이며, 여성의 종속적 지위를 고착시켜 여성의 인권과 기본적 자유를 침해하는 것으로 여성차별철폐협약에서 말하는 여성차별에 해당됨을 선언하였다.

여기서 女性에 대한 暴力은 '공적 내지 사적 모든 영역에서 여성에게 신체적, 성적 혹은 심리적 손상이나 괴로움을 주거나 줄 수 있는 성별에 기초한 폭력행위, 그리고 그러한 행위를 하려는 협박, 강제, 임의적 자유박탈'로 보고, 여성폭력의 범주를 家族 내 폭력, 社會에서의 폭력, 國家에 의한 폭

---

25) 이 협약에서는 여성에 대한 모든 차별을 금지하는 입법 및 조치를 취할 것과 여성의 정치적 활동(§7), 교육(§10), 고용(§11), 보건(§12), 경제적·사회적 활동(§13) 및 농촌여성(§14), 혼인과 가족관계(§16) 등을 포함하는 모든 영역에서 양성평등을 실현하기 위하여 국가가 하여야 할 조치를 규정하고, 兩性平等이 여성의 權利이자 國家의 義務임을 강조하였다.

력으로 구분하는 등 국제적 차원에서 여성에 대한 폭력의 정의와 유형에 대해 규정하였다.

그리고 국가가 피해 女性의 權利侵害를 조사하여 공정하고 효과적인 구제를 도모하며, 가해자를 처벌하고 피해자를 보호하기 위한 다양한 법제도를 발전시킬 것을 규정하였다. 또 국가에 여성폭력의 방지를 위하여 법을 집행할 책임 있는 공직자에 대해 여성의 입장을 이해하기 위한 훈련을 받을 조치 등의 책무를 부과하고 있다.

4) ILO의 활동

ILO는 1951년 男女동일가치의 노동과 동일보수에 관한 협약과 권고를 채택한 이래, 女性의 노동보호와 남녀고용평등의 실현을 위한 활동을 해왔다. ILO는 남녀고용평등의 실현을 위한 몇 가지 원칙을 제시하고 있는바, 이에 따르면 성별에 따른 역할분담이나 기능적 특성은 남녀고용차별의 원인이 된다는 것이다.

또한 모성보호는 남녀 사이 본질적 차이이며, 생물학적 차이인 여성의 임신과 출산 및 수유와 같은 모성기능에 대한 보호로서 실질적 남녀평등의 구현을 위하여 필수불가결한 것이라고 한다.

나아가 家族의 責任은 여성만의 몫이 아니라 남녀가 공동으로 부담하여야 하고, 남녀의 고용평등의 실현을 위해서는 모든 근로자가 가정과 직장의 양립을 조화롭게 도모할 조치가 필요하다고 한다. 1990년대 들어와 ILO는 女性의 多數를 차지하는 비정규직 근로자의 노동권, 여성시간제근로자, 가내노동자, 파견직 근로자 등에 대한 성차별의 금지와 모성보호, 그리고 외국인 근로자와 그 가족의 권리보호를 규정한 협약을 채택하여 양성평등의 실현을 전개하였다.

5) 유엔 및 세계여성기구

1975년 멕시코에서 열린 世界女性대회에서 여성에 대한 평등과 발전 및 평화에 대한 여성의 공헌을 선언하고 '세계여성의 해'를 선포하였다. 이후 女性에 대한 平等에 있어 장기적이고 지속적인 노력을 위해 1985년까지를 '世界女性10년'으로 선포하였다. 여기서 평등은 법적 평등뿐만 아니라 기회의 평등, 결과의 평등을 말하며 모든 영역에 있어서 평등은 여성발전과 직결되어 있고, 여성의 발전은 모든 분야에서의 발전의 필수적 요소가 되어야 한다고 하였다.

또한 1980년 덴마크에서 열린 '유엔 女性10년 世界會議'에서는 여성발전 10년 사업의 중간점검을 위해 유엔 여성 10년 후반기를 위한 사업계획 및 의안을 채택하였다.

나아가 1985년 케냐에서 열린 '世界女性會議'에서는 유엔여성 10년의 성과를 검토 및 평가하고 앞으로 추진해 나아갈 문제들을 점검하였다. 여기서는 그동안 여성과 관련한 발전계획과 사업계획에서 제시한 목표가 미흡하다는 아쉬움에서 '2000년을 향한 女性發展戰略'을 채택하고 향후 15년을 제2의 여성발전기간으로 정하였다.

3. 국내의 여성인권운동

1) 전근대의 여성인권

인류는 유목생활로부터 정착생활을 하면서 토지에 대한 소유제가 확대되었고 家族이 형성되었다. 원시의 集團生活이 분화되고 개인의 고유한 가치가 자각됨에 따라 共同生活은 느슨해지고 원시적 씨족이 해체되어 힘이 강한 남자가 중심이 된 父權社會로 이행하였다.

여기서 여성은 상대적 약자로서 남성의 소유물로 전락되었다. 즉 여성은 상품이었고 약탈품이 되어 여성은 흥정의 대상이나 남자의 부에 대한 척도가 되었다. 여성은 매매의 대상이 되었으며, 힘이 강하고 부유한 남성은 여성을 마음대로 소유하여 일부다처제가 성행하였다.

한국의 경우 남성우위의 사회가 형성되어 왔고, 여성은 인간으로서의 권리를 인정받지 못하였다. 조선시대의 '三從之道'와 '七去之惡'은 그 대표적인 것이라고 할 수 있다. 이러한 상황에서 여성은 사회관습에 어긋나는 행동을 하면 철저히 제재가 가해졌으나, 남성은 오히려 특권의식에 사로잡혀 생활하였다.

2) 해방 이전 여성운동

그동안 유교적 사상에서 살아온 女性들은 1800년대 후반 기독교의 영향에 의한 선교활동으로 개화사상에 눈뜨기 시작했다. 기독교의 自由와 平等思想은 낡은 전근대적인 인습과 고루한 윤리의식으로부터 해방과 함께 인권에 대한 자각을 인식하게 하였다. 당시 인권운동의 선두를 이룬 것은 기독교청년회(YMCA)의 부인야학과 지방순회강연 등을 통한 여성에 대한 계몽운동이었다.

운동의 主要內容은 ① 여성에 대한 사회적 또는 법률적 일체의 차별 철폐, ② 조혼금지 및 결혼의 자유, ③ 인신매매와 공창의 금지, ④ 농촌부인의 경제적 이익옹호, ⑤ 부인노동의 임금차별 철폐 및 야업 폐지, ⑥ 부인 및 소년공의 위험노동 및 산전 또는 산후의 임금 지불 등이었다.

3) 현대사회의 여성인권

(1) 性관념의 변화

17세기 産業化가 진행됨에 따라 女性이 사회에 진출하면서 여성은 가정에서의 역할만이 아니라 사회적 역할 또한 강조되기에 이르렀다. 최초 여성의 사회적 역할에 대한 차별은 勞動에 있어서의 근로조건과 임금차별 및 성차별에서 심했다.

이에 따라 여성들은 남성과 동등한 기회를 요구했으며, '기회의 평등'은 모든 구성원에게 평등한 경쟁조건을 전제로 하는 조건의 평등으로 발전하기에 이르렀다.[26]

이후 女性에 대한 性的 觀念은 많이 변하였는데, 이는 작가이자 여성운동가인 시몬느 드 보부아르의 말에 잘 나타나 있다. 즉 그는 "여성은 태어나는 것이 아니라 만들어진다. 생물적, 심리적, 경제적 운명이 여성의 사회적 지위를 결정하는 것이 아니다."라고 말하였다.

오늘날 여대생의 증가에 따라 여성도 남성과 동등한 지위에서 동등한 능력을 발휘할 만큼 많은 변화가 있었다. 그 결과 女性의 法的 地位에 있어서도 모든 국민은 성별에 관계없이 교육, 직업, 정치적 권리 등을 보장받을 수 있도록 하는 권리를 헌법과 법률에 규정하게 되었다.

(2) 양성평등의 법적 보장

1948년 7월 17일에 제정된 헌법은 "모든 국민은 법 앞에 평등하며 성별에 의한 정치적, 경제적, 사회적 생활의 모든 영역에 있어서 차별을 받지 아니한다."고 규정하였다. 1980년 10월 27일 헌법개정에서는 혼인과 가족생활은 양성의 평등을 기초로 성립하고 유지되어야 한다는 규정이 신설되었다(§36).

이에 따라 1990년 민법개정에서는 친족의 범위에서 차별을 없애고 호주상속제를 폐지하고 호주승계제도를 신설하였으며, 재산상속에 있어서도 남녀의 차별을 철폐하였다.

또한 1995년 12월 30일 여성발전기본법이 제정되었다. 이는 정치, 경제, 사회, 문화의 모든 영역에서 남녀의 평등을 촉진하고 여성의 발전을 도모함을 목적으로 한다. 모든 국민은 남녀평등의 촉진과 여성의 발전에 대한 중요성을 인식하고 그 실현을 위하여 노력하여야 할 것과 여성의 참여가 현저히 부진

---

26) 이러한 조건의 평등에도 불구하고 현실적으로는 불평등한 결과를 초래했기 때문에 사회적, 경제적으로 부당한 현실을 타파하고 실질적인 평등이 이루어져야 한다는 결과의 평등이 강조되기에 이르렀다.

한 분야에 대하여 합리적인 범위 내에서 여성의 참여를 촉진함으로써 실질적인 남녀평등의 실현을 위한 적극적인 조치를 취할 수 있도록 규정하였다.

2005년 3월 31일에는 민법을 개정하여 戶主를 중심으로 '家'를 구성하고 직계비속의 남자로 하여금 이를 승계시키는 戶主制度를 폐지하였다. 이는 양성평등의 헌법이념과 시대적 변화에 따른 다양한 가족형태에 부합하지 않는다는 이유에서 그동안 폐지의 논란이 되어 온 호주제도를 폐지하기에 이르렀다.[27)]

제2절 女性의 法的 地位

▲ I 한국에서의 女性의 法的 地位

1. 가정에서의 종속적 지위

한국의 경우 女性이 가정이라는 사회적 구조에서 차지하는 地位는 전통적인 가부장제의 이데올로기(Ideology)를 중심으로 이루어졌다고 할 수 있다. 가부장제는 극단적으로 여성의 지위를 아들을 낳기 위한 수단으로 한정시킴으로써 다음과 같은 문제를 발생시켰다.

즉 여성은 출산 및 양육의 책임을 강요당하였고, 이는 결과적으로 여성에 대한 노동시장에서의 저임금과 불안한 고용 및 성차별을 초래하였다. 이로써 여성을 지속적으로 가정에서 남편에게 경제적·정신적으로 예속되게 하는 악순환을 낳았다.

---

27) 따라서 새로이 마련된 것이 '가족관계 등록부'이다(2008.1.1 시행).

그러나 시대가 발전하면서부터 서구의 근대법이 갖는 자유와 평등이라는 법적 이념의 수용은 봉건주의, 유교문화, 남존여비 및 가부장제를 점차 약화시키게 되었다. 憲法에서 法 앞의 平等, 성에 의한 차별 금지 등 법조문상의 형식적 평등이 이루어지면서 가정 내 또는 사회에서 여성의 지위에도 변화의 바람이 일었다. 여성에게 법률행위에 대하여 능력자로서 인정되고, 결혼이나 이혼 등 혼인관계에서 법적 권리가 인정되기 시작한 것도 불과 50~60년 전의 일이다.[28)]

2. 노동현장에서의 차별대우

1960년대 이후 노동력에 대한 수요의 급증으로 女性人力이 노동현장에 투입되기 시작하면서, 女性의 勞動價値에 대한 정당한 평가는 이루어지지 않았다. 여성은 주로 저임금과 단순노동에 종사해 왔으며, 이와 같은 노동시장에서의 사회적 병폐현상은 제도적으로 개선될 여지가 없이 남녀차별로 굳어졌다.

1990년대 이후 여성의 경제활동에 있어서 주목할 만한 현상은 여성의 취업 및 고용상태가 더욱 열악해지는 측면을 보인다는 점이다. 2000년까지 여성의 경제활동인구는 약 40%를 차지하고 있으나, 고용형태는 시간제 근로자 및 일용직 임시근로자로 이루어지고 있어 그에 따른 고용불안은 더욱 심해진 상태이다.

그나마 제도적으로 조금 낫다는 공직의 영역에 있어서도 전체 공무원 중 여성이 차지하는 비율이 30% 정도의 수준이고, 그중 관리직의 경우 3%에 미달되는 상황이다.[29)] 이는 세계적인 수준에서 볼 때 최하위의 수준에 머물고 있는 것이다. 여성실업률의 경우에 있어서도 지속적으로 증가하고 있으며, 여성취업자의 수 또한 남성에 비해 더욱 감소하고 있는 추세이다.

---

28) 한국에서 민법상 아내의 무능력제도가 폐지된 것은 1958년부터이다.
29) 이는 행정관리직의 경우 선진국 평균 30%, 개도국 평균 10%에 비교된다.

3. 정치현실에서의 미약한 역할

1948년 헌법제정 당시 女性이 국민으로서 기본적 공권인 選擧權을 가지게 되었으나, 실질적인 정치활동은 극히 제한적이었다. 오늘날 선진국을 중심으로 여성의 정치참여를 제도적으로 보장하고 있는 추세지만, 한국의 경우 아직도 여성의 정치참여가 미미하여 다른 영역에 있어서보다 차별이 두드러진 영역이다.

예를 들면, 근 10년 전까지만 해도 여성국회의원은 10명 내외에 불과(3% 정도)했으며, 이외 지방자치단체장에는 단 한 명도 없었다. 정치적 결단에 따라 일상생활의 모든 영역이 영향을 받는다고 볼 때, 여성의 정치적 기반 약화는 성차별적 구조를 재생산하는 결과를 낳는다.

따라서 여성 자신의 삶이 곧 정치적 결과의 산물이라는 데 대하여 깊은 자각과 함께 장차 여성의 삶에 대한 전환을 시도하여 새로운 대안을 모색하려는 자세가 필요하다.

⚖ II 女性 관련 法學의 연구방향

1. 여성 관련 법학의 필요

1979년 12월 UN총회에서 '여성에 대한 모든 형태의 차별철폐에 관한 조약'이 채택된 이래 남성과 여성 사이의 완전한 평등과 여성의 발전은 세계적 조류를 형성하고 있다.

한국의 경우 1980년 후반부터 이러한 여성인권의식의 영향을 받아 모든 영역에서 완전한 남녀평등을 실현하기 위한 노력이 계속되어 왔다. 특히

1995년 12월에는 '여성발전기본법'이 제정되어 남녀평등의 실현과 여성의 발전을 위한 일대 전기를 마련하였다.

이와 같은 노력에도 불구하고, 다양한 여성 관련 법률을 체계적으로 정리하고 종합하는 학문적 시도는 미흡하였다. 그러한 결과 각종 법률이 중복되거나 일관성이 결여되어 있어 실질적인 실효성에 문제가 있었다. 또한 대학의 강의에서도 여성 관련 법률과목이 개설되어 있으나, 여성에 대한 학문적 접근보다는 여성 관련 개별 법률(특히 가족법)을 다루는 수준에 머물고 있는 형편이다.

장차 여성 관련 법학을 공부함에 있어서, 여성을 둘러싼 각종 법률을 남녀평등의 이념에 비추어 체계적으로 정리함으로써 종래 남성 위주의 법으로부터 남녀를 포괄하는 본래적 의미의 모든 인간의 법으로의 전환이 필요하다고 하겠다.

한편 이와 관련하여 과거 남성의 학문이었던 법학을 여성의 관점에서 재조명하고 정립하려는 法여성학이 있다. 法여성학은 남녀평등의 이념을 실현하고 법의 모든 면을 여성의 관점에서 조명한다는 점에 있어서는 여성 관련 법학과 학문적 궤를 같이한다. 하지만 법여성학은 그 기본적인 시각이 여성학이라는 점에서 볼 때 여성 관련 법학과 구별되어야 할 것으로 본다.[30]

2. 여성 관련 법학의 이념

여성 관련 법학의 理念은 男女平等이다. 남녀평등은 헌법이 선언하고 있는 우리 사회의 최고가치 중 하나이다. 이는 단순히 남성이 독점하던 지위나 권리를 빼앗는 것이 아니라, 여성이 남성과 동등한 가치를 가진 인간으로서 가정의 구성뿐만 아니라 정치, 경제, 사회, 문화의 모든 영역에서 남성과 동등한 권리를 가지고 자유로운 의사에 따라 참여하고 자기를 실현하는

---

30) 그렇지 않을 경우 또 다른 차별(소위 역차별)에 대한 문제도 있다(저자 注).

것을 말한다.

다시 말하면, 남녀의 身體的 또는 生理的 차이를 이유로 사회적, 법적으로 불리한 취급을 받지 아니하는 것을 말한다. 그렇다고 남녀의 평등이 남녀의 기계적 내지 형식적인 평등을 의미하는 것은 아니다.

따라서 남녀의 생물학적 차이에서 오는 부득이한 대우, 예를 들면 여성발전기본법 제18조에서 규정한 '모성보호의 강화'는 남자에 대한 역차별이라고 보기보다는 오히려 진정한 남녀평등을 위한 보호라고 해야 하지 않을까.[31]

3. 여성 관련 법학의 범주

여성 관련 법학을 연구하는 데 출발점이 되는 것은 여성 관련 법학의 範圍를 정하는 것이다. 종래 한국의 경우 여성 관련 법학의 영역이나 대상을 분석하는 시도가 빈약한 관계로 그 작업은 쉽지 않다.

그러나 여성 관련 법학을 국가, 사회 내지 가정생활에서 여성이 주체가 되고 또 여성의 이익과 불가분의 관계에 있는 생활영역을 중심으로 체계화할 필요는 있다. 이하에서는 헌법에 있어서 남녀평등의 이념을 살펴본 후 개별법으로서 민법 중 가족법(친족법, 상속법), 형사법, 노동법상의 생활영역에 있어서 여성 관련 법률 및 소수자로서의 여성 인권에 관하여 검토하였다.

---

31) 第18條(母性保護의 强化) ①國家·地方自治團體 또는 事業主는 女性의 姙娠·出産 및 授乳期間 동안에 이들을 특별히 보호하며 이를 이유로 하여 불이익을 받지 아니하도록 하여야 한다. ②國家 및 地方自治團體는 就業女性의 姙娠·出産 및 授乳와 관련한 母性保護費用에 대하여 '사회보장기본법'에 의한 社會保險 및 財政 등을 통 한 社會的 부담을 높여 나가도록 하여야 한다. 〈개정 2005.12.29.〉

제 **2** 편

各 論

제1장 女性과 憲法

憲法의 基本秩序

▲ I 헌법의 制定과 改正

1. 헌법제정

헌법의 제정은 사실상의 힘만이 아니라 헌법을 정당화시키는 권위 또는 가치를 가지는 것이 아니면 안 된다.[1] 한국의 경우 헌법제정은 광복 이후 1948년 7월 12일에 국회를 통과하여, 동년 동월 17일에 공포된 것이다. 제헌헌법은 기본권의 보장, 권력분립, 단원제국회, 대통령중심제 및 통제경제정책 등을 담고 있었다. 제헌국회에서 초대대통령 이승만 씨를 선출하여 1948년 8월 15일 대한민국정부가 수립되었다.

2. 헌법개정

1) 헌법개정의 의의

헌법개정이란 일반적으로 헌법전이 정한 개정절차에 따라 의식적으로 헌

---

[1] "헌법의 제정권이란 국민의 정치적 존재에 관한 근본결단을 내리는 정치적 의사이며, 그 권한이다."라고 말한다(Theodor Maunz). 김철수, 『헌법학개론』, 박영사, 2006, 35면 이하.

법전 중의 어떤 조항을 수정하거나 삭제하고, 또한 이에 새로운 조항을 추가하거나 전면적으로 개정하는 것을 말한다.

헌법개정권(Verfassungsändernde Gewalt, amendment power)은 성문화된 헌법을 개정하는 권력을 말하는바, 헌법에 의하여 부여된 권력이며 헌법에 의해 구성된 기관에 속한다. 즉 국민투표로서의 국민이나 입법기관으로서의 국회에 속한다.

2) 헌법개정권의 주체

헌법개정권의 주체는 헌법에 의하여 지정되어 있다. 보통 헌법개정권의 주체는 ㉠ 국민투표기관으로서의 국민, ㉡ 헌법개정회의, ㉢ 국회 등을 들 수 있다.

헌법개정권의 주체들은 헌법에 따라서 헌법개정권을 행사한다. 한국의 경우 재적의원 3분의 2 이상의 찬성을 얻어서 국민투표에 부쳐 투표자 과반수의 찬성으로 통과하게 된다(§130).

3) 헌법개정권의 한계

헌법개정권의 한계에 대하여는 이를 인정하는 설과 부정하는 설이 있으나, 전자의 경우가 다수설이다. 다만 한계의 구체적인 내용이 무엇인가에 대하여 각국의 입장이 다르다.

어쨌든 헌법의 실질적인 핵심을 이루고 있는 헌법핵은 헌법제정권자의 의사의 표현이라고 할 수 있기 때문에 개정의 방법으로는 개정할 수 없다고 할 것이다.

4) 현행헌법(제6공화국헌법)

제6공화국헌법은 대통령을 국민의 직접선거로 선출했으며, 대통령에게 국가원수의 지위와 정부수반의 지위를 인정하였다.[2] 1987년에 행해진 최초 대통령직선제의 선거는 1992년 문민정부의 수립을 가져왔고, 이후 1997년 국민의 정부와 2002년 참여정부를 차례로 탄생시켰다.

이와 같은 제6공화국헌법은 국회의 권한을 강화하고, 국회의 국정감사권을 부활시켰다.[3] 또한 헌법재판소를 신설하여 위헌법률심판 이외에 국가기관 사이 권한쟁의와 헌법소원 등도 심판하게 하였다.

▮ II 헌법의 基本原理

1. 국민주권주의

헌법 제1조제2항에서 "대한민국의 주권은 국민에게 있고, 모든 권력은 국민으로부터 나온다."라고 하여 국민주권주의를 선언하고 있으며, 또한 제1조제1항은 "대한민국은 민주공화국이다."라고 하여 권력분립에 입각한 공화국임을 명백히 밝히고 있다.

주권자로서 국민은 참정권을 가지며, 대통령과 국회의원 및 지방자치단체장의 선거권 등 국민투표권을 가진다. 헌법은 간접민주정치를 채택하면서도 예외적으로 국민투표제를 도입하여 직접민주정치의 요소를 가미하고 있는 것이다. 결국 국민에게 전반적, 최종적 내지 최고의 결정권력인 주권이 있

---

2) 1987년 당시 노태우정권의 탄생을 말한다. 대통령직선제의 경우 1980년 초반부터 요구되어 왔던 것이 1987년 9월 직선제 헌법개정안이 국회에서 발의되고, 동년 10월 국회에서 의결된 후 동월 27일에 국민투표로 확정되었다.

3) 나아가, 풀뿌리민주주의로서 지방자치에 관한 것을 헌법에 규정한 것도 이때이다.

다는 것을 나타낸다.

2. 자유민주주의와 권력분립주의

헌법전문은 자유민주주의를 강조하며, 통일도 자유민주주의에 입각하도록
하고 있다. 또한 주권의 내용으로서 통치권은 국가기관에 분산되어 행사되
어야 한다. 입법권은 국회에 속하며, 행정권은 대통령을 수반으로 하는 정
부에 그리고 사법권은 법원에 맡겨 행사하게 하고 있다.[4]

또한 권력분립의 요소로서 견제와 균형이 국가기관에 의해 이루어지게
하고 있다. 즉 국회는 정부에 대하여 국무총리임명동의권, 국무위원해임건
의권, 탄핵소추권, 국정감사권, 긴급명령승인권 및 계엄해제요구권 등의 견
제권을 가진다.

법원은 위헌명령, 규칙이나 처분심사권 등에 의해 정부를 견제할 수 있으
며, 정부는 법률안거부권, 계엄선포권 및 긴급명령권 등으로 국회를 견제할
수 있다. 결국 입법은 헌법에 따라야 하고, 행정은 법률에 따라 행하게 함
으로써 입헌주의와 법치주의를 보장하고 있다.

3. 법치주의

법치주의는 근대국가의 통치원리이다. 이것은 '인의 지배', '폭력에 의한
지배'가 아닌 '법에 의한 지배'를 의미하는 것이며, 국가권력은 국민의 의
사를 대표하는 의회가 제정한 법률에 구속되어 발동되어야 한다는 원리이
다. 이에 관한 구성요소로는 헌법과 법률의 지배, 권리의 사법적 보장 및

---

4) 한편 위헌법률심사권, 탄핵심판권 및 정당해산결정권 등은 헌법재판소가 맡고 있다.

법치행정의 원칙 등을 등 수 있다.

4. 평화적 통일주의

헌법전문은 "조국의……평화적 통일의 사명에 입각하여"라고 규정하고 있으며, 제4조에서는 "대한민국은 통일을 지향하며, 자유민주적 기본질서에 입각한 평화적 통일정책을 수립하고 이를 추진한다."라고 함으로써 조국의 평화적 통일주의에 입각하고 있다.

5. 문화국가주의

헌법전문은 '유구한 역사와 전통'을 강조하고 있으며, 헌법 제9조는 "국가는 전통문화의 계승·발전과 민족문화의 창달에 노력하여야 한다."라고 함으로써 민족문화의 창달조항을 두고 있다. 또한 제31조제5항에서 "국가는 평생교육을 진흥하여야 한다."라고 함으로써 국가의 문화책임을 강조하고 있다.[5]

6. 국제평화주의

헌법전문에서 "밖으로는 세계평화에 이바지함으로써"라고 규정하고 있으며, 제5조에서 "대한민국은 국제평화의 유지에 노력하고 침략적 전쟁을 부

---

5) 대통령의 취임선서에서도 "민족문화의 창달에 노력한다."라고 규정하고 있음을 볼 때, 헌법은 문화국가주의를 지향하고 있음을 알 수 있다.

인한다."라고 규정함으로써 국제평화주의를 선언하고 있다. 또한 제6조에서는 국제법의 존중주의와 외국인의 법적 지위의 보장을 규정하고 있다.

7. 기본권존중주의

헌법 제10조는 "모든 국민은 인간으로서의 존엄과 가치를 가지며, 행복을 추구할 권리를 가진다. 국가는 개인이 가지는 불가침의 기본적 인권을 확인하고, 이를 보장할 의무를 진다."라고 규정하여 기본권보장의 대원칙을 선언하고 있다.

또한 제37조에서는 기본권으로서 국민의 자유와 권리의 보장과 함께 그 제한을 규정하고 있으며, 헌법 제2장(국민의 권리와 의무)은 헌법전문과 제10조에서 선언된 기본권보장의 원칙을 구체화하여 여러 가지 개별적 기본권을 규정하고 있다.

8. 복지국가주의

기본권보장은 자유권의 보장에 그치지 않고, 생존권보장(Lebensvorsorge)에도 중점을 두어 복지국가의 건설을 꾀하고 있다. 헌법전문에서 '국민생활의 균등한 향상'을 선언하고, 기본권조항에서는 국민의 인간다운 생활, 사회보장·사회복지정책에 관한 국가의 의무 등을 규정하고 있다.

나아가 건강하고 쾌적한 환경에서 생활할 권리와 근로자의 고용증진과 적정임금을 보장하며, 근로조건의 기준을 인간의 존엄성을 보장하도록 법정할 것을 규정하고 있다.

또한 여자·노인·청소년·신체장애자의 복지 증진을 규정하는 등 복지국가의 건설을 규정하고 있다. 이를 달성하기 위하여 경제조항을 두어 사회적 시장경제주의의 원칙을 선언하고 있다.

9. 사회적 시장경제주의

헌법 제119조 이하에서는 경제조항을 두어 대한민국의 경제질서를 규정하고 있다. 즉 "대한민국의 경제질서는 개인과 기업의 경제적 자유와 창의를 존중함을 원칙"으로 한다.

국가는 "균형 있는 국가경제의 성장 및 안정과 적정한 소득의 분배를 유지하고, 시장의 지배와 경제력의 남용을 방지하며, 경제주체 간의 조화를 통한 경제주체 사이 민주화를 위하여 경제에 관한 규제와 조정을 할 수 있다고 한다(수정된 자본주의)."[6]

또한 약자의 보호를 위하여 어느 정도의 계획경제가 행해지고 있으며, 소비자보호운동 등을 보장하고(§124), 경제적 약자의 자조기관을 육성하며(§123), 농지의 소작제도 금지와 국토의 효율적 이용 및 개발을 위하여 필요한 제한과 의무를 부과하고 있다(§122). 나아가 농어촌의 개발계획, 지역사회의 균형발전 및 중소기업의 보호육성 등을 규정하고 있다.

---

6) 헌법재판소는 "개인의 경제적 자유를 보장하면서 사회정의를 실현하는 경제질서를 경제헌법의 지도원칙으로 표명하면서, 국가가 개인의 경제적 자유를 존중하여야 할 의무와 더불어 국민경제의 전반적인 향상에 대하여 포괄적인 책임을 지고 있다는 것을 규정하고 있다."(헌재 1996.12.26, 96헌가18)

제2절 人間의 尊嚴性

▮ I 인간의 尊嚴과 價値 및 幸福追求權

1. 概念

1) 의의

인간의 존엄과 가치는 무엇을 말하는가. 생각건대 인간의 존엄과 가치는 '인간의 인격과 평가'라고 보는 것이 타당할 것이다. 또한 행복을 추구할 권리는 생명, 일반적인 행동의 자유와 생존 등을 포괄적으로 내포하고 있는 개념으로 볼 것이다.[7]

따라서 넓은 의미의 인간의 존엄과 가치에는 평등권, 자유권적 기본권, 사회권적 기본권, 청구권적 기본권 및 참정권 등을 포함하며, 좁은 의미의 인간의 존엄과 가치에는 인격권(예: 명예권, 성명권, 초상권) 등을 포함하는 바, 여기에는 인격형성권 및 인격유지권과 관련하여 알권리 · 읽을 권리 · 들을 권리 · 생명권 등이 포함된다.

2) 향유주체

헌법 제10조에 따라 '모든 국민'이 향유주체이다. 그러나 인간으로서 가지는 존엄과 가치 내지 행복추구권이기 때문에 국적에 관계없이 외국인이나 무국적자를 포함한 모든 인간이 그 주체가 된다.[8] 또 이와 같은 권리의

---

7) 김철수, (제7판)『헌법개설』, 박영사, 2007, 129면.

향유자는 신체불구자나 병자, 정신이상자, 유아, 미성년자 및 범죄자 등을 불문하고 모든 인간에게 적용된다.

2. 內容

1) 생명권

한국헌법상 규정은 없지만, 독일기본법 제2조제2항, 제102조는 생명권과 사형의 폐지에 대하여 규정하고 있다.[9] 특히 오늘날 생명권에 대하여 문제되는 것은 안락사(euthanasia, mercy killing)와 우생학적 면에서의 단종 및 거세 등이다.

2) 일반적 인격권

인간에게 있어서 통상의 인격권은 명예권, 성명권과 초상권 등을 포함하는 개념으로서의 인격권이다.

3) 알권리, 읽을 권리, 들을 권리

알권리(읽을 권리, 들을 권리 포함)라 함은 개인의 자기실현을 가능하게 하기 위한 개인적인 권리로서 인간의 존엄의 전제가 되고, 듣고 보고 읽을 자유와 권리를 포함한다.

---

8) 다만 인간이 아닌 법인이나 결사(단체) 등에는 인정되지 않는다고 할 것이다.

9) Jeder hat das Recht auf Leben und körperliche Unversehrheit. Die Freiheit der Person ist unverletzlich. In diese Recht darf nur auf Grund eines Gesetzes eingegriffen werden(BGG§ 2 ②); Die Todesstrafe ist abgeschafft(BGG§ 102).

독일기본법 제5조제1항은 "일반적으로 입수할 수 있는 정보원(情報原)으로부터 방해됨이 없이 알권리를 가진다."라고 규정하고 있는바,[10] 이는 한국헌법 제10조에 규정되어 있다.

한국에서는 1996년 12월 '공공기관의 정보공개에 관한 법률'을 제정하여 공공기관이 보유·관리하는 정보의 공개의무와 국민의 정보공개청구에 관하여 필요한 사항을 정함으로써 국민의 알 권리를 보장하고 있다.

4) 본질적 내용의 침해 금지

헌법 제37조제2항에서는 "국민의 모든 자유와 권리는 국가안전보장·질서유지 또는 공공복리를 위하여 필요한 경우에 한하여 법률로써 제한할 수 있으며, 제한하는 경우에도 자유와 권리의 본질적인 내용을 침해할 수 없다."라고 규정하고 있다.

기본권제한의 정당성에 관하여, 자주 위헌성판단의 기준으로 적용되는 것은 기본권제한의 방법에서 그 요건에 관한 문제이다. 개인의 기본권을 침해하는 경우에도 개인의 국가권력에 대해 갖는 신뢰를 침해하지 않아야 하며 (신뢰보호의 원칙), 기본권침해가 개인에 대해 갖는 비중과 이 조치를 통하여 실현되는 공공이익은 균형을 유지해야 한다(비례의 원칙).[11]

---

10) Jeder hat das Recht, seine Meinung in Wort, Schrift und Bild frei zu äußern und zu verbreiten un sich aus allgemein zugänglichen Quellen ungehindert zu unterrichten. Die Pressefreiheit und die Freiheit der Berichterstattung durch Rundhunk und Film werden gewährleistet. Eine Zensur findet nicht statt(BGG§ 5).

11) 더 나아가, 개인의 기본권을 제한하는 것이 이러한 요건을 충족시켜 정당화되는 경우에도 경과규정을 통하여 개인의 기본권이 침해되는 정도를 최대한 줄여야 한다(경과적 보호규정).

☞ 사례1: 간통죄의 위헌성 여부(헌재 1990.9.10, 89헌마82)

¶ 형법 제41조(간통)의 규정은 헌법상 성적자기결정권과 행복추구권 등을 부당하게 침해하는 위헌법률인지의 여부?

¶ 헌법재판소는 "간통죄를 규정한 형법 제241조는 ⑤ 선량한 성도덕과 일부일처(monogamy)주의 혼인제도의 유지 및 가족생활의 보장을 위하여 또는 부부간의 성적 성실의무의 수호를 위하여, 그리고 ⑥ 간통으로 야기되는 사회적 해악의 사전예방을 위하여 배우자 있는 자의 간통행위를 규제하는 것으로서 헌법상의 성적자기결정권에 대한 필요 및 최소한의 제한이므로 자유와 권리의 본질적인 내용을 침해한 것이 아니다. 따라서 형법상의 간통제의 규정은 개인의 인간으로서의 존엄과 가치 및 행복추구권을 부당하게 침해하는 법률이라고 할 수 없다. 오히려 간통죄의 규정은 헌법 제36조(혼인과 가족생활에 있어서 양성평등)에 부합하는 법률이다. 이러한 사정에서 볼 때, 형법 제241조의 규정은 헌법에 위반되지 아니한다."라고 판시한 바 있다.

⚖ II 平等權

1. 意義

모든 인간에게 인격의 존엄을 인정한다는 것은 필연적으로 평등의 원칙을 전제로 하며, 법치국가에 있어서 가장 중요한 기본원리라고 할 수 있다. 평등권은 국가에 의하여 불평등한 대우를 받지 아니함과 동시에 국가에 대하여 평등대우를 요구할 수 있는 공권이다.

이는 근대법사상의 형식적인 평등에 중점을 둔 것으로서, 국가권력의 구성에 평등하게 참여하고 국가권력에 차별 없이 취급되는 것을 의미한다. 그러나 현대적인 평등사상은 실질적 평등으로서 경제적 내지 사회적 평등에 초점이 맞추어지고 있다.

2. 憲法規定

헌법전문에서는 "정치·경제·사회·문화의 모든 영역에서 각인의 기회를 균등히 하고……국민생활의 균등한 향상을 기하고……"라고 규정하고 있으며, 제11조에서 ㉠ 법 앞의 평등, 성별, 종교, 사회적 신분에 의한 차별 금지, 정치, 경제, 사회, 문화의 모든 영역에서 차별 금지와 ㉡ 사회적 특수계급의 부인 및 ㉢ 훈장 등 영전은 이를 받은 자에게만 효력이 있음을 인정하고 있다.

또한 제31조에서 교육의 기회균등을 규정하고, 제36조에서는 혼인과 가족생활에서의 양성평등을 규정하고 있으며, 제41조와 제67조에서는 선거에 있어서 양성평등의 규정을 두고, 나아가 제119조에서 균형 있는 국민경제의 발전을 규정하고 있다. 결국 오늘날 이러한 평등규정도 상대적 평등을 그 내용으로 하며, 이는 '恣意의 禁止'를 말한다.

☞ **사례2: 공무원채용시험에서 제대군인에 대한 가산점부여제도의 위헌성**
(헌재 1999.12.23, 98헌마363)

¶ 공무원채용시험에서 제대군인에게 평균 5% 또는 3%의 가산점을 부여하는 경우 이것이 여성, 신체장애자 등의 평등권을 침해하는지 여부?

¶ 헌법 제39조제1항에서 국방의무를 국민에게 부과하고 있는 이상, ㉠ 병역법에 따라 군복무를 하는 것은 국민이 마땅히 하여야 할 신성한 의무를 다하는 것이라 할 것인바, 그러한 의무이행을 특별한 희생으로 보아 일일이 보상하여야 한다고 할 수 없다. 따라서 제대군인지원에 관한 법률 제8조, 제3조 및 동시행령 9조에 의한 가산점제도는 헌법 제39조제2항의 병역의무를 이유로 불이익한 처우를 금지하는 것에 대한 범위를 넘어 제대군인에게 일종의 적극적 보상조치를 취하는 제도라고 보아 헌법상의 근거가 될 수 없다. ㉡ 전체 여성 중 극히 일부만이 제대군인에 해당될 수 있는 반면, 남자의 경우 대부분이 제대군인에 해당하므로 가산점제도는 실질적으로 성별에 의한 차별이며, 남자들 사이에도 징병검사의 결과에 따라 가산점부여가 결정되므로 이 또한 차별이다. ㉢ 가산점제도는 헌법 제32조제4항이 특별히 남녀평등을 요구하고 있는 '근로' 내지 '고용'의 영역에서 남성과 여성을 달리 취급하는 제도이고, 또한 헌법 제25조에 의해 보장된 공무담임권이라고 하는 기본권행사에 중대한 제약을 초래하는 것이기 때문에 엄격한 심사척도가 요구될 것인데 이는 평등위반에 해당한다. ㉣ 가산점제도는 많은 여성들의 공직진출에 걸림돌이 되고 있는바, 이는 오늘날 공무원채용시험이 날로 치열하고 합격선도 높아서 불과 소수점 이하의 점수 차이로 합격여부가 결정되는 것을 볼 때, 5~3%의 가산점은 합격 여부에 결정적인 영향을 미쳐 가산점을 받지 못하는 사람들을 실질적으로 거의 배제하는 결과를 초래하고, 제대군인에 대한 이와 같은 누차의 혜택은 차별취급을 통하여 달성하려는 입법목적의 비중에 비하여 차별로 인한 불평등의 효과가 극심하여 차별취급의 비례성을 상실하고 있다. ㉤ 헌법 제25조의 공무담임권은 모든 국민이 그 능력과 적성에 따라 공직에 취임할 수 있는 균등한 기회를 보장하는 것이므로, 해당 공직에서 요구되는 직무수행

◈ III 국민의 自由權 및 生存權的 基本權

1. 自由權的 기본권

1) 의의

국민이 자신의 자유영역에 대하여 국가권력으로부터 침해를 받지 않을 소극적인 권리이며, 국가의 부작위를 요청할 수 있는 권리이다. 즉 국가에 대하여 적극적으로 작위를 요청할 수 있는 권리가 아니라, 국민은 국가의 자유권침해에 대해 그 침해의 배제를 청구할 수 있다.[12]

2) 자유권의 포괄성

헌법 제37조제1항은 "국민의 자유와 권리는 헌법에 열거되지 아니한 이유로 경시되지 아니한다."라고 규정함으로써 자유권의 포괄성을 선언하고 있다. 따라서 헌법규정의 유무에 관계없이 자유권은 국가 이전의 인간에 대한 권리로서 포괄적인 일반적 행동의 자유권이 있고, 이에 개별적인 자유권

---

12) 이 점에서 자유권은 대국가적인 침해배제의 청구권이라고 할 수 있다.

이 헌법에 예시된 것으로 보아야 한다.

3) 내용

(1) 신체의 자유

신체의 자유는 인간생활에 있어서 제1차적인 요소이며, 민주주의의 존립에 불가결한 기본적 자유이다. 신체의 자유가 자의적인 권력이나 폭력으로부터 보호되지 않으면 인간의 존엄과 민주주의 또한 존재할 수 없는 것이다.

헌법 제12조 이하에서는 이를 상세히 규정하여 신체의 자유를 적극적으로 보장하고 있다. 헌법 제12조에 따르면, ㉠ 신체의 자유를 선언함과 동시에 죄형법정주의와 체포 및 구금 등의 법률주의를 규정하고(제1항), ㉡ 고문금지와 묵비권의 보장(제2항), ㉢ 영장제도(제3항), ㉣ 변호인의 조력을 받을 권리(제4항)를 선언하고 있다.

또한 ㉤ 체포 또는 구속의 이유와 변호인의 조력을 받을 권리가 있음을 고지받을 권리(제5항), ㉥ 구속적부심사제(제6항) 및 ㉦ 자백에 대한 증거능력의 제한을 규정하고 있다.

나아가 헌법 제13조에서는 일사부재리와 소급입법의 금지 및 자기의 행위가 아닌 친족의 행위로 인한 불이익처우 금지 등을 규정하고 있다.

① 법률주의: 헌법 제12조제1항은 "누구든지 법률에 의하지 아니하고는……체포, 구금, 압수, 수색 또는 심문을 받지 아니하며, 법률과 적법한 절차에 의하지 아니하고는 처벌, 보안처분 또는 강제노역을 받지 아니한다."고 규정하여 죄형법정주의 내지 법률주의를 선언하고 있다.

② 고문금지와 묵비권: 헌법 제12조제2항에서는 "모든 국민은 고문을 받지 아니하며, 형사상 자기에게 불리한 진술을 강요당하지 아니한다."라고 규정하고 있다.

특히 이는 수사단계에서 자백을 강요하기 위한 폭력사용이 금지되는 것으로서, 실정법적으로 직권남용죄, 손해배상청구권제도 등을 통하여 담보되고 제7항에 의하여 자백의 증거능력을 제한하는 조치를 통해 실효성이 보충되고 있다.

③ 영장제도: 헌법 제12조제3항은 법률로써 체포, 구금, 압수, 수색하는 경우에는 검사의 청구에 의하여 법관이 발부한 영장을 제시하여야 한다고 규정한다.

체포, 구금의 경우 구속영장에는 최소한 구속할 피의자와 이유가 명시될 것이 요구된다. 영장제도의 예외로서 현행범인 경우, 장기 3년 이상의 형에 해당하는 죄를 범하고서 도피 또는 증거인멸의 우려가 있을 때에는 사후영장을 청구할 수 있다(동 항 단서).[13]

④ 변호인의 조력을 받을 권리: 누구든지 체포, 구금을 받은 때에는 즉시 변호인의 조력을 받을 권리를 가진다. 다만 법률이 정하는 경우 형사피고인이 스스로 변호인을 구할 수 없을 때에는 국가가 변호인을 붙인다고 함으로써 국선변호인제도를 규정하고 있다(§12④).[14]

또 누구든지 체포 또는 구속의 이유와 변호인의 조력을 받을 권리가 있음을 고지받지 아니하고는 체포 또는 구속을 당하지 아니한다. 체포 또는 구속을 당한 자의 가족 등 법률이 정하는 자에게는 그 일시와 장소가 지체 없이 통지되어야 한다(동 조 ⑤).

⑤ 구속적부심사제도: 헌법 제12조제6항은 "누구든지 체포 또는 구금을 당한 때는 적부의 심사를 법원에 청구할 권리를 가진다."라고 규정하고 있다. 구속적부심사제도는 합의부에서 범죄의 염려 및 증거인멸의 염려와 도주의 염려 등을 심사하여[15] 그 염려가 없는 경우 석방하는

---

13) 이와 관련하여 1995년 12월의 형사소송법개정에서는 긴급구속을 폐지하고 있다.

14) 국선변호인의 선정은 다음 각 호의 어느 하나에 해당하는 경우에 변호인이 없는 때에는 법원은 직권으로 변호인을 선정한다(형소법§33). ㉠ 피고인이 구속된 때, ㉡ 피고인이 미성년자인 때, ㉢ 피고인이 70세 이상인 때, ㉣ 피고인이 농아자인 때, ㉤ 피고인이 심신장애의 의심이 있는 때, ㉥ 피고인이 사형, 무기 또는 단기 3년 이상의 징역이나 금고에 해당하는 사건으로 기소된 때 등이다.

15) 이 제도의 주된 목적은 영미법계의 인권보장제도를 받아들임으로써 수사기관의 수사권남용의 방지에 있으며, 검사의 청구에 의한 영장발부의 경우 단독판사가 행하는 것과 대비된다.

절차이다.

⑥ 형벌불소급 및 일사부재리원칙: 헌법 제13조는 "모든 국민은 행위 시의 법률에 의하여 범죄를 구성하지 아니하는 행위로 소추되지 아니하며, 동일한 범죄에 대하여 거듭 처벌받지 아니한다."라고 규정하고 있다.

⑦ 신속한 공개재판을 받을 권리: 형사피고인은 상당한 이유가 없는 한 지체 없이 공개재판을 받을 권리를 가진다(§27).

　　신속한 공개재판을 받을 권리는 사회의 안녕질서, 국가안전보장과 선량한 풍속의 유지 등을 위하여 법원의 결정으로써 심리하는 경우에 한하여 비밀로 할 수 있다(§109 단서).[16]

⑧ 형사보상청구권: 형사피의자 또는 형사피고인으로서 구금되었던 자가 법률이 정하는 불기소처분을 받거나 무죄판결을 받은 때에는 법률이 정하는 바에 의하여 국가에 정당한 보상을 청구할 수 있다(§28).

(2) 거주·이전의 자유

헌법 제14조는 "모든 국민은 거주·이전의 자유를 가진다."라고 규정하고 있다. 거주·이전의 자유란 국민이 자기가 원하는 곳에 주소와 거주를 설정하고, 또 그것을 이전할 자유 및 일정한 주소나 거소를 그의 의사에 반하여 옮기지 않을 자유를 말한다.

거주·이전의 자유는 재산권보장, 직업선택의 자유 및 영업의 자유 등과 함께 경제적 자유의 성격을 지닌 것이다. 하지만 이는 또한 인간활동의 범위를 확대시켜 줌으로써 인간 사이 교통의 촉진과 개인의 인격형성 및 성장에 밀접한 관계를 가지고 있어서 민주주의의 근본인 인간의 존엄 또는 인간의 평등이라고 하는 정신적 측면도 아울러 가지고 있다.

---

16) 다만 형의 선고나 무죄의 선고는 반드시 공개법정에서 하여야 한다.

(3) 직업선택의 자유

헌법 제15조는 "모든 국민은 직업선택의 자유를 가진다."라고 규정하고 있다. 직업선택의 자유란 자기가 선택한 직업에 종사하여 이를 영위할 수 있는 자유를 말한다.

여기서 직업이란 생활의 기본적 수요를 충족시키기 위한 계속적 활동, 즉 총체적이며 경제적 성질을 가지는 모든 활동을 말한다. 근로의 의무를 가능한 한 근로에 종사할 것을 권고하는 윤리적 의무로 본다면, 당연히 무직업의 자유도 포함한다.[17]

(4) 주거의 자유

헌법 제16조는 "모든 국민은 주거의 자유를 침해받지 아니한다. 주거에 대한 압수나 수색에는 검사의 신청에 의하여 법관이 발부한 영장을 제시하여야 한다."라고 규정하고 있다.

이는 주거의 평온과 주거의 불가침을 보장하는 것으로, 주거의 불가침은 신체의 자유와 더불어 최소한의 자유이다. 이것은 또한 사생활의 비밀(privacy)에 관한 권리의 일환이라고 할 수 있다.

(5) 사생활의 자유와 비밀보장

헌법 제17조에서는 "모든 국민은 사생활의 비밀과 자유를 침해받지 아니한다."라고 규정하고 있다. 타인의 부당한 침해로부터 보호받는 사적인 생활영역이 존재한다는 것은 생명, 신체 및 재산 등에서의 권리나 형법상의 명예훼손죄(§307 이하) 및 민법상의 불법행위의 규정(§750 이하)에 비추어 과거부터 인정되어 온 것이다.[18]

오늘날 사생활의 자유와 비밀에 대한 권리는 소극적인 것에 그치지 않고,

---

17) 다만 형의 선고에 의한 강제노역의 경우에는 무직업의 자유가 인정되지 않는다.

18) 최근 정보화 사회에 있어서 사생활의 자유와 비밀보장은 더욱 중요한 기본권이라고 할 수 있는바, 영미에서는 이를 프라이버시권(privacy)이라고 한다.

적극적으로 자기에 관련된 정보의 전파를 통제할 수 있는 권리로 파악하는 경향이 있다. 다만 사생활의 자유에 대한 권리도 다른 기본권과 충돌하는 경우 이익교량에 의하여 제한될 수 있다.

☞ **사례3: 사생활 및 초상권의 침해에 대한 사례**

¶ 여대생 甲이 해수욕장에서 수영복차림으로 수영하고 있던 중 Y잡지사의 사진기자가 몰래 그녀를 촬영하고 동의 없이 Y잡지사의 발행잡지의 표지에 사진을 싣게 되었다. 이 경우 여대생 甲의 Y잡지사에 대한 권리 행사의 여부

¶ 헌법 제17조에 의한 사생활의 비밀 및 초상권의 침해에 대한 권리의 내용은 사생활의 공개, 명예나 신용을 훼손하는 공표 및 인격적 징표(본인의 고유한 속성)의 타인에 의한 이용 등 개인의 비밀영역 또는 인격적 영역의 불가침을 그 내용으로 한다. 그런데 사생활의 비밀이 침해되기 위해서는, ㉠ 사용된 사진 등이 본인과 일치할 것, ㉡ 그 사진 등이 일상의 것이 아니며, ㉢ 그 사용이 영리목적에 있어야 한다. 사례에서 여대생 甲이 해수욕장에서 수영복차림으로 해수욕을 하고 있는 중에 사전의 동의 없이 사진을 촬영한 후 Y잡지사의 발행잡지의 표지에 공표한 것은 甲의 인격이 위법하게 그리고 타인의 책임 있는 행동으로 인하여 침해되었고, 그 침해의 정도 또한 중대하다고 볼 수 있다. 이에 따라 甲은 헌법 제17조, 제21조 및 민법 제750조에 의거 피해보상(위자료청구)과 원인배제를 청구할 수 있으며, 형법 제309조(출판물 등에 의한 명예훼손)의 위반을 이유로 하여 형사처벌을 요구할 수 있다.

(6) 통신의 자유

헌법 제18조는 "모든 국민은 통신의 비밀을 침해받지 아니한다."라고 규정하고 있다. 이는 통신의 불가침을 보장하고 있는 것이며, 여기서 통신비밀의 불가침이란 서신뿐만 아니라 전신, 전화 등의 검열이나 도청을 금지한 것으로 발신에서부터 수신 사이에 비밀이 침해되는 것을 금지하는 것이다.[19]

따라서 통신물의 개봉이 금지되며, 통신사무에 종사하는 직원이 비밀을 탐지하기 위하여 통신사무에 관여하는 것 또한 금지된다.

(7) 양심의 자유

헌법 제19조에서 "모든 국민은 양심의 자유를 가진다."라고 규정하고 있

---

19) 통신비밀의 보장에 대한 목적은 개인의 사생활의 비밀을 보장함과 동시에 개인의 인격을 보호하기 위한 것이다.

는바, 양심의 자유는 종교의 자유와 함께 인간내심의 자유로서 정신적 자유의 근원으로 여겨지고 있다.

여기서 양심의 자유는 인간의 내면적인 사상과 양심을 외부에 표현하도록 강요되지 않을 자유와 자기의 사상 및 양심에 반하는 행위를 강요당하지 아니할 자유를 말한다.

☞ 사례4: 양심의 자유와 의무(병역의무)의 충돌문제

¶ 개인의 양심상 내지 종교상의 교리에 따른 이유로 병역을 기피한 경우, 현재 대법원의 입장은 양심적 병역거부를 인정하지 않고 있다(병역법 § 88).

¶ ㉠ 양심의 자유와 병역의무가 충돌한 경우 양자 중 어느 것이 우선시되어야 하는가.
　㉡ 이때 대체적 병역의무를 통하여 병역의무를 완수하는 것이 가능할 것인가.
　㉢ 또 집총거부의 경우 이것이 헌법상 정당한 양심의 자유에 해당할 것인가.

(8) 종교의 자유

헌법 제20조제1항에서는 "모든 국민은 종교의 자유를 가진다."라고 규정하고 있고, 동 조 제2항에서는 "국교는 인정되지 아니하며, 종교는 정치로부터 분리된다."라고 규정하고 있다.

종교의 자유는 정신적 자유의 근원으로서 대개 신앙의 자유, 종교적 행위의 자유 및 종교적 집회·결사의 자유를 내용으로 한다. 信仰의 自由란 종교를 믿고 안 믿을 자유, 종교를 선택·변경할 자유, 신앙고백의 자유와 신앙선전의 자유, 종교적 교육의 자유, 신앙 또는 불신앙으로 인하여 특별한 불이익을 받지 않을 자유를 말한다.

宗敎的 行爲의 自由란 종교상의 제사, 의식, 예배 등 종교적 행위를 각인이 임의로 할 수 있는 자유와 그러한 행위를 할 것을 강요당하지 아니하는 자유를 말한다.

(9) 언론·출판의 자유

헌법 제21조에서는 "모든 국민은 언론, 출판의 자유와 집회, 결사의 자유를 가진다."라고 규정하고 있다. 언론·출판의 자유의 구체적인 내용은 의견의 표명과 전파의 자유, 정보의 자유와 알권리, 신문 등의 보도의 자유와 방송·방영의 자유 등을 들 수 있다.

(10) 학문과 예술의 자유

학문의 자유는 사상표현의 자유, 예술의 자유는 미의 추구의 자유를 말한다. 前者의 경우에는 연구의 자유, 연구발표의 자유, 교수의 자유 및 대학자치를 포함하며, 後者의 경우에는 예술창작의 자유, 예술표현의 자유 및 예술적 결사의 자유를 포함한다.

(11) 재산권의 보장

헌법 제23조에서는 ㉠ 모든 국민의 재산권은 보장되며,[20] 그 내용과 한계는 법률로 정한다. ㉡ 재산권의 행사는 공공복리에 적합하도록 하여야 한다. ㉢ 공공필요에 의한 재산권의 사용·수용 또는 제한 및 그에 대한 보상은 법률로써 하되, 정당한 보상을 지급하여야 한다.

또한 제22조제2항은 저작자, 발명가, 과학기술자와 예술가의 권리를 법률로써 보호하고, 제9장 경제조항에서는 광업권, 농지소유권 등에 관하여 규정하고 있다. 이렇게 볼 때, 제23조는 재산권 일반을, 제22조제2항은 무체재산권을, 제9장의 경제조항은 특수재산권을 보장하고 있다.

---

20) 근대초기 재산권보장에 관한 헌법규정은 재산권을 국가 이전의 천부적 권리로 보아 신성불가침으로 생각하였다. J. Locke의 경우 '자연권으로서 생명, 자유 및 재산권'을 들었고, 프랑스 인권선언에서는 '신성불가침의 권리'라고 하였으며(§17), 버지니아 권리장전에서는 '재산권은 인간의 생래적인 권리'라고 규정한 이래(§1), 20세기 자본주의 산업사회의 발전으로 심한 빈부격차에 의해 재산권보장에 변화가 생겼다. 즉 독일바이마르헌법(1919) 제153조에서는 "재산권은 의무를 수반한다. 재산권의 행사는 공공복리를 위하여 행사되어야 한다."라고 규정하였다.

2. 生存權的 기본권

1) 의의

생존권적 기본권은 사회권적 기본권이라고도 하는바, 인간의 생활에 필요한 여러 가지 조건을 국가권력이 적극적으로 관여하여 확보해 줄 것을 요청할 수 있는 권리를 말한다. 여기서 생존권(Lebensvorsorge)은 국가권력이 적극적으로 국민의 생활에 관여함으로써 보장될 수 있는 국민의 국가에 대한 적극적 권리이다.

전술한 자유권적 기본권이 '국가로부터의 자유'라고 한다면, 생존권(사회권)적 기본권은 '국가에 의한 권리'라고 할 것이며, 여기에는 당연히 국가와 관련성, 즉 '법률에 의한 보장'이 예상되는 것이다.[21] 헌법상의 생존권(사회권)적 기본권은 교육의 권리, 근로의 권리 및 근로자의 권리, 사회보장의 권리, 환경권, 보건의 권리 등이 이에 해당한다.[22]

2) 내용

(1) 교육을 받을 권리

'교육을 받을 권리'란 교육을 받을 수 있도록 국가의 적극적인 배려를 요구할 수 있는 권리를 말한다. 현대적 사회국가 내지 문화국가에서는 교육은 인간다운 생활의 필수조건이 되며, 국민의 능력 개발과 그 실현을 위하여 요구되는 권리이다.

헌법 제31조는 교육의 권리와 의무에 대하여 규정하고 있는바, 교육을 받을 권리는 국가 내적인 권리이므로 국민의 권리로서 외국인에게는 원칙

---

21) 이러한 측면에서 생존권(사회권)적 기본권을 보장하는 것은 국가권력의 의무인 동시에 국가권력의 핵심 내용을 이루는 것이라고 할 수 있다.

22) 송오식 · 박복순, (2005년 개정판) 『여성과 법』, 형설출판사, 2005, 100면.

적으로 보장되지 않는다. 이는 성질상 자연인에게만 보장되고 법인은 제외되는 것이며, 외국인에게도 바람직한 요청으로 받아들여지지만 절대적인 것은 아니다.

(2) 근로의 권리

① 헌법 제32조(근로권): 근대 자연법사상에서는 근로의 권리가 천부의 권리로서 인간의 한 속성으로 생각되었고, 따라서 개인의 자유로운 근로의 기회가 국가에 의해 침해되지 않아야 한다는 소극적인 의미의 자유권의 일종으로 생각되었다.

이와 같은 근로권은 19세기 후반 사회주의사상의 물결에 따라 생존권의 개념으로 적극적인 의미를 갖는 것이 되었으며, 국가의 능동적인 보호를 요구하게 되었다.

현대 자본주의사회에서 근로권이란 근로의 의사와 근로의 능력이 있는 자는 국가에 대하여 적당한 노동을 가질 것을 요구할 수 있으며, 노동을 가지지 못한 경우 이에 갈음하여 상당한 생활비의 지급을 요구할 수 있는 권리이다. 헌법 제32조에서는 근로의 권리에 관하여 규정하고 있다.

② 헌법 제33조(근로자의 근로3권): 근대국가에서 주된 사상의 하나인 계약자유[23]는 근로권과 관련하여 근로자에게 빈곤을 심화시켰다. 이에 따라 근로자의 생존권을 보장하는 측면에서 근로자에게 단결권(노동조합의 구성), 단체교섭권, 단체행동권 등을 인정하게 되었다.

헌법 제33조에서 규정하고 있는 근로3권은 사회적으로 약자인 근로자가 사회적으로 강자인 사용자와 대등한 노사계약을 할 수 있게 하기 위하여 보장하고 있는 근로자의 생존권이라고 할 수 있다.[24]

---

23) 이 밖에도 근대국가에서 팽배한 사상으로는 천부인권, 자유권절대, 사유재산제, 과실책임 등을 들 수 있다.

24) 그러나 단결권 및 단체행동권은 헌법 제33조의 특수유보조항에 의하여 제한될 수 있으며, 헌법 제37조 제2항에 의하여 국가의 안전보장, 사회질서의 유지 및 공공복리를 위하여 법률로써 제한할 수 있다.

(3) 사회보장에 관한 권리

모든 국민의 인간다운 생활을 보장하기 위하여 국가는 사회보장제도를 확립하여야 하는바, 국민은 국가의무의 반사적 권리로서 사회보장을 받을 권리를 가진다. 사회보장은 국가가 국민의 생존을 공공부조 또는 사회보험에 의하여 확보하는 것인데, 이는 국민건강보험, 양로보험, 고아원, 무료진료소 등 사회구호시설의 혜택을 받을 수 있는 권리를 포함한다.

나아가 사회보장의 일환으로서 생활무능력자는 인간다운 생활을 보장받기 위하여 국가의 보호를 받을 권리가 있다. 생활무능력자는 노령, 질병 기타 사유로 인하여 생활능력을 상실한 자를 말하는데, 헌법 제34조제2항 이하에서는 이에 관하여 규정하고 있다.[25]

(4) 환경권에 관한 권리

환경권은 1960년대 이후 미국에서 등장한 개념으로, 이는 건강하고 쾌적한 환경의 회복, 보전을 구하는 권리이다. 미국에서는 1971년에 제정된 국가환경정책법은 최초의 환경법전이라고 할 수 있다. 또한 독일에서는 1973년 '인간은 모두 인간에게 적합한 환경에 대한 기본적인 권리를 가지며, 이는 헌법에서 보장하는 권리'라고 선언함으로써 구체적인 권리로 자리매김되었다.

한편 일본에 있어서는 1960년대 이후 경제성장과 더불어 공해병(가와사키병, 이따이따이병, 미나마따병, 쯔쯔가무시병 등)이 등장함에 따라 각 지방의 도시를 중심으로 자치법(조례)에 의해 환경권을 인정하였다.

한국의 경우 1978년 '환경보전법'을 제정하였고, 1990년 '환경정책기본법'을 제정하였다.[26] 헌법 제35조에서는 환경권에 대하여 규정하고 있다. 넓은

---

25) 사회보장에 관한 법률로는 아동복지법, 노인복지법 및 한부모가족지원법 등이 있으며, 생활보호를 받을 권리를 보장하기 위한 법률로는 국민기초생활보장법, 군사원호법, 경찰원호법 및 상이군경연금법 등 특별법이 있다.

26) 이 밖에 대기, 수질, 소음에 관한 '대기환경보전법(1995)', '수질환경보전법', '소음진동규제법(1995)' 및 '토양환경보전법(1995)' 등 단행법이 있다.

의미에서 자연환경에서 살 권리(자연적 청정한 대기를 누릴 권리, 깨끗한 물을 사용할 권리)뿐만 아니라, 좋은 사회적 환경에서 살 권리(교육권, 의료권, 도로·공원이용권 등)를 포함한다. 이와 같은 환경권의 적극적인 실현을 위하여 환경부를 신설하였다.[27]

☞**사례5: 건강하고 쾌적한 환경에서 생활할 권리**

¶ 자동차정류장 인근에 거주하는 주민이 정류장에서 발생하는 소음과 먼지 등으로 인하여 생활하는 데 불편을 겪었다면, 헌법상 환경권을 근거로 하여 '건강하고 쾌적한 환경에서 생활할 권리'를 보호해 줄 것을 국가에 대해 청구함으로써 권리를 구제받을 수 있는 수단

¶ 환경권은 오염되거나 불결한 환경의 예방 또는 배제라는 소극적 성격뿐만 아니라 적극적으로 청정한 환경을 보전하고 조성하여(공해의 배제) 줄 것을 국가에 대해 요구할 수 있는 권리이다(환경정책기본법: 자연환경, 생활환경).
이에 따라 환경권의 침해와 구제에 대하여, ㉠ 사인에 의한 침해의 경우: 무과실의 손해배상청구, 사전적 구제수단으로 유지청구(수인한도론), ㉡ 공권력에 의한 침해의 경우: 행정쟁송, 국가배상청구, 손실보상청구 및 헌법소원 등, ㉢ 환경피해분쟁조정제도(1991): 환경오염피해분쟁조정법에 따라 환경부장관 아래 환경분쟁조정위원회를 통하여 권리구제가 가능하나, 권리구제의 가능성과 그 구체적인 방법은 필수적으로 관계법규를 종합적으로 검토해야 할 것이다.

(5) 혼인·가족 및 보건에 관한 권리

헌법 제36조제1·3항은 ㉠ 혼인과 가족생활 및 양성평등, ㉡ 혼인의 자유와 순결의 보장에 대해 규정하고 있다. 위 양자는 인간의 존엄과 양성의 평등에 기초한 혼인과 가족생활의 보장을 목표로 하고 있기 때문에 국가는 개인의 혼인의 자유를 제한할 수 없으며, 결혼퇴직제도 또한 합법적이지 못한 것이다.

혼인의 순결은 일부일처제(monogamy)의 보장을 의미하며, 축첩제도나 중혼제도를 부인함을 의미한다. 다만 미성년자의 혼인에 대하여 부모의 동의를 필요로 한 것과 근친혼의 제한은 합리적인 것으로 위헌이 아니라고 보고 있다.

---

27) 환경권의 침해에 대한 구제수단으로서, 국가권력에 의해 환경권이 침해된 경우 국가에 대하여 청원권의 행사, 행정소송의 제기, 국가배상청구 등이 가능하다.

3. 참정권 및 청구권적 기본권

1) 참정권

(1) 의의

참정권은 국민주권국가에 있어서 국민이 직접 또는 간접적으로 국정에 참여할 수 있는 권리를 말한다. 즉 국민이 국가기관의 구성원으로서 공무에 참여하는 권리이다.[28]

(2) 내용

① (공무원)선거권(§24): 헌법 제24조는 "모든 국민은 법률이 정하는 바에 의하여 선거권을 가진다."고 규정하고 있다. 여기서 공무원이란 대통령, 국회의원 등 모든 국가기관의 담당자를 포함한다.

② 공무담임권(§25): 헌법 제25조는 "모든 국민은 법률이 정하는 바에 의하여 공무담임권을 가진다."고 규정하고 있다. 공무담당의 기회는 평등의 원칙에 입각하여 모든 국민에게 균등하게 부여되어야 하며, 공무원이 되는 자격요건과 선임절차는 합리적으로 규정되어야 한다.[29]

③ 국민투표권(§72, §130): 헌법 제72조에서 "대통령은 필요하다고 인정할 때에는 외교·국방·통일 기타 국가안위에 관한 중요 정책을 국민투표에 부칠 수 있다."라고 규정하고 있다.

또 제130조제2항에서는 "헌법개정은 국회가 의결한 후 30일 이내에 국민투표에 부쳐 국회의원선거권자 과반수의 투표와 투표자 과반수의 찬성을 얻어야 한다."고 규정하고 있는바, 이들은 직접민주정치의 한 표현이라고 할 것이다.

---

28) 한편 이를 정치권이라고 불러야 한다는 견해도 있다.

29) 공무라 함은 입법, 사법, 행정 및 지방자치단체를 포함한 모든 국가의 사무를 의미하며, 이와 같은 공무담임권은 국민으로서의 자격에 결부된 기본권이므로 외국인은 누릴 수 없다.

2) 청구권적 기본권

(1) 의의

국민이 적극적으로 국가에 대하여 특정한 행위를 요구하든가, 국가의 보호를 요청하는 주관적 공권이다. 청구권적 기본권은 수익권, 권리보호청구권, 구제적 기본권 및 권리보장을 위한 기본권 등으로 불린다.

(2) 내용

① 청원권(§26): 국민이 국가기관에 대해 의견이나 희망을 진술할 권리이다. 국민이 제출한 청원을 국가는 심사할 의무가 있는바, 헌법 제26조에서 규정하고 있다.

청원법 제4조에서 청원할 수 있는 내용은, ㉠ 피해자의 구제, ㉡ 공무원의 비위시정 또는 공무원에 대한 징계나 처벌의 요구, ㉢ 법률, 명령, 규칙의 제정, 개정 및 폐지, ㉣ 공공제도, 시설의 운영, ㉤ 기타 공공기관의 권한에 관한 사항 등으로 규정하고 있다.[30]

② 재판청구권(§27): 재판을 받을 권리는 국가에 대하여 재판을 청구할 수 있는 기본권이다. 이는 (행)정부의 자의적인 재판을 배제하고, 사법권의 독립이 보장된 법원에서 자격 있는 법관에 의하여 재판을 받을 권리와 적법한 절차에 따른 공정한 심판을 받을 권리를 포함한다.[31]

헌법 제27조에서는 재판을 받을 권리를 규정하고 있는바, '헌법과 법률에 정한 법관에 의하여' 법률에 의한 재판을 받을 권리를 명시하고, 또 군인·군무원이 아닌 국민은 원칙적으로 군법회의의 군사재판을 받지 않을 권리를 가진다. 다만 재판청구권은 예외적인 경우 비상

---

30) 예외적으로 다음과 같은 것은 청원할 수 없는 것으로 하고 있다. 즉 ㉠ 재판에 간섭하는 것, ㉡ 국가원수를 모독하는 것을 내용으로 하는 것, ㉢ 타인을 모해할 목적으로 허위의 사실을 적시하는 행위 등을 규정하고 있다. 오늘날 청원을 실질화하는 제도로서 스웨덴의 의회조사제도(옴브즈만: Ombudsman)가 있는데, 한국의 경우 '행정쇄신위원회' 또는 '국민고충처리위원회' 등이 이에 해당한다고 할 것이다.

31) 이는 사법절차에 있어서 소송적인 기본권이라고 할 수 있으며, 실질적인 내용의 기본권을 보장하고 관철하기 위한 형식적인 기본권이다.

계엄(§77), 특수한 신분관계에 의하여 제한(§27)될 수 있다.

③ 형사보상청구권(§28): 형사피의자 및 형사피고인으로 구금되었던 자가 불기소처분 또는 확정판결에 의하여 무죄를 선고받은 경우 그가 입은 재산상, 정신상의 손해에 대하여 그 손실의 전보를 국가에 대해 청구할 수 있는 권리이다. 헌법 제28조에서는 이에 관하여 규정하고 있다.

④ 국가배상청구권(§29): 공무원의 직무상의 불법행위로 손해를 입은 국민은 법률이 정하는 바에 의하여 국가 또는 공공단체에 정당한 배상을 청구할 수 있다.[32] 헌법 제29조에서는 이에 관하여 규정하고 있다.

♠Ⅳ 국민의 基本的 義務

1. 意義

국민이 국가의 통치대상으로서의 지위에서 부담하는 기본적 의무이다. 국민은 헌법이나 법률에 의한 통치권 아래 복종할 의무가 있다. 국민주권에 의해 그 주권자에게 명령할 수 있는 것은 오직 국민 자신뿐이다.

그런데 국민의 의사는 헌법과 법률이라는 형식에 의해 표현되기 때문에 개개의 국민은 이와 같이 표현된 국민 스스로의 의사에 복종하여야 한다. 국민의 기본적인 의무 중 납세의무, 국방의무 등은 고전적 의무에 속하며, 재산권의 공공복리의 적합이나 환경보전의 의무 등은 현대적 의무에 속하는 것들이다.

---

32) 이 경우 공무원 자신의 책임은 면제되지 아니한다(§29 후단).

2. 內容

1) 납세의무

헌법 제38조는 "모든 국민은 법률이 정하는 바에 의하여 납세의 의무를 진다."라고 규정하고 있다. 납세의무는 국가의 유지와 활동에 필요한 경비를 조달하기 위하여 국가권력에 의하여 직접 아무런 보상 없이 일방적으로 과하여진 경제적 부담을 제공하여야 할 의무이다.

따라서 납세의무는 국민의 능력에 따라 공평히 부과되어야 한다. 또한 사유재산권에 대한 중대한 제한이 되기 때문에 행정부의 일방적인 자의에 의한 부과는 인정되지 않고, 반드시 의회의 법률(형식적인 법률)에 의하여만 부과된다(조세법률주의).

2) 국방의무

헌법 제39조는 "모든 국민은 법률이 정하는 바에 의하여 국방의 의무를 진다."라고 규정하고 있다. 이는 소극적으로 법률에 의하지 아니하고는 국방의무를 부과하지 못함으로써 국민의 자유를 보장하는 것이며, 적극적으로 주권자인 국민이 국가를 외침으로부터 보호하는 것이다.[33]

3) 교육의무

헌법 제31조제1항은 "모든 국민은 능력에 따라 균등하게 교육을 받을 권리를 가진다."라고 규정하고 있으며, 제2항은 "모든 국민은 그 보호하는 자녀에게 적어도 초등교육과 법률이 정하는 교육을 받게 할 의무를 진다."라고 규정하고 있다.

---

33) 이 의무의 주체는 모든 국민이며, 병역의무의 이행으로 인한 불이익처분은 금지된다(§39②).

이는 해당 자녀의 친권자나 후견인에게 적령아동에 대해 법률이 정하는 교육을 받게 할 의무를 지우는 것이며, 또 이것은 국민의 인간다운 생활의 보장을 위하여 인정된 것이다.

4) 근로의무

헌법 제32조제2항은 "모든 국민은 근로의 의무를 진다. 국가는 근로의 의무의 내용과 조건을 민주주의 원칙에 따라 법률로 정한다."라고 규정하고 있다.

근로의 의무의 내용과 조건을 민주주의 원칙에 따라 법률로 정하도록 하였으므로 사회주의 국가에서와 같이 강제근로는 있을 수 없다. 이는 단지 근로능력이 있음에도 불구하고, 근로하지 않은 자에 대하여 생활보호를 해주지 않는다는 의미이다.

5) 재산권 행사의 공공복리의 적합

헌법 제23조제2항은 "재산권의 행사는 공공복리에 적합하도록 하여야 한다."라고 규정하고 있다. 오늘날 권리의 사회성과 공공성으로 말미암아 재산권의 행사에도 일정한 제약이 따른다는 것을 의미한다.

6) 환경보전의 의무

헌법 제35조제1항 후단에서는 "……국가와 국민은 환경보전을 위하여 노력하여야 한다."라고 규정함으로써, 환경보전의 의무를 국가와 국민에게 지우고 있다. 환경보전의 의무 또한 교육의무, 근로의무 및 재산권행사의 공공복리의 적합의무와 함께 기본권이자 의무의 성격을 지닌다.

제3절 憲法上 兩性平等의 規定(현실적 문제)

I 憲法前文

유구한 역사와 전통에 빛나는 우리 대한국민은 ……모든 사회적 폐습과 불의를 타파하며, ……정치, 경제, 사회, 문화의 모든 영역에 각인의 기회를 균등히 하고, ……안으로는 국민생활의 균등한 향상을 기하고, 밖으로는 항구적인 세계평화와 인류공영에 이바지함으로써 우리들과 우리들의 자손의 안전과 자유와 행복을 영원히 확보할 것을 다짐하면서……생략.

II 兩性平等의 구현

1. 헌법 제11조: 평등조항, 차별대우의 금지

모든 국민은 법 앞에 평등하다. 누구든지 성별, 종교 또는 사회적 신분에 의하여 정치적, 경제적, 사회적, 문화적 생활의 모든 영역에 있어서 차별을 받지 아니한다.

☞ 사례: 간통죄의 위헌성 여부(소극)(헌재 1990.9.10, 89헌마82)
☞ 헌법 제11조, 제25조 등: 공무원채용시험에서 제대군인에 대한 가산점부여제도가 여성 내지 신체장애자 등의 평등권 또는 공무담임권을 침해하는지(적극)(헌재 1999.12.23, 98헌마363)

2. 헌법 제31조: 교육의 기회균등(교육기본법)

모든 국민은 능력에 따라 균등하게 교육을 받을 권리를 가진다. 이 법은 교육에 관한 국민의 권리 · 의무 및 국가 · 지방자치단체의 책임을 정하고 교육제도와 그 운영에 관한 기본적 사항을 규정함을 목적으로 한다(교육기본법§1).

모든 국민은 성별, 종교, 신념, 인종, 사회적 신분, 경제적 지위 또는 신체적 조건 등을 이유로 교육에서 차별받지 아니한다(동법§5).

☞ 실례: 충청남도 대천시 어느 섬마을 소녀에 대한 학습권
☞ 실례: 강원도 산골마을의 어느 소녀의 교육을 받을 권리

3. 헌법 제32조: 근로관계에서 성차별의 금지(근로기준법 제5조)

여자의 근로는 특별한 보호를 받으며, 고용 · 임금 및 근로조건에 있어서 부당한 차별을 받지 아니한다(근로기준법: 사용자는 근로자에 대하여 남녀의 차별적 대우를 하지 못하며, 국적 · 신앙 또는 사회적 신분을 이유로 근로조건에 대한 차별적 처우를 하지 못한다 – 사용자의 균등처우 의무부과, 기타 여성근로자보호를 위한 조항).

☞ 헌법 제13조(직업선택의 자유): 술집접대부의 직업성 여부, 사생활의 자유와 비밀보장 등 기타 제반 자유권

4. 헌법 제36조: 혼인과 가족관계에서 남녀평등

혼인과 가족생활은 개인의 존엄과 양성의 평등을 기초로 성립되고 유지되어야 하며, 국가는 이를 보장한다.

☞ **2005년 가족법개정(2008년 시행)(가족관계에 있어 남녀평등의 구현):** 호주제도 폐지, 자녀의 성과 부성추종의 원칙 완화, 동성동본 혼인금지의 폐지, 여자의 재혼금지기간의 폐지, 친생부인제도의 개선, 입양제도의 개선과 친양자제도의 도입, 친권행사에서 자의 복리우선의무 등 (황근수,「가족법개정의 내용과 향후의 전망」, 『민사법연구』, 제15집 제1호, 대한민사법학회, 2007 참조)

5. 헌법 제11조, 제41조, 제61조, 제116조: 참정권에 있어서 남녀평등

남녀평등의 이념을 구현하기 위한 여성의 정치적 참여로서 여성의 참정권을 인정하고, 각종 선거와 선거운동에 있어서 각급 선거관리위원회의 관리 아래 법률이 정하는 범위 안에서 균등한 기회보장을 위한 남녀평등의 원칙을 선언하고 있으며, 선거비용에 대하여도 정당 또는 후보자에게 부담시킬 수 없도록 하고 있다.

☞ **실례: 종래 남존여비의 전통적 유교사상의 변화**

Ⅲ 女性을 위한 社會保障 및 福祉政策에 관한 法律

1. 여성발전기본법

1) 헌법규정

헌법 제34조제3항은 "국가는 여자의 복지와 권익의 향상을 위하여 노력하여야 한다."라고 규정함으로써, 여성의 복지와 권익의 향상을 위하여 노력하여야 할 의무를 국가에 부과하고 있다.

여성은 신체구조상 또는 생리적으로 사회생활을 함에 있어서 남성에 비하여 불리한 점이 많을 뿐만 아니라, 출산과 양육을 통하여 다음 세대를 이어 가는 중요한 역할을 수행한다. 따라서 남녀의 실질적인 평등을 구현하기 위하여 여성을 특별히 보호할 필요가 있으며, 여성의 건강과 모성을 보호하는 것은 국가의 사명임을 자각할 때 더욱 그러하다.

이러한 헌법정신을 구현하기 위하여 1990년대를 전후하여 여성의 복지와 권익의 향상을 통하여 실질적인 남녀평등을 실현하고자 다수의 법률이 제정되었다. 즉 '여성발전기본법(1995.12)', '남녀고용평등법(1987.12)', '모자보건법(1986.5)', '영유아보육법(1991.1)', '사회복지사업법(1997.8)' 및 '아동복지법(2000.1)' 등이 그것이다.

2) 목적

헌법상의 남녀평등이념을 구현하기 위한 국가와 지방자치단체의 책무 등에 관한 기본적인 사항을 규정함으로써, 정치·경제·사회·문화의 모든 영역에 있어서 남녀평등을 촉진하고 여성의 발전을 도모함을 그 목적으로 한다(동법 제1조).

또한 여성발전기본법은 개인의 존엄을 기초로 하여 남녀평등의 촉진, 모성의 보호, 성차별적 의식의 해소 및 여성의 능력 개발을 통하여 건강한 가정의 구현과 국가 및 사회발전에 남녀가 공동으로 참여하고 그 책임을 분담할 수 있도록 함을 기본이념으로 한다(§2).

3) 내용

(1) 여성의 정치참여의 확대

여성발전기본법은 국가 및 지방자치단체에 대하여, 여성의 정책결정과정 및 정치참여의 확대방안을 강구할 것과 다양한 방법을 통하여 여성의 정치참여의 확대를 지원하기 위하여 노력할 의무를 부과하고 있다(§15).

(2) 여성의 공직참여의 확대 및 고용평등

국가 및 지방자치단체는 여성의 공직참여의 확대를 위한 여건을 조성해야 하며(§16), 근로자의 채용·교육훈련·승진·퇴직 등 고용 전반에 걸쳐 남녀평등이 이루어지도록 하여야 한다. 나아가 국가 및 지방자치단체 또는 사업주는 성희롱의 예방 등 직장 내 평등한 근무환경의 조성을 위하여 필요한 조치를 취해야 한다(§17).

(3) 모성보호

모성보호의 강화를 위하여 국가 및 지방자치단체 또는 사업주는 여성의 임신·출산 및 수유기간 동안에 이들을 특별히 보호하며, 이를 이유로 하여 불이익을 받지 않도록 해야 한다(§18).

(4) 여성의 복지 증진

국가 및 지방자치단체는 지역, 연령 등에 따른 여성복지수요에 부응하기 위한 시책을 강구하여야 한다(§22). 또한 법률이 정하는 바에 따라 저소득 모자가정, 미혼모, 가출여성 그 밖에 보호를 요하는 여성에 대한 지원을 위하여 필요한 조치를 하여야 한다.

또한 국가 및 지방자치단체는 법률이 정하는 바에 의하여 저소득 모자가정, 미혼모, 가출여성 및 보호여성[34]의 발생을 예방하고, 이들을 선도·보호하여야 하며 노인여성과 농어촌에 거주하는 여성의 복지 증진에 노력하여야 한다.

(5) 평등한 가족관계의 확립

국가 및 지방자치단체는 민주적이고 평등한 가족관계의 확립을 위하여 노력하여야 한다(§24). 또한 오늘날 가족관계의 변화에 따라 맞벌이 부부 및 편부모가정 등에 대하여 필요한 지원책을 강구하여야 한다.

(6) 성폭력 및 가정폭력의 예방

국가 및 지방자치단체는 법률이 정하는 바에 의하여 성폭력범죄의 예방과 피해자보호를 위한 시책을 강구하여야 하며(§25), 특히 가정에서 발생하는 폭력을 예방하고 피해자를 보호하여야 한다.

또한 국가 및 지방자치단체는 법률이 정하는 바에 따라 성폭력피해자 및 가정폭력피해자의 상담과 가해자의 교정을 위하여 필요한 시책을 강구해야 한다.

---

34) 여기서 '보호여성'이라는 용어는 '여성은 보호를 받는다.'는 인식을 주기 때문에 문제가 있다는 지적도 있다(배경숙·최금숙, 『여성과 법률』, 박영사, 2002, 167면).

(7) 가사노동가치의 평가

국가 및 지방자치단체는 가사노동에 대한 경제적 가치를 정당하게 평가하여 이를 법제도나 시책에 반영하도록 노력하여야 한다(§26).[35]

(8) 대중매체에 의한 성차별 개선의 지원

국가 및 지방자치단체는 대중매체의 성차별적 내용이 개선되도록 지원하고, 대중매체를 통한 남녀평등의식을 확산하도록 하여야 한다(§28). 또한 여성의 자원봉사활동의 활성화를 위하여 필요한 지원을 할 수 있다(§28의2).

나아가 여성부장관은 방송에 의한 성차별적 내용에 관하여 방송법 제100조의 규정에 의한 제재조치[36] 등을 통하여 그 내용이 개선되도록 방송위원회의 위원장에게 지원 및 협조를 요청할 수 있다(시행령§28).

4) 발전기금의 설치

여성발전기본법은 국가로 하여금 동법의 목적을 실현하기 위한 사업 등의 지원에 필요한 재원을 확보하기 위하여, 여성발전기금을 설치하도록 규정하고 있다(§29).

(1) 기금의 재원

여성발전기금은 국가의 출연금, 국가 외의 자가 출연하는 현금이나 물품 기타 재산, 기금의 운영으로 생기는 수익금, 기타 대통령령이 정하는 수입

---

35) 1990년 1월 민법개정에 의하여 이혼 시 부부의 '재산분할청구권'이 인정되었는데, 이는 가사노동에 대한 경제적 가치를 정당하게 평가받을 수 있는 제도의 하나라고 볼 수 있다.

36) 방송법 제100조(제재조치 등) 제1항에서는 다음과 같이 규정하고 있다. 즉 방송위원회는 방송사업자·중계유선방송사업자 또는 전광판방송사업자가 제38조의 심의규정을 위반한 경우에는 다음 각 호의 제재조치를 명할 수 있다. 제27조제8호의 시청자불만처리의 결과에 따라 제재를 할 필요가 있다고 인정되는 경우에도 같다. ㉠ 시청자에 대한 사과, ㉡ 해당 방송프로그램의 정정 및 중지, ㉢ 방송편성책임자 또는 해당 방송프로그램의 관계자에 대한 징계 등.

금[37]으로 조성되며, 여성부장관이 관리 및 운용하도록 규정되어 있다.

여성부장관은 대통령령이 정하는 바에 따라 기금의 관리 및 운용에 관한 사무의 전부 또는 일부를 은행법 제2조제1항의 규정에 의한 금융기관에 위탁할 수 있다.

(2) 기금의 용도

여성발전기금은 다음 각 호의 사업에 사용한다(§30). 즉 ㉠ 여성의 권익 증진을 위한 사업의 지원, ㉡ 여성단체사업의 지원, ㉢ 여성 관련 시설의 설치 및 운영의 지원, ㉣ 대중매체 등을 통한 홍보, ㉤ 기타 남녀평등 실현과 여성발전 등을 위하여 대통령령이 정하는 사업[38]의 지원 등.

5) 여성단체의 지원

(1) 여성단체의 지원

국가 및 지방자치단체는 여성단체[39]가 추진하는 남녀평등의 촉진, 여성의 사회참여확대 및 복지 증진을 위한 활동에 필요한 행정적인 지원을 할 수 있으며, 예산의 범위 안에서 그 활동 등에 필요한 경비의 일부를 보조할 수 있다(§32①).

또한 비영리법인 또는 비영리단체가 남녀평등과 여성발전을 촉진하는 활동을 하는 경우에 필요한 지원을 할 수 있다.

---

37) 여기서 '기타 대통령령이 정하는 수입금'이라 함은, ㉠ 다른 기금으로부터의 전입금, ㉡ 금융기관으로부터의 차입금, ㉢ 기타 여성부장관이 인정하는 수입금 등을 말한다.

38) 여기서 '대통령령이 정하는 사업'이라 함은, ㉠ 여성인력의 양성, ㉡ 남녀평등교육의 실시, ㉢ 여성의 자원봉사활동, ㉣ 여성의 참여확대를 위한 적극적 조치의 시행, ㉤ 남녀차별금지 및 구제에 관한 법률 제35조의 규정에 의한 소송지원, ㉥ 기타 여성부장관이 여성발전 등을 위하여 필요하다고 인정하는 사업 등을 말한다.

39) 여기서 '여성단체'라 함은, 남녀평등의 촉진과 여성의 사회참여확대 및 복지 증진을 주된 목적으로 설립된 법인 내지 다음 각 호에 해당하는 단체를 말한다(§3 제2호). 즉 ㉠ 남녀평등의 촉진과 여성의 사회참여확대 및 복지 증진을 주된 목적으로 설립된 단체, ㉡ 기타 여성발전을 위한 사업을 수행하는 단체로서 여성부장관이 인정하는 단체 등.

(2) 여성 관련 시설의 설치 및 운영

국가 및 지방자치단체는 여성의 권익 및 복지 증진과 교육을 위한 여성 관련된 시설을 설치 및 운영할 수 있으며, 예산의 범위 안에서 여성 관련 시설의 경비의 전부 또는 일부를 보조할 수 있다(§33). 또한 국가 및 지방자치단체는 여성의 직업능력 개발훈련을 위한 시설을 설치 및 운영할 수 있다.

(3) 직업능력 개발을 위한 훈련시설의 설치 및 운영

국가 및 지방자치단체는 법 제33조의 규정에 의하여 여성의 직업능력 개발 훈련을 위한 시설(이하 '여성인력개발센터'라 한다)을 설치 및 운영하는 경우에는 필요한 설비 등을 갖추어야 하며, 직원을 상근하도록 하여야 한다(§34).

2. 모자보건법

1) 목적

이 법은 母性의 생명과 건강을 보호하고 건전한 자녀의 출산과 양육을 도모함으로써 국민보건 향상에 이바지함을 목적으로 한다(§1).

모자보건법은 세계 각국의 일반적 경향에 따라 낙태를 허용해야 할 몇 가지 정당화 사유(위법성 조각사유)를 정하고 있으나, 현실은 국가의 묵인 아래 낙태를 완전히 자유화하고 있어 태아의 생명 보호와 인간의 존엄을 경시하고 있다는 비판을 면하기 어렵다.[40]

---

40) 서거석 외 2인, (개정판)『여성과 법』, 도서출판 학우, 2004, 201면.

2) 임신중절수술

의사는 다음 각 호의 1에 해당되는 경우에 한하여 본인과 배우자(사실상의 혼인관계에 있는 者를 포함한다. 이하 같다)의 동의를 얻어 人工姙娠中絶手術(artificial abortion; caesarean)을 할 수 있다(§14). 허용기간은 임신한 날로부터 28주(7개월)까지이다(시행령§15).

① 본인 또는 배우자가 대통령령이 정하는 우생학적 또는 유전학적 정신장애나 신체질환이 있는 경우
② 본인 또는 배우자가 대통령령이 정하는 전염성 질환이 있는 경우
③ 강간 또는 準강간에 의하여 임신된 경우(윤리적 정당사유)
④ 법률상 혼인할 수 없는 혈족 또는 인척간에 임신된 경우
⑤ 임신의 지속이 보건의학적 이유로 모체의 건강을 심히 해하고 있거나 해할 우려가 있는 경우(의학적 정당사유)

3. 기타 법률상 여성보호 및 여성의 복지 향상

1) 남녀고용평등법

이 법은 헌법의 평등이념에 따라 고용에 있어서 남녀의 평등한 기회 및 대우를 보장하는 한편 모성을 보호하고 직장과 가정생활의 양립과 여성의 직업능력 개발 및 고용 촉진을 지원함으로써 남녀고용평등 실현을 목적으로 한다(§1). <개정 2005.12.30.>

2) 남녀고용평등과 일·가정 양립지원에 관한 법률

이 법은 헌법의 평등이념에 따라 고용에서 남녀의 평등한 기회와 대우를 보장하고 모성보호와 여성고용을 촉진하여 남녀고용평등을 실현함과 아울러 근로자의 일과 가정의 양립을 지원함으로써 모든 국민의 삶의 질 향상에 이바지하는 것을 목적으로 한다(§1). <전문개정 2007.12.21.>

3) 장애인·노인·임산부 등의 편의증진 보장에 관한 법률

이 法은 障碍人과 老人 및 姙産婦 등이 생활을 영위함에 있어서 안전하고 편리하게 시설 또는 설비를 이용하고 情報에 接近하도록 보장함으로써 이들의 社會活動參與와 福祉增進에 이바지함을 目的으로 한다(§1). <개정 2003.12.31.>

4) 영유아보육법

이 법은 영유아(嬰幼兒)의 심신을 보호하고 건전하게 교육하여 건강한 사회구성원으로 육성함과 아울러 보호자의 경제적 또는 사회적 활동이 원활하게 이루어지도록 함으로써 가정복지 증진에 이바지함을 목적으로 한다(§1). <전문개정 2007.10.17.>

5) 한부모가족지원법

이 법은 한부모가족이 건강하고 문화적인 생활을 영위할 수 있도록 함으로써 한부모가족의 생활 안정과 복지 증진에 이바지함을 목적으로 한다(§1). <전문개정 2007.10.17.>

6) 학교급식법 등

이 법은 학교급식 등에 관한 사항을 규정함으로써 학교급식의 질을 향상시키고 학생의 건전한 심신의 발달과 국민 식생활 개선에 기여함을 목적으로 한다(§1). <개정 2007.10.17.>

제2장 女性과 民法(가족법)

제1절 民法制定과 家族法

🔨 I 民法制定

1. 민법의 槪念

1) 의의

과저 중세사회 이래 民法은 시민사회에서의 시민 상호 간의 일상생활관계를 규율하는 법률이며 일반사법에 속한다. 시민의 생활관계를 규율하는 법률에는 이 밖에도 상거래를 하는 경우 적용되는 '商法'과 같이 특수한 생활관계를 위한 특별사법이 있다.

일반적인 생활관계는 대부분 '민법'에 의해 규율되지만, 이러한 규정을 수정하거나 보충하는 법률이 적지 않으며(주민등록법, 호적법, 신원보증법 및 공탁법 등), 관습법 내지 판례(법) 중에도 민법에 속하는 것이 있다. 이 중 그 명칭이 '민법'으로 된 제정법을 形式的 의의의 민법이라 하고, 이외의 것을 實質的 의의의 민법이라고 한다.

2) 민법전

현행 민법은 1958년 2월에 공포(법률 제471호)되어, 1960년 1월부터 시행되어 온 것이다. 동 민법전은 1118개 조문과 부칙 28개 조문으로 구성된 방대한 것이며, 모두 다섯 편으로 나뉘어 있다.[1]

2. 민법의 基本原則

1) 서설

민법 중 재산법은 소유권과 계약이라는 두 개의 기본적 제도를 중심으로 하여 규정되어 있으며, 민법의 기본원칙도 두 제도의 취지를 살려 그 기능을 발휘하기 위한 것이다. 이는 소유권에 관한 '소유권존중의 원칙'과 계약에 관한 '계약자유의 원칙'을 들 수 있다.

2) 소유권존중의 원칙

(1) 원칙

소유권은 물건을 전면적으로 지배할 수 있는 권리이다. 헌법이 국민의 재산권을 보장하고(§23①), 민법이 소유권의 내용에 관하여 '소유물을 사용, 수익, 처분할 권리(§211)'라고 정한 것은 이러한 취지를 나타내는 것이다. 소유권의 행사는 소유자 개인에게 맡겨지고, 국가나 타인이 이에 간섭하지

---

1) 제1편 '총칙', 제2편 '물권', 제3편 '채권', 제4편 '친족', 제5편 '상속' 등이 그것이다. 이 중 제2편의 '물권'과 제3편의 '채권'을 財産法이라 하고, 제4편의 '친족'과 제5편의 '상속'을 身分法이라 한다. 결국 한국의 민법에 규정된 시민의 일상생활에 관한 제도는 사유재산제도와 신분제도의 두 가지 계통으로 구분되어 있다(손주찬, 『新법학통론』, 박영사, 2002, 208~209면).

못하는 것이 '소유권존중(절대)의 원칙'이다.

(2) 예외

소유권의 행사라도 예외적으로 다음과 같은 제한이 있다. 즉 ㉠ 소유권의 행사는 '법률의 범위 내에서 허용된다(§211).' 근대국가에서 권리는 국가 등의 보호를 전제로 하므로, 국가의 법률에 의하여 제한을 받는 것은 당연하다. 헌법에서도 "재산권의 내용과 한계는 법률로 정한다."라고 하고 있는 것은 이를 나타내는 것이다(헌법§23① 후단).

또한 ㉡ 소유권의 행사는 공공복리에 적합하게 행사하되(헌법②§23), 사회적으로 타당하다고 인정되는 범위 내에서 하여야 한다. 만약 이러한 범위를 넘는 경우에는 권리의 남용이 되며, 정당한 소유권의 행사로 볼 수 없다(민법§2②).

3) 계약자유의 원칙

(1) 원칙

오늘날 민법은 사적인 계약관계에 대하여 자유방임주의를 취함으로써 당사자 사이 자유로운 의사에 맡기고, 이를 제한하지 않을 뿐만 아니라 이에 개입하지 않는다. 다만 당사자로부터 보호의 요구가 있을 때에는 비로소 당사자의 의도가 실현될 수 있도록 해 준다.

따라서 당사자로부터 요구, 즉 소의 제기가 있으면 국가기관인 법원은 당사자가 자유롭게 의도하고 계약한 바를 존중하여 이에 따르는 법적 보호로서 법적 효과를 부여하게 된다. 이것을 계약자유의 원칙, 사적자치의 원칙 내지 법률행위자유의 원칙이라고 한다.

이러한 원칙의 내용을 보면 다음과 같다. 즉 ㉠ 계약체결 여부의 자유, ㉡ 계약체결의 상대방을 선택하는 자유, ㉢ 계약의 내용을 결정하는 자유 및 ㉣ 계약방식의 자유[2] 등이 그것이다.

(2) 예외

계약자유의 원칙에 대하여 다음과 같은 제한이 있다. 즉 ㉠ 계약은 '선량한 풍속 기타 사회질서'에 위반하지 않아야 한다(§103).[3] 계약이 사회적으로 타당하지 않으면, 국가로서 이를 보호할 수 없기 때문이다.

또한 ㉡ 계약은 강행법규에 위반하지 않아야 한다(임의규정, §105). 이는 국가가 강행하려는 정책적 입장에 반하는 것을 국가로서는 보호할 수 없기 때문이다.

나아가 민법상의 기본원칙으로서 자기책임의 원칙 또는 과실책임의 원칙이 있다. 이는 손해가 생긴 경우 고의 및 과실이 있을 때에만 (배상)책임을 진다고 하는 원칙이며, 현대의 법사상은 개인의 자유활동을 보장하는 측면에서 이 원칙을 취하고 있다(§750).[4]

이런 원칙에 대하여도 과실이 없는 때에도 책임을 인정하는 경우가 있으며(§758), 이러한 예외의 경우는 점차 늘고 있는 추세에 있다(이른바 무과실책임주의).

⚒Ⅱ 家族法

1. 意義 및 特色

1) 의의

인간의 사회생활관계에 있어서는 재산관계 이외에 신분관계가 있다. 즉 父母·子·夫婦 및 家 등의 가족의 공동체생활에서의 각자 사이의 관계가

---

2) 이는 계약자유(사적자치)의 원칙에 따라 계약에는 원칙적으로 방식을 요하지 않는다는 의미이다.

3) 이에 위반한 사항을 계약의 내용으로 하는 계약은 무효이다.

4) 그러나 이 원칙은 사법상 불법행위의 제도이며, 계약자유 내지 사적자치의 원칙과 유사한 것이지만 전술한 두 원칙과 같은 차원으로 취급하지 않는 것이 옳다고 본다(손주찬, 『新법학통론』, 박영사, 2002, 211면).

그것이다.

이처럼 일정한 신분관계에 있는 사람들이 애정에 의하여 결합되고 공동 생활을 영위함과 동시에 자손에게 재산을 승계시키는 생활관계에 관한 규범이 신분법이며, 이와 같은 신분법에는 親族法과 相續法이 있다.

2) 특색

신분관계를 규율하는 규범은 대부분 관습이나 도덕률에 따르고 있다. 근대의 법률은 합리성을 중시할 뿐만 아니라, 법률로서 신분법 자체가 관습과 같은 전통적인 힘이 강하게 작용하기 때문에 민족적인 특색이 강하게 나타난다.

한편 부모와 자 또는 부부를 중심으로 하는 신분관계는 단지 당사자 사이에서 사적인 관계에 그치는 것이 아니다. 오히려 사회적 구성단위라는 의미에서 공공의 질서에도 관계되므로 신분법의 많은 규정은 강행법규로 되어 있다.

2. 가족제도와 '家'제도

1) 가족제도

인간의 가족공동생활은 성적 결합을 기초로 하여 종족의 보존을 도모하는 것이므로, 횡적인 결합관계와 종적인 결합관계로 구별된다. 횡적인 결합으로 '家'제도를 인정하고, 종적인 결합으로 과거 호주상속제도를 인정하는 제도를 가족제도라고 한다.5)

---

5) 1995년 가족법개정이 2008년 1월부터 시행됨에 따라 과거 호주제도는 폐지되었으며, 기타 동성동본결혼의 가능, 자녀의 부성추종원칙의 완화 및 입양제도의 개선과 친양자제도 등 많은 것들이 남녀평등의 실

한국의 민법은 가족제도를 유지하고 있으므로, 부부 내지 친자중심제도와 가족제도의 이원적 성격을 지니고 있다. 다만 호주제도가 폐지되고 호주의 권한이 친권자나 부 또는 처에게 옮겨짐에 따라 호주중심주의는 부부 내지 친자중심주의로 바뀌었다.

2) '家'제도

본래 민법상의 '家'는 가족이 현실로 한집에 사는 것이 아닌, 순전히 戶籍을 의미하는 것으로 이를 가적이라고도 하였다. 과거 호주제도에 따르면, '家'는 호주에 의하여 대표되며, 호주는 그 '家' 내에 있는 가족을 통솔하고 주재하였다.

현재 이와 같은 호주제도가 전면적으로 폐지된 이후 가족의 범위는 호주가 빠진 ㉠ 배우자, 직계혈족 및 형제자매, ㉡ 직계혈족의 배우자, 배우자의 직계혈족 및 배우자의 형제자매로 규정하고 있다(§779).

3. 親族

1) 의의

민법상 친족이라 함은 배우자, 혈족 및 인척을 말한다(§767). 혈족에는 직계혈족과 방계혈족이 있으며, 직계혈족은 자기의 직계존속과 직계지속을 말하고, 방계혈족은 자기의 형제자매와 형제자매의 직계존속·직계비속의 형제자매 및 그 형제자매의 직계비속을 말한다(§768).

또한 인척은 혈족의 배우자, 배우자의 혈족, 배우자의 혈족의 배우자를

현을 위한 차원에서 여성중심으로 바뀌었다.

말한다(§769).

2) 친족의 범위

친족관계로 인한 법률상의 효력이 미치는 친족의 범위는 다음과 같다. 즉
㉠ 8촌 이내의 혈족, ㉡ 4촌 이내의 인척, ㉢ 배우자 등.

4. 婚姻

1) 혼인의 성립

혼인은 남녀 간의 평생의 공동생활을 목적으로 하는 전인격적인 결합관
계, 즉 부부관계를 말한다. 민법은 혼인이 성립하기 위한 요건으로 당사자
쌍방의 실질적 요건과 형식적 요건을 규정하고 있다(후술 참조).

2) 이혼

혼인은 남녀 간의 평생의 결합을 목적으로 하는 것이지만, 부부관계를 도
저히 계속할 수 없는 사정이 생긴 경우에는 부부관계를 해소시키도록 하는
것이 옳을 것이다. 이것이 이혼제도인바, 이혼에는 협의이혼과 재판상의 이
혼이 있다(후술 참조).

3) 친자

친자관계, 즉 부모와 자의 관계는 혼인을 기점으로 전개되는 친족관계의

제1차적인 것이다. 친자관계는 생리적 혈연에 따라 자연히 생기는 親生子 관계와 생리적으로 친자가 아닌 자 사이에 인위적으로 친자관계가 인정되는 養(親)子관계가 있다.

(1) 친생자

혈통의 연락이 있는 친생자녀에도 혼인하고 있는 남녀 사이에 출생한 자녀, 즉 적출자와 혼인하고 있지 않은 남녀 사이에 출생한 자녀, 즉 비적출자가 있다. 적출자녀가 아닌, 즉 혼인 외의 출생자는 생부나 생모가 자기의 子라고 인정할 수 있는바, 이를 認知라고 한다(§855).[6]

(2) 양친자

원래 양친제도는 조상의 제사나 혈연의 계속을 위한 것이다. 양자가 될 수 있는 자는 부모의 동의를 얻어야 하며, 부모가 사망 기타 사유로 인하여 동의할 수 없는 경우에는 다른 직계존속이 있으면 그 동의를 얻어야 한다. 양자가 될 자가 성년에 달하지 못한 경우 부모 또는 다른 직계존속이 없으면 후견인의 동의를 얻어야 하지만, 후견인의 동의에는 가정법원의 허가가 있어야 한다(§870, §871).

4) 친권

미성년자인 자에 대한 친권은 원칙적으로 부모가 공동으로 이를 행사하는 것이다. 친권의 내용에는 자의 신상에 관한 권리와 의무, 자의 재산에 관한 권리와 의무가 있다(§909 이하).

전자의 경우 자를 보호하고 교양할 권리와 의무, 자가 거주할 장소의 지

---

6) 혼인 외의 출생자는 그 부모가 혼인한 때에는 그때부터 혼인 중의 출생자의 신분을 가지게 되는데, 이를 準正이라고 한다(§855②).

정 및 자를 보호 또는 교양하기 위하여 필요한 징계를 할 수 있는 권리 등이 있다. 후자의 경우 자의 재산에 관한 법률행위에 대하여 그 자를 대리할 수 있는 권리 등이 있다.

5. 相續

1) 서설

1990년 민법개정으로 법률상 재산상속제도만 인정된다. 재산의 상속은 사망으로 인하여 개시되며(§997), 생전상속은 인정되지 않는다.

2) 재산상속

(1) 상속순위

① 피상속인의 직계비속
② 피상속인의 직계존속
③ 피상속인의 형제자매
④ 피상속인의 4촌 이내의 방계혈족

상속에 있어서는 위의 순위로 상속인이 된다(§1000). 동순위의 상속인이 수인 있는 경우에는 최근친을 선순위로 하고, 동순위의 친족이 있는 경우에는 공동상속인이 된다. 또한 피상속인은 유언함으로써 그 재산의 전부 또는 일부를 받을 자를 정할 수 있고, 유언이 없을 경우에 위 상속순위에 관한 규정을 따르게 된다.

한편 태아는 재산상속에 있어서 이미 출생한 것으로 본다(§1000③). 상속인의 존부를 알 수 없는 때에는 법원은 피상속인의 친족 기타 이해관계인 또는 검사의 청구에 의하여 상속재산관리인을 선임하고 지체 없이 이를 공고하여야 한다(§1053). 이 기간 내에 상속권을 주장하는 자가 없어 상속분여가 되지 아니한 때는 상속재산은 국가에 귀속된다(§1058).

(2) 대습상속

민법 제1000조제1항제1호 및 제3호의 규정에 의하여 상속인이 될 직계비속 또는 형제자매가 상속개시 이전에 사망하거나 결격자가 된 경우 그 직계비속이 있는 때에는 그 직계비속이 사망하거나 결격된 자의 순위에 갈음하여 상속인이 된다(§1001).

(3) 배우자의 상속순위

피상속인의 배우자는 제1000조제1항제1호와 제2호의 규정에 의한 상속인이 있는 경우에는 그 상속인과 동순위로 공동상속인이 되고, 그 상속인이 없는 때에는 단독상속인이 된다(§1003①).

제1001조의 경우 상속개시 전에 사망 또는 결격된 자의 배우자는 동 조의 규정에 의한 상속인과 동순위로 공동상속인이 되고, 그 상속인이 없는 때에는 단독상속인이 된다(§1003②).

(4) 상속인의 결격사유(§1004)

① 고의로 직계존속, 피상속인, 그 배우자 또는 상속의 선순위나 동순위에 있는 자를 살해하거나 살해하려 한 자
② 고의로 직계존속, 피상속인과 그 배우자에게 상해를 가하여 사망에 이르게 한 자
③ 사기 또는 강박으로 피상속인의 상속에 관한 유언 또는 유언의 철회를 방해한 자

④ 사기 또는 강박으로 피상속인의 상속에 관한 유언을 하게 한 자

⑤ 피상속인의 상속에 관한 유언서를 위조, 변조, 파기 또는 은닉한 자

(5) 상속분

상속분은 상속재산에 대한 각 공동상속인의 몫의 비율을 가리킨다. 상속분에 대하여 민법은 다음과 같이 규정하고 있다(법정상속분).

법정상속분에 관하여 동순위의 상속인이 수인 있는 때에는 그 상속분은 균분으로 한다. 피상속인의 배우자의 상속분은 직계비속과 공동으로 상속하는 때에는 직계비속의 상속분의 5할을 가산하고, 직계존속과 공동으로 상속하는 때에는 직계존속의 상속분의 5할을 가산한다(§1009).

(6) 상속의 승인과 포기

재산상속의 경우 상속인은 상속을 승인 또는 포기할 수 있다. 즉 상속인은 상속개시 있음을 안 날로부터 3월 내에 단순승인이나 한정승인 또는 포기를 할 수 있다. 그러나 그 기간은 이해관계인 또는 검사의 청구에 의하여 가정법원이 이를 연장할 수 있다(§1019).

3) 유언

유언제도는 사람이 사망한 후에 효력을 생기게 할 목적으로 일정한 사항에 관하여 최종적으로 표시한 의사를 존중하여 법률상 효력을 인정하는 제도이다.

유언은 일정한 방식에 의하지 않으면 그 효력이 없으며(§1060), 또한 만 17세에 달하지 못한 자는 유언하지 못한다(§1061). 유언의 방식은 자필증서, 녹음, 공정증서, 비밀증서 및 구수증서 등 5종이 있다.

유언으로 재산의 전부 또는 일부를 타인에게 무상으로 줄 수 있는바, 이

것을 유증이라 한다.[7] 유증을 받은 자는 유언자의 사망 후에 언제든지 유증을 승인 또는 포기할 수 있다(§1074). 그러나 유증의 승인이나 포기를 한 후에는 이를 취소하지 못한다(§1075).

4) 유류분

민법에서는 유류분은 일정한 상속인을 위하여 상속재산의 일정 부분을 유보하는 유류분제도를 인정하고 있다. 동법 제1112 내지 제1113조에 따르면 유류분의 권리자와 유류분 및 유류분의 계산에 대하여 다음과 같이 규정하고 있다.

(1) 유류분의 권리자와 유류분

① 피상속인의 직계비속은 그 법정상속분의 2분의 1
② 피상속인의 배우자는 그 법정상속분의 2분의 1
③ 피상속인의 직계존속은 그 법정상속분의 3분의 1
④ 피상속인의 형제자매는 그 법정상속분의 3분의 1

(2) 유류분의 산정

유류분은 피상속인의 상속개시 당시에 가진 재산의 가액에 증여재산의 가액을 가산하고 채무의 전부를 공제하여 이를 산정한다. 또한 조건부의 권리 또는 존속기간이 불확정한 권리는 가정법원이 선임한 감정인의 평가에 의하여 그 가격을 정한다.

---

7) 유증과 구별되는 것에 '증여'가 있다. 이는 한쪽 당사자(증여자)가 어떠한 대가 없이 자기의 재산을 상대방(수증자)에게 주겠다는 의사표시를 하고 상대방이 이를 승낙함으로써 성립하는 계약이다(§554). 증여계약의 성립에는 다른 방식을 요하지 않으나, 서면에 의하지 않은 증여계약은 아직 이행되지 않은 부분에 대하여 언제나 각 당사자가 이를 해제할 수 있다(§555, §558).

제2절 女性의 權利와 家族法

♣ⅠⅠ 혼인과 양성평등

헌법 제36조제1항은 "혼인과 가족생활은 개인의 존엄과 양성의 평등을 기초로 성립하고 유지되어야 하며, 국가는 이를 보장한다."고 규정하여 혼인과 양성의 평등을 기초로 한 가족제도를 제도적으로 보장하고 있다.

이와 같은 양성의 차별금지명령은 헌법 제1조제1항에서 보장되는 평등원칙을 혼인과 가족생활영역에서 더욱 구체화함으로써 혼인과 가족을 부당한 차별로부터 특별히 더 보호하려는 목적을 가진다.

☞ UN인권선언 제12조: "성년의 남자와 여자는 인종과 국적 및 종교에 의한 제한 없이 혼인할 권리와 가족을 이룰 권리를 가진다."고 규정함으로써 혼인의 자유를 밝히고 있다.

♣ⅠⅠ 혼인관계의 형성 및 해소

1. 혼인관계의 형성

1) 약혼

(1) 약혼의 의의

약혼이란 장래 혼인할 것을 내용으로 하는 남녀(혼인당사자) 사이 계약으로서 혼인의 예약을 말한다. 따라서 당사자 사이 합의에 의해 성립되며 다른 형식은 필요하지 않다. 이와 같은 약혼에 관한 의사표시에는 조건과 기한을 붙일 수 있지만, 그 내용은 강행법규, 사회질서에 위반하지 않아야 한다. 예컨대 배우자 있는 자가 혼인의 해소를 조건으로 약혼하는 것은 허용될 수 없다.

(2) 약혼적령기

성년(만 20세)에 달한 자는 자유로이 약혼할 수 있다(§800). 당사자는 약혼의 법적 의미를 판단할 수 있는 의사능력을 가져야 할 것인바, 남자는 만 18세, 여자는 만 16세가 되어야 약혼할 수 있다고 규정하고 있다. 이때 부모 또는 후견인의 동의를 얻어야 한다(§801).

미성년자가 약혼하는 경우에는 부모의 동의를 얻어야 하고, 부모 중 일방이 동의권을 행사할 수 없는 때는 다른 일방의 동의를 얻어야 한다. 또 부모가 모두 동의권을 행사할 수 없는 때는 후견인의 동의를 얻어야 하며, 금치산자의 경우 부모 또는 후견인의 동의를 얻어야 한다. 부모 또는 후견인이 없거나 동의할 수 없는 때에는 친족회의 동의를 얻어야 한다(§808).[8]

(3) 약혼의 효과

약혼은 장래 혼인할 것을 목적으로 하는 계약이므로 약혼의 당사자는 서로 혼인의 성립을 위해 성실히 노력해야 할 의무가 있다. 그러나 약혼하였다고 하여 혼인을 강제로 이행시킬 수는 없다(§803). 다만 정당한 이유 없이 혼인을 이행하지 않는 상대방에 대하여 손해배상의 청구를 할 수 있을 뿐이다(§806).

(4) 약혼의 해제(§ 804)

① 약혼 후 자격정지 이상의 형의 선고를 받은 때

---

8) 한편 동의가 없는 약혼은 무효가 아니라 취소할 수 있다고 볼 것이다.

② 약혼 후 금치산 또는 한정치산의 선고를 받은 때

③ 성병, 불치의 정신병 기타 불치의 악질이 있는 때

④ 약혼 후 타인과 약혼 또는 혼인을 한 때

⑤ 약혼 후 타인과 간음한 때

⑥ 약혼 후 1년 이상 그 생사가 불명한 때

⑦ 정당한 사유 없이 혼인을 거절하거나 그 시기를 지연한 때

⑧ 기타 중대한 사유가 있는 때

☞ 간헐적 정교관계에서 자식이 생긴 경우에, 혼인의 예약 또는 사실혼관계가 성립하는지
여부(소극)(대판 1986.3.11, 85므89)

¶ 청구인과 피청구인 사이에 있었던 간헐적 정교관계만으로는 그들 사이에 자식이 태어났다고 하더라도 서로
혼인의사의 합치가 있었다거나 혼인생활의 실체가 존재한다고 보이지 아니하여 사실상 혼인관계가 성립되었
다고 볼 수 없고 또 혼인예약이 있었다고 볼 수도 없다.

☞ 약혼 후 내연관계에 있는 여자를 간음한 자의 불법행위책임(적극): 약혼 후 사실상
부부로서 같이 살림을 하고 있는 경우(내연관계) 제3자가 약혼 중의 여자를 간
음하여 그 남자로 하여금 혼인할 수 없게 한 것은 남자의 권리를 침해한 불법
행위(대판 1961.10.19, 4293민상531)

☞ 약혼 시 자신의 학력, 경력 및 직업 등을 상대방에게 사실대로 고지할 민법상의 신의
성실의 원칙상에 따른 의무가 있는지 여부(적극-약혼해제사유)(대판 1995.12.8, 94므
1676)

¶ 甲은 서울시 산하 세종문화회관 소속 기능직 8급 공무원으로 재직하고 있던 중이고, 乙녀는 간호원으로서 한국
방송통신대학교 법학과에 재학 중이던 1991년 11월에 중매로 만나 12월 양가 부모가 참석한 가운데 결혼식을
올리기로 약속하였다. 그런데 甲남은 乙녀와 맞선을 볼 당시 乙녀에게 전주고등학교부설 방송통신고등학교를 나
왔음에도 불구하고 전주고등학교를 졸업하였으며, 당시 서울시 산하 세종문화회관 소속 기능직 8급 공무원이었
음에도 불구하고 서울시 일반행정직 7급 공무원으로 세종문화회관에 파견근무하고 있는 것처럼 거짓말을 하였
다. 이와 같은 사정을 알게 된 乙녀는 1991년 12월 이를 이유로 甲남에게 약혼해제의 의사표시를 하고 위자료
등 손해배상청구를 하였다. 甲남은 乙녀에게 금번 약혼관계의 해소로 인하여 받은 정신적 고통에 대하여 금 ○
○원을 위자료로 지급할 의무가 있다고 판시하였다(전주지법 1994.10.20. 선고, 93므44·51 판결).

☞ **약혼예물의 법적 성질 및 혼인해소의 경우 그 소유권의 귀속**(약혼예물의 수수는 혼인의 불성립을 해제조건으로 하는 증여와 유사한 성질의 것이기 때문에 혼인파탄의 원인이 여자에게 있더라도 혼인이 상당기간 계속된 이상 약혼예물의 소유권은 며느리에게 속하는 것)(대판 1996.5.14, 96다5506)

2) 혼인

혼인도 일종의 계약이다. 혼인은 당사자 사이 '혼인에 관한 합의', 즉 사회관념상 부부라고 인정되는 정신적 내지 육체적 결합을 생기게 할 의사의 합치를 말한다. 따라서 당사자는 의사능력을 갖추어야 함은 물론 그 의사는 무조건 또는 무기한의 것이어야 한다.

(1) 혼인적령

남자와 여자 공히 만 18세 이상이라면 혼인할 수 있다(§807).[9] 적령인 이상 고령자이거나 연령차가 있더라도 무방하다. 혼인연령이 부적령의 경우 혼인은 취소할 수 있다(§816). 다만 혼인 당시 혼인적령에 달하지 아니한 자가 혼인 후 적령에 달한 경우 및 포태한 때에는 취소할 수 없다고 본다(§819).

(2) 근친혼의 금지

일정한 범위의 친족이 아니어야 한다. 즉 일정한 범위의 친족 사이에는 혼인할 수 없다(§809).
① 8촌 이내의 혈족
② 6촌 이내의 혈족의 배우자, 배우자의 6촌 이내의 혈족, 배우자의 4촌 이내의 혈족의 배우자인 인척이나 인척이었던 자
③ 6촌 이내의 양부모계의 혈족이었던 자, 4촌 이내의 양부모계의 인척

---

9) 이전에는 남자 만 18세, 여자 만 16세 이상이면 혼인할 수 있었던 것이 개정되었다(2007년 12월 31일 법개정).

이었던 자

(3) 중혼금지

한국의 경우 일부일처제(monogamy)를 불변의 혼인원칙으로 삼고 있기 때문에 배우자 있는 자가 중복해서 혼인하는 것을 금지하고 있다(§810).

3) 사실혼

사실혼이란 실질적인 혼인생활을 하면서 일정한 범위에서는 부부관계로서 법률상의 보호를 받아야 할 필요성이 인정되는 경우이다. 그 성립요건으로서 주관적으로는 당사자가 혼인의 의사를 가지고 있으며, 객관적으로는 사회관념상 가족질서의 면에서 부부공동생활을 인정할 만한 혼인생활의 실체를 갖추고 있어야 한다. 이는 약혼이나 부첩관계 또는 사통관계 등과 구별된다.

☞ **혼인의 실질적 요건인 '혼인합의'의 의미: 혼인무효의 경우(사술에 의한 혼인, 혼인의사의 흠결 등) 당사자의 의사에 따라 몇 차례 정신적·육체적 관계를 맺었다는 의사만으로 곧 혼인의 합의가 있다고 할 수 없다(대판 1983.9.27, 83므22).**

¶ 혼인의 합의란 법률상 유효한 혼인을 성립케 하려는 합의를 말하는바(법률혼주의채택), 양성의 정신적·육체적 관계를 맺는 의사가 있다는 것만으로는 혼인의 합의가 있다고 할 수 없다.
¶ 또 이미 청구인(甲)은 피청구인(乙)과 헤어지고 나서 청구외인(丙)과 결혼하여 동거하면서 피청구인과 사이에 어떤 문제가 있어 피청구인을 달래고 무마하는 과정에서 피청구인과 몇 차례 육체관계를 가졌다고 할지라도 이로써 곧 무효인 혼인을 추인한 것으로 보기는 어렵다.

☞ **간헐적 정교관계에서 자식이 생긴 경우 사실혼관계의 성립여부(소극): 이혼 후 독신으로 지내는 청구인(양장점)과 미혼남성 사이 교제 중 간헐적 정교관계만으로 비록 그들 사이 자식이 태어났다고 할지라도, 혼인의사의 합의나 혼인생활의 실체가 존재한다고 볼 수 없어 사실상의 혼인관계가 성립하였다고 볼 수 없다(대판**

1984.8.21, 84므45).

☞ 연애행위가 사실혼 해소의 정당한 사유에 해당하는지(적극)(대판 1965. 5.31, 65므14),
성기능불완전이 사실혼 해소의 정당한 사유인지(적극)(대판 1966.1.31, 65므65), 임신
불능이 사실혼 해소의 정당한 사유인지(소극)(대판 1960.8.18, 4292민상995)

¶ 사실혼 관계에 있어서 어느 한쪽에 다른 남자 또는 여자와 연애하여 혼인관계를 더 이상 계속할 수 없는 부
도덕한 행위를 하여서 그것이 일단 객관적으로 사실화되었다면, 이것은 그 행위 시를 표준으로 하여 남편 또
는 부인으로서 지켜야 할 혼인의 순결성을 저버린 행위라고 할 것이며, 상대편은 이러한 사유를 들어 사실혼
의 부당파기에 대한 책임을 묻고 나아가 그 부당파기로 인하여 발생한 위자료를 청구할 수 있다.
¶ 남편이 성기능이 불완전함에도 불구하고 이를 숨긴 채 그 처와 형식상 혼례를 거행하고 약 6개월간에 걸쳐
혼인생활을 하는 동안 한 번도 성교관계가 없었다면, 이는 정상적인 혼인생활을 원하는 처로서는 정신상의
고통을 받았음이 이치상 당연하다고 할 것이며, 건전한 성생활을 영위할 수 없는 신병이 있음에도 불구하고
이를 숨겨 혼례식을 올리기에 이른 행위에는 과실이 있다.

2. 혼인관계의 해소

1) 사망

부부의 일방이 사망하면 혼인은 해소된다. 따라서 생존하는 배우자는 배
우자의 신분을 잃고 동거, 부양, 협조의 의무와 정조의무 등이 소멸된다. 그
러나 소급효는 없기 때문에 이미 발생한 일상가사에 대한 연대책임을 부담
한다. 또한 혼인으로 인하여 발생된 인척관계는 유지되며, 생존배우자가 재
혼한 경우에 소멸된다.

2) 실종선고

부부 중 일방이 실종선고를 받은 경우 실종기간의 만료와 동시에 사망한
것(§27)으로 보기 때문에 사망의 경우와 같이 혼인은 해소된다. 실종자의 생

존에 대하여 양 당사자의 선의에 의한 재혼의 경우 그 재혼은 실종선고의 취소에 영향을 받지 않는다. 다만 당사자가 악의인 경우 전혼의 부활로 전혼에는 이혼원인이 생기고(§840), 후혼은 취소할 수 있을 것이다(§810, §816).

3) 이혼

(1) 협의이혼

협의상 이혼 또는 협의이혼이란 부부가 그 이혼여하를 불문하고 이혼할 수 있는 것을 말한다(834). 협의이혼의 성립요건은 다음과 같다. 즉 부부당사자 사이 조건이나 기한을 달 수 없는 이혼에 관한 자유롭고 진정한 의사의 합치(실질적 요건)와 호적법에 정한 바에 따른 신고(가정법원의 확인 후 3개월 내 또는 1개월)(형식적 요건)가 있어야 한다(§836의2).

한편 사실상의 이혼이란 이혼신고를 하지 않았으나, 부부 사이 혼인공동생활이 사실상 종료된 경우를 말한다. 이혼의 실질적 사실이 명백한 경우 이를 그대로 방치하는 것은 실정에 맞지 않기 때문에 이혼에 준하는 효과를 인정해 주는 것이다.

☞ 협의이혼: 일시적 의사로 부부관계의 해소를 위한 이혼합의(적극)(대판 1993.6.11, 93므171), 채권채무관계에 있어서 강제집행을 회피할 목적으로 이혼한 경우(적극)(대판 1975.8.19, 75도1712)

¶ 법률상 부부가 협의이혼계를 제출하였는데도 당사자 간에 혼인생활을 실질상 폐기하려는 의사가 없이 단지 채권채무관계에 있어서 강제집행의 회피 기타 어떤 목적을 위한 방편으로 일시적으로 이혼신고를 하기로 하는 합의가 있었음에 불과하다고 인정하려면 누구나 납득할 만한 충분한 증거가 있어야 하고, 그렇지 않으면 이혼당사자 간에 일응 일시나마 법률상 적법한 이혼을 할 의사가 있었다고 인정함이 이혼신고의 법률상 및 사실상의 중대성에 비추어 상당하다.
¶ 피고인 등이 해외이주를 목적으로 일시적이나마 법률상의 부부관계를 해소하고자 하는 의사의 합치 아래 이혼신고를 하였다고 한다면, 혼인 및 이혼의 효력발생여부에 있어서 형식주의를 취하고 있는 이상 그 혼인신고는 유효하다고 할 것이다.

(2) 재판상 이혼

　재판상의 이혼은 부부 일방이 법률상 정해진 이혼원인에 따라 가정법원에 이혼의 심판을 청구하는 것이다. 현행법상 이혼의 원인은 유책주의(열거사유)와 파탄주의(무책주의(기타 사유))를 병용하고 있다(§840). 다만 배우자의 부정행위에 대하여 사전 동의 내지 용서 후 또는 파탄의 경우 이를 안 날로부터 6개월, 그 사유가 있은 날로부터 2년을 경과하면 이혼을 청구하지 못한다(§841, §842).

① 배우자의 부정한 행위
② 배우자의 악의의 유기
③ 배우자 또는 그 직계존속으로부터 심히 부당한 대우
④ 자기의 직계존속에 대한 배우자의 심히 부당한 대우
⑤ 배우자의 생사가 3년 이상 분명하지 아니한 때[10]
⑥ 기타 혼인을 계속하기 어려운 중대한 사유

(3) 유책배우자의 이혼청구

　한국의 경우 유책배우자의 이혼청구에 대하여 명문의 규정이 없으나, 이를 제한하려는 입장이다. 이처럼 파탄주의 아래 회복하기 어려운 부부관계 자체에 책임 있는 배우자는 이혼을 청구할 수 있을 것인가가 문제된다. 선진외국의 경우 유책배우자에게 이혼청구권을 부정하는 입장이다.

　다만 오늘날 악의적 감정에 의한 이혼의사에 대하여는 유책배우자의 이혼청구를 인정하려는 경향이 나타나고 있다(대판 1987.4.14, 86므28 – 피청구인이 감정적 차원의 이혼불응의 경우, 대판 1994.5.27, 94므130 – 피청구인의 책임이 청구인의 책임보다 무거운 경우).

　☞ **부정한 행위: 간통보다 넓은 개념－배우자로서 정조에 충실하지 못한 모든 행위, 다만**

---

10) 민법상 실종선고의 경우에 5년 또는 1년의 기간과 구별된다(§27).

구체적 사안 내지 상황에 따라 판단(대판 1992. 11.10, 92므68)

¶ 민법 제840조제1호 소정의 '부정한 행위'라 함은 배우자로서의 정조의무에 충실하지 못한 일체의 행위를 포함하며, 이른바 간통 그 자체보다는 넓은 개념으로서, 부정한 행위인지의 여부는 각 구체적인 사안에 따라 그 정도와 상황을 참작하여 평가할 것이다.
참고: 부정행위가 있었다고 볼 수 없다고 한 사례(1968.3.19. 선고, 68므2 판결).

☞ 재판이혼(기타 사유): 과도한 신앙생활로 인하여 가정 및 혼인생활의 소홀(적극)(대판 1996.11.15, 96므851), 부부 중 일방의 우울증이 이혼사유에 해당하는지(소극)(대판 1995.12.22, 95므861), 부의 동거요구에 대한 정당한 이유가 있었다고 볼 수 없다고 한 사례(대판 1991.12.10, 91므245)―부모봉양, 가족관계 내지 고부갈등으로 인한 동거거부의 경우(소극)

¶ 신앙의 자유는 부부라고 하더라도 이를 침해할 수는 없지만(헌법§ 20), 부부 사이에는 서로 협력하여 원만한 부부생활을 유지하여야 할 의무가 있으므로 그 신앙의 자유에는 일정한 한계가 있다고 할 것인바, 처가 신앙생활에 전념하면서 가사와 육아를 소홀히 한 탓에 혼인이 파탄에 이르게 되었다면 그 파탄의 수된 책임은 처에게 있다고 할 것이다.
¶ 혼인생활 중에 일방이 우울증 증세를 보였으나 그동안 병원의 치료를 받아 현재 일상생활을 하는 데 별다른 지장이 없고 상대방과의 혼인생활을 계속할 것을 바라고 있으므로, 부부 사이에 혼인을 계속할 수 없는 중대한 사유가 있다고 할 수 없다. 또한 부부 사이에는 동거, 부양 및 협조의무가 있으므로 혼인생활을 함에 있어서 부부는 서로 협조하고 애정과 인내로써 상대방을 이해하며 보호하여 혼인생활의 유지를 위한 최선의 노력을 기울여야 하는바, 혼인생활 중 일방이 질병에 걸렸다면 상대방은 그 일방을 보호하고 애정과 정성을 다하여야 할 것이고, 가령 일방이 다시 시댁에 들어가 시부모를 모시고 살 경우 우울증이 재발할 가능성이 있다면 상대방으로서는 그를 시댁에 들어가게 하는 대신에 그들이 시부모의 집 근처에 살면서 부모를 돌보게 하거나 누이들로 하여금 부모를 모시게 하는 등의 다른 방법을 찾는 등 애정을 가지고 재발방지를 위한 노력을 다하여야 할 입장에 있는 것이어서 그러한 사유도 이혼사유가 될 수 없다.

☞ 기타 혼인을 계속하기 어려운 중대한 사유(소극): 부의 성적결함(대판 1993.9.14, 93므621), 무정자증(대판 1982.11.23, 82므36), 처의 임신불능(대판 1991.2.26, 89므365)

3. 이혼의 효과

1) 일반적 효과

이혼하면 부부관계는 소멸된다. 부부 사이의 정조의무, 동거의무, 협조·부양의무 및 부부재산권 등 모든 권리와 의무는 소멸된다. 혼인에 의하여 생겼던 배우자의 혈족과의 인척관계는 소멸된다(§775).

2) 자녀에 대한 효과

(1) 양육자의 결정

양육권이란 미성숙한 자를 보호·육성하는 권리이자 의무이다. 따라서 양육자는 양육 및 교육에 필요한 거소지정, 징계 등의 권리를 가지며, 미성숙한 자를 양육하는 데 필요한 일체의 비용과 노력을 제공할 의무를 부담하여야 한다.

자의 양육에 관한 필요한 사항은 부모의 협의에 따라 정하는 것이 원칙이다(§837①). 부모가 공동으로 양육하는 것은 물론 부모가 아닌 제3자를 양육자로 하는 것도 가능하고, 자가 여러 명인 경우 각각 양육자를 달리할 수도 있다. 그러나 협의가 없거나 협의할 수 없는 때에는 당사자의 청구 또는 직권으로 가정법원이 자의 복리를 중심으로 공정하게 판단하게 된다.[11]

(2) 친권자의 결정

부모가 이혼할 경우 협의에 의해 친권자를 정하고, 협의할 수 없거나 협의가 이루어지지 않을 경우에는 당사자의 청구에 의해 가정법원이 결정한다(§909④). 부모의 협의가 없는 경우 공동친권자가 된다고 해석할 것이며,

---

11) 양육에 관한 사항 이외에 부모의 권리의무에 변경을 가져오지 않기 때문에 이혼당사자 사이 부부관계는 해소되어도 친자관계는 존속한다(§837③).

또한 친권자와 양육자는 서로 달리할 수도 있다.

(3) 면접교섭권

① 의의: 면접교섭권이란 친권자나 양육자가 아니기 때문에 현실적으로 자녀를 보호·양육하고 있지 않은 부 또는 모가 그 자녀와 직접 면접·서신교환 등의 방법으로 접촉하는 권리를 말한다. 민법은 제837조제1항에서 "자를 직접 양육하지 아니하는 부모 중 일방과 자는 상호 면접교섭할 수 있는 권리를 가진다."고 규정하고 있다.

② 성질: 면접교섭권은 본질상 부모에게 주어지는 고유의 권리(자연권)이고, 일신전속권으로서 양도할 수 없으며 영속적인 성질을 가지는 권리이다. 또 이 권리는 협의에 의하여 일시적으로 정지하는 것이 가능하지만, 포기될 수는 없다.[12]

③ 제한: 면접교섭권은 본질상 부모에게 주어진 고유한 권리이지만, 자의 복리라는 관점에서 인정되어야 하므로 가정법원은 자의 복리를 위하여 필요한 때에는 당사자의 청구에 의하여 이를 제한하거나 배제할 수 있다(§837의2②). 예컨대 자의 육체적, 정신적, 도덕적, 정서적 건강을 해칠 우려가 있다고 판단되는 경우 등이다.[13]

☞ **면접교섭권의 제한적 허용여부(적극)**

¶ 母와 子는 아직도 청구인을 두려워하고 있으며 청구인은 양육비를 부담하고 있지 아니하지만, 부가 가지는 면접교섭권을 전면적으로 배제하기에는 충분하지 아니하므로, 청구인은 상대방이 지정한 자의 주소지를 찾아가는 경우에 한하여 자를 면접할 수 있다. 다만 그 횟수는 월 1회를 초과할 수 없으며 1회 면접시간은 4시간 이내로 하며, 면접장소는 상대방의 감시가 가능한 곳으로 한정한다. 또한 청구인은 면접 시 상대방의 안내에 따라야 하고 상대방 또는 자를 폭행하거나 위협하는 일체의 행위를 하여서는 안 된다. 청구인이 이를 위반할 경우에는 상대방은 법원에 청구인의 면접교섭권의 배제를 청구할 수 있다(서울가정법원 1995.10.3, 95느5626결정).

---

12) 이는 친권과 다르게 행사하여야 할 의무는 없다.

13) 면접교섭권자에게 전염병, 정신병 등과 같은 질병이 있거나 면접교섭이 자에게 교육적으로 나쁜 영향을 미칠 우려가 있다고 객관적으로 판단되는 경우가 여기에 해당할 것이다. 이 권리는 전면적으로 금지될 수도 있고 한정된 면접교섭만을 인정하거나 양육권자의 입회 아래 면접교섭을 하도록 제한할 수도 있다.

3) 손해배상청구권

재판상 이혼의 경우 당사자 중 일방은 과실이 있는 상대방에 대하여 약혼해소의 경우와 같이 육체적인·정신적인 고통에 대하여 손해배상금(특히 정신상의 손해＝위자료)을 청구할 수 있다(§806, §843).

4) 재산분할청구권

(1) 의의

재산분할청구권은 이혼을 한 당사자의 일방이 다른 당사자에 대하여 배산분할을 청구할 수 있는 권리로서 이혼이 성립한 때에 비로소 발생하는 권리이다. 혼인 중 형성된 재산은 어느 일방이 아무리 경제적 능력이 있다고 할지라도 다른 일방의 가정에서의 봉사를 바탕으로 이룩된 것이다. 따라서 혼인생활 중 취득한 재산을 이혼할 때에 상대방에게 반환하는 것은 당연한 결과이다.

(2) 성질

이혼 당시의 재산분할은 다음과 같은 성질을 가진다. 즉 이혼에 의하여 배우자의 한쪽이 받은 손해를 배상하는 성질이며, 혼인관계에서 형성된 부부공동의 재산을 청산하는 성질이며, 이혼 후에 생활이 어려운 한쪽을 다른 쪽에서 부양하는 성질이다.

결국 재산분할청구권의 본질에 대하여 혼인 중 부부의 공동재산의 청산과 이혼 후의 상대방 배우자에 대한 부양이라고 보는 것이 다수설의 입장이다(청산 및 부양설). 판례도 '이혼에 따른 재산분할은 혼인 중 雙방의 협력으로 형성된 공동재산의 청산이라는 성격에 상대방에 대한 부양적 성격이 가미된 제도'라고 본다.[14]

(3) 재산분할청구권의 행사

재산분할청구권의 행사여부와 그 액수 및 방법은 이혼당사자가 협의 또는 조정에 의해 정하는 것이며, 그 액수와 방법에 대하여는 특별한 기준이 없다. 협의가 이루어지지 않을 경우 가정법원이 재산형성의 기여 정도를 구체적으로 참작하여 분할의 액수와 방법을 정한다(§839의2).[15] 또한 재산분할청구권의 소멸시효는 이혼한 날로부터 2년이다.

(4) 재산분할의 대상

부부의 일방이 혼인 전부터 가진 고유재산과 혼인 중 자기명의로 취득한 재산은 그 특유재산으로 원칙적으로 재산분할청구권의 대상에서 제외된다. 그러나 판례는 이에 대하여 많은 예외를 인정하여 부부의 평등을 실현하고 있다.

① 혼인 전의 고유재산과 혼인 중 무상취득의 특유재산: 특유재산일지라도 다른 일방이 적극적으로 특유재산의 유지에 협력하여 감소를 방지하였거나 증식에 협력하였다고 인정되는 경우에 분할의 대상이 될 수 있다.
② 혼인 중 유상으로 취득한 특유재산: 민법 제830조(특유재산과 귀속불명재산)의 해석과 관련하여, 판례는 부부가 협의에 의하여 이혼할 때 쌍방의 협력으로 이룩한 재산이 있는 한, 처가 가사노동을 분담하는 등으로 내조를 함으로써 부의 재산의 유지 또는 증가에 기여하였다면 쌍방의 협력으로 이룩된 재산은 재산분할의 대상이 된다고 한다.

---

14) 대법원 2000.9.29 선고, 2000다25569 판결.
15) 판례는 "부부재산의 청산의 의미를 갖는 재산분할에 관한 규정은 사실혼관계에서도 준용 또는 유추하여 적용할 수 있다."고 하여 사실혼에도 재산분할청구권을 인정하고 있다(대법원 2001.5.8 선고, 2000다 58804 판결).

☞ 처의 가사노동에 의한 기여로 이룩된 공동재산이 재산분할청구의 대상이 되는지 여부 (적극)

¶ 민법 제839조의2에 규정된 재산분할제도는 부부가 혼인 중에 취득한 실질적인 공동재산을 청산·분배하는 것을 주된 목적으로 하는 것이므로 부부가 협의에 의하여 이혼할 때 쌍방의 협력으로 이룩한 재산이 있는 한, 처가 가사노동을 분담하는 등으로 내조를 함으로써 부의 재산의 유지 또는 증가에 기여하였다면 쌍방의 협력으로 이룩된 재산은 재산분할의 대상이 된다(대법원 1993.5.11. 선고, 93스6판결).

⚖ Ⅲ 상속과 유언

1. 상속

1) 의의

상속이란 어떤 사람이 사망한 경우에 그가 가지고 있던 재산상의 권리와 의무가 다른 사람에게 포괄적으로 승계되는 제도를 말한다. 상속제도는 사유재산제도 아래 인정되는 제도로서 사유재산제도를 유지하는 기능을 담당한다. 상속의 근거는 공동생활자로서 가족구성원의 유산에 대한 기여분의 청산과 유산에 의한 상속인의 생활보장에 있다.

2) 상속인

(1) (혈족)상속인의 순위(§1000)

① 피상속인의 직계비속: 제1순위의 상속인은 피상속인의 직계비속이다. 촌수가 다르면 촌수가 가까운 직계비속이 먼저 상속인이 되고, 태아는 상속

순위에 관하여는 이미 출생한 것으로 본다(동 조 ③).

② 피상속인의 직계존속: 직계존속이 수인인 경우 촌수가 같으면 동순위로 공동상속인이 된다. 촌수가 다르면 최근친이 우선 상속인이 되고, 직계존속이면 부계든 모계든 또는 이혼한 부모라도 상속권이 있다.

③ 피상속인의 형제자매: 피상속인의 형제자매는 자연혈족이든 법정혈족이든 차별이 없고, 남녀에 대한 차별도 없다.

④ 피상속인의 4촌 이내의 방계혈족: 백부 및 숙부, 고모, 외숙모, 이모 등 3촌이 상속인이 되고, 3촌이 없으면 종형제자매, 고종형제자매, 외종형제자매, 이종형제자매 등 4촌이 상속인이 된다.

(2) 배우자의 상속권(§1003)

피상속인의 배우자는 피상속인의 직계비속과 동순위, 그 직계비속이 없으면 피상속인의 직계존속과 동순위로 공동상속인이 된다. 그 직계존속도 없는 경우에는 단독상속인이 된다.

(3) 대습상속(§1001)[16]

① 의의: 상속인이 될 자가 상속개시 전에 사망하거나 결격자가 된 경우에 그 직계비속이나 배우자가 있는 때에는 그 직계비속이나 배우자가 사망하거나 결격된 자의 순위에 갈음하여 상속인이 되는 것이다. 즉 상속인이 될 '직계비속' 또는 '형제자매'가 상속개시 전에 사망하거나 결격된 경우에 그 직계비속이 있는 때에는 그 직계비속이 사망하거나 결격된 자의 순위에 갈음하여 상속인이 된다.

---

16) 이에 관한 자세한 내용은, 황근수, 「相續法上 代襲相續에 관한 法理的 考察」, 『민사법연구』, 제15집 제2호, 대한민사법학회, 2007 참조.

다만 직계비속은 상속개시에 반드시 생존하고 있어야 하는 것은 아니지만 적어도 포태하고 있어야 하며, 또 상속개시 전에 사망 또는 결격된 자의 배우자도 그 직계비속과 함께 동순위로 상속인이 되며, 그 상속인이 없을 때에는 단독상속인이 된다.

② 인정이유: 대습상속제도를 인정하는 이유는 본래 선순위의 상속권을 가져야 할 자가 사망 또는 결격의 사유로 상속권을 잃은 경우에 그 직계비속으로 하여금 그 자에 갈음하여 동일 순위로 상속시키는 것이 공평의 이념에 맞고 또 직계상속이라는 상속의 본질에 합당하기 때문이다.

(4) 상속의 결격

상속결격제도란 피상속인을 상속할 순위에 있는 자가 피상속인 등의 생명침해 또는 피상속인의 유언행위에 대하여 고의로 위법한 방해를 한 경우에 법률상 당연히 상속인으로서의 자격을 박탈당하는 제도이다(§1004).

상속결격자는 특별한 절차를 거치지 않고 당연히 법률규정에 의하여 상속자격을 상실한다. 상속결격자는 당해 사건의 상속인이 될 수 없을 뿐만 아니라 수증결격자가 되기 때문에(§1064) 유증도 받지 못한다. 따라서 상속개시 후 상속결격자가 생긴 경우에는 상속개시 당시로 소급하여 무효가 된다. 결격의 효과는 결격자인 일신에만 그치기 때문에 결격자의 직계비속이나 배우자는 대습상속을 할 수 있다.

(5) 상속의 승인·포기

① 상속의 승인: 상속이 개시되면 상속인은 상속의 효과로서 당연히 피상속인의 재산상 지위를 승계하게 된다. 그런데 상속재산 중 채무가 채권을 초과하는 경우에는 상속인에게 부담이 될 뿐이다. 따라서 민법은 상속의 승인 및 포기제도를 두어 상속인의 의사에 따라 발생한 재산상속의 효과를 확정적인 것으로 할 것인가 또는 상속 자체를 부

인할 것인가에 대한 선택의 자유를 인정하고 있다.[17]

상속의 승인에는 단순승인과 한정승인이 있다. 단순승인이란 피상속인의 권리의무를 어떠한 제한 또는 조건을 붙이지 않고 승인하는 것을 말한다. 단순승인하면 상속인은 피상속인의 일신전속권을 제외한 모든 권리의무를 제한 없이 승인하게 되므로 피상속인의 적극재산과 소극재산에 대하여 제한 없이 책임을 진다(§1026).

한편 한정승인이란 상속인이 상속으로 인하여 얻은 재산의 한도 내에서 피상속인의 채무와 유증을 변제할 것을 조건으로 상속을 승인하는 것을 말한다(§1028). 상속인이 한정승인을 하려면 소정기간 내에 상속재산의 목록을 첨부하여 가정법원에 한정승인의 신고를 하여야 한다(§1030).

② 상속의 포기: 상속의 포기는 상속인이 자기에게 발생된 상속의 효력을 부정할 것을 목적으로 하는 단독의 의사표시이다. 상속을 포기하려는 자는 상속개시가 된 것을 안 날로부터 3월 이내에 가정법원에 포기의 신고를 하여야 한다(§1041). 이때 포기의 이유를 표시할 필요는 없으며, 또 상속개시 이전에는 포기할 수 없다.

3) 상속분

(1) 의의

상속에 있어서 공동상속인 각자가 상속재산을 구성하는 피상속인의 권리와 의무를 승계하게 될 비율, 즉 각 상속인이 취득하게 될 상속재산의 총액에 대한 분수적인 비율을 상속분이라고 한다.

---

17) 상속의 승인과 포기를 할 수 있는 기간은 상속인이 상속개시가 있음을 안 날로부터 3월 이내이다 (§1019①).

(2) 법정상속분

동순위의 상속인이 수인인 때에는 그 상속분은 균분한다(§1009①). 피상속인의 배우자의 상속분은 직계비속과 공동으로 상속하는 때에는 직계비속의 상속분의 5할을 가산하고, 직계존속과 공동으로 상속하는 때에는 직계존속의 상속분의 5할을 가산한다(동 조 ②). 배우자의 상속분을 가산하는 근거는 부부가 혼인생활 중에 형성한 재산의 청산과 생존배우자의 부양 내지 생활보장에 있다.

(3) 특별수익자의 상속분

공동상속인 중에 피상속인으로부터 재산의 증여 또는 유증을 받은 자가 있는 경우에 그 수증재산이 자신의 상속분에 달하지 못한 때에는 그 부족한 부분의 한도에서 상속분이 있다(§1008). 이는 공동상속인 중에 피상속인으로부터 재산의 증여 또는 유증을 받은 특별수익자가 있는 경우 공동상속인들 사이의 공평을 위하여 그 수증재산을 상속분의 선급으로 다루어 구체적인 상속분을 산정함에 있어 이를 고려하도록 하는 데 있다.[18]

☞ **통상적인 상속분의 계산례**

¶ 남편이 9,000만 원의 재산을 남기고 사망하였는데 그에게는 처와 아들 2명 딸 1명이 있을 경우 각각의 상속분을 계산해 보면 다음과 같다.[19]
  ㉠ 처: 9,000만 원×3 / 9＝3,000만 원
  ㉡ 큰아들: 9,000만 원×2 / 9＝2,000만 원
  ㉢ 작은아들: 9,000만 원×2 / 9＝2,000만 원
  ㉣ 딸: 9,000만 원×2 / 9＝2,000만 원
※ 이때 남편의 부모나 형제자매는 자기의 상속분을 주장할 수 없다.

---

18) 대법원 1996.2.9 선고, 95다17885 판결.

19) 상속재산의 전체 중에 차지하는 비율이 각각 1.5:1:1:1이라고 한다면, 그 몫은 3 / 9, 2 / 9, 2 / 9, 2 / 9가 산출된다.

2. 유언

1) 의의

유언이란 사후의 신분 또는 재산관계의 실현을 목적으로 하는 유언자의 생전의 의사표시로 유언자의 사후에 그 효력을 발생시키는 법률행위이다. 이와 같이 유언은 유언자가 남긴 최후의 의사를 존중하고, 사후에 그 의사의 실현을 보장하기 위하여 인정되는 제도이다. 현행 민법은 법률행위자유의 원칙과 같이 유언자유의 원칙을 인정하고 있다.

2) 유언의 요건

민법 제1060조는 "유언은 본법의 정한 방식에 의하지 아니하면 효력이 생기지 아니한다."고 규정하고 있다. 유언에 엄격한 방식을 요구하는 것은 유언자가 사망하면 유언이 본인의 최종적인 진의에 의한 것인지의 여부를 확인할 방법이 없고, 또 타인의 위조와 변조의 염려가 있기 때문이다. 또 유언은 만 17세에 달하지 못한 자는 이를 하지 못한다(§1061).

3) 유언의 방식

(1) 유언의 종류

유언의 방식에는 보통방식과 특별방식이 있다(§1065). 전자는 자필증서에 의한 유언, 녹음에 의한 유언, 공정증서에 의한 유언 및 비밀증서에 의한 유언 등이 있다. 후자는 구수증서에 의한 유언이다.

(2) 유언의 효력

원칙적으로 유언은 유언자가 사망한 때로부터 그 효력이 발생한다(§1073). 유언에 정지조건이 있는 경우에는 그 조건이 유언자의 사망 후에 성취된 때에는 그 조건이 성취된 때로부터 유언의 효력이 발생한다.

4) 유증과 유류분

(1) 유증

유증은 유언자가 유언에 의하여 특정인에게 재산의 전부 또는 일부를 수증자에게 사후에 무상으로 양도할 것을 그 내용으로 하는 단독행위이다. 유증은 상속재산의 자유처분을 인정하는 것이기 때문에 유언의 자유란 유증의 자유라고 할 수 있다. 다만 유증은 유류분을 침해해서는 안 된다고 할 것이다. 유증의 효력은 원칙적으로 유언자가 사망한 때부터 발생한다(§1073).

(2) 유류분

① 의의: 유류분이란 유언의 자유에도 불구하고 일정 범위의 상속인에게 남겨야 할 상속재산의 일정 비율을 말한다. 현행법상 유언의 자유가 인정되지만, 이를 무제한으로 인정하게 되면 상속재산의 전부 내지 일부가 타인에게 귀속되어 상속인의 생활기반이 붕괴될 우려가 있다. 특히 상속인이 노령의 생존배우자이거나 유아와 같이 미성숙자인 경우에는 이들의 생활이 곤란하게 되거나 부양받을 가능성을 잃게 된다.

따라서 유류분제도는 개인의 재산처분의 자유와 상속인의 보호라는 두 측면을 조화시키는 제도로서 기능을 담당하고 있다.

② 유류분의 권리자와 비율: 유류분의 권리자는 원칙적으로 상속권이 있는 자이어야 한다. 그러나 상속인이 모두 유류분의 권리자가 되는 것은 아

닌바, 유류분의 권리자를 피상속인의 직계비속, 배우자, 피상속인의 직계존속 및 형제자매로 한정하고 있다(§1112).[20]

유류분의 비율은 첫째, 피상속인의 직계비속과 배우자는 그 법정상속분의 2분의 1, 둘째, 피상속인의 직계존속과 피상속인의 형제자매는 그 법정상속분의 3분의 1이다.

---

20) 따라서 4촌 이내의 방계혈족은 유류분의 권리자가 될 수 없다(§1000 참조).

제3장 女性과 刑事法

♠ I 형법의 意義

刑法(Strafgesetzbuch(StGB))이라 함은 犯罪를 조건으로 하고, 刑罰을 효과로 하는 법질서의 전체를 말한다.[1] 즉 일정한 조건을 갖춘 행위가 형법에 정하여진 일정한 제재인 형벌을 받게 되는 것이다.[2]

♠ II 형법이론

형법이 어떤 이유에서 어떠한 목적을 가지고 무엇을 대상으로 하는가 하는 근본문제에 대한 것으로, 구파(고전학파)입장과 신파(근대학파)입장이 있다.[3]

---

1) 다시 말하면, 형법은 범죄와 형벌의 관계를 규정한 국가법규범의 종체(보안처분 포함)로서 국가가 법규위반 자에게 일정한 고통인 벌(제재)을 가하는 효과를 가지는 것이며(Baumann), 이러한 형법의 기능(funktion)은 사회질서의 기본가치를 보호하고자 하는 보호적 기능, 국가와 사회질서를 침해하는 범죄에 대해 사회질서유 지와 국민의 자유 및 권리를 보장하는 (사회)보장적 기능에 있다.

2) 사회생활의 질서를 깨뜨리는 자는 일정한 형벌이 필요한바, 이는 국가 성립 이전 피해자의 복수나 가해자 의 배상(사적형벌)으로 나타났으나, 국가가 성립한 후 국가사회의 형벌권(공적형벌)으로 확립되었다.

3) 흔히 형법의 이론을 논할 때 크게 범죄이론과 형벌이론으로 나누어지며, 다시 범죄이론은 구파의 객관주 의와 신파의 주관주의, 형벌이론은 응보형주의와 목적형주의로 나누어진다. 객관주의는 범죄의 외부적 행 위 및 결과에 따른 평가로서 응보의 형벌을 과하는 것이고, 주관주의는 범죄인 개인의 사악성 내지 사회

1. 구파(고전학파, 객관주의)

이는 사람의 자유의사를 전제로 한다. 따라서 형벌은 범죄 자체에 대한 것이므로 형벌은 범죄와 균형을 유지하여야 한다는 것이다.[4] 즉 형벌의 기준, 목적 및 합리성 등을 범죄 그 자체에서 구하는, 이른바 응보형주의를 말하는 것이며 이로부터 죄형법정주의가 도출된다. 형벌이 범죄에 대한 응보로서 범인과 일반사회를 위협(경종)하고, 따라서 장래 범죄를 예방할 수 있다고 하는 一般예방주의이다.

이 입장은 형벌은 범죄(자체)라는 사실을 대상으로 하는 것이며, 범죄자라는 인격을 대상으로 하는 것이 아니라고 하는, 이른바 객관주의가 된다. 이 때문에 형벌은 "그 죄를 미워하는 것이지 사람을 미워하는 것이 아니다."라고 하는 것처럼, 범죄자를 벌하지 않고 오직 객관적 사실(자체)로서 범죄행위에 대해 벌하려는 사실주의 내지 현실주의인 것이다. 한편 사람의 자유의사에 의한 행위의 책임은 행위의사에 있기 때문에 그 행위자에게 도의적 비난, 즉 도의적 책임론이 나온다.

2. 신파(근대학파, 주관주의)

이 입장은 사람에게 자유의사가 없음을 전제로 한다. 따라서 범죄는 범인의 반사회적 성격에서 나타난 것으로 본다.[5] 즉 형벌은 과거의 범죄에 대한 단순한 응보가 아니라 장래의 범죄를 방지하는 수단이며, 범죄의 침해에 대해 사회를 방위하는 것을 목적으로 하는, 이른바 목적형주의를 말한다.

의 위험성에 따른 평가로서 예방적 차원의 형벌을 과하는 것이다.

4) 이는 과거 계몽사상(개인주의, 자유주의 중심의 사상)에 중심을 둔 형법학파(Kant, Hegel)로서, 훗날 예방(목적)형주의(Beccaria, Feuerbach)를 거쳐 교육형주의로 발전하였다.

5) 이는 형법의 이론을 자연과학적 방법에 의하여 실증적으로 연구하고자 하는 형법학파이다(Lombroso, Ferri, Liepmann 등).

형벌은 행위자의 반사회성을 교정하는 수단으로서 교육주의 입장에서 의의가 있으며, 범인의 재범을 예방하는 특별예방에 중점을 두어야 한다고 하는 特別예방주의이다.

이렇게 볼 때, 형벌은 범죄자라는 인격을 대상으로 하는 것이며, 범죄라는 사실(자체)을 대상으로 하는 것이 아니다. 따라서 "벌할 것은 범죄행위가 아니고 범인이다."라고 하는 것처럼, 범죄를 통하여 나타난 행위자의 주관적·반사회적 성격에 중점을 둔 주관주의이다. 이로써 형벌은 범인의 사회적 위험성에 따라 결정되어야 한다고 하는 인격주의 내지 징표주의가 된다.

3. 新고전주의

고전학파의 이론을 기초로 하면서 근대학파의 주장을 고려하여 이를 개혁한 것으로 보이는, 이른바 신고전주의(절충주의)가 그것이다. 즉 이것은 '인간의 자유의사는 과학적으로 입증할 수도 입증할 필요도 없는 것이며, 또한 자유의사를 가진 인간은 인과율에 의해 지배되지 않을 수도 없는 것'이라고 주장하는 이론이다.

4. 한국의 형법

한국의 형법은 범죄와 형벌에 있어서 기수를 원칙으로 하고 미수를 예외로 하고 있다. 또한 죄를 그 경중에 따라 여러 종류로 나누어 규정하고 있으니, 이렇게 볼 때 구파이론을 원칙으로 하고 있는 것이라고 볼 수 있다. 한편 미수도 기수와 더불어 처벌하고, 형의 선고유예와 집행유예를 인정하는 이외 가석방제도를 인정하며, 범죄의 정상에 참작할 만한 사유가 있는 때는 그 형을 감경할 수 있다. 반면에 누범에 대하여는 그 형을 가중할 수 있게 하고 있는 등의 점에서 볼 때 신파이론도 받아들이고 있는 것이 된다.

✦ Ⅲ 범죄의 성립

범죄가 되는 어떤 行爲(결심 - 표현(행위) - 결과의 발생)에 刑罰을 가하기 위해 그것이 범죄로서 요건을 갖추어야 하는 것은 당연하다.[6] 범죄의 개념 (Verbrechensbegriff)에 관하여 형식적 및 실질적 의미의 범죄가 있는바, 전자 는 형벌법규에 의한 형벌부과의 행위를, 후자는 법질서의 위반에 대한 형벌 에 의한 처벌행위를 가리키는 것이다. 결국 범죄의 본질은 법익침해와 의무 위반에 있다고 할 수 있겠다.

1. 구성요건해당성(tatbestandsmäβigkeit)

죄형법정주의는 "법률이 없으면 범죄도 없고 형벌도 없다."는 말로 근대 형법의 모토(motto)이다. 즉 무엇이 범죄이며 그에 대해 어떠한 형벌을 과 할 것인가 하는 것이 미리 형법에 정하여져 있는 것이다.[7]

위 죄형법정주의로부터 다음과 같은 원칙이 파생된다. 첫째, 성문법만을 인정하고 관습법은 배척한다는 것, 둘째, 형법의 적용은 법률공포 이전에는 적용이 없다고 하는 법률불소급의 원칙, 셋째, 형법의 조문은 엄격하게 해 석하여야 한다는 의미의 유추해석의 금지, 넷째, 절대적 부정기형은 인정하 지 않는다는 등의 것이 그것이다.[8]

---

6) 형법상 범죄의 요건에 관하여 분설하여 본다면, 범죄의 성립요건을 위시하여 처벌요건(객관적 처벌요건, 처벌조각사유) 및 소추요건(예외: 친고죄, 반의사불벌죄) 등이 있다.

7) 구성요건은 형법에 행위의 유형을 추상적으로 기술한 것이며, 이것은 Beling의 '범죄론'에서 기원한 것으 로 본다.

한편 구성요건에 해당하는 모든 행위가 범죄로 되는 것은 아니다. 즉 정당방위 또는 긴급피난과 같은 경우 법률상 허용할 수 있어 범죄가 되지 않는다. 그러므로 범죄가 되기 위해서는 객관적 위법성이 있어야 하고, 또한 그 행위자가 사회적으로 비난받을 수 있는 것, 즉 주관적 책임이 있는 경우라야 한다. 결국 범죄의 성립은 구성요건해당성을 가진 위법하고 유책인 행위임을 요건으로 한다.

2. 위법성(Rechtswidrigkeit)

1) 행위의 위법

구성요건에 해당하는 행위라도 위법한 것이어야 한다.[9] 즉 위법이란 법률 전체의 질서에 위반하는 것을 말하며, 실질적으로는 법을 포함한 도덕적, 습속(풍속)적인 사회규범의 내용인 조리에 위반하는 것이다. 이처럼 구성요건에 해당하는 행위라도 위법한 것이 아니면 범죄가 되지 않으며, 이를 위법성이 阻却된 행위라고 하는바, 다음과 같은 것이 있다.

2) 위법성 조각사유[10]

(1) 정당행위

법령에 의한 행위 또는 합법적 업무로 인한 행위 기타 사회상규에 위배

---

8) 다만 소년범에 대하여는 상대적 부정기형이 인정된다. 즉 소년법(1988년 법률 제4057호) 제60조에서는 "소년(만 20세 미만)이 장기 2년 이상의 유기형에 해당하는 죄를 범한 때에는 법정형기의 범위 내에서 장기와 단기를 정하여 선고한다."라고 규정한다.

9) 위법은 불법과 구별되는바, 前者는 규범과 행위의 충돌이며, 後者인 불법(Unrecht)은 행위에 의한 실현으로 법에 의해 부정적으로 평가된 反가치인 데 차이가 있다(Jescheck).

10) 이는 법률상 구체적 금지규범 내지 명령규범에 대한 대립규범으로서 허용규범(조각사유)이다.

되지 않는 행위가 이것이다. 이런 행위는 구성요건에 해당하는 경우에도 형벌을 받지 않는다(형법§20). 즉 경찰관이 현행범을 체포한다거나 공무원의 공무집행행위, 의사의 치료행위 및 안락사[11] 등이 그 예이다.

(2) 정당방위

자기 또는 타인의 법익에 대한 현재의 부당한 침해를 방위하기 위한 행위는 상당한 이유가 있는 때에는 벌하지 않는다(동법§21).[12] 즉 물건을 훔쳐 도망가는 도둑을 추적하여 그 물건을 탈취하는 경우, 살인을 하려는 자를 때려눕히는 행위 등이 이에 해당된다. 여기서 법익은 타인(피침해자)의 생명, 명예, 신체, 재산 기타의 것을 말한다. 다만 언쟁 중 흥분한 끝에 상해를 입힌 행위나 침해행위가 있은 후 설분의 목적에서 저지른 행위 등은 이에 해당되지 않는다(대판 1986.85도2642).

한편 당해 공격행위보다 방위행위가 그 정도를 초과한 경우에는 과잉방위라고 하여 정황에 따라 그 형을 감경 또는 면제할 수 있다. 그러나 과잉방어가 야간 기타 불안스러운 상태에서 공포, 경악, 흥분 또는 당황으로 인한 것인 때에는 벌할 수 없다는 것이 판례의 입장이다(대판 1986.86도1862). 또한 급박 또는 부당한 행위가 없음에도 불구하고, 이러한 행위가 있는 것으로 오해하여 방위행위를 한 경우 오상방위(착각방위)가 된다.

(3) 긴급피난

자기 또는 타인의 법익에 대한 현재의 위난을 피하기 위한 행위는 상당한 이유가 있는 때에는 벌하지 않는다(동법§22).[13] 즉 불량배의 폭행을 피

---

11) 안락사(Euthanasie)는 동기와 목적이 선한 것일 때 인정된다고 하는 것이 통설적 입장이다. 위의 요건으로는 대개 불치의 병으로 죽음에 임박한 경우, 고통의 정도가 참을 수 없을 정도로 심한 상태, 심한 고통의 완화를 위한 목적, 자각할 수 있는 환자의 진지한 부탁 및 승낙, 자격 있는 의사가 시행한 윤리적으로 타당한 행위일 것 등을 든다.

12) 이는 법률 수호의 원리 내지 자기보호의 원리에 입각한 것이다.

13) 이는 이익교량의 원칙과 목적설에 의한 위법성 조각의 원리에 입각한 것이며, 긴급피난은 형사책임을 면제하는 데 불과하며, 그 행위로 인하여 손해를 입은 자의 권리에 대한 손해배상인 민사책임까지 면제하

하기 위하여 근처 집에 뛰어들어 물건을 밟아 깨뜨리는 경우가 그것이다. 이것은 위법하지 않는 침해에 대하여도 일정한 한도 내에서 피난하는 것을 법이 허용하는 것이므로 침해법익이 보호법익보다 작은 한도 내에서 인정된다.

이에 반해, 전술한 정당방위는 위법한 침해, 즉 '부당한 침해'에 대한 정당한 반격이므로 침해되는 법익과 보호되는 법익의 비중은 문제되지 않는다. 흔히 이를 두고 긴급피난은 '정 대 정', 정당방위는 '부정 대 정'의 관계라고 말한다.[14] 판례의 경우 임신지속이 모체의 건강을 해칠 우려가 현저하고, 기형아 내지 불구아를 출산할 가능성이 있는 경우 의사의 판단 아래 부득이 낙태수술을 한 것은 위법성이 없다고 판시한 것이 있다(대판 1976.75도1205).

(4) 자구행위

오늘날 권리를 침해당한 경우 법정절차에 따라서 구제받을 수 있지만, 때로 이러한 과정에서 침해된 권리를 회복할 수 없게 되는 경우도 있다. 즉 '법은 멀고 주먹은 가깝다.'는 식으로 법정절차에 의해 청구권을 보전할 수 없는 경우, 그 청구권의 실행불능 또는 현저한 실행곤란을 피하기 위하여 한 행위는 상당한 이유가 있는 때 벌하지 않는다(동법§23).[15]

판례는 자구행위를 인정하는 쪽보다 인정하지 않으려는 쪽으로 기운다. 즉 피해자가 다른 친구 앞에서 피고인의 전과사실을 폭로한 것 때문에 구타하였더라도, 그 소행은 자구행위에 해당한다고 할 수 없으며, 또한 채무자가 유일한 재산인 가옥을 매도한 대금을 가지고 멀리 떠나려는 순간, 채권자가 강제적으로 채권추심을 하였더라도, 이는 자구행위의 요건을 갖춘 것이라고 할 수 없다고 판시하였다(대판 1966.66도469).

는 되는 것은 아니다.

14) 한편 동 조 제2항에서는 "위난을 피하지 못할 책임이 있는 자(경찰관, 소방관, 선원 등)에게는 인정되지 않는다."고 규정한다.

15) 이것은 원시형법의 유물로서 민법 제209조의 자력구제와 동일한 취지이며, 긴급행위에 의한 위법성 조각을 그 원리로 한다.

(5) 피해자의 승낙

권리·의무의 주체로서 처분할 수 있는 자의 승낙에 의하여 그 법익을 훼손한 행위는 원칙적으로 벌하지 않는다(동법§24).[16] 이를테면 화재가 발생한 집 주인의 승낙을 얻어 그 집에 침입하여 불을 끄고, 이러한 과정에서 기물을 손괴하는 경우가 이것이다. 이때 피해자의 승낙은 법익훼손의 경우 이를 처분할 수 있는 자의 승낙뿐만 아니라 그 승낙이 윤리적·도덕적으로 사회상규에 반하는 것이 아니라야 한다(대판 1985.85도1892).

또한 판례는 건물의 소유권자라고 주장하는 자(甲)와 그 건물을 관리하고 있는 점유자(乙) 사이 소유권에 관한 분쟁이 계속되고 있는 상황에서 위 甲이 건물 안에 침입한 경우 주거침입죄가 성립하며, 침입에 대한 乙의 추정적 승낙이 있었다고 볼 수 없다고 판시하고 있다(대판 1989.89도889). 그렇지만 본인의 승낙을 받고 그 사람을 살해한 따위와 같이 법률에 의하여 특히 피해자의 승낙에 의한 침해행위를 허용하지 않는 경우도 있다.

3. 책임성(Verschuldung, Obligation)

1) 행위자의 책임

범죄는 구성요건에 해당하는 위법한 행위가 책임을 질 수 있는 자에 의하여 행하여질 때 성립된다.[17] 책임이 있다는 것은 어떤 자의 행위가 법질서에 위반되고 비난받을 수 있다는 뜻이다. 즉 행위자에게 그 행위가 법질서에 위반함을 인식하였거나 또는 적어도 인식할 수 있는 심리과정이 있어

---

16) 이는 구성요건의 해석상 양해의 문제(이른바 법률정책설)로서 독자적 구조의 위법성 조각사유이다. 또한 피해자의 추정적 승낙요건으로는 피해자의 승낙이 없고, 피해자 또는 대리인의 부재, 피해자의 의실불명 및 객관적 승낙기대의 불확실(성) 등을 들고 있다.

17) 이는 행위자의 위법한 행위에 대한 비난 여부를 말하는 것으로, 심리적 사실관계가 아닌 평가적 가치관계(이른바 규범적 책임론)이다(Frank).

야 한다. 실체법상으로는 '책임 없으면 형벌 없다.'는 것이고, 형사소송법상으로는 '책임의 증명이 없으면 유죄판결을 못 한다.'는 것이다. 행위에 대한 비난을 행위자에게 귀속시킬 수 있는 근거는 행위자가 자기의 행위를 결정할 수 있는 정신능력(책임능력)이 있기 때문이다.

2) 책임성 조각사유

(1) 형사책임무능력

14세에 달하지 않는 형사미성년자(형법§9)와 심신장애로 인하여 사물을 변식할 능력이 없거나 의사결정의 능력이 없는 자의 행위에 대해서는 벌하지 않는다. 또한 위 심신장애자 가운데 사물에 대한 판단능력이나 의사결정능력이 미약한 자의 행위는 그 형을 경감한다(동법§10).[18] 판례는 범행 당시 심신장애상태의 판단 여부에 관하여, 이는 반드시 의학적 감정(전문의 감정)을 거쳐야 하는 것은 아니며, 기록에 나타난 제반자료 및 법정에서의 피고인의 진술, 태도 등을 종합하여 판단하여도 무방하다고 판시한다(1985.85도1235).

(2) 고의 및 과실

형법은 고의범에 대하여만 처벌하는 것을 원칙으로 하고, 과실범에 대하여 예외적으로 법률에 특별한 규정이 있는 때만 처벌한다(형법§14). 고의란 범의라고 하며, 그 구성요소로서 우선 범죄사실에 대한 인식이 요구된다. 예컨대 사람을 살해할 의사를 가지고 살상한 이상 피해자를 오인한 경우도 살인의 고의가 성립된다.

그러나 범의가 있다고 하는 것은 결과발생을 희망하는 것을 의미하는 것이 아니라, 자기가 의도하는 행위에 의하여 범죄사실이 발생할 것을 인식하면서 그 행위를 감히 실행함으로써 족하다. 즉 범죄사실인 구성요건에 해당

---

18) 형사책임무능력자는 형사미성년자와 심신상실자이며, 한정책임능력자는 심신미약자, 농아자 등이다.

하는 사실의 인식이 있으면 족하고, 그 사실이 구성요건에 해당하는가에 대한 인식은 필요 없다.

한편 행위자가 부주의로 인하여 범죄사실을 인식하지 못하였거나(인식 없는 과실), 또는 범죄사실을 인식하였으나 그 결과의 발생을 방지하지 못한 경우(인식 있는 과실)에 이를 과실범이라고 한다. 과실범의 경우 처벌하지 않는 것이 원칙이며, 다만 법률에 특별한 규정이 있는 때는 예외적으로 처벌한다.

(3) 착오

錯誤란 행위자의 인식에 착오가 있는 경우로서 행위자의 주관적인 관념과 객관적 실재가 일치하지 않는 것을 말하며, 전혀 모르는 경우와 인식이 있는 경우 둘을 다 포함한다. 착오에는 사실의 착오와 법률의 착오가 있는 바, 前者는 고의에 필요한 구성요건적 사실(범죄사실, 즉 불법요소) 자체에 대한 착오이며, 後者는 그 행위가 법률상 허용되지 않음을 모르거나 법에 의하여 허용된 것을 믿고 행한 경우(즉 책임비난에 필요한 위법성의 인식결여)이다.[19] 이는 위법성의 인식이 없는 것으로서 그 착오에 정당한 이유가 있는 때에 한하여 처벌을 면한다(동법§16).[20]

(4) 강요된 행위

저항할 수 없는 폭력이나 자기 또는 친족의 생명, 신체에 대한 위해를 방어할 방법이 없는 협박에 의하여 강요된 행위는 처벌하지 않는다(형법§12).[21] 여기서 말하는 강요된 행위는 저항할 수 없는 폭력이나 생명, 신체에 위해를

---

19) 한편 법률의 착오는 직접 적용되는 금지규범을 인식하지 못한 직접적 착오와 그 법적 한계를 오인한 간접적 착오로 나누어진다.

20) 정당한 이유는 회피가능성의 판단 여부에 따라 결정된다.

21) 이는 기대불가능의 책임조각사유로서 사회적 평균인을 기준으로 하여 행위자에게 적법한 행위를 기대할 수 없는 경우를 말한다. 이와 관련하여 위법명령, 의무충돌, 생명 또는 신체 이외의 법익에 대하여 강요된 행위 등은 초법규적 책임조각사유라고 한다.

가하겠다는 협박 등 다른 사람의 강요에 의하여 이루어진 행위를 말한다.

한편 어떤 사람의 성장과정을 통하여 형성된 내적 관념이나 확신으로 인하여 행위자 스스로의 의사결정이 사실상 강요되는 결과를 낳게 하는 경우를 뜻하는 것은 아니라고 한다(대판 1990.89도1670).

제2절 刑法上 여성 관련 범죄

♠ I 낙태죄(§269)

1. 의의

낙태란 태아를 자연분만기에 앞서 인위적으로 모체 밖으로 배출하거나 태아를 모체 안에서 살해하는 것을 내용으로 한다. 낙태는 태아의 의미를 보는 관점에 따라 처벌여부가 달라진다. 즉 태아를 사람으로 보면 살인죄가 되지만, 태아를 신체의 일부로 보면 자기상해(불벌) 또는 상해죄로 취급된다.

2. 종류

1) 자기 또는 동의낙태(§269)

부녀가 약물 기타 방법으로 낙태한 때에는 1년 이하의 징역 또는 200만 원 이하의 벌금에 처한다. 부녀의 촉탁 또는 승낙을 받아 낙태하게 한 자도 전항의 경우와 같다. 또 낙태하여 상해에 이르게 한 자는 3년 이하의 징역, 사망에 이르게 한 자는 7년 이하의 징역에 처한다.

2) 좁동의낙태(§270)

의사, 한의사, 조산사, 약제사 또는 약종상이 부녀의 촉탁 또는 승낙을 받아 낙태하게 한 때에는 2년 이하의 징역에 처한다.

◤ II 性풍속에 관한 죄

1. 간통죄(§241)

배우자 있는 자가 간통한 때에는 2년 이하의 징역에 처한다. 그와 상간한 자도 같다. 1953년 이래 간통죄의 처벌에 대하여 쌍벌주의를 취한 결과, 남성과 여성의 간통을 같은 것으로 취급하여 오늘에 이르고 있다(사문화).

이는 배우자의 고소가 있어야 논한다(친고죄). 다만 배우자가 간통을 종용 또는 유서한 때에는 고소할 수 없다. 종용이란 간통에 대한 사전허락을 말하며, 유서는 간통에 대한 사후 용서를 말한다. 또한 간통은 성교를 맺는 경우만을 그 대상으로 하기 때문에 성교에는 이르지 않은 신체적 접촉(애무) 등을 간통으로 처벌할 수는 없을 것이다.

☞ 간통죄의 위헌여부(합헌)(대판 1990.9.10, 89헌마82): 남녀평등에 입각한 쌍벌주의, 법 앞의 평등(위 헌법 중 해당 부분 참조)

☞ 간통죄의 입증방법(정황에 따른 경험칙상의 간접증거 인정)(대판 1997. 7.25, 97도 974): 직접적인 물적 증거나 증인의 존재가 어려운 경우의 입증방법

¶ 남녀 간의 정사를 내용으로 하는 간통죄는 행위의 성질상 통상 당사자 간에 극비리에 또는 외부에서 알아보기 어려운 상태에서 감행되는 것이어서 이에 대한 직접적인 물적 증거나 증인의 존재를 기대하기 극히 어렵다고 할 것이어서, 간통죄에 있어서는 범행위 전후 정황에 관한 제반 간접증거들을 종합하여 경험칙상 범행이 있었다는 것을 인정할 수 있을 때에는 이를 유죄로 인정하여야 한다.

☞ 간통죄의 입증방법(장기간의 별거)(대판 1997.2.25, 95도2819): 甲과 乙은 상당기간 별거하여 왔고, 더 이상 혼인관계를 지속할 의사도 갖고 있지 않았기 때문에 양 당사자는 이혼에 대한 명시적 합의를 하였다. 그러나 아직 법률적으로 이혼하지 않은 상태에서 乙이 丙과 정교관계를 가졌고, 이에 갑은 을과 병을 간통죄로 고소하였다. 을과 병의 간통죄의 성립여부?

¶ 당사자가 더 이상 혼인관계를 지속할 의사가 없고 이혼의사의 명백한 합치가 있는 이상 비록 법률적으로는 혼인관계가 존속한다고 하더라도 상대방의 간통에 대한 사전 동의라고 할 수 있는 종용에 관한 의사표시가 그 합의 속에 포함되어 있는 것으로 보아야 하고, 이혼의사의 명백한 합의가 있었는지 여부는 반드시 서면에 의한 합의서가 작성된 경우뿐만 아니라 당사자의 언행 등 여러 가지 사정으로 보아 혼인당사자 쌍방이 더 이상 혼인관계를 유지할 의사가 없었던 사정이 인정되고, 일방의 이혼요구에 상대방이 진정으로 응낙하는 언행을 보이는 사정이 인정되는 경우에도 그와 같은 의사의 합치가 있었다고 인정할 수 있다.

☞ 간통죄의 유서(용서)에 해당하지 않는다고 본 경우(대판 1991.11.25, 91도2409): '용서해 줄 테니 자백하라'는 말만으로는 유서에 해당하지 않음(소극)

¶ 유서는 명시적으로 할 수 있음은 물론 묵시적으로도 할 수 있는 것이어서 그 방식에 제한이 있는 것은 아니지만, 감정을 표현하는 어떤 행동이나 의사의 표시가 유서로 인정되기 위하여, ① 배우자의 간통사실을 확실하게 알면서 자발적으로 유서한 것이어야 하고, ② 그와 같은 간통사실에도 불구하고 혼인관계를 지속시키려는 진실한 의사가 명백하고 믿을 수 있는 방법으로 표현되어야 하는 것이므로, 단순한 외면적인 용서의 표현이나 용서를 하겠다는 약속만으로는 유서를 하였다고 인정하기 어렵다. 배우지의 객관적인 의사표시, 즉 '용서해 줄 테니 자백하라.'고 말한 것만으로는 간통을 유서한 때에 해당한다고 보기 어렵다.

2. 음행매개죄(§242)

영리의 목적으로 미성년 또는 음행의 상습 없는 부녀를 매개하여 간음하게 한 자는 3년 이하의 징역 또는 1천5백만 원 이하의 벌금에 처한다 (§242). 형법상 음행매개는 사회의 性도덕 내지 性풍속뿐만 아니라 부차적으로 개인의 성적 자유도 보호하는 것이다. 음행의 상습 없는 부녀란 매춘부 기타 불특정 남자를 상대로 성생활을 하고 있는 부녀 이외의 부녀를 말하며, 매개란 부녀를 간음에 이르도록 알선하는 것을 의미한다.[22]

3. 음란물죄(§243, §244)

이 죄는 음화 등 반포·판매·임대·공연전시·상영죄 및 음화 등 제조·소지·수입·수출죄를 포함한다. 음란한 문서, 도화, 필름 기타 물건을 반포·판매 또는 임대하거나 공연히 전시 또는 상영한 자는 1년 이하의 징역 내지 5백만 원 이하의 벌금에 처한다(음화반포죄). 또한 형법 제243조의 행위에 공할 목적으로 음란한 물건을 제조, 소지, 수입 또는 수출한 자는 1년 이하의 징역 내지 5백만 원 이하의 벌금에 처한다.

음란물죄는 선량한 성풍속을 보호법익으로 하는바, 대법원은 음란한 물건의 개념에 관하여 '성욕을 자극하거나 흥분 또는 만족하게 하는 물품으로서 일반인의 정상적인 성적 수치심을 해치고, 선량한 성적 도의관념에 반하는 것'으로 파악한다. 또 음란성을 판단함에 있어서는 그 시대의 건전한 사회통념에 따라 객관적으로 판단하되, 그 사회의 평균인의 입장에서 문서 전체를 대상으로 하여 규범적으로 평가하여야 하며 문학성 내지 예술성과 음란성은 차원을 달리하는 관념으로 본다.

---

22) 최근의 인터넷카페를 통한 스와핑(swapping)의 주선행위 등은 음행매개죄에 해당할 것이다.

☞ **음란한 문서 또는 도화의 의의 및 그 음란성존부의 판단기준(대법원 1991.9.10. 선고, 91도1550 판결):** 형법 제243조에 규정된 음란한 문서 또는 도서라 함은 성욕을 자극하여 흥분시키고 일반인의 정상적인 성적 정서와 선량한 사회풍속을 해칠 가능성이 있는 도서를 말하며, 그 음란성의 존부는 작성자의 주관적 의도가 아니라 객관적으로 도서 자체에 의하여 판단되어야 한다.

¶ 월간 ≪부부라이프≫지에 게재된 내용의 사실을 보자면, '성교체위 10선, 부부여 충만한 섹스데이트를, 아들 낳는 성교체위법, 화려한 성관계를 위한 컨트롤, 사랑을 위하여 성의 노예가 되자, 흔들의자에서 즐기는 일본인의 색정놀이, 여자의 유두빨기' 등의 묘사는 구체적인 사실을 특정하여 기재함으로써 공연히 일반인으로 하여금 성적 충동감과 수치심을 불러일으키게 할 목적이 있는 것으로 볼 수 있어, 형법 제243조에서 규정한 음란한 문서 또는 도서에 해당한다고 판단되어야 한다.

☞ **음란한 문서에 해당한다고 본 사례(대법원 1995.6.16. 선고, 94도2413 판결):** 소설 『즐거운사라』에서 각종 영상이나 활자매체를 통하여 대담한 성적 표현, 다양한 성적 표현물의 등장은 오늘날 개방화된 사정에 비추어 보아도 정상적인 성적 정서와 선량한 사회풍속을 침해하고 타락시킨 정도가 심하다고 하지 않을 수 없다고 본 사례.

¶ 모 대학의 미대생인 여주인공 '사라'가 성에 대한 학습요구의 실천이라는 이름 아래 벌이는 자유분방하고 괴벽스러운 섹스행각의 묘사가 대부분을 차지하고, 그 대상도 미술학원 선생, 학교동창생, 친구의 약혼자, 대학교수 등 여러 유형의 남성을 포괄하고 있으며, 행위의 장면도 자위행위에서부터 그룹섹스, 구강성교, 항문성교, 카섹스 및 동성연애 등 다양하고, 그 묘사방법도 매우 적나라하며 징황하고 구체적일 뿐만 아니라 자극적 내지 선정적으로 묘사하고 있음은 물론 그 구성이나 전개에 있어서 문예성, 예술성 및 사상성 등에 의한 성적 자극의 완화 정도가 별로 크지 않아 주로 독자의 호색적 흥미를 돋우는 것으로밖에 인정되지 아니하는바, 이러한 사실을 종합하여 고찰할 때 음란한 문서에 해당한다고 보지 않을 수 없다.

4. 공연음란죄(§245)

이 죄는 공연히 음란행위를 하는 것을 내용으로 하는 범죄로서, 음란행위 자체를 처벌의 대상으로 하는 거동범이다. 즉 공연히 음란행위를 한 자는 1년 이하의 징역 또는 5백만 원 이하의 벌금, 구류 내지 과료에 처한다. 여기서 '공연히'란 불특정 또는 다수인이 알 수 있는 상태를 의미하며, '음한 행위'란 성욕을 자극 또는 흥분하게 하여 성적 수치심과 성도덕을 침해하는 행위를 말한다.[23]

대법원은 "공연음란성의 유무는 그 공연행위 자체로서 객관적으로 판단할 것이고, 그 행위자의 주관적인 의사에 따라 좌우되는 것은 아니다."라고 판시하고 있다.

☞ **연극에서 공연행위의 음란성 판단기준(대법원 1996.6.11. 선고, 96도980 판결):** 형법 제245조의 공연음란죄에 규정한 음란한 행위라 함은 일반인의 성욕을 자극하여 성적 흥분을 유발하고 정상적인 성적 수치심을 해하여 성적 도덕관념에 반하는 것을 가리킨다고 한 사례.

¶ 피고인은 옷을 벗은 채 팬티만 걸친 상태로 침대 위에 누워 있고, 여주인공 소외 김도연은 뒤로 돌아선 자세로 입고 있던 가운을 벗고 관객들에게 온몸이 노출된 완전 나체상태로 침대 위의 피고인에게 다가가서 끌어안고 서고 격렬하게 뒹구는 등 그녀가 피고인을 유혹하여 성교를 갈구하는 장면을 연기하고, 마지막 장면에서 피고인 김도연을 폭행하여 실신시킨 다음 침대 위에 쓰러져 있는 그녀에게 다가가 입고 있던 옷을 모두 벗기고 관객들에게 정면으로 그녀의 전신 및 음부까지 노출된 완전 나체의 상태로 만든 다음, 그녀의 양손을 끈으로 묶어 창틀에 매달아 놓고 자신은 그 나신을 유심히 바라보면서 자위행위를 하는 장면 등을 볼 때, 위 연극이 존 파울즈의 '콜렉터'를 원작으로 하여 사회적 관계로부터 단절된 폐쇄적 공간 속에서 남녀 주인공이 보여주는 삶의 몰가치성과 삶에의 의지라는 양면적 모습의 사상을 표현하기 위한 연기라고 주장하는 피고인의 의도는 받아들일 수 없다.

⚖ III 性的 自由에 관한 罪

1. 강간죄(§297)

폭행 또는 협박으로 부녀를 강간(간음행위)한 것을 말하며, 이러한 자에 대하여는 3년 이상의 징역에 처한다. 본죄의 미수범은 처벌하며 친고죄이다

---

23) 성욕의 자극이나 흥분에 의하여 성적 수치심과 성도덕이 침해되는지에 대한 판단기준은 시대에 따라 다르기 때문에 숙고할 문제다.

(§300).[24] 폭행, 협박의 정도는 상대방에게 생리적, 육체적으로 영향을 미쳐 반항을 불가능하게 하거나 (심히) 곤란하게 하는 정도라고 해석한다(**대판 1979.2.13, 78도1792**).

미수범의 경우 범죄의 실행에 착수하여 행위를 종료하지 못하였거나 결과가 발생하지 아니한 때를 말하는바, 이 경우 자의로 인한 실행중지 내지 결과발생을 방지한 경우(필연적 형의 경감 또는 면제)와 실행에 대한 수단 및 대상의 착오로 결과발생이 불가능한 경우(불능미수) 위험성이 있다면 형을 경감 또는 면제할 수 있다(상대적 경감 또는 면제). 다만 미수범을 처벌하는 규정이 법규정에 있어야 한다(§25 내지 §29).

2. 강제추행죄(§298)

폭행 또는 협박으로 사람에 대하여 醜行하는 것을 말하며, 성욕의 흥분이나 자극 또는 만족을 목적으로 하는 행위이다. 강제성과 관련하여 일반인으로 하여금 곤란을 느끼게 할 정도의 추행이면 족하다. 이러한 자에 대하여는 10년 이하의 징역 또는 1천500만 원 이하의 벌금에 처한다. 본죄의 미수범도 처벌되며 친고죄이다(§306).

☞ **피해자에게 가한 폭행 또는 협박이 그 반항을 현저히 곤란하게 할 정도에 이른 것이라고 보지 않은 사례(강간이 아닌 화간)(대판 1990. 12.11, 9도2224)**

¶ 과거 만나다 이별 후 오랜만에 버스정류장에서 만나 부근 다방에서 커피를 마신 뒤 맥줏집에서 머물다 함께 기숙사에 이르러 방에서 간음한 경우 피해자가 몸부림치며 저항하였다면 이런 상황을 모면할 수 있었으니, 피고가 피해자를 간음하려 할 때 그 유형력의 행사는 피해자의 반항을 현저히 곤란케 할 정도에 이른 것은 아니다.

---

24) 본죄의 주체는 남자이며 객체는 부녀이다. 하지만 여성이 남성과 짜고 강간의 범죄행위에 가담한 경우 여성도 본죄의 공범이 될 수 있다(예: 최근 여고생 강간사건의 보도 등).

☞ 다음에 친숙한 뒤 피해자의 부탁에 따라 강간행위를 중지한 경우 중지미수여부(인정)
(대판 1993.10.18, 93도1851):

¶ 범죄(강간)의 실행에 당하여 다음에 만나 친해지면 응해 주겠다는 취지의 부탁은 사회통념상 범죄를 실행하는 데 있어 장애라고 볼 수 없다(불능범 아닌 중지미수 – 형의 필요적 감경 내지 면제).

☞ 법률상 처가 강간죄의 객체가 될 수 있는지:

¶ 독일형법 제177조는 '여자에게 폭행 또는 협박으로 혼인 외 동침을 강요한 자'라고 규정하여 처는 강간죄의 객체가 될 수 없었으나, 1997년 동법개정으로 혼인 외 동침(auβerehelicher Beischlaf)을 삭제하였다. 따라서 처라고 할지라도 강간죄의 객체가 될 수 있다. 한국의 경우 실무에서는 처에 대한 강간죄를 부정하고 강요죄(§324)로 처벌하고 있는 실정이지만, 처에 대한 강간죄를 직접 인정하여야 한다는 소수설의 견해도 있다.

☞ 강제추행죄에 있어서의 폭행의 형태와 그 정도(대판 1994.8.23, 94도630):

¶ 강제추행에 있어서 폭행 또는 협박은 그 항거를 곤란하게 한 뒤 추행행위를 하는 경우만이 아니라 폭행 자체가 추행이라고 인정되는 경우를 포함하기 때문에 상대방의 의사에 반하는 유형력(有形力)의 행사인 이상 그 힘의 대소강약을 불문한다.

3. 準강간죄, 準강제추행죄(§299)

사람의 심신상실 또는 항거불능의 상태를 이용하여 간음 또는 추행한 자는 강간죄에 따라 처벌한다. 본죄의 미수범은 처벌하며 친고죄이다. 추행의 경우 객체는 남녀의 사람이며 기혼, 미혼, 연령 등을 불문한다. 이 또한 친고죄이다.

4. 강제추행 상해·치상죄 및 강간 등 상해, 치상죄(§301)

강간죄나 강제추행죄를 범하여 사람을 상해하거나 사상에 이르게 한 자는 무기 또는 5년 이상의 징역에 처한다(§301). 이는 결과적 가중범으로서 강간 등의 행위와 사상의 결과 사이 상당한 인과관계가 있어야 한다. 따라서 피해자가 강간 등을 당한 것에 대한 분노나 수치를 참지 못하여 자해한 경우에는 본죄가 성립하지 않는다.

5. 강제추행 살인·치사죄 및 강간 등 살인, 치사죄(§301의2)

강간죄나 강제추행죄를 범한 자가 사람을 살해한 때에는 사형 또는 무기 징역에 처한다. 사망에 이르게 한 때에는 무기 또는 10년 이상의 징역에 처한다(§301의2). 이 또한 결과적 가중범으로서 강간 등의 행위와 사망의 결과 사이 상당한 인과관계가 있어야 한다.

따라서 피해자가 강간을 당한 것에 대한 분노나 수치를 참지 못하여 자살한 경우나 강간으로 임신되어 낙태수술을 받거나 분만 중에 사망한 경우에는 본죄가 성립하지 않는다.

☞ **강간 등 치상죄를 구성하는 상처에 해당된다고 본 사례: 성경험을 가진 여자의 특이체질로 인해 새로 형성된 처녀막의 파열(대법원 1995. 7.25. 선고, 94도1351 판결); 요치 2일의 피하일혈반(대법원 1990. 4.23. 선고, 90도154 판결)**

¶ 처녀막은 부녀의 신체에 있어서 생리조직의 일부를 구성하는 것으로서, 그것이 파열되면 정도의 차이는 있어도 생활기능에 장애가 오는 것이라고 보아야 하고 처녀막의 파열이 그와 같은 성질의 것인 한, 비록 피해자가 성경험을 가진 여자로서 특이체질로 인해 새로 형성된 처녀막이 파열되었더라도 강간치상죄를 구성하는 상처에 해당한다.

¶ 피고인이 7세밖에 되지 않은 피해자 여아의 질 내에 손가락을 넣어 만지는 등 추행을 함으로써 피해자의 음순 좌우 양측에 생긴 남적색 피하일혈반이 타박이나 마찰로 말미암아 음순 내부에 피멍이 든 것으로서, 그 상처 부위에 소변의 독소가 들어가면 염증이 생길 수도 있는 것이라면, 그 상처를 치료하는 데 필요한 기간이 2일에 불과하더라도 이는 형법 301조 소정의 상해의 개념에 해당하는 것으로 보아야 한다.

☞ 강간 등 치상죄를 구성하는 상처에 해당되지 않는다고 본 사례: 경부 및 전흉부 피하출혈, 통증으로 약 7일간 가료를 요하는 상처(대법원 1994.11.4. 선고, 94도1311 판결), 3, 4일간 가료를 요하는 외음부 출혈과 양상박부 근육통의 상처(대법원 1989.1.31. 선고, 88도831 판결)

¶ 피해자를 강간하려다가 미수에 그치고 그 과정에서 피해자에게 경부 및 전흉부 피하출혈, 통증으로 7일간 가료를 요하는 상처가 발생하였으나, 그 상처가 굳이 치료를 받지 않더라도 일상생활을 하는 데 아무런 지장이 없고 시일이 경과함에 따라 자연적으로 치유될 수 있는 정도라면, 그로 인하여 신체의 완전성이 손상되고 생활기능에 장애가 왔다거나 건강상태가 불량하게 변경되었다고 보기 어려워 강간치상죄의 상해에 해당하지 않는다고 보아야 할 것이다.

¶ 피해자가 이미 성행위의 경험이 있는 자로서 그가 입은 상처가 3~4일간의 가료를 요하는 외음부 출혈과 양상박부 근육통으로서 위 피해자가 병원에 가서 치료를 받지 않더라도 일상생활을 하는 데 아무런 지장이 없고 자연적으로 치유될 수 있는 정도이며, 실제 아무런 치료를 받은 일이 없다면 이로 인하여 신체의 완전성이 손상되고 생활기능에 장애가 왔다거나 건강상태가 불량하게 변경되었다고 보기 어려우므로, 위 상처가 강간치상죄의 상해에 해당된다고는 할 수 없다.

☞ 강간 등 행위와 피해자의 사상 사이의 상당인과관계를 긍정한 사례(대법원 1995.5.12. 선고, 95도425 판결)

¶ 피고인은 자신이 경영하는 속셈학원의 강사로 피해자를 채용하고 학습교재를 설명하겠다는 구실로 유인하여 호텔방에 감금한 후 강간하려고 하자, 피해자가 완강히 반항하던 중 피고인이 대실시간 연장을 위해 전화하는 사이에 객실의 창문을 통해 탈출하려다가 지상에 추락하여 사망하였다면, 피고인의 강간미수행위와 피해자의 사망과의 사이에 상당인과관계가 있다고 할 것이다.

☞ 강간 등 행위와 피해자의 사상 사이의 상당인과관계를 부정한 사례(대법원 1995.5.12. 선고, 95도425 판결): 피고인은 카바레에서 알게 된 여자(37세)를 강간하기로 마음먹고 여관으로 유인하여 스스로 육사출신임을 강조하며 강제로 강간하려다가, 여자가 살려달라고 사정하는 바람에 뜻을 이루지 못하였으나, 여자는 강간에 대한 위협을 느껴 4층 여관방의 유리창을 통하여 뛰어내림으로써 약 24주간의 상해를 입게 되었다.

¶ 결과로 인하여 형이 중한 죄에 있어서 그 결과의 발생을 예견할 수 없었을 때에는 중한 죄로 벌할 수 없다고 할 것인바(§15②), 가해남자가 소변을 보기 위하여 화장실에 가 있는 때에는 피해자가 일단 급박한 위험상태에서 벗어나 있었을 뿐만 아니라 무엇보다도 4층에서 창문을 넘어 뛰어내리거나 또는 이로 인하여 상해를 입기까지 되리라고는 예견할 수 없다고 봄이 경험칙상 부합하다고 할 것이다.

6. 미성년자 등 의제강간, 강제추행죄(§302)

13세 미만의 부녀(사람) 또는 심신미약자에 대하여 위계 또는 위력으로 간음 내지 추행한 자는 5년 이하의 징역에 처한다. 미성년자의 성적 발전을 도모함을 그 보호법익으로 한다. 만 13세 미만의 부녀(사람)에 대하여 간음 또는 추행에 대한 동의능력을 인정하지 아니하여 그들의 동의여부와 상관 없이 강간죄 또는 강제추행죄에 의거하여 처벌한다.

☞ **미성년자 의제강간 및 강제추행죄에 있어서 위계 또는 위력이나 폭행 내지 협박 등의 행사여부와 피해자의 동의에 의한 죄의 불성립여부(대법원 1982.10.12. 선고, 82도 2183 판결)**

> 형법 제302조에 규정된 미성년자 부녀에 대한 의제강간, 강제추행죄는 그 성립에 있어서 위계 또는 위력이나 폭행 내지 협박의 방법에 의함을 요하지 아니하며, 피해자의 동의가 있었다고 하여도 성립하는 것이다.

7. 업무상 위력에 의한 간음죄(§303)

업무, 고용 기타 관계로 인하여 자기의 보호 또는 감독을 받는 부녀에 대하여 위계 또는 위력으로 간음한 자는 5년 이하의 징역 또는 1천500만 원 이하의 벌금에 처한다. 법률에 의하여 구금된 부녀를 감호하는 자가 그 부녀를 간음한 때에는 7년 이하의 징역에 처한다(동 조 ②).

피보호 내지 피감독부녀의 성적 자유를 보호법익으로 하며, 보호·감독을 받는 지위로 인하여 부녀의 성적 자유가 부당하게 침해되는 것을 보호하는 것을 목적으로 한다. 피구금부녀에 대한 간음죄는 법률에 의하여 구금된 부녀를 감호하는 자가 그 부녀를 간음함으로써 성립하는 범죄이다.[25]

---

25) 본죄는 결정의 자유가 제한되어 있는 피구금부녀의 성적 자기결정의 자유를 보호법익으로 하지만, 피구

8. 혼인빙자간음죄(§304)

혼인을 빙자(憑藉)하거나 기타 위계로써 음행의 상습이 없는 부녀를 기망하여 간음한 자는 2년 이하의 징역 또는 500만 원 이하의 벌금에 처한다. 친고죄이다.

위계는 상대방을 기망하여 결혼을 전제로 한 성관계인 것처럼 착오에 빠지게 하는 일체의 행위를 의미한다. 이 범죄는 한국형법에만 존재하는 것으로서 복수심과 금전취득의 수단으로 악용된다는 점 및 헌법상 평등권에 위배된다는 점 등을 들어 폐지되어야 한다는 주장도 있으나, 헌법재판소는 2002년 합헌결정을 내린 바 있다.

☞ 혼인빙자간음죄에 대한 헌법재판소결정(헌재결정 2002.10.31. 헌재 99헌바40, 2002헌바50)

¶ 혼인빙자간음행위를 한 자를 처벌하도록 한 것은 성적자기결정권에 대한 필요최소한의 제한으로서 헌법상 과잉금지의 원칙 및 행복추구권이나 사생활의 비밀과 자유가 침해되었다고 할 수 없으며, 또 성적자기결정권은 스스로 선택한 인생관을 바탕으로 사회공동체 안에서 자기의 책임 아래 상대방을 선택하고 자유로운 방식에 따라 성적 행위를 할 것인가를 결정할 수 있는 권리로서 남녀 간의 성에 관한 문제는 은밀한 사생활의 영역에 속하는 것으로 범죄적인 측면보다는 도덕 내지 윤리적인 측면이 강하다. 그렇다고 할지라도 남성이 오직 여성을 한낱 쾌락의 도구로만 생각하여 계획적으로 접근한 뒤 가장된 결혼의 무기를 사용하여 성을 편취한 경우 이는 전혀 다른 방향에서 평가되어야 한다.

☞ 동거 중인 남자가 다른 여자와 결혼한 사실을 알았음에도 그때까지 동인과 정교관계가 바로 혼인빙자의 간음행위라는 것을 알았다고 할 수 없다고 한 판례(대판 1984.9.25, 84도1623)

¶ 이미 피해자가 피고인이 다른 여자와 결혼한 사실을 알았고, 피해자가 금전문제로 결혼했으니 곧 청산하겠다고 한 사실에 미루어 그때까지의 정교관계가 혼인빙자의 간음행위라고 할 수 없다.

금자에 대한 평등한 처우와 감호자의 청렴성에 대한 일반의 신뢰도 동시에 보호하는 것이라고 이해된다.

⚖️ Ⅳ 약취와 유인의 죄(§287, §288)

사람을 약취 또는 유인 내지 매매하여 사람이 자유롭게 생활하고 있는 상태나 보호받는 상태를 자기 또는 제3자의 사실적(실력적) 지배 아래 두는 것을 내용으로 한다. 체포감금죄의 경우 일정한 장소의 제한이 있으나 약취와 유인죄는 장소의 제한이 없다. 미성년자의 약취, 유인(10년 이하의 징역), 영리 등을 위한 약취, 유인, 매매(1년 이상의 징역, 상습법 2년 이상의 징역)

⚖️ Ⅴ 미성년자에 대한 간음, 추행죄(§305)

13세 미만의 부녀를 간음하거나 13세 미만의 사람에게 추행을 한 자는 강간죄, 강제추행죄에 의한 처벌을 받는다. 13세 미만의 자에 대해서는 간음·추행에 대한 동의능력이 없는 것으로 간주하여 폭행·협박 또는 위계·위력을 사용하지 않고 본인의 동의 아래 간음·추행한 경우라도 강간 또는 강제추행에 준하여 처벌한다.

이 죄는 친고죄이며, 아동보호의 관점에서 13세 미만의 자들이 성욕의 대상이나 도구로 전락하여 정상적인 인격형성과 성장을 저해받지 않도록 하려는 의도이다. 미성년자의제강간의 주체는 인체 구조상 남자이며 객체는 여자이다. 한편 미성년자의제강제추행의 주체는 남녀노소 또는 혼인여하에 관계없다. 결국 미성년자의제강간죄의 객체는 13세 미만의 부녀이고, 미성년자의제강제추행죄의 객체는 13미만의 사람이다.

제3절 特別法上 여성 관련 범죄

▲ I 성폭력범죄의 처벌 및 피해자보호에 관한 법률

1. 목적

이 법은 성폭력범죄를 예방하고 그 피해자를 보호하며, 성폭력범죄의 처벌 및 그 절차에 관한 특례를 규정함으로써 국민의 인권신장과 건강한 사회질서의 확립에 이바지함을 목적으로 한다(§1).

2. 성폭력범죄행위

성폭력특별법에서 규정하고 있는 '성폭력범죄'에는 성풍속에 관한 죄(음행매개죄 등), 약취유인의 죄(영리 등을 위한 약취, 유인, 매매 등), 강간과 추행의 죄(강간, 강제추행 등), 강도강간, 특수강도강간죄, 카메라 등 이용 촬영죄 및 다른 법률에 의하여 가중처벌되는 죄가 포함된다(동법§2).

친고죄에 대한 고소기간은 범인을 안 날로부터 6월 내이지만, 성폭력특별법은 친고죄에 대하여 범인을 알게 된 날로부터 1년을 경과하면 고소하지 못하도록 규정하고 있다(형사소송법§230). 또한 형의 선고를 유예할 경우 1년 동안 보호관찰을 명할 수 있으며, 형의 집행을 유예할 경우 일정 기간 동안 보호관찰 내지 사회봉사 또는 수강을 명할 수 있다.

◆ II 가정폭력 관련 법

1. 가정폭력범죄에 관한 특례법과 가정폭력방지법

가정폭력범죄의 처벌에 관한 특례법은 가정폭력범죄의 형사처벌절차에 관한 특례를 인정하고 가정폭력범죄를 범한 자에 대하여 환경의 조정과 성행의 교정을 위한 보호처분을 행함으로써 가정폭력범죄로 파괴된 가정의 평화와 안정을 회복하고 건강한 가정을 꾸미며 피해자와 가족구성원의 인권을 보호함을 목적으로 한다(§1).

한편 가정폭력방지 및 피해자보호에 관한 법률은 가정폭력을 예방하고 가정폭력의 피해자를 보호하고 지원함을 그 목적으로 한다(§1). 여기서 '가정폭력'이라 함은 가정폭력범죄에 관한 특례법 제2조제1호의 행위를 말한다(§2).

2. 가정폭력의 의의

가정폭력이라 함은 '가정구성원 사이의 신체적, 정신적, 재산상의 피해를 수반하는 행위'를 말하며, 부부폭력, 부모의 자녀에 대한 폭력, 장성한 자녀의 노부모에 대한 폭력, 형제간의 폭력 및 유기, 학대 등 가족 간의 모든 폭력을 포함한다.[26]

가족구성원이란 배우자, 전배우자, 사실혼관계에 있는 자 또는 있었던 자, 자기 내지 배우자의 직계 존·비속관계에 있었던 자, 계부모와 자의 관계 및 적모와 서자의 관계에 있거나 있었던 자, 동거하는 친족관계에 있는 자 등을 포함한다(가정폭력범죄에 관한 특례법§2).

---

26) 더 나아가 심한 욕설, 언어적 폭력(폭언) 및 지나친 의심(정신적 폭력) 등도 이에 포함된다고 할 것이다.

3. 신고 및 고소

가정폭력범죄의 처벌에 관한 특례법상 누구나 가정폭력을 알게 된 때에는 이를 수사기관에 신고할 수 있고(§4), 또 가정폭력범죄를 신고한 사람에 대하여는 신고행위를 이유로 불이익을 줄 수 없다. 다만 아동의 교육과 보호를 담당하는 기관의 종사자와 그 장, 아동이나 60세 이상의 노인 기타 정상적인 판단능력이 결여된 자의 치료를 담당하는 의료인과 시설의 장 등 일정한 경우에는 신고의무가 있다(동 조 ③).

동법상의 특례로서 피해자 또는 그 법정대리인은 행위자를 고소할 수 있고, 피해자의 법정대리인이 행위자인 경우 또는 행위자와 공동하여 가정폭력범죄를 범한 경우에는 피해자의 친족이 고소할 수 있다. 이것은 피해자가 형사소송법 제224조(자기 또는 배우자의 직계존속에 대한 고소제한)의 규정에 불구하고 행위자가 자기 또는 배우자의 친족인 경우에도 고소할 수 있다.27)

4. 응급조치 및 보호처분

가정폭력범죄에 대하여 신고를 받은 사법경찰은 즉시 현장에 출동하여 폭력을 제지시키고 범죄를 수사하며, 피해자의 동의를 얻어 피해자를 가정폭력 관련 상담소나 보호시설에 인도해야 하며, 긴급조치가 필요한 피해자는 의료기관으로 인도해야 한다(§5).

경찰로부터 사건은 송치받은 검찰은 임시조치를 법원에 신청할 수 있는바, 피해자 또는 가족구성원의 주거 또는 방실로부터 100m 이내 접근금지명령, 의료기관이나 요양소에 위탁 및 유치장 내지 구치소에 유치할 수 있다(§29).28)

---

27) 따라서 시어머니와 고부갈등 및 혼수문제 등으로 혼인생활 중 신체적, 육체적으로 학대받아 온 경우 동법상의 고소에 관한 특례조항에 의하여 고소할 수 있다(§6).

28) 격리 및 접근금지의 기간은 2개월을, 위탁 및 유치기간은 1개월을 초과할 수 없다. 다만 피해자의 보호를 위하여 필요하다고 인정되는 경우에는 1회에 한하여 그 기간을 연장할 수 있다.

또한 법원은 가정보호사건을 심리한 결과 일정한 처분이 필요하다고 인정한 때에는 행위자가 피해자에게 접근하는 행위의 제한(6개월 이내), 친권자의 친권행사의 제한(6개월 이내), 보호관찰법에 의한 사회봉사와 수강명령(100시간 이내, 200시간 초과불가) 및 감호위탁이나 치료위탁(6개월 이내) 등을 할 수 있다.

한편 접근제한 및 친권행사의 제한을 위반한 경우 2년 이하의 징역이나 2천만 원 이하의 벌금 또는 구류에 처한다(§63).

◢▮ Ⅲ 性매매방지법 등

1. 목적

이 법은 성매매·성매매알선 등 행위 및 성매매 목적의 인신매매를 근절하고, 그 성매매 피해자의 인권을 보호함을 목적으로 한다(§1). '성매매'라 함은 불특정인을 상대로 금품 기타 재산상의 이익을 수수·약속하고 다음 각 호의 어느 하나에 해당하는 행위를 하거나 그 상대방이 되는 것을 말한다(§2). ① 성교행위, ② 구강·항문 등 신체의 일부 또는 도구를 이용한 유사성교행위 등이 그것이다(동 조 제1.2호).

성매매를 한 자는 1년 이하의 징역이나 3백만 원 이하의 벌금·구류 또는 과료에 처하며, 또 다른 법률에 규정한 것 이외에 신고자 등의 인적사항이나 사진 등을 인터넷 또는 출판물에 게재하거나 매체를 통하여 방송한 자는 5백만 원 이하의 벌금에 처한다(§21).

2. 성매매방지법의 한계

현대 법치사회에서 사회적 약자로서의 여성에 대한 처벌문제와 성매매행위의 범죄화에 대한 문제, 피해자를 보호하려는 감호 내지 치료시설에 가해자가 함께 입소하도록 되어 있다는 점은 법의 근본취지에 부합하지 못하는 측면이 있다. 또한 사회적 약자로서 여성의 직업선택의 자유(헌법§15)에 대한 문제와 불법적인 성매매업소에 대하여 폐쇄명령을 규정한 규제법으로서 행정처분이 없는 것 등은 문제이다.

제4장 女性과 勞動法

제1절 勞動法의 기초이론

⚖ I 노동법의 意義

노동법은 자본주의 사회에서 근로자가 인간다운 생활을 할 수 있도록 노동관계를 규율하는 법규범의 총체를 말한다. 한국의 노동법은 기본원칙을 국가의 최고규범인 헌법에서 명확하게 선언·보장하고 있는 데 그 특징이 있다.

즉 헌법 제32조에서는 "모든 국민은 근로의 권리를 가지며, 근로조건의 기준은 인간의 존엄성을 보장하도록 법률로 정한다."고 규정하고 있다. 또 제34조에서는 "근로자는 근로조건의 향상을 위하여 자주적인 단결권, 단체교섭권, 단체행동권을 가진다."고 규정하여 노동3권을 보장하고 있다.

그런데 노동법의 규율대상은 '개별적 노동관계법'으로서 근로자 개인과 사용자 사이의 근로계약의 체결·전개·종료를 둘러싼 관계를 규율하는 법과 '집단적 노동관계법'으로서 근로자의 노동관계상의 이익을 대변하는 노동단체의 조직과 운영 및 노동단체와 사용자 측 사이의 단체교섭을 중심으로 전개되는 관계를 규율하는 법이 있다.[1]

---

1) 전자는 '근로계약법', 후자는 '노동단체법'이라고도 한다.

⚖️ Ⅱ 노동법의 構成

1. 個別的 근로관계법

1) 근로기준법

(1) 서설

개별적 근로관계법은 헌법 제32조를 정점으로 하여 여러 하위의 법들이 해당되지만, 사용자를 강제함으로써 근로조건의 향상을 도모하는 근로기준법이 그 중심에 있다. 따라서 근로기준법은 헌법에 의하여 근로조건의 기준을 정함으로써 근로자의 기본적 생활을 보장하고 향상시키며 균형 있는 국민경제의 발전을 도모함을 그 목적으로 한다(§1).

(2) 적용 범위

근로기준법상 상시 5인 이상의 근로자를 사용하는 모든 사업 또는 사업장에 적용하는 것이 원칙이다.[2] 예외적으로 상시 4명 이하의 근로자를 사용하는 사업 또는 사업장에 대하여는 대통령령으로 정하는 바에 따라 이 법의 일부 규정을 적용할 수 있다(§11).

또한 공무원법, 선원법 등 특별법규정이 있는 경우에는 적용이 없으며, 사립학교의 교원에 대하여는 사립학교법상의 교원자격, 임면과 복무관계, 신분보장 및 징계 등에 관한 규정을 제외하고는 이 법이 적용된다.

---

2) 다만 동거하는 친족만을 사용하는 사업 또는 사업장과 가사 사용인에 대하여는 적용하지 않는다(동 조 단서).

(3) 근로자와 사용자

근로기준법의 적용을 받는 '근로자'는 직업의 종류를 불문하고, 사업 또는 사업장에서 임금을 목적으로 근로를 제공하는 자를 말하며, 사용자란 사업주 또는 사업경영의 담당자 기타 근로관계에 관한 사항에 대하여 사업주를 위하여 행위하는 자를 말한다(§2).

2) 근로계약

(1) 최저연령

근로자가 사용자에게 근로를 제공하고 사용자는 이에 대하여 임금을 지급할 것을 목적으로 근로자와 사용자 사이에 체결된 계약을 말한다(§2). 이 계약은 계약자유의 원칙이 존중되면서도 여러 가지 제약이 따른다.

만 15세 미만인 자('초·중등교육법'에 따른 중학교에 재학 중인 18세 미만인 자를 포함한다)는 근로자로 사용하지 못한다. 다만 대통령령으로 정하는 기준에 따라 노동부장관이 발급한 '취직인허증'을 지닌 자는 근로자로 사용할 수 있다(§64).

(2) 임산부 등 사용 금지

사용자는 임신 중이거나 산후 1년이 지나지 아니한 여성(이하 '임산부'라 한다)과 18세 미만자를 도덕상 또는 보건상 유해·위험한 사업에 사용하지 못하며, 임산부가 아닌 18세 이상의 여성을 보건상 유해·위험한 사업 중 임신 또는 출산에 관한 기능에 유해·위험한 사업에 사용하지 못한다(§65).

(3) 근로계약의 해지

사용자는 18세 미만의 자에 대한 '연소자 증명서'[3]를 사업장에 비치하여야 하며(§66), 친권자나 후견인은 미성년자의 근로계약은 대리하지 못하며 친권자, 후견인 또는 노동부장관은 근로계약이 미성년자에게 불리하다고 인정하는 경우에는 이를 해지할 수 있다(§67).

(4) 미성년자의 근로시간

15세 이상 18세 미만인 자의 근로시간은 1일 7시간, 1주일 40시간을 초과하지 못한다. 다만 당사자 사이의 합의에 따라 1일에 1시간, 1주일에 6시간을 한도로 연장할 수 있다(§69).

(5) 야간근로와 휴일근로의 제한

사용자는 18세 이상의 여성을 오후 10시부터 오전 6시까지의 시간 및 휴일에 근로시키려면 그 근로자의 동의를 받아야 한다(§70①). 사용자는 임산부와 18세 미만자를 오후 10시부터 오전 6시까지의 시간 및 휴일에 근로시키지 못한다. 다만 다음 각 호에 의한 노동부장관의 인가를 받은 경우에는 그러하지 아니하다(동 조 ②). 즉 18세 미만자의 동의, 산후 1년이 지나지 아니한 여성의 동의 및 임신 중의 여성이 명시적으로 청구한 경우 등이다.
또한 사용자는 제2항의 경우 노동부장관의 인가를 받기 전에 근로자의 건강 및 모성보호를 위하여 그 시행 여부와 방법 등에 관하여 그 사업 또는 사업장의 근로자대표와 성실하게 협의하여야 한다(동 조 ③).

(6) 갱내근로의 금지

사용자는 여성과 18세 미만의 자를 갱내에서 근로시키지 못한다. 다만 보건·의료, 보도·취재 등 대통령령으로 정하는 업무를 수행하기 위하여 일시적으로 필요한 경우에는 그러하지 아니하다(§72).

---

3) 가족관계기록사항에 관한 증명서와 후견인의 동의서를 말한다.

(7) 시간외근로와 육아시간

사용자는 산후 1년이 지나지 아니한 여성에 대하여 단체협약이 있는 경우라도 1일 2시간, 1주일 6시간, 1년 150시간을 초과하여 시간외근로를 시키지 못하며(§71), 여성근로자가 청구하면 월 1일의 생리휴가를 주어야 한다(§73). 또 생후 1년 미만의 유아를 가진 여성근로자가 청구하면 1일 2회 각각 30분 이상의 유급 수유시간을 주어야 한다(§75).

(8) 임산부의 보호

사용자는 임신 중의 여성에게 산전과 산후를 통하여 90일의 보호휴가를 주어야 한다. 이 경우 휴가기간의 배정은 산후에 45일 이상이 되어야 한다(§74①). 사용자는 임신 중인 여성이 임신 16주 이후 유산 또는 사산한 경우로서 그 근로자가 청구하면 대통령령으로 정하는 바에 따라 보호휴가를 주어야 한다(동 조 ②).

제1항 및 제2항에 따른 휴가 중 최초 60일은 유급으로 한다. 다만 '남녀고용평등과 일가정 양립지원에 관한 법률' 제29조에 따라 산전후휴가급여 등이 지급된 경우에는 그 금액의 한도에서 지급의 책임을 면한다(동 조 ③). 사용자는 임신 중의 여성근로자에게 시간외근로를 하게 하여서는 아니 되며, 그 근로자의 요구가 있는 경우에는 쉬운 종류의 근로로 전환하여야 한다(동 조 ④).

(9) 벌칙

제65조(임산부의 사용 금지)와 제72조(갱내근로의 금지)를 위반한 자는 3년 이하의 징역 또는 2천만 원 이하의 벌금에 처하고, 제64조(최저연령과 취직인허증), 제70조(야간근로와 휴일근로의 제한), 제71조(시간외근로), 제74조(임산부의 보호) 및 제75조(육아시간)를 위반한 자는 2년 이하의 징역 또는 1천만 원 이하의 벌금에 처한다(§109, §110).

3) 해고

근로자의 의사와 상관없이 사용자가 일방적으로 근로계약 내지 근로관계를 종료시키는 행위를 해고라고 한다. 해고는 정당한 이유 없이 행해질 수 없도록 규정하고(§23), 정당한 이유로 해고할 경우에도 특별한 경우를 제외하고는 최소 30일 전에 그 예고를 하여야 한다(§26).

사용자가 경영상 이유에 의하여 근로자를 해고하려면 긴박한 경영상의 필요가 있어야 한다. 이 경우 경영악화를 방지하기 위한 사업의 양도·인수·합병은 긴박한 경영상의 필요가 있는 것으로 본다(§24).[4] 이 경우에 사용자는 해고를 피하기 위한 노력을 다하여야 하며, 합리적이고 공정한 해고의 기준을 정하고 이에 따라 그 대상자를 선정하여야 한다. 이때 남녀의 성을 이유로 차별하여서는 아니 된다(동 조 ②).

4) 근로시간과 휴식

(1) 원칙

근로시간과 휴식은 임금과 더불어 근로조건 가운데 중요한 사항이다. 근로기준법상 '근로시간'이란 근로자가 근로하기 위하여 사용자의 지휘나 명령 아래 있는 시간을 말하는 것이며, 반드시 현실적으로 정신적 또는 육체적 활동을 할 것을 요건으로 하지 않는다. 1주간의 근로시간은 휴게시간을 제외하고 40시간을 초과할 수 없다. 또 1일의 근로시간은 휴게시간을 제외하고 8시간을 초과할 수 없다(§50).

사용자는 근로시간이 4시간인 경우에는 30분 이상, 8시간인 경우에는 1시간 이상의 휴게시간을 근로시간 도중에 주어야 한다. 이 휴게시간은 근로자가 자유롭게 이용할 수 있다(§54). 또 사용자는 근로자에게 1주일에 평균

---

4) 이는 1997년 3월에 근로기준법의 개정으로 받아들여진 '정리해고'이다.

1회 이상의 유급휴일을 주어야 한다(§55).

(2) 예외

당사자의 합의가 있는 경우에는 1주간 12시간을 한도로 하여 제50조(근로시간)의 근로시간을 연장할 수 있다. 이때 특별한 사정이 있는 경우 노동부장관의 사전인가 또는 사후의 승인이 필요하다(§53).

(3) 탄력적 근로시간제

이는 미리 정한 바에 따라 일정한 기간 내에서 특정의 주 또는 특정일에 법정근로시간을 초과하여 근로하더라도 평균 근로시간이 1주당 법정근로시간을 초과하지 않으면 적법한 것으로 취급하는 제도이다.

사용자는 '취업규칙(이에 준하는 것을 포함한다)'에서 정하는 바에 따라 2주간 이내의 일정한 단위기간을 평균하여 1주간의 근로시간이 40시간을 초과하지 않은 범위 내에서 특정주에 40시간을, 특정일에 8시간을 초과하여 근로하게 할 수 있다. 다만 특정한 주의 근로시간은 48시간을 초과할 수는 없다(§51).[5]

(4) 선택적 근로시간제

이것은 근래 일부 기업에서 채택한 자유 출퇴근제, 신축적 근무시간제 등을 제도화한 것으로, 노사가 합의한 근로자에 대하여 일일업무의 시작 및 종료시간을 근로자가 매일 자유롭게 정할 수 있도록 하여 업무의 효율을 높이고자 채택한 제도이다.

사용자는 노사가 합의한 근로자에 대하여 1주간의 근로시간이 40시간을 초과하지 아니한 범위 내에서 1주간에 40시간을, 1일에 8시간을 초과하여

---

5) 탄력적 근로시간제는 연소자의 건강보호 내지 여성근로자의 모성보호를 위하여 15세 이상 18세 미만의 근로자와 임신 중의 여성근로자에게 적용하지 아니한다.

근로하게 할 수 있다(§52).

(5) 외근 간주시간제

근로자가 출장 기타 사유로 근로시간의 전부 또는 일부를 사업장 밖에서 근로하여 근로시간을 산정하기 어려운 때에는 소정의 근로시간을 근로한 것으로 본다. 다만 당해 업무를 수행하기 위하여 통상적으로 소정근로시간을 초과하여 근로할 필요가 있는 경우에는 그 업무의 수행에 통상 필요한 시간을 근로한 것으로 본다(§58).

그러나 당해 업무와 관련하여 근로자대표와의 사전 서면합의가 있는 때에는 그 합의에서 정하는 시간을 그 업무의 수행에 통상 필요한 시간으로 본다(동 조 ②).

2. 集團的 근로관계법

1) 노동조합의 의의

근로자가 스스로 권익을 옹호하고, 이를 증진시키기 위하여 사용자 또는 사용자단체에 대하여 그들의 자주적 단결체인 노동조합을 통하여 전개하는 단체적 관계를 규율하는 법을 집단적 근로관계법(노사관계법)이라고 한다.

여기서 '노동조합'이라 함은 근로자가 주체가 되어 자주적으로 단결하여 근로조건의 유지 및 개선, 그리고 경제적 내지 사회적 지위의 향상을 목적으로 조직하는 단체 또는 그 연합체를 말한다(노동조합 및 노동관계조정법 §2 제4호(이하 '노조법'이라 한다)). 따라서 근로자를 구성원으로 하는 단체라도 다음 하나에 해당하는 경우에 있어서는 노동조합이라고 할 수 없다.

① 사용자 또는 그의 이익을 대표하여 행동하는 자의 참가를 허용
② 경비의 주된 부분을 사용자로부터 원조받는 경우

③ 공제, 수양 기타 복리사업만을 목적으로 하는 경우
④ 근로자 아닌 자의 가입을 허용하는 경우[6]
⑤ 주로 정치운동 내지 사회운동을 목적으로 하는 경우

2) 단체교섭과 단체협약

노동조합은 단결력을 배경으로 하여 사업장에서 실력행사(노동쟁의)를 통해 사용자에게 그들의 요구를 관철시킨다. 이러한 단결과 쟁의행위 사이에는 노동조합이 평화적 방법에 의하여 구체적으로 그 목적을 실현하는 단체교섭이 존재하는바, 단체교섭은 노동조합이 자신들의 의사를 가지고 사용자와 협상하는 사실행위를 말한다.

단체협약은 노동조합과 사용자 사이에 체결되는 계약으로서, 개별적 근로관계에 대해 기준적 효력을 갖는 規範的인 부분과 협약 체결의 당사자인 노동조합과 사용자 사이의 권리와 의무를 규율하는 債務的인 부분이 포함된다. 단체교섭과 단체협약의 당사자는 노동조합과 사용자(단체)이며, 단체협약은 반드시 서면으로 작성하여 쌍방이 서명·날인하여야 한다.

3) 쟁의행위

(1) 의의 및 종류

노동조합과 사용자 사이에 노동조건에 관한 주장의 불일치로 인하여 발생되는 분쟁상태를 노동쟁의라고 한다. 따라서 평화적 단체교섭이 단체협약에 이르지 못하고 결렬된 경우에는 아무런 실력행사가 행해지지 않고 있더라도 노동쟁의가 발생한 것이 된다.

---

6) 다만 해고된 자가 노동위원회에 부당노동행위의 구제신청을 한 경우에는 중앙노동위원회의 재심판정이 있을 때까지 '근로자가 아닌 자'로 해석되지 않는다.

한편 '爭議行爲'라 함은 노동조합 또는 사용자가 위의 분쟁상태를 자기측에 유리하게 전개하여 그 주장을 관철시킬 목적으로 행하는 투쟁행위로서 업무의 정상운영을 저해하는 것을 의미한다. 그러므로 쟁의행위는 勞動爭議[7]와는 달리 파업, 태업, 준법투쟁, 피케팅, 직장점거 또는 직장폐쇄와 같은 구체적인 실력행사를 말한다(노조법§2 제6호).

(2) 쟁의행위의 한계

노동쟁의행위는 그 목적, 방법 및 절차에 있어서 법령 기타 사회질서에 위반하여서는 아니 되며, 조합원은 노동조합에 의하여 주도되지 않는 쟁의행위를 하여서는 아니 된다. 또한 당해 노사의 상급단체와 공인노무사, 변호사 등 법령에 의해 정당한 권한을 가진 자 그리고 노사가 지원을 받기 위해 노동부장관에게 신고한 자 등의 개입은 인정된다.

(3) 근로자의 업무대체

사용자는 쟁의기간 중에 그 쟁의행위로 중단된 업무의 수행을 위하여 당해 사업과 관계없는 자를 채용 또는 대체할 수 없다(노조법§43). 따라서 쟁의가 발생한 경우 사업자는 동일법인 내의 근로자를 대체 투입할 수 있다.

(4) 쟁의기간 중 임금문제

사용자는 쟁의행위에 참가하여 근로를 제공하지 않은 근로자에 대해 그 기간에 대한 임금을 지급할 의무가 없으며, 노동조합은 쟁의기간 중의 임금지급을 요구하여 이를 관철할 목적으로 쟁의행위를 하여서는 아니 된다(노조법§44①②).[8]

---

7) '노동쟁의'라 함은 노동조합과 사용자(단체)(이하 '노동관계당사자'라 한다) 간에 임금·근로시간·복지·해고 기타 대우 등 勤勞條件의 결정에 관한 주장의 不一致로 인하여 발생한 분쟁상태를 말한다. 이 경우 '주장의 불일치'라 함은 당사자 간에 합의를 위한 노력을 계속하여도 더 이상 자주적 교섭에 의한 합의의 여지가 없는 경우를 말한다(노조법§2 제5호).

8) 이를 파업기간 중의 '무노동 무임금의 원칙'이라고 한다.

또한 쟁의행위는 조정절차를 거치지 아니하면 행할 수 없다. 즉 노동관계 당사자는 노동쟁의가 발생한 때에는 어느 일방이 이를 상대방에게 서면으로 통보하여야 하며(§45①), 쟁의행위는 조정과 중재 등을 거치지 아니하면 행할 수 없다(동 조 ②). 다만 조정신청의 기간일로부터 10일(일반사업) 또는 15일(공익사업), 중재에 회부한 날로부터 15일의 기간 내에 조정종료나 중재재정이 이루어지지 아니한 경우에는 그러하지 아니하다(동 조 단서, 동법§54, §63).

4) 부당노동행위

(1) 부당노동행위의 금지

사용자는 사용자 측의 이익을 위하여 노동조합의 약화를 의도하는 경향이 있는 반면, 사용자에 의한 근로3권의 침해는 노동조합이 방위하여야 할 것이다. 하지만 근로3권에 의해 보장된 노동자에 대한 법질서는 객관적으로 국가 차원에서 준수되어야 할 질서이기 때문에 이에 대한 침해에 대하여 국가기관의 개입에 의한 유지와 보호가 필요하다. 따라서 사용자의 다음과 같은 행위는 부당노동행위로서 금지된다(노조법 제6장).

(2) 불이익대우

사용자는 근로자가 노동조합에 가입 또는 가입하려고 하였거나 노동조합을 조직하려고 하였거나 기타 노동조합의 업무를 위한 정당한 행위를 한 것을 이유로 그 근로자를 해고하거나 그 근로자에게 불이익을 주는 행위를 할 수 없다(노조법§81 제1호).

또 근로자가 정당한 단체행위에 참가한 것을 이유로 하거나 또는 노동위원회에 대하여 사용자가 이 조의 규정에 위반한 것을 신고하거나 그에 관한 증언을 하거나 기타 행정관청에 증거를 제출한 것을 이유로 그 근로자를 해고하거나 그 근로자에게 불이익을 주는 행위를 할 수 없다(노조법§81 제5호).

(3) 비열계약

사용자는 근로자가 어느 노동조합에 가입하지 아니할 것 또는 탈퇴할 것을 고용조건으로 하거나 특정한 노동조합의 조합원이 될 것을 고용조건으로 하는 행위(이른바 황견계약(yellow-dog contract))를 할 수 없다(노조법 §81 제2호).

다만 노동조합이 당해 사업장에 종사하는 근로자의 3분의 2 이상을 대표하고 있을 때에는 근로자가 그 노동조합의 조합원이 될 것을 고용조건으로 하는 단체협약은 예외로 한다. 이 경우 사용자는 근로자가 당해 노동조합에서 제명된 것을 이유로 신분상 불이익한 행위를 할 수 없다.

(4) 단체교섭의 거부

사용자는 노동조합의 대표자 또는 노동조합으로부터 위임을 받은 자와의 단체협약 체결 기타의 단체교섭을 정당한 이유 없이 거부하거나 해태하는 행위를 할 수 없다(노조법§81 제3호).

(5) 지배·개입 및 경비원조

사용자는 근로자가 노동조합을 조직 또는 운영하는 것을 지배하거나 이에 개입하는 행위와 노동조합의 專任者에게 급여를 지원하거나 노동조합의 운영비를 원조하는 행위를 할 수 없다(노조법§81 제4호).

다만 근로자가 근로시간 중에 사용자와 협의 또는 교섭하는 것을 사용자가 허용함은 무방하며, 또한 근로자의 후생자금 또는 경제상의 불행 기타 재앙의 방지와 구제 등을 위한 기금의 기부와 최소한의 규모의 노동조합사무소의 제공은 예외로 한다.

제2절 勤勞基準法과 女性

🔨 I 여성근로자의 보호

헌법 제32조에서는 국가에 대하여 여성의 근로에 대해 특별한 보호를 할 것을 규정하고 있으며, 이에 따라 근로기준법, 남녀고용평등법[9] 등이 제정되어 구체적으로 규정하고 있다. 당시 남녀고용평등법은 1999년 2월에 법률 제5933호로 개정된 이래 남성우위의 전통사회의 폐습으로 남아 있는 직장 내 성희롱을 금지하고, 이를 예방하기 위하여 교육을 실시하는 등 여러 가지 조치를 취할 의무를 사업주에게 부과하였다.

🔨 II 구체적 내용

1. 성차별의 금지

1) 근로기준법

근로기준법에서는 "사용자는 근로자에 대하여 남녀의 차별적 대우를 하지 못하며, 국적이나 신앙 또는 사회적 신분을 이유로 근로조건에 대한 차별적 처우를 하지 못한다."라고 규정하여 남녀평등을 보장하고 성차별을 금

---

9) 이 법은 2007년 12월에 남녀고용평등과 일·가정 양립지원에 관한 법률(법률 제6508호)로 전면 개정되었다(자세한 내용은 후술하는 제3절 참조).

지하고 있다(동법§6).

2) 남녀고용평등 및 일·가정 양립지원에 관한 법률

남녀고용평등 및 일·가정 양립지원에 관한 법률(이하 '남녀평등법'이라한다)상 성차별이란 "사업주가 근로자에게 성별, 혼인 또는 가족상의 지위나 임신, 출산 등의 사유로 합리적인 이유 없이 채용 또는 근로의 조건을달리하거나 기타 불이익한 조치를 취하는 경우"를 '차별'이라고 정의하고있다(§2 제1호).

나아가 "사업주가 채용 또는 근로의 조건은 동일하게 적용하더라도 그조건을 충족시킬 수 있는 남성 또는 여성이 다른 한 성에 비해 현저히 적고, 그로 인하여 특정의 성에 불리한 결과를 초래하며 그 기준이 정당한 것임을 입증할 수 없는 경우에도 이를 차별로 본다."라고 규정하고 있다.

다만 다음 각 호의 제1에 해당하는 경우 이를 차별로 보지 아니한다.

① 직무의 성질상 특정 성이 불가피하게 요구되는 경우

② 근로여성의 임신, 출산, 수유 등 모성보호를 위한 조치를 취하는 경우

③ 기타 이 법 또는 다른 법률에 따라 적극적 고용개선조치를 하는 경우

2. 여성근로자의 보호

1) 도덕상, 보건상 유해·위험한 사업에의 사용 금지

사용자는 임신 중이거나 산후 1년이 경과되지 아니한 여성(이하 '임산부'라 한다)을 도덕상 또는 건강상 유해·위험한 사업에 사용하지 못하며(근로기준법§65①), 임산부가 아닌 18세 이상의 여성의 경우 보건상 유해·위험한 사업 중 임신 또는 출산에 관한 기능에 유해·위험한 사업에 사용하지

못한다(근로기준법§65①).

☞ **임산부 등의 사업금지직종(근로기준법 시행령 별표4):**
㉠ **임신 중인 여성**(수은, 납, 크롬, 비소 등 유해물질을 취급하는 업무),
㉡ **산후 1년이 경과되지 아니한 자**(납, 비소를 취급하는 업무. 단 모유를 수유하지 않는 여성으로서 본인의 동의 당시 예외),
㉢ **임산부가 아닌 18세 이상의 여성**(2 - 브로모프로판을 취급하거나 이에 노출될 수 있는 업무. 단 의학적으로 가임가능성이 없는 여성의 경우 제외)**으로 구분하여 사용 금지의 직종을 정하고 있음.**

2) 야간 및 휴일노동의 제한

사용자는 18세 이상의 여성을 오후 10시부터 6시까지의 사이 및 휴일에 근로시키고자 하는 경우에는 당해 근로자의 동의를 얻어야 한다(근로기준법 §70). 또 사용자는 임산부(임신 중인 여성과 산후 1년이 경과되지 아니한 여성)와 18세 미만자를 오후 10시부터 6시까지의 사이 및 휴일에 근로시키지 못한다.

다만 다음의 경우에는 노동부장관의 인가를 얻은 경우 그러하지 아니하다.
① 18세 미만자의 동의가 있는 경우
② 산후 1년이 경과되지 아니한 여성의 동의가 있는 경우
③ 임신 중의 여성이 명시적으로 청구하는 경우

3) 산후 1년이 되지 아니한 여성의 시간외근로제한

사용자는 산후 1년이 경과되지 아니한 여성에 대하여 단체협약이 있는 경우라도 1일에 2시간, 1주일에 6시간, 1년에 150시간을 초과하는 시간 외의 근로를 시키지 못한다(근로기준법§71). 이에 위반한 사용자는 2년 이하

의 징역이나 또는 1,000만 원 이하의 벌금에 처한다(§110).

4) 여성의 갱내근로 금지

사용자는 여성을 갱내에서 근로시키지 못한다. 다만 보건·의료·보도·취재 등 대통령령이 정하는 다음 각 호의 업무를 수행하기 위하여 일시적으로 필요한 경우에는 그러하지 아니하다(§72). 이에 위반한 사용자는 3년 이하의 징역이나 또는 2,000만 원 이하의 벌금에 처한다(§109).

① 보건·의료 및 복지업무

② 신문·출판·방송프로그램 제작 등을 위한 보도·취재업무

③ 학술연구를 위한 조사업무

④ 관리·감독업무

⑤ 제1호 내지 제4호의 업무와 관련된 분야에서 행하는 실습업무

5) 여성의 생리휴가

사용자는 여성근로자에 대하여 월 1일의 유급생리휴가를 주어야 한다(근로기준법§73). 이에 위반한 사용자는 500만 원 이하의 벌금에 처한다(§114).

☞ 여성근로자가 근로기준법 소정의 생리휴가를 청구하지 아니한 경우에도 사용자는 반드시 또는 당연히 가임금(수당)을 지급하여야 하는지에 대한 여부(소극)(대판 1991.6.28, 90다카14758):

¶ 사용자는 여성근로자가 생리휴가를 청구하는 경우 월 1회의 생리휴가를 주어야 하나, 그 청구가 없을 때에는 휴가를 주지 않는다고 하여 위법이라고 할 수 없고 당연히 가산임금(수당)을 지급하여야 하는 것도 아니다.

3. 모성보호

1) 임신 중 여성근로자의 보호

사용자는 임신 중 여성근로자에 대하여 시간외근로를 시키지 못하며, 당해 근로자의 요구가 있는 경우 경이한 종류의 근로로 전환시켜야 한다(근로기준법§74④). 이에 위반한 사용자는 2년 이하의 징역이나 또는 1,000만 원 이하의 벌금에 처한다(§110).

2) 산전후의 휴가보장

(1) 근로기준법상 산전후의 보호휴가제도

사용자의 임신 중 여성에 대하여는 산전과 산후를 통하여 90일의 보호휴가를 주어야 하며, 이 경우 휴가기간의 배치는 산후 45일이 되어야 한다(근기법§74①). 보호휴가 기간 중 60일은 유급으로 한다(동 조 ③).

(2) 산전휴가에 대한 지원제도(산전후 휴가급여)

① 여성근로자에 대한 국가의 산전후 휴가급여제도
② 사업주의 협력의무
③ 고용보험법상[10] 산전후 휴가급여의 요건과 절차(§70 이하)
- 산전후의 휴가종료일 이전에 고용보험 제32조의 규정에 의한 피보험 단위기간이 통산하여 180일 이상일 것
- 산전후 휴가종료일로부터 6월 이내에 신청할 것

---

10) 이것은 사회보험이다. 한국의 경우 5대 사회보험은 고용보험, 산업재해보험, 국민의료보험, 국민연금보험 및 국민요양보험(2008년 7월 시행)이다.

(3) 산전, 산후의 여성근로자의 해고제한

사용자는 산전과 산후의 여성근로자가 근로기준법 규정에 의하여 휴업한 기간과 그 후 30일간은 해고하지 못한다. 다만 사용자가 당해 사업을 계속할 수 없게 된 경우에는 그러하지 아니하다(동법§23).

3) 육아시간 및 육아휴직의 보장

(1) 육아시간의 보장

사용자는 생후 1년 미만의 유아를 가진 여성근로자의 청구가 있는 경우에는 1일 2회 각각 30분 이상의 유급 수유시간을 주어야 한다(근기법§75). 이에 위반한 사용자는 2년 이하의 징역이나 또는 1,000만 원 이하의 벌금에 처한다(§110).

(2) 육아휴직의 보장

① 사업주의 육아휴직 허용의무
 - 생후 3년 미만의 영아를 가진 근로자의 신청(남녀평등법§19)
② 육아휴직근로자에 대한 불리한 처우 금지
 - 육아휴직을 이유로 불리한 처우 및 해고의 금지(이에 위반한 경우 3년
   이하 징역, 2,000만 원 벌금). 다만 사업을 계속할 수 없는 경우에는
   그러하지 아니하다(동 항 단서).
③ 육아휴직기간
 - 육아휴직기간은 1년 이내, 생후 1년이 되는 날을 경과할 수 없다.
④ 육아휴직의 신청과 변경 등
 - 휴직을 개신한 날의 30일 전까지 영아 이름, 생년월일 등 신청서 제출
⑤ 영아의 사망 등으로 인한 육아휴직의 종료
 - 영아사망, 영아와 동거하지 않게 된 경우 7일 이내 통지 및 30일 이내

근무개시

⑥ 육아휴직급여 등의 지급

- 국가는 당해 근로자의 생계비, 사업주의 고용유지비용의 일부를 지원

4) 직장보육시설

국가는 사업주에게 근로자의 취업을 지원하기 위하여 수유, 탁아 등 육아에 필요한 직장의 보육시설을 설치할 의무를 부과하고(남녀평등법§21), 노동부장관으로 하여금 근로자의 고용을 촉진하기 위하여 직장보육시설의 운영에 필요한 지원 및 지도를 하도록 규정하고 있다(동 조 ③).

또한 남녀평등법 및 영유아보육법에 의한 일정 규모 이상의 사업장에서는 보육시설의 설치를 의무화하고(동시행령§20), 설치할 수 없는 불가피한 사유가 있는 경우 공동보육시설의 설치나 보육수당을 지급하도록 하고 있다(§21의2).

5) 여성근로자를 위한 복지시설의 설치

남녀평등법은 "국가와 지방자치단체는 근로여성을 위한 교육, 육아, 주택등 공공복지시설을 설치할 수 있다."고 규정하고, 근로여성을 위한 복지시설의 기준과 운영에 관하여 필요한 사항은 노동부장관이 정하도록 하고 있다(동법§22).

국가와 지방자치단체는 근로여성을 위한 공공복지시설을 설치하는 때에는 공업단지·농공지구 등 근로여성의 밀집지역에 우선 설치하여야 한다.

제3절 남녀고용평등과 일·가정 양립지원에 관한 법률
[2007년 12월 31일 개정]

♣ Ⅰ 目的

이 법은 '대한민국헌법'의 평등이념에 따라 고용에서 남녀의 평등한 기회와 대우를 보장하고, 모성보호와 여성의 고용을 촉진하여 남녀고용평등을 실현함과 아울러 근로자의 일과 가정의 양립을 지원함으로써 모든 국민의 삶의 질 향상에 이바지하는 것을 목적으로 한다(§1).

♣ Ⅱ 雇傭에 있어서 男女平等

1. 남녀의 평등한 기회보장 및 대우

1) 모집과 채용

사업주는 근로자를 모집하거나 채용할 때 남녀를 차별하여서는 아니 되며, 사업주는 여성근로자를 모집·채용할 때 그 직무의 수행에 필요하지 아니한 용모·키·체중 등의 신체적 조건, 미혼조건, 그 밖에 노동부령으로 정하는 조건을 제시하거나 요구하여서는 아니 된다(§7).

2) 임금 및 승진 · 퇴직 · 해고

사업주는 동일한 사업 내의 동일 가치 노동에 대하여는 동일한 임금을 지급하여야 한다(§8①). 동일 가치 노동의 기준은 직무 수행에서 요구되는 기술, 노력, 책임 및 작업 조건 등으로 하고, 사업주가 그 기준을 정할 때에는 제25조(분쟁의 자율적 해결)에 따른 노사협의회의 근로자를 대표하는 위원의 의견을 들어야 한다(동 조 ②). 사업주가 임금차별을 목적으로 설립한 별개의 사업은 동일한 사업으로 본다(동 조 ③).

또한 사업주는 임금 외의 근로자의 생활을 보조하기 위한 금품의 지급 또는 자금의 융자 등 복리후생에서 남녀를 차별하여서는 아니 되며, 근로자의 교육 · 배치 및 승진에서 남녀를 차별하여서는 아니 된다(§9, §10). 나아가 사업주는 근로자의 정년 · 퇴직 및 해고에서 남녀를 차별하여서는 아니 되며, 여성근로자의 혼인, 임신 또는 출산을 퇴직사유로 예정하는 근로계약을 체결하여서는 아니 된다(§11).[11]

2. 직장 내 성희롱의 금지 및 예방

남녀평등법에서는 직장 내 성희롱의 금지 및 예방조치를 규정하고 있다. 특히 동법 제12조에서는 "사업주, 상급자 또는 근로자는 직장 내 성희롱을 하여서는 아니 된다."고 규정하고 있다. 또한 사업주에 의한 직장 내 성희롱의 예방교육과 성희롱 발생 시의 조치 및 고객 등에 의한 성희롱의 방지에 관하여 규정하고 있다(§13 이하).[12]

---

11) 이에 위반한 사업주는 5년 이하의 징역 또는 3천만 원 이하의 벌금에 처한다(§37).
12) 이에 관하여는 후술의 제4절(성희롱과 여성근로자의 보호) 참조.

3. 여성의 직업능력 개발 및 고용 촉진

1) 직업능력 개발

국가 내지 지방자치단체 및 사업주는 여성의 직업능력 개발 및 향상을 위하여 모든 직업능력 개발훈련에서 남녀에게 평등한 기회를 보장하여야 한다(§16).

2) 고용의 촉진

노동부장관은 여성의 고용 촉진을 위한 시설을 설치·운영하는 비영리법인과 단체에 대하여 필요한 비용의 전부 또는 일부를 지원할 수 있다(§17 ①). 또한 노동부장관은 여성의 고용 촉진을 위한 사업을 실시하는 사업주 또는 여성휴게실과 수유시설을 설치하는 등 사업장 내의 고용환경을 개선하고자 하는 사업주에게 필요한 비용의 전부 또는 일부를 지원할 수 있다(동 조 ②).

⚖ Ⅲ 母性保護

1. 산전 산후의 휴가지원

국가는 '근로기준법' 제74조(임산부의 보호)에 따른 산전휴가 또는 유산·사산의 휴가를 사용한 근로자 중 일정한 요건에 해당하는 자에게 그

휴가기간에 대하여 통상임금에 상당하는 금액(이하 '산전후휴가급여 등'이라 한다)을 지급할 수 있다(§18①). 제1항에 따라 지급된 산전후휴가급여 등은 그 금액의 한도에서 '근로기준법' 제74조제3항에 따라 사업주가 지급한 것으로 본다(동 조 ②).

또한 산전후휴가급여 등을 지급하기 위하여 필요한 비용은 재정이나 '사회보장기본법'에 따른 사회보험에서 분담할 수 있으며(동 조 ③), 여성근로자가 산전후휴가급여 등을 받으려는 경우 사업주는 관계서류의 작성·확인 등 모든 절차에 적극 협조하여야 한다(동 조 ④). 나아가 산전후휴가급여 등의 지급요건, 지급기간 및 절차 등에 관하여 필요한 사항은 별도의 법률로 정한다(동 조 ⑤).

2. 배우자의 출산휴가

사업주는 근로자가 배우자의 출산을 이유로 휴가를 청구하는 경우에는 3일의 휴가를 주어야 한다(§18의2①). 또 제1항에 따른 휴가는 근로자의 배우자가 출산한 날부터 30일이 지나면 청구할 수 없다(동 조 ②).

♣Ⅳ 일·가정의 양립지원

1. 육아휴직

사업주는 생후 3년 미만 된 영유아가 있는 근로자가 그 영유아의 양육을 위하여 휴직(이하 '육아휴직'이라 한다)을 신청한 경우에 이를 허용하여야 한다. 다만 대통령령으로 정하는 경우에는 그러하지 아니하다(§19①). 이때 육아휴직의 기간은 1년 이내로 한다(동 조 ②).

사업주는 육아휴직을 이유로 해고나 그 밖의 불리한 처우를 하여서는 아니 되며, 육아휴직기간에는 그 근로자를 해고하지 못한다. 다만 사업을 계속할 수 없는 경우에는 그러하지 아니하다(동 조 ③). 또한 사업주는 육아휴직을 마친 후에는 휴직 전과 같은 업무 또는 같은 수준의 임금을 지급하는 직무에 복귀시켜야 하며, 이때 제2항의 육아휴직기간은 근로기간에 포함한다(동 조 ④).

2. 육아기 근로시간의 단축

사업주는 제19조제1항에 따라 육아휴직을 신청할 수 있는 근로자가 육아휴직 대신 근로시간의 단축(이하 '육아기 근로시간의 단축'이라 한다)을 신청한 경우에 이를 허용할 수 있다(§19의2①). 사업주가 육아기 근로시간의 단축을 허용하지 아니한 경우에는 해당 근로자에게 그 사유를 서면으로 통보하고, 육아휴직을 사용하게 하거나 그 밖의 조치를 통하여 지원할 수 있는지를 해당 근로자와 협의하여야 한다(동 조 ②).

또한 사업주가 제1항에 따라 해당 근로자에게 육아기 근로시간의 단축을 허용하는 경우 단축 후 근로시간은 주당 15시간 이상이어야 하고 30시간을 넘어서는 아니 된다(동 조 ③). 육아기 근로시간의 단축의 기간은 1년 이내로 하며, 사업주는 육아기 근로시간의 단축을 이유로 해당 근로자에게 해고나 그 밖의 불리한 처우를 하여서는 아니 된다(동 조 ④⑤).

나아가 사업주는 근로자의 육아기 근로시간의 단축기간이 끝난 후에 그 근로자를 육아기 근로시간의 단축 전과 같은 업무 또는 같은 수준의 임금을 지급하는 직무에 복귀시켜야 한다(동 조 ⑥).

3. 육아기 근로조건 등

사업주는 제19조의 2에 따라 육아기 근로시간의 단축을 하고 있는 근로자에 대하여 근로시간에 비례하여 적용하는 경우 외에는 육아기 근로시간의 단축을 이유로 그 근로조건을 불리하게 하여서는 아니 된다(§19의3①). 제19조의2에 따라 육아기 근로시간의 단축을 한 근로자의 근로조건(육아기 근로시간의 단축 후 근로시간을 포함한다)은 사업주와 그 근로자 간에 서면으로 정한다(동 조 ②).

사업주는 제19조의2에 따라 육아기 근로시간의 단축을 하고 있는 근로자에게 단축된 근로시간 외에 연장근로를 요구할 수 없다. 다만 그 근로자가 명시적으로 청구하는 경우에는 사업주는 주 12시간 이내에서 연장근로를 시킬 수 있다(동 조 ③). 육아기 근로시간의 단축을 한 근로자에 대하여 '근로기준법' 제2조제6호[13]에 따른 평균임금을 산정하는 경우에는 그 근로자의 육아기 근로시간의 단축기간을 평균임금 산정기간에서 제외한다(동 조 ④).

4. 육아지원을 위한 기타의 조치

사업주는 초등학교 취학 전까지의 자녀를 양육하는 근로자의 육아를 지원하기 위하여 다음 각 호의 어느 하나에 해당하는 조치를 하도록 노력하여야 한다(§19의5①). 또 노동부장관은 사업주가 제1항에 따른 조치를 할 경우 고용의 효과 등을 고려하여 필요한 지원을 할 수 있다(동 조 ②).

① 업무를 시작하고 마치는 시간의 조정

② 연장근로의 제한

---

13) 근로기준법상 '평균임금'이란 이를 산정해야 할 사유가 발생한 날 이전 3개월 동안에 그 근로자에게 지급된 임금의 총액을 그 기간의 총 일수로 나눈 금액을 말한다. 근로자가 취업한 후 3개월 미만인 경우도 이에 준한다(동법§ 2① 제6호).

③ 근로시간의 단축, 탄력적 운영 등 근로시간 조정

④ 그 밖에 소속 근로자의 육아를 지원하기 위하여 필요한 조치

5. 일·가정의 양립을 위한 지원

국가는 사업주가 근로자에게 육아휴직이나 육아기 근로시간의 단축을 허용한 경우 그 근로자의 생계비용과 사업주의 고용유지비용의 일부를 지원할 수 있으며(§20①), 국가는 소속 근로자의 일·가정의 양립을 지원하기 위한 조치를 도입하는 사업주에게 세제 및 재정을 통한 지원을 할 수 있다(동 조 ②).

◈Ⅴ 紛爭의 예방과 해결

1. 상담지원

노동부장관은 차별, 직장 내 성희롱, 모성보호 및 일·가정 양립 등에 관한 상담을 실시하는 민간단체에 필요한 비용의 일부를 예산의 범위에서 지원할 수 있다(§23①). 제1항에 따른 단체의 선정요건, 비용의 지원기준과 지원의 절차 및 지원의 중단 등에 필요한 사항은 노동부령으로 정한다(동 조 ②).

2. 명예고용평등감독관제도

1) 감독관의 위촉과 업무

노동부장관은 사업장의 남녀고용평등의 이행을 촉진하기 위하여 그 사업장 소속의 근로자 중 노사가 추천하는 자를 명예고용평등감독관(이하 '명예감독관'이라 한다)으로 위촉할 수 있다(§24①). 명예감독관은 다음의 업무를 수행한다(동 조 ②).

ⓐ 해당 사업장의 차별 및 직장 내 성희롱 발생 시 피해근로자에 대한 상당 및 조언

ⓑ 해당 사업장의 고용평등 이행상태의 자율점검 및 지도 시 참여

ⓒ 법령위반의 사실이 있는 사항에 대하여 사업주에 대한 개선의 건의 및 감독기관에 대한 신고

ⓓ 남녀고용평등 제도에 대한 홍보 및 계몽

ⓔ 그 밖에 남녀고용평등의 실현을 위하여 노동부장관이 정하는 업무

2) 불이익처우의 금지

사업자는 명예감독관으로서 정당한 임무수행을 한 것을 이유로 해당 근로자에게 인사상 불이익 등의 불리한 조치를 하여서는 아니 된다(동 조 ③). 기타 명예감독관의 위촉과 해촉 등에 필요한 사항은 노동부령으로 정한다(동 조 ④).

제4절 性戱弄과 女性勤勞者의 보호

⚖ Ⅰ 성희롱의 개념

1. 의의(개념)

오늘날 여성근로가 확대 내지 일반화됨에 따라 직장 내 성희롱(性戱弄)(sexual harrassment)에 대한 법적 제재의 필요성 또한 증대되고 있다. 따라서 헌법상의 여성근로의 보호에 대한 정신에 따라 근로기준법, 남녀평등법 등에 구체적으로 규정하고 있다.

한국에 있어서 性문제는 1992년에 발생한 이른바 '서울대 공과대학의 우조교 사건' 이후 성희롱에 대한 법적 정의 및 위법성 등이 논의되기 시작하여 오늘날 성희롱문제에 발판이 되고 있다.

미국의 경우 1970년대 여성학자들에 의해 성희롱의 개념이 형성되었으며, 여기서 성희롱이란 '근로현장에서 지휘 또는 명령이나 인사권을 가진 강자가 상대적 약자인 근로자에 대해 性(sex)을 이유로 하여 괴롭히거나 처벌하는 행위'라고 하였다.

2. 유형

1) 남녀평등법상 금지되는 성희롱의 개념

사업주, 상급자 또는 근로자는 직장 내 성희롱을 하여서는 아니 된다(남녀평등법§12). 여기서 직장 내 성희롱이라 함은 '사업주, 상급자 또는 근로자가 직장 내의 지위를 이용하거나 업무와 관련하여 다른 근로자에게 성적인 언동 등으로 성적 굴욕감 또는 혐오감을 느끼게 하거나 성적 언동 그 밖의 요구 등에 대한 불응을 이유로 고용상의 불이익을 주는 것'을 말한다(§2 제2호).

2) 성희롱의 구체적 유형

구체적으로 직장 내에서 어떠한 행위가 성희롱에 해당하는가에 대하여 남녀평등법 시행규칙(2006년) 제2조는 '직장 내 성희롱의 판단기준'을 예시하고 있다(성희롱 판단을 위한 기준의 예시(제2조 관련)).

⚖ II 성희롱의 방지와 조치

1. 성희롱예방교육

사업주는 직장 내 성희롱을 예방하고 근로자가 안전한 근로환경에서 일할 수 있는 여건 조성을 위하여 직장 내 성희롱의 예방교육을 실시해야 하며, 성희롱 예방교육의 방법, 내용, 횟수(연 1회 이상) 기타 필요한 사항은 대통령령으로 정한다(§13).

2. 성희롱의 발생 시 조치의무

1) 성희롱 행위자에 대한 징계 등 조치의무

사업주는 직장 내 성희롱 발생이 확인된 경우 성희롱의 정도, 지속성 등을 고려하여 지체 없이 행위자에 대하여 징계, 그 밖의 이에 준하는 조치를 취하여야 한다(동법§14①, 시행규칙§10).

2) 피해자에 대한 불이익조치의 금지

직장 내 성희롱과 관련하여 그 피해근로자에게 해고 기타 불이익한 조치를 취하여서는 아니 된다(동 조 §②). 만약에 사업주가 이에 위반하여 성희롱 피해근로자에게 해고 기타 불이익한 조치를 취한 경우에는 1,000만 원 이하의 과태료를 부과한다(동법§39).

3. 민사상 손해배상책임

직장 내 성희롱이 민법상 불법행위의 구성요건(주관적 요건: 고의 또는 과실의 위법행위, 객관적 요건: 손해의 발생)을 충족하는 경우 성희롱 행위자에게 불법행위책임이 발생한다(§750). ' 이 경우 행위자는 성희롱의 피해자에게 재산상 및 정신상의 손해를 배상하여야 한다(§751①).

☞ 성희롱이 헌법에 위반되는지의 여부(적극)(서울민사지법 1994.4.18, 93가합77840):

¶ 직장 내의 지휘권 또는 인사권 등 실질적인 권한을 가진 자가 근로자를 상대로 당해 근로자의 의사에 반하여 性과 관련된 언동을 하여 그 상대방이 몹시 불쾌한 감정 내지 성적 굴욕감을 느끼게 하거나 부당한 간섭 또는 근무환경의 열악함을 조장하여 근로자 개인의 존엄과 행복추구권 아래 바탕을 둔 근로권 및 성적 자유를 침해한 것은 헌법과 법률에서 보장하는 고용과 근로에 있어서 성차별금지의 원칙에 위배되는 위법행위이다.

★ [별표 1] 〈개정 2006.2.28.〉(직장 내 성희롱 판단을 위한 기준의 예시(제2조제2호 관련))

1. 성적인 언동에 대한 예시

 1) 육체적 행위

(1) 입맞춤이나 포옹, 뒤에서 껴안는 등의 신체적 접촉행위
(2) 가슴·엉덩이 등 특정 신체부위를 만지는 행위
(3) 안마나 애무를 강요하는 행위

 2) 언어적 행위

(1) 음란한 농담을 하거나 음탕하고 상스러운 이야기를 하는 행위(전화통화를 포함한다)
(2) 외모에 대한 성적인 비유나 평가를 한 행위
(3) 성적인 사실관계를 묻거나 성적인 내용의 정보를 의도적으로 유포하는 행위
(4) 성적인 관계를 강요하거나 회유하는 행위
(5) 회식자리 등에서 무리하게 옆에 앉혀 술을 따르도록 강요하는 행위

3) 시각적 행위

(1) 음란한 사진·그림·낙서·출판물 등을 게시하거나 보여주는 행위(컴퓨터통신이나 팩시밀리 등을 이용하는 경우를 포함한다)

(2) 성과 관련된 자신의 특정 신체부위를 고의적으로 노출하거나 만지는 행위

4) 그 밖에 사회통념상 성적 굴욕감 또는 혐오감을 느끼게 하는 것으로 인정되는 언어나 행동

2. 고용상의 불이익을 주는 것의 예시

채용탈락·감봉·승진탈락·전직·정직·휴직·해고 등과 같이 채용 또는 근로조건을 일방적으로 불리하게 하는 것

※ 비고: 성희롱여부의 판단 시에는 피해자의 주관적 사정을 고려하되, 사회통념상 합리적인 사람이 피해자의 입장이라면 문제가 되는 행동에 대하여 어떻게 판단하고 대응하였을 것인가를 함께 고려하여야 하며, 결과적으로 위협적·적대적인 고용환경을 형성하여 업무능률을 저해하게 되는지를 검토하여야 한다.

제5장 少數者로서 女性人權

제1절 女性장애인의 人權

I 여성장애인의 개념과 차별

1. 여성장애인의 개념

여성장애인(Disabled Women)이라 함은 하나 또는 그 이상의 신체적, 정신적 障碍[1]를 지니면서 사회적 장애를 경험한 여성을 말한다. 그 손상의 심각성의 정도, 성적인 성향, 문화적 배경 또는 생활공간의 지역사회적 시설의 여부에 상관없이 장애소녀를 비롯한 모든 연령대의 여성이 포함되는 개념이다.

2. 여성장애인에 대한 차별문제

한국의 경우 가부장제문화와 사회구조에서 여성은 남성의 지배와 연관되어 왔으며, 이러한 사회구조에서도 현재 법률상 어느 정도의 性차별이 해소

---

1) 장애와 장해는 구별되는 개념이다. 障碍(block, disorder, disturbance)는 사람의 신체적 기능의 저하 및 형태변화를 나타내는 의학적 개념인 데 반하여, 障害(impairment)는 장애에 대한 법률상의 손해의 표현(그에 대한 배상액)을 말한다(황근수, 2차 시험대비 『대인배상실무』, 한국손해사정사회, 2005, 234面).

되었다고 할 수 있다. 이러한 가운데 여성장애인의 문제는 여성의 문제 이외 또 다른 문제가 발생한다. 여성장애인은 장애인으로서 내지 사회적 소수자로서 차별뿐만 아니라 여성이라는 성차별의 이중의 고통을 겪게 된다.

그동안 여성장애인뿐만 아니라 모든 장애인문제는 인권문제로 논의되어왔고, 장애인에 대한 사회적 인식도 상당히 변해 오고 있다. 이와 같은 장애인에 대한 시각은 남성장애인 중심의 성과이고 여성장애인에 대한 문제는 생소할 만큼 논의에서 제외되어 왔다. 그렇지만 女性障碍人문제는 장애인이라는 문제 이외 여성에 대한 문제를 안고 있는 것으로서 법률상 여성에게 발생할 수 있는 문제에 해당하며 특별히 관심을 가져야 할 대상영역이다.

♠ II 여성장애인의 인권문제

1. 여성장애인에 대한 국제적 인권운동

국제적으로 女性장애인에 대한 인권운동은 유엔(UN)을 중심으로 이루어져 왔던바, 1975년 '장애인권리선언'과 1980년 '여성을 위한 10년' 세계회의에서 모든 연령의 장애인을 위한 특별한 요구를 고려할 것을 요청하였다. 그 핵심적인 내용은 다음과 같다.

① 1981년 '세계장애인의 해'의 성공과 행동계획의 수행을 지원하고 기여할 것을 세계의 모든 남성과 여성에 대해 호소한다.

② 여성장애인의 완전한 참여와 통합을 촉진하고 여가활동을 제공하기 위하여 여성장애인에게 특별한 주의를 기울일 것을 요청한다.

③ 유엔가맹국의 프로그램은 장애예방, 여성장애인 원조, 보호, 교육실시, 장애아동에 대한 특별한 주의를 기울일 것 등의 목적과 더불어 사회,

직업재활을 위해 모든 연령의 여성장애인의 특별한 요구를 명백하게 고려할 것을 요청한다.

④ 유엔의 자문기관은 모든 연령의 여성장애인의 요구와 예방 및 재활시 책을 통한 상황개선의 필요성 고려와 이 분야에서의 활동에 대한 조 정을 요청한다.

⑤ 민간조직 특히 장애인 및 가족으로 구성된 단체들의 노력을 환영하며, 이들에 대한 공적, 재정적 지원을 요청한다.

⑥ 평등, 개발, 평화를 위한 유엔 '여성을 위한 10년'의 후반부 행동계획 실시에 있어 모든 연령의 여성장애인에 대해 국제적, 지역적, 국가적 으로 충분하게 고려할 것을 결정한다.

⑦ 세계장애인의 해에 관련된 장기행동계획의 입안에 있어서 모든 연령 의 여성장애인의 특별한 요구에 대해 고려할 것을 요청한다.

2. 여성장애인에 대한 국내적 인권운동

女性장애인의 경우 남성장애인과 동일한 비중의 수를 차지하고 있음에도 불구하고, 상대적으로 정책적 측면에서 고려가 배제되어 왔다. 1994년 여성 장애인의 완전한 참여와 평등한 삶을 통한 권리회복을 추구하는 모임으로 서 여성장애인 4인과 非장애인 1인으로 구성되어 '빗장을 여는 사람들'이 라는 모임이 결성되었다.

同 모임에서는 1996년 제1회 여성장애인대회를 통해 여성장애인의 문제 를 파악하고, 그에 대한 대안마련을 위해 노력하였다. 1998년 제2회 전국 여성장애인대회에서는 '한국여성장애인연합'의 결성을 결의하고, 한국사회 의 구성원으로서 주체적이고 당당하게 살아갈 수 있도록 특별한 대책을 요 구하고 관철될 때까지 결의할 것(행동강령)을 채택하였다. 이후 2005년까지 한국여성장애인연합에서는 4번의 대회를 개최하였으며, 당시의 상황과 중점

사업에 따라 주제를 정하였다.

▲III 여성장애인에 대한 현황 및 대책

1. 여성장애인의 현황

　1995년 전국적 장애인의 성별분포는 전체 장애인의 45.7%가 여성장애인으로 추정되며(약 47만여 명), 이것은 전체 인구와 비교할 때 1.1%에 해당한다. 2000년에는 56만여 명의 여성장애인이 생활하고 있는 것으로 추정되고 있다. 보건복지부와 한국보건사회연구원에서 실시한 '2000년도 장애인실태조사'에 따르면, 장애인의 출현율은 3.1%로 전년도에 비해 매년 증가하는 추세에 있다.

　특히 장애인복지법의 개정으로 장애의 범주가 확대2)되면서 장애인의 수와 그 출현율도 증가하고 있다. 女性장애인의 출현율은 남성장애인의 출현율보다 낮지만, 장애유형별 출현율은 남녀 모두 지체장애의 출현율이 가장 높고 심장장애를 제외한 모든 장애유형에서 남성의 출현율이 여성에 비해 높은 것으로 나타났다.

---

2) 과거 장애인복지법상의 장애범주는 주로 외형적, 기능적 장애에 국한하고 있어 선진국에 비하여 그 범주가 너무 좁았다. 이에 따라 장애범주를 지체, 시각, 청각, 언어, 정신지체의 5종의 장애 이외 실제로 사회활동에 지장을 받으면서도 장애범주에 들지 않아 장애인에 대한 복지시책에서 제외되었던 만성질환자 등도 장애인범주에 포함시키게 되었으며, 2003년에는 안면기형, 호흡기장애 등 15개의 장애로 확대되었다.

2. 여성장애인에 관한 법령

女性장애인에 대한 국내의 법률을 보면 다음과 같다. 첫째, '성폭력범죄의 처벌 및 피해자보호에 관한 법률' 제8조에서는 장애로 인해 항거불능인 상태에 있음을 이용하여 여자를 간음하거나 추행한 자는 형법 제297조(강간죄) 또는 제298조(강제추행)에서 정한 형으로 처벌한다고 규정하여 가중 처벌하고 있다.

'장애인복지법' 제9조에서는 국가와 지방자치단체는 여성장애인의 권익을 보호하기 위하여 필요한 시책을 강구하여야 한다고 규정하고 있다. 또 장애인 고용 촉진과 직업재활에 관한 법률에는 중증장애인과 여성장애인의 할당 고용제에 관한 사항이 명시되어 있으며, 그 밖에 보건복지부의 장애인 복지사업지침에는 장애인 복지관이 상담, 취업알선, 결혼, 가사 및 육아지원 등 여성장애인사업을 할 수 있도록 하고 있다.

3. 여성장애인에 대한 대책

1) 여성장애인의 현실

여성장애인의 수적 증가가 지속될 것으로 예측되는 가운데 장애인의 문제 속에 여성이라는 이유로 차별과 고통을 받고 있는 여성장애인의 문제는 개인과 가족만의 문제가 아니라 한국사회에서 해결해야 할 당면한 과제로 인식되어야 한다. 오늘날 한국의 실정에서 장애인의 차별문제가 여성이나 남성을 막론하고 중요한 것이지만, 특히 여성의 경우 그 문제의 심각성이 더욱 크기 때문에 특별한 관심과 대책을 필요로 한다.

지금까지 여성장애인에 관련한 연구와 정책 개발에 있어서 性인지적 (gender mainstream) 접근은 거의 없었다. 물론 모든 장애인에게 있어서 생계보장, 이동권의 확보, 교육 및 취업기회에서의 불이익 등이 일차적으로 해결해야 할 과제이다. 그러나 여성장애인의 경우 '장애인'으로서 공동으로 경험하는 문제들에 더하여, 여성이라는 특수한 성질 때문에 경험하는 불이익이 추가되어 이중적인 어려움을 경험하고 있다. 여성장애인은 육아, 출산, 성폭력 등 남성장애인이 경험하지 않는 부가적인 문제가 있으며, 남성장애인에 비해 사회참여의 기회도 더 제약을 받고 있다.

2) 해결방안

이러한 문제를 해결하는 방안을 제시하면 다음과 같다. ① 고용에서 일정한 비율을 장애여성에게 배려해야 하며, 정부의 주요 직무나 의회 등에도 여성장애인이 진출할 수 있도록 전문지식과 소양을 갖춘 여성에게 일정 비율로 할당해야 한다. ② 장애인문제를 연구하는 기관에서도 장애여성의 역할과 기능을 재조명하고 더 깊이 연구하도록 장애여성을 위한 분과위원회의 설치 등에 관심을 기울여야 한다. ③ 여성장애인의 경우 결혼, 임신, 출산 및 자녀양육과 가사노동 등 어려운 일들이 산재해 있다. 따라서 가정봉사원을 파견하여 자녀양육의 일들을 뒷받침해 줄 때 여성장애인의 자녀출산과 양육 및 사회참여를 쉽게 하는 일이 될 것이다.

성전환자의 개념

1. 법원의 입장

일반적으로 성전환증 환자는 출생 시 확인된 성이 자신의 성이 아니라고 확신하면서 적어도 2년 이상 다른 성의 역할을 하는 경우를 말한다. 이와 동시에 외부의 성기로 표현된 신체의 성을 혐오하여 이를 제거, 변경하는 등의 방법으로 현실과 반대의 성을 얻으려는 강한 심리적 상태에 놓인 자를 말한다.

최근 法院의 입장에서는 ① 성전환자일 것, ② 전환수술을 통하여 성적 외관이 반대의 성으로 명백히 변경되었을 것, ③ 장래 성인식의 재전환의 가능성이 없을 것이라는 점에 대한 상당한 정도의 개연성이 있을 것, ④ 성년자로서 한정치산, 금치산자가 아닐 것, ⑤ 혼인관계에 있지 아니할 것 등을 요건으로 하여 성별의 변경을 확인하고 있다.

2. 의사협회의 입장

한편 의사협회에 따르면 지금까지 수백 명이 성전환수술을 받았고, 성전환증을 가진 사람은 2005년 현재 5천 명 이상에 이른다고 한다. 성전환증은 유전적으로 암, 수의 성이 결정 및 발현된 후 다른 성으로 전환하는 현상으로서 정신적, 사회적 성과 생물학적 내지 육체적 성이 불일치한 경우를 말한다. 결국 성전환자란 정신적인 성과 신체적인 성의 부조화로 성전환수술을 받은 모든 자를 포함하지만, 법적 성전환을 인정하는 대상은 성전환수술을 받은 자만을 말한다.

Ⅱ 성전환자의 성별문제

1. 성전환의 원인

성전환증의 원인에 대하여 그 原因은 명확히 밝혀지지 않고 있다. 대개 胎兒에서 신경계층의 발달에 산전(prenatal) 성호르몬의 영향을 받거나 산후(postnatal) 사회적 또는 정신적인 영향이 그 원인으로 생각되고 있다. 따라서 어릴 적에 자기를 돌보는 보모의 태도, 양육방법 및 부모와의 부정적인 관계 등 생물학적 원인보다는 심리적 내지 정신적 요인에 영향을 많이 받는다고 보고 있다.

2. 성별기준

1) 학설

지금까지 인간의 性別에 관하여는, 생물학적 요소는 성염색체, 호르몬, 생식선 및 외부성기 등을 들 수 있고, 정신의학적 또는 심리적 요소로는 제2차 성징, 양육, 교육으로 인한 성과 성역할을 들 수 있다. 性(sex)을 구별하는 기준에 대하여 성별은 성염색체로 구별한다고 하는 '性염색체설'과 생물학적 성별기준은 성염색체에 의하지만 법적인 성별은 생물학적 성별 이외 사회의식이나 역할을 중시하는 '性역할설'이 대립한다.

性염색체설에 따르면, 성별은 정자와 난자가 수정할 당시에 결정되어 남자는 XY, 여자는 XX염색체로 정해져 불변한다고 본다. 한편 性역할설은 성염색체에 의해서만 성을 구별할 경우 성염색체에 의한 성과 외부적 성징 혹은 사회적으로 인식되는 성별이 다르게 되어 혼란을 초래할 것이므로 사람의 성별은 사회적 인식과 사회적 성역할의 상당성에 비추어 결정하여야 한다는 것이다.

2) 판례

법원의 입장은 남녀 사이 성별은 성염색체의 구성을 기본적 요소로 하여 신체적 외관, 심리적 내지 정신적인 성, 사회생활에서 수행하는 주관적 또는 개인적인 성역할을 기준으로 본다. 이에 더하여 일반적인 평가나 태도 등 모든 요소를 종합적으로 고려하여 사회통념에 따라 결정된다고 본다.[3]

3. 성별정정의 문제

현대 의료기술의 발달로 性전환수술이 가능하게 되고, 性전환자에게 원하는 성으로의 삶을 찾아 행복을 준다고 보나, 이는 동시에 인권을 포함한 다양한 법적 문제를 야기하게 되었다. 즉 憲法上 성전환자의 성별결정문제는 인간다운 생활을 할 권리, 행복추구권, 직업선택의 자유권 등의 문제가 발생한다. 또한 社會法 분야에서는 의료보험, 사회보험의 적용여부 등의 문제가 발생하고, 刑事法 분야에서는 강간죄의 성립여부, 성전환수술의 상해

---

3) 대판 1996.6.1, 96도79.

죄 성립여부, 구치소 및 교도소 등에서 성전환자 처우문제 등이 제기될 수 있다.

  법원의 입장은 性전환자(transgender) H연예인이 신청한 성별 및 이름변경에 대한 호적정정신청에 대하여 호적상 성별란을 남자에서 여자로, 본명은 이경엽에서 이경은으로 바꾸도록 허가하는 결정을 내렸다.[4] 그렇지만 현행법상 성별기준은 '성염색체 형태'를 주요 기준으로 삼고 있기 때문에 성전환자의 성별정정은 거의 이루어지지 않고 있다고 볼 수 있다. 간혹 성별의 정정이 이루어진다고 할지라도 법원 또는 담당판사에 따라 태도가 다르다.

♣ Ⅲ 성전환수술의 허용기준

1. 성전환의 효과

  성전환수술(surgical sed – reassignment surgery)은 당사자, 가족 및 사회에 미치는 파급효과가 크다. 性전환수술을 통해 성전환자는 인간으로서 존엄과 가치를 지니고 행복추구, 개성의 신장을 하면서 인간다운 생활을 향유하게 되는 긍정적인 측면이 있다. 반면에 성전환수술을 범죄의 수단으로 이용하거나 법질서를 위반하는 것으로 악용하는 부정적인 측면도 있을 수 있기 때문에 성전환수술의 허용에 대한 일정한 기준이 마련되어야 한다.

---

4) 인천지방법원 2002.12.12.

2. 의료계의 허용기준

현재 의료계에서는 性전환수술의 許容에 대한 일정한 기준을 마련해 두고 있다. 1990년 8월 대한 비뇨기학회가 결정한 성전환수술의 허용기준으로서 '성전환증의 외과적 치료의 적응성'이라는 제목으로 발표한 12개 항목을 보면 다음과 같다.[5)]

① 근본적으로 정신과 질환이기 때문에 정신과에서 정확한 진단이 있어야 한다.

② 정신과치료가 상당기간 지속되어 왔으나 성과가 없어야 한다.

③ 수술 전 전환하고자 하는 수술에 대한 정신·사회학적 적응이 있어야 한다.

④ 다른 정신질환이나 우울증이 없어야 한다.

⑤ 수술 전 전환하고자 하는 성에 대한 호르몬(hormone)치료를 상당기간 지속해 왔고, 이에 대한 부작용이 없어야 한다.

⑥ 나이가 21세 이상으로 사춘기를 지났어야 한다.

⑦ 신체의 외형이 바꾸고자 하는 성에 어울려야 한다.

⑧ 성전환수술에 대한 가족의 동의가 있어야 한다.

⑨ 불임에 대한 배우자나 친족의 동의가 있어야 한다.

⑩ 약물이나 술에 대한 습관성이 없어야 한다.

⑪ 범법기록이 없어야 하며, 범죄에 이용될 가능성이 없어야 한다.

⑫ 환자에 대한 추적조사가 잘 이루어질 수 있는 상황이어야 한다.

---

5) 이에 더하여 정신과 전문의의 추천이 있는 것이 바람직하다는 기준을 제시하였다.

3. 법원의 태도(판례)

1) 판례1(서울지법)[6]

(성전환을 한 남성은 강간죄의 객체가 될 수 있는지1 – 소극)

형법상 強姦罪는 강제추행죄에 비하여 엄하게 처벌되고 있는 입법의 취지를 볼 때[7] 모성보호, 즉 추상적으로 수태의 가능성이 있는 부녀를 더 보호하고자 하는 취지가 포함되어 있다. 또 현재의 의학수준에 의할 때 수술 후 육체적으로 반대의 성이 갖는 해부학적인 성의 구조를 완벽하게 재현할 수 없는 실정에 있다.

이러한 점을 고려할 때 강간의 피해자가 성염색체나 외부성기 등 육체적인 성별에는 이상이 없는데도 성자아의 혼란을 겪은 나머지 부득이 외과적인 수술로서 환자가 바라는 反對的인 性이 지니는 일부 해부학적인 성기의 외관을 갖추었다고 할지라도, 달리 성별을 확정하는 절차(호적정정)를 거치지 아니한 이상 그 상태만으로는 위 강간죄의 '부녀'라고 단정할 수는 없다. 따라서 이 사건 공소사실은 범죄의 증명이 없는 경우에 해당하여 무죄를 선고할 것이나(형소법§325), 강제추행치상에 의한 성폭력방지법의 위반으로 유죄를 인정한다.

2) 판례2(대법원)[8]

(성전환을 한 남성은 강간죄의 객체가 될 수 있는지2 – 적극)

비록 어릴 때부터 정신적으로 女性에의 귀속감을 느껴 왔고, 性전환수술로 인하여 남성으로서의 내부적 또는 외부적인 성기의 특징을 더 이상 보

---

6) 서울지법 1995.10.11. 95고합516.
7) 형법 제297조상의 강간죄는 징역 3년 이상이며, 동법 제298조의 강제추행죄는 징역 10년 이하 또는 1천 500만 원 이하의 벌금에 처한다고 규정하고 있다.
8) 대판 1996.6.11. 96도791.

이지 않게 되었고, 남성으로서의 성격도 대부분 상실하여 외견상 여성으로서의 체형을 갖추고 성격도 여성화되어 개인적으로 여성으로서의 생활을 영위해 가고 있다.

그렇다고 할지라도 기본적인 요소인 性염색체의 구성이나 본래의 내부적·외부적 성기의 구조, 정상적인 남자로서의 생활기간, 성전환수술을 한 경위, 그 시기 및 수술 후에도 여성으로서 생식능력이 없는 점, 그리고 이에 대한 사회일반인의 평가와 태도 등 제반요소를 종합적으로 고려할 때, 위 피해자를 사회통념상 여자로 볼 수는 없다.

원심판결의 경우 강간죄의 보호법익 등에 관하여 선뜻 납득할 수 없는 근거를 내세우는 등 흠이 없다고는 할 수 없으나, 위와 같은 취지에서 판결한 결론은 정당한 것으로 수긍이 가고 거기에 상고이유로 내세운 바와 같은 부녀의 개념이나 강간죄의 법리를 오해한 위법이 없다. 이처럼 법원에서는 성전환자에 대한 간음을 강간죄의 불능미수 또는 강제추행(죄) 등으로 보고 있다.

제3절 이주노동자와 人權

☒ I 이주노동자의 人權

국가는 당연히 자국민의 이해관계와 안전을 보장함과 아울러, 이주노동자(migrant workers)에 대하여 일정 부분 직업선택과 거주이전의 자유를 제한하고 있다. 본시 이주노동자는 외국인 노동자(foreign workers), 이민노동자(immigrant workers), 이방인 노동자(alien workers) 등 다양한 명칭으로 불리지만, 정착과 귀환이라는 이주의 전 과정을 포괄하기 위하여 사용하는 용어가 되었다.

◆ II 人間으로서 권리와 國民으로서 권리

1. 헌법의 입장

대한민국헌법은 기본권의 주체를 '국민'으로 표현하고 있으나, 헌법재판소는 기본권의 보장에 관한 각 헌법규정의 해석상 "국민과 유사한 지위에 있는 외국인은 기본권의 주체가 될 수 있다."고 한다. 또한 "인간의 존엄과 가치, 행복추구권은 인간의 권리로서 외국인도 그 주체가 될 수 있고, 평등권도 인간의 권리로서 참정권 등에 대한 성질상의 제한 및 상호주의에 따른 제한이 있을 뿐이다."고 설시한 바 있다.9)

즉 헌법재판소는 헌법규정의 문언에 얽매이지 않고, 헌법이론적으로 '인간이면 누구나 누릴 수 있는 권리(인간으로서 권리)'와 '국민의 자격(nationality)을 갖춤으로써 보장받을 수 있는 권리(국민으로서 권리)'를 구분하여 외국인을 인간의 권리의 주체로 보면서 외국인의 기본권의 주체성을 원칙적으로 인정하고 있다.

한편 헌법 제6조제2항은 "외국인은 국제법과 조약이 정하는 바에 의하여 그 지위가 보장된다."고 규정하고 있으므로, 한국이 비준하고 공포한 조약과 일반적으로 승인된 국제법규에 외국인의 지위를 규정하고 있을 경우 그것은 국내법과 동일하게 적용되어야 한다.

2. 특별법의 입장

외국인도 일정한 범위의 기본권에 대하여는 그 보장의 주체가 될 수 있

---

9) 헌재 1994.12.29. 선고, 93헌마120 결정; 헌재 2001.11.29. 99헌마494 결정.

다고 해석하는 것이 학계의 통설적 견해이다. 그 성질상 인간의 권리로 볼 수 있는 기본권은 외국인에게도 보장되어야 하며 다른 기본권은 상호주의에 따른다는 견해, 한국국민의 통합을 해치지 않고 외국인을 한국사회에 동화시키는 데 필요한 범위 내에서 기본권의 주체가 될 수 있다는 견해 등 외국인의 기본권 주체성을 원칙적으로 인정하는 것이 법학계의 통설이다.

국가인권위원회법 제4조(적용 범위)에서 "이 법은 대한민국 국민과 대한민국의 영역 안에 있는 외국인에 대하여 적용한다."고 명시함으로써 외국인도 일정한 범위 내에서 기본권의 주체가 될 수 있음을 규정하고 있다. 또 근로기준법 제6조(균등한 처우)에서 "사용자는 근로자에 대하여 남녀의 성을 이유로 차별적 대우를 하지 못하고, 국적·신앙 또는 사회적 신분을 이유로 근로조건에 대한 차별적 처우를 하지 못한다."고 명시하여 외국인에 대한 균등한 처우를 규정하고 있다.

결국 한국에 있어서 헌법에 규정되어 있지 않다고 하여도, 그 성질상 '인간'으로서의 기본권과 노동법상 '근로자'의 기본권이라고 할 수 있는 것은 외국인에 대하여도 차별 없이 법률로 보장되어 있다.

⚖ III 이주노동자의 權利

1. 이주노동자에게 인정되는 권리

1) 인간의 존엄과 자유권

이주노동자에게도 이른바 '인간의 권리'로서 인정되는 기본권이 있다. 외국인으로서 이주노동자도 '인간으로서의 존엄과 가치'를 지니며, '행복추구권'을 가진다. 헌법 제10조에 따라 모든 국민은 인간으로서의 존엄과 가치를 가질 뿐만 아니라 행복을 추구할 권리를 가진다. 따라서 국내에 있는 외국인으로서 이주노동자도 인간의 존엄과 행복추구권의 주체가 되는 것은 당연하다.

대부분의 자유권은 인간으로서의 권리를 의미하기 때문에 외국인(이주노동자)에게도 원칙적으로 보장된다. 다만 자유권 중 거주·이전의 자유, 언론·출판의 자유, 집회·결사의 자유 등은 국가안전 등을 이유로 제한의 대상이 된다.

2) 평등권과 기타 기본적 권리

평등권은 국제법상의 상호주의 원칙(헌법§6②)에 따라 외국인에게도 보장된다. 국내에 거주하는 모든 사람은 성별, 종교, 나이, 사회적 신분 및 신체조건 등에 관계없이 고용, 교육, 주거 등에 있어서 차별을 받지 않을 권리가 있다.

외국인에게도 경제적 기본권이 인정된다. 다만 헌법상 직업선택의 자유(§15)를 비롯하여 토지소유권, 광업권 등 각종 재산권에 관하여 법제도상 일정한 범위 내에서 내국인에 비하여 제한을 받는다. 또 국가에 대한 청구권은 기본권의 보장을 위한 기본권이므로 일정한 기본권의 보장과 결부된 청구권은 외국인에게도 인정된다. 그러나 국가배상청구권과 범죄피해자구조청구권의 경우 내국인에 비해 엄격한 제한을 받는다.

2. 이주노동자에게 인정되지 않는 권리

외국인으로서 이주노동자에게 인정되지 않는 국민의 기본권도 있다. 국민은 한 국가의 주권자이며, 국가 간의 배타적 귀속관계를 전제로 성립하는 개념이기 때문에 사회적 내지 정치적 권리는 배제된다.[10] 또한 외국인에게는 일정한 범위 내에서 기본권이 보장되지만, 헌법상 개별적 유보조항에 의한 제한 또는 헌법 제37조제2항의 일반유보조항에 따라 국가안전보장과 질서유지 내지 공공복리를 위하여 제한할 수 있다.

다만 외국인의 경우 그 제한의 정도에서 내국인과 차이가 있을 수 있으며, 같은 외국인 사이에도 서로 다를 수 있다. 그러나 이는 그 차이의 설정이 '人間으로서의 基本權'을 보장하는 헌법의 기본정신에 위배되어서는 아니 된다.

1) 참정권

국민주권의 원리에 입각하여, 외국인은 정치적 자유를 비롯하여 선거권, 피선거권, 공무담임권 및 국민투표권 기타 정치적 권리 등 '참정권'을 향유할 수 없다. 참정권은 인권의 차원이 아니라 한 국가의 '주권'의 영역이라고 할 수 있다. 이는 국민의 권리이며, 국민주권의 원리가 당해 국민의 의사결정에 의거한 국가통치를 요구하는 것이기 때문에 외국인의 참정권제한은 당연한 것으로 생각된다.

다만 2004년 1월에 제정된 '주민투표법'에 따라 지방자치단체의 주요 결정사항에 관한 주민의 직접참여를 보장하기 위하여 합법적으로 체류하는 외국인의 지방자치단체 활동에 대한 제한적 참여를 허용하고 있다.[11]

2) 사회적 기본권

사회적 기본권은 원칙적으로 자국의 영토 안에 있는 모든 '사람'에게 보장되어야 할 성질의 권리이다. 그러나 자국민의 인간다운 생활을 보장하기

---

10) 따라서 국민의 기본적 권리로서 참정권과 사회적 기본권의 대부분 및 입국의 자유 등은 외국인에게 인정되지 않는다.

11) 여기서 주민투표권은 참정권이라기보다는 '주민자치권'으로 이해된다.

위한 '국가 내적인 실정법적 권리'인 것이 적지 않기 때문에 광범위하게 제한된다.

즉 사회적 기본권으로서 중요한 근로의 권리에 관하여, '근로권'이 한국에서 생활하는 모든 외국인에게 허용되는 것은 아니다. 이는 어느 국가에서와 마찬가지로 국민의 취업기회를 고려하여 정부의 허가를 받아서 취업할 수 있도록 규정함으로써, 외국인의 경우 근로의 권리는 한국인의 그것보다 대폭 제한된다.

한편 사회적 기본권 중에서도 '인간의 기본권'으로서 환경권, 건강권 등은 외국인도 누려야 하는 당연한 권리이다. 나아가 국내에서 합법적으로 일하는 외국인 노동자도 체류자격과 국적에 관계없이 노동3권, 즉 단결권, 단체교섭권, 단체행동권을 가진다.

3) 출입국의 제한

국제법적으로 외국인의 '입국의 자유'가 보장되지 않는 것은 국가가 당연히 어떤 사람을 입국시키는가에 대하여 결정권을 가진다고 인식하기 때문이다. 외국인의 입국을 허가할 것인가의 여부는 해당 국가의 자유재량에 속하는 사안이며, 각국 정부는 자국의 영토주권에 의거하여 자유로이 외국인의 입국을 금지하거나 제한할 수 있다.[12]

외국인에게 입국의 자유가 인정되지 않기 때문에 입국한 외국인이라도 한국에 체류할 권리가 자동적으로 부여되는 것은 아니다. 또한 외국인이 일시적으로 출국하여 재입국하는 경우에도 신규로 입국한 경우와 마찬가지로 취급된다. 하지만 일단 입국을 허가받은 외국인에게는 '출국의 자유'도 보장된다. 나아가 추방 또는 범인인도 등의 정당한 사유가 있는 경우에는 해당 외국인의 의사에 반하여 출국을 강제할 수 있다.[13]

---

12) 최근 국제교류가 빈번한 시점에서 외국인의 입국을 인정하는 것이 국제적 관례이고, 특히 '난민의 지위에 관한 협약'에 가입한 국가는 난민이라고 인정되는 외국인을 받아들일 의무가 인정되는 등 외국인의 입국통제에 관한 국가의 재량권은 많은 제약을 받고 있다.

4) 헌법적 제한

한국의 경우와 마찬가지로 오늘날 대부분의 국가에서는 '국가안전보장과 질서유지 및 공공복리' 등의 사유가 있을 경우 외국인의 권리를 일정한 정도에서 제한하고 있다. 이처럼 외국인에 대한 권리의 제약은 합당한 근거를 가질 경우 일반적으로 인정되며, 법적 차별로 간주되지 않는다.

⚖Ⅳ UN 이주노동자 권리협약

1990년 제69차 유엔(UN)총회에서 채택된 '이주노동자 권리협약'은 국제사회가 인정하는 중요한 규범이다. 이는 국제조약에 규정된 권리의 주체로서 이주노동자와 그 가족을 보호하기 위해 만들어진 국제인권에 관한 규범이다.[14]

1. 주요 내용

이주노동자 권리협약은 이주노동자의 체류자격에 관계없이 그들이 비합법적인 방식으로 입국하였거나 체류자격이 비합법상태에 있다고 할지라도 인간으로서 보호받아야 할 최소한의 권리가 있다고 규정하고 있다. 즉 출국의 자유, 생명권, 사상과 양심의 자유, 신체의 자유 및 자녀에 대한 권리 등이 그것이다. 이는 모두 '인간의 권리'로서 국제인권규약 등 기존의 인권조

---

13) 한편 경미한 범죄를 저지른 외국인에 대한 무조건적 추방명령은 부당하며, 이의신청 등 당사자의 구명의 권리가 보장된다.

14) 한국에서 비준하지 않은 경우 법률과 동일한 효력이 생기지 않는다.

약에 포함된 내용들이다.

더불어 이 협약에서는 합법적 이주노동자에게 보장해야 할 추가적 권리를 규정하고 있다. 즉 일시출국의 권리, 본국의 공무에 참가할 권리, 이주·주거선택의 자유, 결사의 권리, 가족결합의 권리, 직업선택의 자유 등이 그것이다.

2. 문제점

이주노동자의 권리에 있어서 문제가 되는 것은 '가족결합의 권리'와 '직업선택의 자유'이다. 각 국가는 이주노동자의 定住를 막기 위하여 가족의 초청을 제한하고 있다. 자국민 노동자의 고용기회의 침식을 방지하기 위하여 이주노동자의 취업허용에 대한 직종, 업종 및 규모 등을 제한할 필요성을 인식하고 있다.[15)]

대부분의 선진국은 이 조항에 따라 이주노동자의 가족초청을 꺼리고 원칙적으로 금지하고 있다. 자국민의 일자리를 보호하고 사회복지의 혜택을 자국민에게만 배타적으로 제공하기 위하여 이주노동자의 자유로운 주거이동과 직업선택의 자유를 제약하면서, 이를 주권행사의 측면에서 정당화하고 있다.

한국의 경우에도 '이주노동자 권리협약'에 가입하지 않았으므로, 현재는 비전문직 취업, 연수취업, 내항선원 또는 산업연수자의 체류자격을 가진 '합법적 이주노동자'에게 가족동반의 사증을 발급하지 않는 것과 사업장 이동의 자유를 부여하지 않는 것을 차별대우로 규정할 수는 없다.

---

15) 이러한 요인은 이주노동자 유입국 각 나라마다 이주노동자 권리협약에 비준하지 않는 핵심적인 요인이 되고 있으며, 2005년 12월 현재 이주노동자 권리협약에 가입한 34개의 국가 중 모두가 노동력 송출국이고 이주노동자를 받아들이는 선진국이 없다는 것은 이를 잘 반영하고 있다.

♣ Ⅴ 향후의 과제

이 협약에 비준하는 나라들이 점차 늘고 있고 현실적으로 한국에도 많은 이주노동자가 존재한다는 점을 감안할 때, 외국인의 가족결합의 제약과 노동이동의 제약이 영구히 합리화될 것으로 판단되지 않는다. 앞으로 세계화 추세가 더욱 강화될 경우 이주노동자의 인권영역은 지금껏 자국민의 배타적 권리로 여겨졌던 부분까지 확대될 가능성이 크다.

아직 가입국의 수가 많지 않은 이주노동자 권리협약은 UN 총회에서 채택되어 발효된 인권규범의 하나로서 다른 국제인권협약이 그러했던 것처럼 국제관습법으로 이행하는 과정에 있다고 보아야 할 것이다.

오늘날 인권의 영역이 확대되고 있다는 점, 경제의 세계화 추세로 외국에서 생활하는 사람이 늘어나고 있다는 점 등을 고려할 때 이주노동자 협약에 비준한 나라들은 더욱 증가할 것이다. 향후 한국의 경우에도 이러한 세계적 변화에 부응하기 위해서는 UN '이주노동자 권리협약'에 가입해야 하지 않겠는가.

제4절 새로운 유형의 性暴力

♣ Ⅰ 개념

1. 인터넷의 발달과 성폭력

현대사회에서 특히 인터넷(Internet) 등 가상공간을 이용한 정보통신기술의 발전은 시간과 공간을 초월하여 새로운 정보화의 사회를 발전시키고 있다. 이러한 사이버(cyber)공간에서의 자유로운 문화의 교류 속에서 가상공간 특유의 익명성과 인터넷의 특성에 따른 새로운 성폭력이 사회문제로 등장하게 되었다. 이른바 스토킹(stalking), 원조교제, 몰래카메라에 의한 사이버 성폭력[16]이 그것인데, 오늘날 통신공간에 만연되어 있다.

2. 문제점

사이버 성폭력은 그 익명성으로 말미암아 가해자의 증거 확보가 어렵고, 피해의 생명이나 신체의 안전과 직접적으로 연관되어 있지 않다는 시각에서 처벌도 미온적이다. 그 결과 사이버공간에 게시되는 정보는 단시간에 광범위하게 확산됨으로써 그 피해 또한 심각하다.

예컨대 사이버상에서의 음란대화, E-mail 또는 PC통신의 대화방을 통한 특정 내지 불특정의 다수에 대한 음란물의 전송행위와 성적 괴롭힘(사이버 스토킹), 인터넷이나 PC통신을 이용한 원조교제의 유도 및 알선·중개행위(사이버 매매춘), 몰래카메라를 이용한 음란물의 유통행위(사이버 음란물) 등이 그것이다.

이러한 사이버 성폭력은 물리적인 접촉은 없지만, 현실에서 성폭력과 같이 피해자의 '자아'에 충격을 가하는 심각한 피해를 유발하는 범죄행위이다. 사이버 폭력으로 인한 주된 피해자가 여성인 점을 감안할 때 특정인이 입은 피해 이외에도 사이버 성폭력이 공공연히 만연한다면 여성이 사이버 공간에 참여하는 것은 심리적 위축 등을 포함하여 직접 내지 간접적으로 제약을 받게 될 것이다.[17]

---

16) '사이버 성폭력'에 대한 일률적인 학문상의 개념정의는 없다. 다만 영문상의 표기의 다양함(cyber-sexual harassment, cyber(online)-stalking, cyber-rape etc.)에서 알 수 있듯이 이는 성 (sexuality, gender)과 관련한 다차원적 내지 불법적인 행위의 유형들을 지칭하는 데 이용되고 있다.

17) 이는 결과적으로 사이버공간에서 '남녀의 또 다른 불평등'을 야기하는 것이 된다.

⚖ Ⅱ 사이버(cyber) 성폭력의 유형

1. 사이버 성희롱

1) 개념 및 내용

사이버상에서 성희롱이란 PC통신이나 인터넷의 채팅(chatting), 게시판, E-mail, 이동전화의 문자메시지 기능 등을 이용하여 성적 수치심을 유발하는 내용의 대화를 유도하거나 음란대화, 불건전한 만남 등을 요청하고, 음담패설 등 성적 언사로 불쾌감과 모욕감 및 수치심을 느끼게 하는 행위를 말한다.[18]

가장 흔한 성희롱의 내용은 성과 관련된 행위의 묘사, 불건전한 만남의 제안 및 흥분시켜 주겠다는 제안 등이다. 즉 음란한 대화의 강요, 강제적인 대화 요구 및 애매한 표현을 사용하여 일단 대화에 초대한 뒤 노골적으로 음란한 대화를 요구하는 행위 등이 이에 해당한다.

또한 사이버 성희롱은 단순히 일회적인 것으로 그치지 않고, 대화방에서 성에 관한 원치 않는 대화를 요청하거나 일방적으로 성적 메시지를 전달할 경우 상대방이 당황해서 밖으로 나가면 지속적으로 쪽지와 메일을 보내는 것이 일반적이다. 이때 피해가 지속될 경우 피해자들은 오프라인에서의 물리적인 위협에 대한 불안감도 느끼게 된다.

2) 해결책

언어나 몸짓에 의한 성적 모욕행위나 괴롭힘은 형사처벌의 대상이 되지

---

18) 더 나아가 원치 않는 음란한 메시지를 일방적으로 보내는 것도 이에 포함된다.

않는다. 그러나 '성희롱'은 고용환경을 악화시키는 노동문제의 하나로 '직장 내 성희롱'에 대해 노동관계법에 따라 행정적인 규제의 대상이 되어 왔다. 이에 대하여, '사이버상에서의 성희롱'은 그 익명성으로 인하여 가해자를 밝히는 데 있어서 많은 장애요인이 존재한다. 이러한 '사이버상에서 성희롱'은 그 특수성을 감안하여 특별법제정이 시급하다.

2. 스토킹(stalking)

1) 개념

(1) 의의

과거시대와 달리, 오늘날은 사회의 다양한 변화에 따라 여러 가지 형태의 범죄가 발생하고 있는바, 그중에서 스토킹이 대표적인 것이다. 이는 그 원인 여하에 불구하고 상대방이 원치 않는 상황에서 의도적이고 반복적으로 집요하게 따라다니는 등 정신적 내지 신체적으로 괴롭힘을 가하는 행위이다.

이러한 스토킹을 일의적으로 정의하기는 쉽지 않지만, 통상 '일방적으로 상대에게 좋은 감정(일반적으로 사랑의 감정)을 갖고 상대방도 나를 좋아할 것이라는 환상으로 이성에 접근해서 싫은 행위나 온갖 피해를 입히거나 신체적 폭행을 하는 행위' 또는 '일정 기간 의도적·반복적으로 행해져 정상적인 판단능력이 있는 사람이라면 누구나 공포 및 불안을 느낄 만한 일련의 행동(편지, 전화, 전자우편, 팩스 및 선물, 미행, 감시, 위협, 납치, 폭력행위 등)으로 특정인에게 정신적·육체적 피해를 입히는 일방적이고 병적인 행동'을 말한다.[19]

---

19) 따라서 이는 스토커 자신이 정한 상대에게 일방적이며 병적으로 집착해 따라 다닌 끝에 최악의 경우에는 살인에 이르는 망상적 범죄의 일종이다.

(2) 입법례

美國의 경우 스토킹이란 '의도적이고 악의를 가지고 타인에 대해 반복적으로 치근대거나 괴롭히는 것(willfully, maliciousness and repeatedly following and harassing of another person)'이라고 하고 있다.[20]

또 대부분의 州法에서는 스토커의 일련의 행위에 대하여, '보통의 판단력을 가진 일반인이라면 신체의 안전과 생명위험에 대한 공포를 느끼는 것이 당연하다고 여겨지는 점'을 그 요건으로 명시하고 있다.[21] 미국에서는 이러한 스토킹에 의한 피해의 심각성을 인식하고 이를 규제하기 위하여 1989년에 反스토킹법을 제정하였다.[22]

2) 스토킹의 모습

(1) 가해자 – 피해자관계에 의한 분류

① 단순집착형: 피해자와 가해자가 사전에 알고 있는 관계에서 발생되며, 가장 흔한 유형이자 가장 위험하고 치명적일 수 있다. 이는 항상 친밀한 관계에서 발생한다고는 할 수 없지만, 상당수가 전남편 혹은 전처, 예전의 애인과의 관계 등에서 일어난다. 따라서 이 유형은 '가정내 폭력(domestic violence)'의 연장선상에서 이루어지는 경우가 많다. 여기서 스토커는 자신의 애인, 아내 또는 파트너를 지배하고 위협함으로써 자신의 낮은 자긍심을 보상받으려는 특징을 갖는다.

② 애정집착형: 피해자와 가해자의 관계에서 종전에 특별한 교류가 없는 것인데, 주된 피해자는 대중매체 등에 노출된 사회저명인사나 공인,

---

20) Moley, J. R. The Psychology of Stalking, Academic Press, 1998, pp.2 - 3.

21) 한편 영국의 경우 1997년 '성희롱으로부터의 보호법(Protection from Harassment Act)'에서는 '타인을 괴롭히는 행위(amount to harassment)'라고 규정하고 있다.

22) 이는 1989년 '레베카 셰퍼'라는 유명한 여배우가 극렬 팬에게 살해된 사건을 계기로 反스토킹법이 제정되었다.

배우 및 가수 등이다. 스토커는 대중매체를 통하여 피해자를 인지하는데, 이러한 유형의 스토커는 대부분 정신분열증(schizophrenia)이나 양극성장애(bipolar disorder)를 겪고 있기 때문에 정상적인 사회생활이 어려운 경우가 많다.[23]

③ 애정망상형: 자신이 스스로 피해자에 의해 사랑을 받고 있다는 환상을 가지는 것으로, 타인의 성적인 매력보다 타인과 자신 사이에 낭만적인 사랑과 영적 결합이 있다고 망상하는 데서 발생한다. 스토커의 대부분이 여성으로서 사회적 지위를 가진 중년의 남성을 주요 대상으로 삼으며 피해자와 어떠한 관계를 맺기 위하여 폭력적인 성향을 띠기도 하지만, 실제로 신체적 위해를 가하는 경우는 많지 않다.

④ 허위피해망상형: 실제 스토커가 존재하지 않음에도 불구하고 피해자 스스로 자신이 스토커로부터 피해를 당하고 있다는 허위의 상황을 설정하여 발전시킨다.[24] 피해자들은 대부분이 여성으로서 히스테릭(hysteric)한 인지부조화 상태에 있는 경우가 많고, 이전의 정상적 관계를 회복하고자 하는 바람에서 그 동기를 찾을 수 있다.

(2) 목적에 의한 분류

① 연애형 또는 복수형: 연애관계가 동반되거나 직장 또는 학교에서의 왕따, 부당한 해고, 증오 등에 의하여 발생한 '건강상태'를 발단으로 하여 그 보복이나 복수의 수단으로 전화나 주거오손 및 파괴 등의 행위를 한다. 이는 매우 질서 있고 계획적인 것으로서 차분히 생각해 보면 스토커가 누구인지 짐작할 수 있다.[25]

② 망상형 스토킹: 이는 스토킹에서 가장 대표적인 유형이며 발생빈도도 적다. 가해자에게 인지장애, 기질적 편차 및 뇌파 이상 등이 의사의 진

---

23) 이는 상술한 단순집착형보다는 그 위험도가 낮다.

24) 이는 스스로 거짓말에 의한 '空想虛言症'과 비교된다.

25) 이 유형은 특히 수사과정에서 주변 사람들이나 수사관도 알지 못하는 피해자의 중대한 과실이 폭로되는 경우도 있다.

찰에 의하여 확인된다. 행위가 무질서하고 변덕이 심하다. 이러한 유형의 스토커는 투약치료에 의하여 완치할 수 있고, 입원치료 후 보복의 가능성은 매우 낮다.

③ 탤런트 스토킹: 탤런트 스토킹은 유명한 연예인뿐만 아니라 집단 내의 희소적 존재로 해석해야 한다. 따라서 직장이나 동호회 및 학교 등 한정된 환경에서 두드러지게 눈에 띄는 사람도 그 목표대상이 될 수 있다. 이때 스토커는 피해자에게 강력한 접근의욕을 가지고 있으며, 이를 반복적으로 표출함으로써 그 욕구달성을 충족한다.

④ 직업형 스토킹: 이것은 고리대금업자의 채권회수를 하는 사람의 경우가 이에 해당한다. 이 유형은 피해자 자신이 그 이유를 잘 이해하고 있으며, 스토킹의 결과가 피해자 자신 및 사회적으로 반영된다. 연예인의 경우 보안회사에 의뢰하여 대책을 수립하는 것이 좋다.

(3) 욕망수준에 따른 분류

① 친밀형 스토커: 자신과 아무런 관계가 없고 개인적으로 알지 못하는 사람과 영적 결합이 있다고 망상을 갖는 경우이다. 유명인이나 길가에서 우연히 마주친 사람 등이 주로 그 피해자가 된다.

② 거부형 스토커: 일정한 관계(애인·친구·직장동료 등)가 끝난 후 화해와 복수의 이중적 감정을 갖고 쫓아다니는 유형이다. 대부분 사회에의 부적응, 편집증(paranoia)적 질투 등의 인격장애를 갖고 있으며, 피해자는 이전의 배우자나 애인관계에 있던 자들이 대부분이다.

③ 무능형 스토커: 자신의 지적 내지 사회적 능력이 부족하지만, 현실적으로 관계를 맺기 어려운 상대방과 사귀고 싶어 하는 욕망에서 나타나는 유형이다. 대체로 스스로 관계를 풀어 갈 능력이 없는 경우로서 피해자에게 매력을 느끼면서 진정한 사랑이라고 믿지 않는다.

④ 분노형 스토커: 피해자를 놀라게 하고 괴롭히는 것을 목적으로 삼는 경우이다. 평소 불만을 갖고 있거나 혐오하는 사람에게 많이 행해지

며, 가해자 스스로는 자기가 정당하며 희생자라고 생각한다.

⑤ 약탈형 스토커: 타인에 대한 스토킹을 통하여 자신의 힘과 통제력을 확인하면서 또한 기쁨을 느끼는 유형이다. 대부분이 성적 변태(abnormal sexuality)인 경우이며, 과거 성범죄의 전과를 가지고 있는 자가 많다.

3) 스토킹 피해자와 그 방법

스토킹의 피해자는 일반적으로 여성이며, 가끔 남성이 그 표적이 되기도 한다. 그 대상으로는 주로 인기스타, 저명인사, 보통사람 등으로 분류되는데, 최근에는 보통사람에 대한 스토킹의 비중이 높아지고 있다.

일반적인 스토킹의 방법으로는 전화구애 또는 음란전화 등 전화폭력, 지속적으로 따라다니기, 집 또는 직장 앞에서의 기다림, 껴안기 내지 치근거림, 선물공세 등이 있으며, 심할 경우에는 신체의 폭행이나 감금을 가하는 경우도 있다. 그 진행단계는 대개 미행에서 시작하여, 전화연락 및 메일·편지연락 그리고 과다한 선물공세 등으로 연결된다.

4) 사이버 스토킹

(1) 구애형 스토킹

사이버 스토킹에서 구애형 스토킹은 거부의 의사표시를 하였는데도 불구하고 가해자가 직접 집요하게 원치 않는 성적 괴롭힘을 주는 형태이다. 이는 반복적인 성적 메시지를 '대화방'이나 '메모 혹은 E-mail'을 통하여 계속적으로 발송함으로써 피해자는 불쾌감으로 정신적 피해 및 수치심, 모욕감 더 나아가 두려움과 공포심까지 느끼게 된다.

(2) 이지메·사생활침해형 스토킹

이지메·사생활침해형 스토킹은 제3자를 이용하여 괴롭히는 방식이다. 특히 '이지메(いじめ) 스토킹'의 대표적인 예는 자신에 대한 비방이나 개인정보가 자신도 몰래 사이트나 게시판에 올려져 제3자에 의해 음란전화 등 괴롭힘을 당하는 것이 그 예이다. 또 '사생활침해형 스토킹'의 대표적인 예는 자신의 性생활 등이 몰래카메라에 의하여 촬영되어 사이트나 게시판에 공개되는 것이 그 예이다.

위 두 가지의 유형은 명예훼손을 통한 괴롭힘을 그 피행의 속성으로 하며, 그 피해의 파급효과가 즉각적이고 광범위하다. 그런데 익명성과 제3자의 매개성으로 인하여 피해자 자신은 그 피해를 인지하기가 쉽지 않고, 따라서 가해자의 추적 및 피해구제가 용이하지 않다는 문제가 있다. 이러한 점에서 '이지메·사생활침해형 스토킹'은 다른 유형의 성희롱과는 다른 범죄적 심각성을 가지고 있다.

5) 성범죄와의 관련성

스토커는 음란을 목적으로 하는 침입자이지만, 性범죄자와는 구별된다. 스토커는 스토킹(stalking)에 의하여 그 목적이 달성되지만, 성범죄자는 성행위에 이르지 못하면 그 목적을 달성할 수 없다. 또한 성범죄는 친고죄로서 형사처벌을 받을 수 있지만, 스토킹은 경범죄로 처벌되는 경우가 대부분이다.

◈ Ⅲ 원조교제

1. 개념 및 발생원인

1) 개념

원조교제(えんじょうさい)는 일본에서 처음 사용된 것으로, 그 의미는 나이 어린 여성이 나이 많은 성인남성의 이른바 '원조'를 받는 대신 '교제 (intercourse)'해 주는 것을 말한다.

여기서 원조는 용돈을 주거나 물건을 사주는 등의 경제적 이익을 제공하는 것을 말하고, 교제란 같이 술을 마시거나 놀아 주기 또는 각종 서비스 제공 및 신체접촉, 성관계의 허용까지 의미한다. 최근 미성년의 여성과 성인남성, 젊은 남성과 성인여성의 매춘이 이루어지고 있는 것을 볼 때, 결국 원조교제는 청소년과 성인 간의 교제와 원조를 의미한다.

2) 발생원인

원조교제는 기존 매매춘과 달리 그 유입경로가 다양하고, 상대자 간의 인터넷을 통한 은밀한 접촉의 속성 때문에 실태를 파악하기 어렵다. 또한 청소년의 자발적 의지에 의한 행위이며, 시간제 아르바이트(Arbeit)로 행해지는 경우가 많아 그에 대한 접근은 더욱 어렵다.

(1) 일본

일본의 경우 1980년대 경제발전과 통신의 발달을 거치면서 물질문명의 욕구에 따라 고가의 물품을 구입하고자 하는 소녀들의 욕구에서 성인과의 원조교제가 발생했으며, 통신매체의 발달은 이러한 현상을 더욱 부채질하였다. 일본에서 원조교제는 중년남성의 '인생에 대한 허무감'이나 '어린 소녀 성에 대한 호기심'과 '근친상간에 대한 무의식적 욕구' 등 인간적 갈등과 범죄가 복합된 형태로 나타나는 것이 특징이다.

(2) 한국

한국의 경우 원조교제의 대부분은 미성년자를 대상으로 하는 신종 매매춘에 불과하다. 10대들의 매매춘이 IMF 이후 더욱 증가하였던 것은 이른바 '금전만능주의' 내지 '천민자본주의'[26) 의식이 미성년자들을 죄의식 없이 윤락행위에 빠지게 하는 원인이다. 미성년자의 원조교제를 부추기는 주요한 요인을 보면 다음과 같다.

즉 ⊙ 우선 성인남성들의 성의식에 대한 윤리의식 결여 내지 마비현상이 청소년의 성매매춘의 원인이다. ⓛ 10대들(그들의 性)을 목표로 한 시장이 원조교제를 부추기는 요인이다. 자신은 벌지 못하면서 쓰기만 하는 10대들의 소비심리를 자극하기 때문이다. ⓒ 음란·외설정보의 범람으로 변태성욕, 폭력 및 근친상간 등 왜곡된 성의식이 일상화 내지 미화되고 있는 것도 그 원인이다. ⓡ 가족해체와 향락산업의 비대화도 그 원인이다. 최근 이혼 증가와 청소년의 방황, 이에 따른 향락산업의 비대화가 그것이다. ⓜ 性개방의 풍조와 배금주의 사상의 만연도 중요한 원인이다.

---

26) 이는 성인의 경우에도 마찬가지라고 할 것이다.

2. 법적 규정

1) 청소년보호법[27]

동법 제26조의2(청소년 유해행위의 금지) 제1·2호에 따라 ㉠ '영리를 목적으로 청소년으로 하여금 신체적인 접촉 또는 은밀한 부분의 노출 등 성적 접대행위를 하게 하거나 이러한 행위를 알선·매개하는 행위를 하는 자'와 ㉡ '영리를 목적으로 청소년으로 하여금 손님과 함께 술을 마시거나 노래 또는 춤 등으로 손님의 여흥을 돋우는 접객행위를 하거나 이러한 행위를 알선·매개하는 행위를 한 자 또는 ㉢ 영리 또는 흥행의 목적으로 청소년에게 음란한 행위를 하게 하는 행위' 등을 한 자는 동법 제49조의2 내지 동 조의3(벌칙)의 규정에 의해 위 ㉠의 경우 1년 이상 10년 이하의 징역, ㉡와 ㉢의 경우 10년 이하의 징역에 처한다.

2) 청소년 性보호에 관한 법률[28]

동법 제2조(정의)제4호에 따라 '청소년의 성을 사는 행위, 즉 청소년, 청소년의 성을 사는 행위를 알선한 자 또는 청소년을 실질적으로 보호·감독하는 자 등에게 금품이나 그 밖의 재산상 이익, 직무·편의 제공 등 대가를 제공하거나 약속하고, ㉠ 청소년과의 성교행위, ㉡ 청소년과 구강·항문 등 신체의 일부나 도구를 이용한 유사 성교행위, ㉢ 신체의 전부 또는 일부를 접촉 또는 노출하는 행위로서 일반인의 성적 수치심이나 혐오감을 일으키는 행위, ㉣ 자위행위'를 한 자는 3년 이하의 징역이나 2천만 원 이하의 벌금에 처한다(동법§10).

---

27) 동법상 '청소년'은 만 19세 미만의 자를 말한다. 다만 19세에 도달하는 해의 1월 1일을 맞이한 자는 제외한다(동법§2 제1호).
28) 동법상 '청소년'은 만 19세 미만의 자를 말한다. 다만 19세에 도달하는 해의 1월 1일을 맞이한 자는 제외한다(동법§2 제1호).

나아가 동법 제39조(계도 및 범죄정보의 공표)에서는 "국가청소년위원회
는 청소년을 대상으로 한 성범죄의 발생추세와 동향, 그 밖에 계도에 필요
한 사항을 연 2회 이상 공표하여야 한다."고 규정하고 있다.

3. 원조교제의 유형과 그 대책

1) 유형

한국에서 원조교제의 시초가 된 것은 1997년에 일본으로부터 수입된 전
화방이다. 이후 1998년부터는 게임방을 통하여 급속도로 확산되었고, 익명
성이 보장된 게임방의 컴퓨터 전용선을 통하여 인터넷에 접속한 10대들이
신체접촉을 허용하는 대신에 용돈을 제공할 남성들을 찾기 시작하였던 것
이다.

원조교제의 유형은 크게 '산업형 원조교제'와 '기타 원조교제'로 나눌 수
있다. 前者는 서비스를 매개로 업소 내부 또는 외부에서 이루어지는 원조
교제(음식점, 단란주점, 유흥주점 등)와 알선(연결)을 통하여 이루어지는 원
조교제(직업상담소, 결혼상담소, 이벤트사 등)가 있다. 後者는 전화방이나
폰팅 등 일정한 매개장소나 매개체를 통하여 이루어지는 원조교제와 중간
매개체 없이 여성이 직접 거리에서 혹은 PC통신이나 인터넷을 통하여 상대
자와 연결하는 형태가 있다.

2) 대책

원조교제를 방지하기 위한 현실적인 법적 대응책으로는 다음과 같은 것
들을 생각해 볼 수 있다. ㉠ 원조교제가 발생할 수 있는 주변환경에 대한
철저한 규제와 단속이 필요한바, 불법적인 사례가 적발될 경우 강력한 조치

를 취해야 할 것이다. ⓛ 청소년에 대한 관련 교육을 강화함과 동시에 지역사회와 시민단체의 감시기능을 지속적으로 펼쳐 나가야 할 것이다. ⓒ 이 밖에 업소운영자의 자율정화기구를 조직하여 활성화하고, 관련 법제도를 현실에 맞게 정비하여 강력하게 시행해야 할 것이다.

♠Ⅳ 몰래카메라에 의한 犯罪

1. 서언

몰래카메라의 순수한 기능은 촬영자의 의도에 따른 범죄의 예방과 행정의 효율성 증대라는 차원에서 생각할 수 있는데, 오늘날에는 이러한 순수한 기능 이외에 개인의 명예와 프라이버시(privacy)를 심각하게 침해하는 위험성을 내포하고 있어 새로운 범죄의 온상이 된다. 이러한 몰래카메라에 대한 법적 대응은 상당히 미비하여 형사적인 대응은 불완전한 것이 많아 형법에서도 예기치 못한 새로운 현상이 대두되고 있다.

2. 유형

몰래카메라에 의한 촬영유형은 수없이 많다. 여관에서 투숙한 여성과의 정사장면을 촬영 · 녹화하여 금품을 갈취하는 행위, 목욕탕의 탈의실에 몰래카메라를 설치하는 경우 이외에 여자목욕탕 내부를 몰래카메라로 촬영한 뒤 영상화하여 판매하는 행위 및 비디오방의 몰래카메라 설치 등 시간과 장소를 초월하여 행해지고 있다.

나아가 이러한 음란물은 사이버공간을 통하여 판매되기도 하는데, 사이버공간에서 이루어지는 특성상 판매자와 구매자가 직접 만나지 않음으로써 수사당국의 수사망을 피하여 행해지는 결과 이러한 현상은 더욱 확산되고 있다.

3. 대응책

몰래카메라의 촬영은 그 대상자 본인 스스로의 동의가 있으면 촬영 자체는 법적으로 문제되지 않는다. 그러나 被촬영자의 동의가 있었다고 하여도 본래의 동의를 벗어나 촬영이 이루어진 경우에는 사안에 따라 형법상의 명예훼손죄(§307)가 성립할 수 있다.

또한 동의 없이 몰래카메라를 찍는 행위는 '성폭력범죄의 처벌 및 피해자보호 등에 관한 법률(이하 '성폭력처벌법'이라 한다)' 제14조의2(카메라 등 이용촬영)에 따라, 5년 이하의 징역 또는 1천만 원 이하의 벌금에 처해질 수도 있다.[29]

문제는 백화점, 대중목욕탕 등의 탈의실에서 직원 및 고객의 감시를 목적으로 몰래카메라를 설치·촬영한 경우 이 규정이 적용될 것인가. 피촬영자의 의사에 반한다는 것이 명백하고 프라이버시의 침해의 소지가 크다는 점에서 성폭력처벌법 제14조의2 규정을 적용할 수 있을 것이다.

이 밖에 화장실, 수영장 등에서 카메라를 몰래 설치하고 은밀하게 촬영한 경우에는 책임자의 동의 없이 공공장소에 들어간 것에 대하여 건조물침입죄를 적용할 수 있으며, 범행이 야간에 행해진 경우에는 폭력행위 등 처벌에 관한 법률을 함께 적용할 수 있다. 또한 때에 따라서는 성폭력처벌법 제14조의2 이외에 형법상의 주거침입죄(§319)가 성립할 여지도 있을 것이다.

---

29) 동 조 제1항은 "카메라 기타 이와 유사한 기능을 갖춘 기계장치를 이용하여 성적 욕망 또는 수치심을 유발할 수 있는 타인의 신체를 그 의사에 반하여 촬영하거나 그 촬영물을 반포·판매·임대 또는 공연히 전시·상영한 자는 5년 이하의 징역 또는 1천만 원 이하의 벌금에 처한다."고 규정하고 있다.

◢ I 연애의 女性學

1. 남녀 간의 연애관념

1) 가부장적 사회

종래부터 남성들은 여성을 있는 그대로 받아들이기보다는 자신이 상상하는 타입으로 정형화시켜 받아들이는 경향이 있어 왔다. 따라서 남성과 대등한 인격을 가진 여성상은 남성작가의 작품에는 거의 등장하지 않았고 남성과 같은 지위를 가지기를 원하는 여성은 남성들에게 받아들여지지 못했다. 이런 여성들은 자신을 전형적인 여성인 양 위장하고서야 남성과의 연애에 성공할 수 있었다.

가부장적 사회에서 남성들은 성에 관하여 자신은 소유당하지 않은 채 상대방을 소유하기를 원하는 이중적 기준을 가져왔다. 반면 여성은 연애나 결혼을 통하여 연인과 인격적이고 정신적인 결합을 가지기 원했기 때문에 문제가 생기곤 했다.[30] 남성도 질투를 느끼며, 자기의 연인을 다른 사람에게 빼앗겨서는 안 된다는 강박관념이 남성에게 더 강하게 나타난다고 한다. 여성의 독점욕은 히스테릭한 감정표현으로 그치는 데 반하여, 남성의 경우는 폭력으로 번지는 경우가 많다.

---

30) 오늘날은 젊은이들 가운데 연애의 주도권이 여성에게 옮겨 가는 현상이 나타나고 있지만, 이것으로써 여성의 지위가 향상되었다고 말할 수는 없다.

2) 남성의 수줍음증세

여성뿐만 아니라 남성들 중에도 이성에 대한 수줍음으로 연애에 성공하지 못하는 샤이 맨(shy man)이 많다. 연애에서 샤이 맨은 노이로제에 빠질 정도로 자신의 수줍음을 괴롭게 여긴다. 미국의 심리학자 '길마틴'은 『남자의 수줍음증세(shy man syndrome)』라는 책에서 그 어머니가 아이를 양육 당시에 사회적인 경험이 부족한 탓이라고 지적한다(전업주부의 경우).[31] 아이에 대한 지나친 보호, 지나친 간섭 등이 타인과 의사소통을 잘하지 못하는 사람으로 성장하게 만든다고 한다.

2. 독신자의 증가

1) 여성입장

여성의 사회참여가 늘면서 여성들의 연애관이 바뀌고, 그들은 자신을 속박하는 것으로 여기는 연애나 결혼으로부터 떨어져 있고 싶어 하는 경향을 보인다. 신시아 S 스미스는 '여자는 결혼해야 하는 것은 아니다.'에서 이렇게 말한다. 여성이 남성을 필요로 하는 것은 이른바 '3F(fertilization, father, finance)'라는 세 가지 이유 때문이라고 한다.

그러나 여성은 스스로 경제력을 가지게 되었고 결혼하지 않고도 정자를 얻을 수 있으며(정자은행), 대부분의 남성들은 일만 알고 아버지의 역할은 잘해 주지 않는다. 이 때문에 여성이 연애나 결혼을 할 필요가 없어지고 있다고 주장하는 것이며, 독신여성이 증가할 수밖에 없다고 한다.

---

31) 그 밖에 '소란스런 부모', '체벌', '신뢰 없는 가정'도 샤이 맨을 만들 가능성이 높다고 한다.

2) 남성입장

남성의 입장도 자신이 연애 게임에서 무리한 부담을 지는 상황을 바꾸고 싶어 한다. 연애할 때 음식 값을 각자 지불하지 않고 남성이 여성 몫까지 함께 지불해야 하는 것, 결혼 후에 대개 남편만 돈을 벌기 위해 일해야 하고 아내는 경제적 부담을 지지 않는 것 등이 그것이다. 오늘날 신세대 부부들의 경우 '남편은 일과 가사', '아내는 가사와 취미'를 추구한다. 따라서 남성들은 여성으로부터 '일벌'과 같은 취급을 받는다고 불평한다.

3. 연애의 自由

누구나 젊은 시절에 연애는 필수적인 것으로 여겨 왔고, 남성은 여성을 이른바 '확보'함으로써 제 몫을 다하는 남자로 인식되었다. 남성 위주 사회에서 남성은 어떤 여성을 '확보'하였는가에 따라 남성의 등급이 매겨지는 경향이 있었고, 여성에 대한 평가 또한 이와 유사했다. 이런 사고방식이 지배하는 사회에서 연애상대나 결혼상대를 찾지 못한 사람은 무언가가 결핍된 사람으로 취급받기 일쑤였다.

그렇다면 연애는 꼭 해야 하는 것인가. 오늘날 이러한 연애숭배는 점차 사라지고 있다. 여성과 남성은 연애에 대한 취향이 서로 다르기 때문에 누구에게나 연애가 가능하다거나 연애가 인생에서 필수적인 것이라고 말할 수는 없다. 우리에게 연애는 일어날 수도 있고, 일어나지 않을 수도 있는 하나의 사건에 불과한 것이라고 인식할 때다.

4. 연애관의 변화

오늘날 젊은이들은 '2차원적 콤플렉스'라는 현상이 나타나고 있다고 한다. 즉 살아 있는 여성보다 비디오나 게임 속의 여성에 대해 친밀한 감정을 품는 남자들이 늘어나고 있다는 것이다. 장차는 가상의 섹스나 가상의 연애도 가능하게 될 것이라고 하니, 인간을 대면하지 않고도 연애감정을 해소할수 있는 방법이 자주 이용될 것이다. 어쨌든 인간이 현실세계에서 이성을컨트롤하기 어렵게 될수록, 또한 현실의 인간에 대한 신뢰가 떨어지게 될수록 이성 간 대용수단에 의한 만족은 늘어날 것이다.

그렇다고 인간이 연애를 통해 타인과 밀접한 관계를 맺는 것 자체가 사라지지는 않을 것이다. 인간은 과거보다 고립된 환경에서 인간관계가 건조해질수록 오히려 결혼을 신분상승의 도구로 삼는 것에서 탈피하여 연애 그자체에 몰두하는 경우가 증가할 것이다. 따라서 자신이 인간적 유대를 느끼게 된 상대와 연인관계에 빠지게 되는 데 있어서 사회적 제약은 방해가 되지 않을 것이다.[32]

⚖ II 男性學의 대두

1. 남성학의 의미

전통과 관습이 부과한 고정된 방식으로 삶을 살아가야 하는 것은 여성에게 있어서나 남성에게 있어서나 부당하다. 인간은 누구나 자신의 삶을 스스

---

32) 나아가 지금처럼 공정관념에 의하여 연애의 대상을 제한하는 것도 사라지게 될 것이며, 동성애관계, 고령자의 연애, 연상의 여성과의 연애, 장애자와의 연애, 다른 문화권의 사람과의 연애 등 한국의 관습에 얽매이지 않는 다양한 결합이 더욱 증가하게 될 것이다.

로 설계하고 선택할 수 있는 가능성을 갖는 것은 인간으로서의 권리이다. 어떤 사상적 이데올로기(ideology)라도 인간 각자의 삶에 대한 선택가능성을 박탈해서는 안 된다.

근래 전형적인 남성의 삶을 거부하고 자기방식의 자유로운 삶을 살아가는 남성들도 늘고 있다. 이른바 '남성학(men's studies)'은 가부장적 사회 속에서 남성으로서 겪어야 하는 부담과 소위 말하는 특권을 비판적으로 분석하고, 과거의 고정관념에서 벗어나 자유롭게 사는 사회를 만들기 위한 학문적 접근이라고 말할 수 있다.

1980년대 미국의 여성운동 및 여성학에 대응하여 생겨난 것으로, 1990년대 이후 다수의 대학에서 강의되었다고 한다. 남성학 강의는 남성 주도 사회의 문제점과 남성이 겪는 성차별(내지 성의 역차별)을 살펴본 후 남녀평등의 사회를 만들기 위해서는 남성들이 스스로 자신의 의식과 생활패턴을 어떻게 변화시켜야 할 것인가를 모색하는 내용이다.[33]

2. 남성의 自意識

한국에서 남성들은 과거 전통사회에서 느끼지 못했던 고민을 갖게 되었고, 그들의 사는 모습도 과거와는 많이 달라졌다. 어머니의 지나친 보호와 간섭으로 생겨난 마마보이, 여성과의 원만한 관계를 이루지 못한 독신남성, 개인의 생활을 빼앗긴 채 장시간의 노동으로 직장생활을 거부하는 남성, 정년퇴직이나 실직 이후 삶에 대한 의욕상실의 남성, 아내로부터 버림받은 남성 등이 그것이다.

또한 특정한 종교적 내지 개인적 사상으로 말미암아 전쟁을 거부함으로써 병역의무에 대해 반발하는 현상도 심해지고 있다. '남성이라는 이유만으로 여성은 가지 않는 군대에 의무적으로 가야 한다는 것은 부당하다.'고 하

---

33) 이에 관한 내용은, 이은영, (제2판)『法女性學講義』, 박영사, 2004, 367~374면 참조.

여 병역제도에 대한 발상의 전환을 요구하는 움직임도 생겨나고 있다. 더욱이 동성애자가 자기의 성적 취향을 공개적으로 밝히고 자신들의 권리를 주장하는 경우도 늘고 있으며, 이에 대한 사회적 인식도 서서히 변화하여 과거보다 관대하는 태도를 보이고 있다.

3. 남성운동의 전개

1) 전국조직(NOMAS)

상술한 바와 같이 미국에서는 남성단체의 운동 또한 활발하다. 이른바 여성옹호주의(feminism)를 이해하고 이에 동조하는 남성운동으로서 '성차별에 반대하는 남성의 전국조직'이 있다. 이들은 남성과 여성 간의 완전한 평등, 동성애자에 대한 차별의 철폐, 더 의미 있고 윤택한 삶을 희망하는 남성들에 대한 응원 등 세 가지를 운동의 기본방향으로 삼고 있다. '남성과 여성은 상호 평등하지 않는 한 더 풍요롭고 깊이 있는 인생을 누릴 수 없다.'는 확고한 믿음을 그 이유로 든다.

2) 다양한 남성단체

남성단체 중 하나인 '자유로운 남성(free men)'은 현대사회에서 소위 '일벌'로 전락한 남성들의 권리 되찾기 운동을 펼치고 있다. 여성이 남성보다 8~10년 더 오래 사는 이유, 구급환자의 3분의 2가 남성인 이유, 남성의 자살률이 여성의 3배가 되는 이유, 수감자의 대부분(여성의 약 25배)이 남성인 이유, 학교에서 처벌받는 대상이 대부분 남성인 이유 등에 대하여 문제를 제기한다.[34]

또 남성단체 중에는 '남성성의 회복운동'을 꾀하는 단체도 있다. 이 운동을 주도하는 로버트 브라이는 그의 저서 『철의 존』에서 현대사회에서 남성들이 자신감을 잃었으며 상처 입기 쉬운 존재로 변했다고 지적하면서, 남성들이 남성으로서의 本性(identity)을 잃어버렸음에 문제가 있다고 보고 남성들 스스로 남성성의 회복운동을 전개해야 한다고 주장한다. 남성이 약해진 이유로 성인남성으로서의 儀式(initiation)이 없어졌다는 점과 편부모(특히 아버지 없는) 가정에서 성장했다는 점을 들고 있다.[35]

한편 종교적이고 보수적인 성격을 띠는 단체도 있다. 예컨대 '약속지킴이(promise keepers)'는 기독교 원리주의에 기초하여 '남성의 가정으로의 회귀'를 주장한다. 남성들도 각자의 감성을 되찾아 감정적 생활을 누리고, 남성끼리의 우정을 깊게 해야 한다는 것이다.[36] 이러한 입장에 대해 여성들은 상반된 반응을 보이는바, 이를 찬성하는 입장이 있는가 하면 남성들이 기초로 삼는 성차별의식과 가부장제의 회복에 대해 비판하는 입장도 있다.

4. 남성학의 방향

궁극적으로 남성학은 남성의 시점에서 남성중심사회를 비판하고 보다 인간다운 생활을 추구하는 것을 목적으로 한다고 할 것이다. 과연 남성의 인간다운 생활이 무엇인가에 대하여, 가장 바람직하게 여겨지는 것은 전통적인 남녀의 역할을 깨고 성별의 고정관념에서 벗어난 각자의 생활을 설계하

---

34) 이에 더하여 다른 남성단체는 "이혼가정의 10% 정도만이 아버지에게 양육권을 인정하는 것은 부당하다."고 주장하면서, 남성은 왜 남성이라는 이유만으로 자녀와 헤어져야 하는가에 대해 의문을 제기한다. 이들의 다양한 활동 중에 특히 자녀의 양육권을 얻기 위한 남성들의 운동은 매우 넓은 호응을 얻고 있는 추세이다.

35) 현대 산업사회에서는 일부러 고난을 겪으면서 진정한 남성으로 성장할 기회가 주어지지 않았으며, 바깥일에 대부분의 시간을 빼앗긴 아버지들은 가정으로부터 멀어질 수밖에 없기 때문에 이런 가정환경에서 아버지는 남자아이의 모델이 되지 못하고 더욱이 아이는 어머니의 영향 아래서만 양육됨으로써 남성으로서의 자립과 성장이 어렵게 된다고 말한다. 그 해결책으로서 '숲으로 돌아가는 것'과 '아버지로서의 남성성(내면적인 대화)을 되찾을 것' 등을 제시한다.

36) 이 단체는 동성애자의 차별과 인종차별을 당연시하면서 임신중절을 반대하는 등의 관점에서 여성단체나 인권단체와 충돌한다.

는 것(gender free)이라고 본다.

또 남성학에서는 '남자다움'과 '호전적임' 같은 것을 비판하며, 남성들은 어린 시절 전쟁놀이를 좋아하지 않을 권리가 있다. 그리고 성인이 된 후에는 전쟁을 피하고 평화로운 사회를 건설한 권리가 있다고 말함으로써 '남성다움의 군사화'에 반대한다.

범죄사회학자 '메사슈미트'는 그의 저서 『남성성과 범죄』에서 남성이 범죄행위를 저지르기 쉬운 이유에 대하여 다음과 같이 말한다. "범죄적인 행위나 사회적 일탈행위는 종종 남성이 자신의 남성성을 증명하는 방법으로 이용되기 때문이다."라고 말하면서, 유년시절에 소위 '튀는 녀석'이나 '일탈행위를 감행하는 녀석' 등이 멋있다는 평을 받는 것을 그 예로 든다.

남성집단에서 폭력은 남성다움의 발로라고 칭찬받는 경우가 많으며, 그 집단의 주도권(hegemony)을 장악하기 위한 수단으로 이용된다. 이러한 사회적 환경은 남성들로 하여금 일탈행위 내지 범죄행위나 가정폭력에 빠지기 쉽게 한다. 장차 (가정)폭력이나 범죄행위 내지 전쟁 등의 감소는 남성학에 있어서 남성다움을 왜곡시키고 일탈과 폭력행위 등을 미화하는 사회적 분위기가 변해야만 가능하다고 본다.

5. 남성관의 변화

종래 사회에서 남녀의 고정적 性역할인 성(gender)에서 벗어나 자신의 개성에 맞는 생활을 할 수 있는 사회적 분위기를 만드는 데 여성학과 남성학은 공조관계에 있다. 그렇다고 여성과 남성이 같아져야 한다는 것은 아니며, 남녀라는 성별에 관계없이 각자로서 개인이 자신과 다른 것을 받아들일 수 있는 사회로 가자는 것이다.

사회적 性에서 탈피한 사회를 지향해 가는 방법에는 제도적 개선, 문화적 변화 등 여러 가지가 있을 수 있다. 임신·출산 등의 생물학적 차이에 관하여 그것을 어쩔 수 없는 차이로 인정하는 방법과 그 차이를 극복하는 방안을 강구하는 방법도 있다. 여성이 출산했다고 해서 아이 양육을 반드시 여성에게만 맡겨야 할 이유는 없으며, 남성이 여성보다 아이를 더 잘 보살 피는 경우도 있다.

어쨌거나 생물학적 요인이 결정적인 경우가 아님에도 불구하고 어떤 일은 오직 여성과 남성이라는 성차에 의하여 이분하는 방식은 없어져야 한다. 남녀의 이분법을 넘어서 개인의 취향과 능력을 살펴야 한다. 즉 性(gender)에서 벗어난 자신의 취향과 판단 내지 능력에 따라 자기방식의 생활을 살 권리가 인정되어야 할 것이다.

[參考文獻]

나달숙, 『女性과 法』, 법영사, 2006.
문성제, 『現代女性과 法律』, 법문사, 2004.
박선영, 『法女性學』, 법문사, 2005.
배경숙, 『女性과 法律』, 법원사, 2004.
배경숙 외, 『女性과 法律』, 박영사, 2000.
서거석 외, 『女性과 法』, 도서출판 학우, 2006.
손주찬, 『新法學通論』, 박영사, 2001.
송오식 외, 『女性과 法』, 형설출판사, 2000.
이은영, 『法女性學講義』, 박영사, 2004.
이재홍 외, 『人權法』, 아카넷, 2007 등.

부록(여성 관련 법률: 2009. 2 현재)

Universal Declaration of Human Rights

Preamble

Whereas recognition of the inherent dignity and of the equal and inalienable rights of all members of the human family is the foundation of freedom, justice and peace in the world,

Whereas disregard and contempt for human rights have resulted in barbarous acts which have outraged the conscience of mankind, and the advent of a world in which human beings shall enjoy freedom of speech and belief and freedom from fear and want has been proclaimed as the highest aspiration of the common people,

Whereas it is essential, if man is not to be compelled to have recourse, as a last resort, to rebellion against tyranny and oppression, that human rights should be protected by the rule of law,

Whereas it is essential to promote the development of friendly relations between nations,

Whereas the peoples of the United Nations have in the Charter reaffirmed their faith in fundamental human rights, in the dignity and worth of the human person and in the equal rights of men and women and have determined to promote social progress and better standards of life in larger freedom,

Whereas Member States have pledged themselves to achieve, in cooperation with the United Nations, the promotion of universal respect for and observance of human rights and fundamental freedoms,

Whereas a common understanding of these rights and freedoms is of the greatest importance for the full realization of this pledge,

Now, therefore,

The General Assembly,

Proclaims this Universal Declaration of Human Rights as a common standard of achievement for all peoples and all nations, to the end that every individual and every organ of society, keeping this Declaration constantly in mind, shall strive by teaching and education to promote respect for these rights and freedoms and by progressive measures, national and international, to secure their universal and effective recognition and observance, both among the peoples of Member States themselves and among the peoples of territories under their jurisdiction.

Article 1

All human beings are born free and equal in dignity and rights. They are endowed with reason and conscience and should act towards one another in a spirit of brotherhood.

Article 2

Everyone is entitled to all the rights and freedoms set forth in this Declaration, without distinction of any kind, such as race, colour, sex, language, religion, political or other opinion, national or social origin, property, birth or other status.

Furthermore, no distinction shall be made on the basis of the political, jurisdictional or international status of the country or territory to which a person belongs, whether it be independent, trust, non
-self-governing or under any other limitation of sovereignty.

Article 3

Everyone has the right to life, liberty and security of person.

Article 4

No one shall be held in slavery or servitude; slavery and the slave trade shall be prohibited in all their forms.

Article 5

No one shall be subjected to torture or to cruel, inhuman or degrading treatment or punishment.

Article 6

Everyone has the right to recognition everywhere as a person before the law.

Article 7

All are equal before the law and are entitled without any discrimination to equal protection of the law. All are entitled to equal protection against any discrimination in violation of this Declaration and against any incitement to such discrimination.

Article 8

Everyone has the right to an effective remedy by the competent national tribunals for acts violating the fundamental rights granted him by the constitution or by law.

Article 9

No one shall be subjected to arbitrary arrest, detention or exile.

Article 10

Everyone is entitled in full equality to a fair and public hearing by an independent and impartial tribunal, in the determination of his rights and obligations and of any criminal charge against him.

Article 11

1. Everyone charged with a penal offence has the right to be presumed innocent until proved guilty according to law in a public trial at which he has had all the guarantees necessary for his defence.
2. No one shall be held guilty of any penal offence on account of any act or omission which did not constitute a penal offence, under national or international law, at the time when it was committed. Nor shall a heavier penalty be imposed than the one that was applicable at the time the penal offence was committed.

Article 12

No one shall be subjected to arbitrary interference with his privacy, family, home or correspondence, nor to attacks upon his honour and reputation. Everyone has the right to the protection of the law against such interference or attacks.

Article 13

3. Everyone has the right to freedom of movement and residence within the borders of each State.
4. Everyone has the right to leave any country, including his own, and to return to his country.

Article 14

5. Everyone has the right to seek and to enjoy in other countries asylum from persecution.
6. This right may not be invoked in the case of prosecutions genuinely arising from non – political crimes or from acts contrary to the purposes and principles of the United Nations.

Article 15

7. Everyone has the right to a nationality.
8. No one shall be arbitrarily deprived of his nationality nor denied the right to change his nationality.

Article 16

9. Men and women of full age, without any limitation due to race, nationality or religion, have the right to marry and to found a family. They are entitled to equal rights as to marriage, during marriage and at its dissolution.
10. Marriage shall be entered into only with the free and full consent of the intending spouses.
11. The family is the natural and fundamental group unit of society and is entitled to protection by society and the State.

Article 17

12. Everyone has the right to own property alone as well as in association with others.
13. No one shall be arbitrarily deprived of his property.

Article 18

Everyone has the right to freedom of thought, conscience and religion; this right includes freedom to change his religion or belief, and freedom, either alone or in community with others and in public or private, to manifest his religion or belief in teaching, practice, worship and observance.

Article 19

Everyone has the right to freedom of opinion and expression; this right includes freedom to hold opinions without interference and to seek, receive and impart information and ideas through any media and regardless of frontiers.

Article 20

14. Everyone has the right to freedom of peaceful assembly and association.
15. No one may be compelled to belong to an association.

Article 21

16. Everyone has the right to take part in the government of his country, directly or through freely chosen representatives.
17. Everyone has the right to equal access to public service in his country.
18. The will of the people shall be the basis of the authority of government; this will shall be expressed in periodic and genuine elections which shall be by universal and equal suffrage and shall be held by secret vote or by equivalent free voting procedures.

Article 22

Everyone, as a member of society, has the right to social security and is entitled to realization, through national effort and international co‑operation and in accordance with the organization and resources of each State, of the economic, social and cultural rights indispensable for his dignity and the free development of his personality.

Article 23

19. Everyone has the right to work, to free choice of employment, to just and favourable conditions of work and to protection against unemployment.
20. Everyone, without any discrimination, has the right to equal pay for equal work.
21. Everyone who works has the right to just and favourable remuneration ensuring for himself and his family an existence worthy of human dignity, and supplemented, if necessary, by other means of social protection.
22. Everyone has the right to form and to join trade unions for the protection of his interests.

Article 24

Everyone has the right to rest and leisure, including reasonable limitation of working hours and periodic holidays with pay.

Article 25

23. Everyone has the right to a standard of living adequate for the health and well‑being of himself and of his family, including food, clothing, housing and medical care and necessary social services, and the right to security in the event of unemployment, sickness, disability, widowhood, old age or other lack of livelihood in circumstances beyond his control.
24. Motherhood and childhood are entitled to special care and assistance. All children, whether born in or out of wedlock, shall enjoy the same social protection.

Article 26

25. Everyone has the right to education. Education shall be free, at least in the elementary and fundamental stages. Elementary education shall be compulsory. Technical and professional

education shall be made generally available and higher education shall be equally accessible to all on the basis of merit.

26. Education shall be directed to the full development of the human personality and to the strengthening of respect for human rights and fundamental freedoms. It shall promote understanding, tolerance and friendship among all nations, racial or religious groups, and shall further the activities of the United Nations for the maintenance of peace.

27. Parents have a prior right to choose the kind of education that shall be given to their children.

Article 27

28. Everyone has the right freely to participate in the cultural life of the community, to enjoy the arts and to share in scientific advancement and its benefits.

29. Everyone has the right to the protection of the moral and material interests resulting from any scientific, literary or artistic production of which he is the author.

Article 28

Everyone is entitled to a social and international order in which the rights and freedoms set forth in this Declaration can be fully realized.

Article 29

30. Everyone has duties to the community in which alone the free and full development of his personality is possible.

31. In the exercise of his rights and freedoms, everyone shall be subject only to such limitations as are determined by law solely for the purpose of securing due recognition and respect for the rights and freedoms of others and of meeting the just requirements of morality, public order and the general welfare in a democratic society.

32. These rights and freedoms may in no case be exercised contrary to the purposes and principles of the United Nations.

Article 30

Nothing in this Declaration may be interpreted as implying for any State, group or person any right to engage in any activity or to perform any act aimed at the destruction of any of the rights and freedoms set forth herein.

[大韓民國憲法]
[전문개정 1987.10.29 헌법 10호]

전문

유구한 역사와 전통에 빛나는 우리 대한국민은 3·1운동으로 건립된 대한민국임시정부의 법통과 불의에 항거한 4·19민주이념을 계승하고, 조국의 민주개혁과 평화적 통일의 사명에 입각하여 정의·인도와 동포애로써 민족의 단결을 공고히 하고, 모든 사회적 폐습과 불의를 타파하며, 자율과 조화를 바탕으로 자유민주적 기본질서를 더욱 확고히 하여 정치·경제·사회·문화의 모든 영역에 있어서 각인의 기회를 균등히 하고, 능력을 최고도로 발휘하게 하며, 자유와 권리에 따르는 책임과 의무를 완수하게 하여, 안으로는 국민생활의 균등한 향상을 기하고 밖으로는 항구적인 세계평화와 인류공영에 이바지함으로써 우리들과 우리들의 자손의 안전과 자유와 행복을 영원히 확보할 것을 다짐하면서 1948년 7월 12일에 제정되고 8차에 걸쳐 개정된 헌법을 이제 국회의 의결을 거쳐 국민투표에 의하여 개정한다.

제1장 총강

제1조 ① 대한민국은 민주공화국이다.
② 대한민국의 주권은 국민에게 있고, 모든 권력은 국민으로부터 나온다.

제2조 ① 대한민국의 국민이 되는 요건은 법률로 정한다.
② 국가는 법률이 정하는 바에 의하여 재외국민을 보호할 의무를 진다.

제3조 대한민국의 영토는 한반도와 그 부속도서로 한다.

제4조 대한민국은 통일을 지향하며, 자유민주적 기본질서에 입각한 평화적 통일 정책을 수립하고 이를 추진한다.

제5조 ① 대한민국은 국제평화의 유지에 노력하고 침략적 전쟁을 부인한다.
② 국군은 국가의 안전보장과 국토방위의 신성한 의무를 수행함을 사명으로 하며, 그 정치적 중립성은 준수된다.

제6조 ① 헌법에 의하여 체결·공포된 조약과 일반적으로 승인된 국제법규는 국내법과 같은 효력을 가진다.
② 외국인은 국제법과 조약이 정하는 바에 의하여 그 지위가 보장된다.

제7조 ① 공무원은 국민 전체에 대한 봉사자이며, 국민에 대하여 책임을 진다.
② 공무원의 신분과 정치적 중립성은 법률이 정하는 바에 의하여 보장된다.

제8조 ① 정당의 설립은 자유이며, 복수정당제는 보장된다.
② 정당은 그 목적·조직과 활동이 민주적이어야 하며, 국민의 정치적 의사형성에 참여하는 데 필요한 조직을 가져야 한다.
③ 정당은 법률이 정하는 바에 의하여 국가의 보호를 받으며, 국가는 법률이 정하는 바에 의하여 정당운영에 필요한 자금을 보조할 수 있다.

④ 정당의 목적이나 활동이 민주적 기본질서에 위배될 때에는 정부는 헌법재판소에 그 해산을 제소할 수 있고, 정당은 헌법재판소의 심판에 의하여 해산된다.

제9조 국가는 전통문화의 계승·발전과 민족문화의 창달에 노력하여야 한다.

제2장 국민의 권리와 의무

제10조 모든 국민은 인간으로서의 존엄과 가치를 가지며, 행복을 추구할 권리를 가진다. 국가는 개인이 가지는 불가침의 기본적 인권을 확인하고 이를 보장할 의무를 진다.

제11조 ① 모든 국민은 법 앞에 평등하다. 누구든지 성별·종교 또는 사회적 신분에 의하여 정치적·경제적·사회적·문화적 생활의 모든 영역에 있어서 차별을 받지 아니한다.
② 사회적 특수계급의 제도는 인정되지 아니하며, 어떠한 형태로도 이를 창설할 수 없다.
③ 훈장 등의 영전은 이를 받은 자에게만 효력이 있고, 어떠한 특권도 이에 따르지 아니한다.

제12조 ① 모든 국민은 신체의 자유를 가진다. 누구든지 법률에 의하지 아니하고는 체포·구속·압수·수색 또는 심문을 받지 아니하며, 법률과 적법한 절차에 의하지 아니하고는 처벌·보안처분 또는 강제노역을 받지 아니한다.
② 모든 국민은 고문을 받지 아니하며, 형사상 자기에게 불리한 진술을 강요당

하지 아니한다.
③ 체포·구속·압수 또는 수색을 할 때에는 적법한 절차에 따라 검사의 신청에 의하여 법관이 발부한 영장을 제시하여야 한다. 다만 현행범인인 경우와 장기 3년 이상의 형에 해당하는 죄를 범하고 도피 또는 증거인멸의 염려가 있을 때에는 사후에 영장을 청구할 수 있다.
④ 누구든지 체포 또는 구속을 당한 때에는 즉시 변호인의 조력을 받을 권리를 가진다. 다만 형사피고인이 스스로 변호인을 구할 수 없을 때에는 법률이 정하는 바에 의하여 국가가 변호인을 붙인다.
⑤ 누구든지 체포 또는 구속의 이유와 변호인의 조력을 받을 권리가 있음을 고지받지 아니하고는 체포 또는 구속을 당하지 아니한다. 체포 또는 구속을 당한 자의 가족 등 법률이 정하는 자에게는 그 이유와 일시·장소가 지체 없이 통지되어야 한다.
⑥ 누구든지 체포 또는 구속을 당한 때에는 적부의 심사를 법원에 청구할 권리를 가진다.
⑦ 피고인의 자백이 고문·폭행·협박·구속의 부당한 장기화 또는 기망 기타의 방법에 의하여 자의로 진술된 것이 아니라고 인정될 때 또는 정식재판에 있어서 피고인의 자백이 그에게 불리한 유일한 증거일 때에는 이를 유죄의 증거로 삼거나 이를 이유로 처벌할 수 없다.

제13조 ① 모든 국민은 행위 시의 법률에 의하여 범죄를 구성하지 아니하는 행위로 소추되지 아니하며, 동일한 범죄에 대하여 거듭 처벌받지 아니한다.
② 모든 국민은 소급입법에 의하여 참

정권의 제한을 받거나 재산권을 박탈당하지 아니한다.

③ 모든 국민은 자기의 행위가 아닌 친족의 행위로 인하여 불이익한 처우를 받지 아니한다.

제14조 모든 국민은 거주·이전의 자유를 가진다.

제15조 모든 국민은 직업선택의 자유를 가진다.

제16조 모든 국민은 주거의 자유를 침해받지 아니한다. 주거에 대한 압수나 수색을 할 때에는 검사의 신청에 의하여 법관이 발부한 영장을 제시하여야 한다.

제17조 모든 국민은 사생활의 비밀과 자유를 침해받지 아니한다.

제18조 모든 국민은 통신의 비밀을 침해받지 아니한다.

제19조 모든 국민은 양심의 자유를 가진다.

제20조 ① 모든 국민은 종교의 자유를 가진다.

② 국교는 인정되지 아니하며, 종교와 정치는 분리된다.

제21조 ① 모든 국민은 언론·출판의 자유와 집회·결사의 자유를 가진다.

② 언론·출판에 대한 허가나 검열과 집회·결사에 대한 허가는 인정되지 아니한다.

③ 통신·방송의 시설기준과 신문의 기능을 보장하기 위하여 필요한 사항은 법률로 정한다.

④ 언론·출판은 타인의 명예나 권리 또는 공중도덕이나 사회윤리를 침해하여서는 아니 된다. 언론·출판이 타인의 명예나 권리를 침해한 때에는 피해자는 이에 대한 피해의 배상을 청구할 수 있다.

제22조 ① 모든 국민은 학문과 예술의 자유를 가진다.

② 저작자·발명가·과학기술자와 예술가의 권리는 법률로써 보호한다.

제23조 ① 모든 국민의 재산권은 보장된다. 그 내용과 한계는 법률로 정한다.

② 재산권의 행사는 공공복리에 적합하도록 하여야 한다.

③ 공공필요에 의한 재산권의 수용·사용 또는 제한 및 그에 대한 보상은 법률로써 하되, 정당한 보상을 지급하여야 한다.

제24조 모든 국민은 법률이 정하는 바에 의하여 선거권을 가진다.

제25조 모든 국민은 법률이 정하는 바에 의하여 공무담임권을 가진다.

제26조 ① 모든 국민은 법률이 정하는 바에 의하여 국가기관에 문서로 청원할 권리를 가진다.

② 국가는 청원에 대하여 심사할 의무를 진다.

제27조 ① 모든 국민은 헌법과 법률이 정한 법관에 의하여 법률에 의한 재판을 받을 권리를 가진다.

② 군인 또는 군무원이 아닌 국민은 대한민국의 영역 안에서는 중대한 군사상 기밀·초병·초소·유독음식물공급·포

로·군용물에 관한 죄 중 법률이 정한 경우와 비상계엄이 선포된 경우를 제외하고는 군사법원의 재판을 받지 아니한다.

③ 모든 국민은 신속한 재판을 받을 권리를 가진다. 형사피고인은 상당한 이유가 없는 한 지체 없이 공개재판을 받을 권리를 가진다.

④ 형사피고인은 유죄의 판결이 확정될 때까지는 무죄로 추정된다.

⑤ 형사피해자는 법률이 정하는 바에 의하여 당해 사건의 재판절차에서 진술할 수 있다.

제28조 형사피의자 또는 형사피고인으로서 구금되었던 자가 법률이 정하는 불기소처분을 받거나 무죄판결을 받은 때에는 법률이 정하는 바에 의하여 국가에 정당한 보상을 청구할 수 있다.

제29조 ① 공무원의 직무상 불법행위로 손해를 받은 국민은 법률이 정하는 바에 의하여 국가 또는 공공단체에 정당한 배상을 청구할 수 있다. 이 경우 공무원 자신의 책임은 면제되지 아니한다.

② 군인·군무원·경찰공무원 기타 법률이 정하는 자가 전투·훈련 등 직무집행과 관련하여 받은 손해에 대하여는 법률이 정하는 보상 외에 국가 또는 공공단체에 공무원의 직무상 불법행위로 인한 배상은 청구할 수 없다.

제30조 타인의 범죄행위로 인하여 생명·신체에 대한 피해를 받은 국민은 법률이 정하는 바에 의하여 국가로부터 구조를 받을 수 있다.

제31조 ① 모든 국민은 능력에 따라 균등하게 교육을 받을 권리를 가진다.

② 모든 국민은 그 보호하는 자녀에게 적어도 초등교육과 법률이 정하는 교육을 받게 할 의무를 진다.

③ 의무교육은 무상으로 한다.

④ 교육의 자주성·전문성·정치적 중립성 및 대학의 자율성은 법률이 정하는 바에 의하여 보장된다.

⑤ 국가는 평생교육을 진흥하여야 한다.

⑥ 학교교육 및 평생교육을 포함한 교육제도와 그 운영, 교육재정 및 교원의 지위에 관한 기본적인 사항은 법률로 정한다.

제32조 ① 모든 국민은 근로의 권리를 가진다. 국가는 사회적·경제적 방법으로 근로자의 고용의 증진과 적정임금의 보장에 노력하여야 하며, 법률이 정하는 바에 의하여 최저임금제를 시행하여야 한다.

② 모든 국민은 근로의 의무를 진다. 국가는 근로의 의무의 내용과 조건을 민주주의원칙에 따라 법률로 정한다.

③ 근로조건의 기준은 인간의 존엄성을 보장하도록 법률로 정한다.

④ 여자의 근로는 특별한 보호를 받으며, 고용·임금 및 근로조건에 있어서 부당한 차별을 받지 아니한다.

⑤ 연소자의 근로는 특별한 보호를 받는다.

⑥ 국가유공자·상이군경 및 전몰군경의 유가족은 법률이 정하는 바에 의하여 우선적으로 근로의 기회를 부여받는다.

제33조 ① 근로자는 근로조건의 향상을 위하여 자주적인 단결권·단체교섭권 및 단체행동권을 가진다.

② 공무원인 근로자는 법률이 정하는 자에 한하여 단결권·단체교섭권 및 단체행동권을 가진다.

③ 법률이 정하는 주요 방위산업체에 종사하는 근로자의 단체행동권은 법률이 정하는 바에 의하여 이를 제한하거나 인정하지 아니할 수 있다.

제34조 ① 모든 국민은 인간다운 생활을 할 권리를 가진다.
② 국가는 사회보장·사회복지의 증진에 노력할 의무를 진다.
③ 국가는 여자의 복지와 권익의 향상을 위하여 노력하여야 한다.
④ 국가는 노인과 청소년의 복지 향상을 위한 정책을 실시할 의무를 진다.
⑤ 신체장애자 및 질병·노령 기타의 사유로 생활능력이 없는 국민은 법률이 정하는 바에 의하여 국가의 보호를 받는다.
⑥ 국가는 재해를 예방하고 그 위험으로부터 국민을 보호하기 위하여 노력하여야 한다.

제35조 ① 모든 국민은 건강하고 쾌적한 환경에서 생활할 권리를 가지며, 국가와 국민은 환경보전을 위하여 노력하여야 한다.
② 환경권의 내용과 행사에 관하여는 법률로 정한다.
③ 국가는 주택개발정책 등을 통하여 모든 국민이 쾌적한 주거생활을 할 수 있도록 노력하여야 한다.

제36조 ① 혼인과 가족생활은 개인의 존엄과 양성의 평등을 기초로 성립되고 유지되어야 하며, 국가는 이를 보장한다.
② 국가는 모성의 보호를 위하여 노력하여야 한다.
③ 모든 국민은 보건에 관하여 국가의 보호를 받는다.

제37조 ① 국민의 자유와 권리는 헌법에 열거되지 아니한 이유로 경시되지 아니한다.
② 국민의 모든 자유와 권리는 국가안전보장·질서유지 또는 공공복리를 위하여 필요한 경우에 한하여 법률로써 제한할 수 있으며, 제한하는 경우에도 자유와 권리의 본질적인 내용을 침해할 수 없다.

제38조 모든 국민은 법률이 정하는 바에 의하여 납세의 의무를 진다.

제39조 ① 모든 국민은 법률이 정하는 바에 의하여 국방의 의무를 진다.
② 누구든지 병역의무의 이행으로 인하여 불이익한 처우를 받지 아니한다.

제3장 국회

제40조 입법권은 국회에 속한다.

제41조 ① 국회는 국민의 보통·평등·직접·비밀선거에 의하여 선출된 국회의원으로 구성한다.
② 국회의원의 수는 법률로 정하되, 200인 이상으로 한다.
③ 국회의원의 선거구와 비례대표제 기타 선거에 관한 사항은 법률로 정한다.

제42조 국회의원의 임기는 4년으로 한다.

제43조 국회의원은 법률이 정하는 직을 겸할 수 없다.

제44조 ① 국회의원은 현행범인인 경우를 제외하고는 회기 중 국회의 동의 없

이 체포 또는 구금되지 아니한다.

② 국회의원이 회기 전에 체포 또는 구금된 때에는 현행범인이 아닌 한 국회의 요구가 있으면 회기 중 석방된다.

제45조 국회의원은 국회에서 직무상 행한 발언과 표결에 관하여 국회 외에서 책임을 지지 아니한다.

제46조 ① 국회의원은 청렴의 의무가 있다.

② 국회의원은 국가이익을 우선하여 양심에 따라 직무를 행한다.

③ 국회의원은 그 지위를 남용하여 국가·공공단체 또는 기업체와의 계약이나 그 처분에 의하여 재산상의 권리·이익 또는 직위를 취득하거나 타인을 위하여 그 취득을 알선할 수 없다.

제47조 ① 국회의 정기회는 법률이 정하는 바에 의하여 매년 1회 집회되며, 국회의 임시회는 대통령 또는 국회재적의원 4분의 1 이상의 요구에 의하여 집회된다.

② 정기회의 회기는 100일을, 임시회의 회기는 30일을 초과할 수 없다.

③ 대통령이 임시회의 집회를 요구할 때에는 기간과 집회요구의 이유를 명시하여야 한다.

제48조 국회는 의장 1인과 부의장 2인을 선출한다.

제49조 국회는 헌법 또는 법률에 특별한 규정이 없는 한 재적의원 과반수의 출석과 출석의원 과반수의 찬성으로 의결한다. 가부동수인 때에는 부결된 것으로 본다.

제50조 ① 국회의 회의는 공개한다. 다만 출석의원 과반수의 찬성이 있거나 의장이 국가의 안전보장을 위하여 필요하다고 인정할 때에는 공개하지 아니할 수 있다.

② 공개하지 아니한 회의내용의 공표에 관하여는 법률이 정하는 바에 의한다.

제51조 국회에 제출된 법률안 기타의 의안은 회기 중에 의결되지 못한 이유로 폐기되지 아니한다. 다만 국회의원의 임기가 만료된 때에는 그러하지 아니하다.

제52조 국회의원과 정부는 법률안을 제출할 수 있다.

제53조 ① 국회에서 의결된 법률안은 정부에 이송되어 15일 이내에 대통령이 공포한다.

② 법률안에 이의가 있을 때에는 대통령은 제1항의 기간 내에 이의서를 붙여 국회로 환부하고, 그 재의를 요구할 수 있다. 국회의 폐회 중에도 또한 같다.

③ 대통령은 법률안의 일부에 대하여 또는 법률안을 수정하여 재의를 요구할 수 없다.

④ 재의의 요구가 있을 때에는 국회는 재의에 부치고, 재적의원 과반수의 출석과 출석의원 3분의 2 이상의 찬성으로 전과 같은 의결을 하면 그 법률안은 법률로서 확정된다.

⑤ 대통령이 제1항의 기간 내에 공포나 재의의 요구를 하지 아니한 때에도 그 법률안은 법률로서 확정된다.

⑥ 대통령은 제4항과 제5항의 규정에 의하여 확정된 법률을 지체 없이 공포하여야 한다. 제5항에 의하여 법률이 확정된 후 또는 제4항에 의한 확정법률이 정부에 이송된 후 5일 이내에 대통령이

공포하지 아니할 때에는 국회의장이 이를 공포한다.
⑦ 법률은 특별한 규정이 없는 한 공포한 날로부터 20일을 경과함으로써 효력을 발생한다.

제54조 ① 국회는 국가의 예산안을 심의·확정한다.
② 정부는 회계연도마다 예산안을 편성하여 회계연도 개시 90일 전까지 국회에 제출하고, 국회는 회계연도 개시 30일 전까지 이를 의결하여야 한다.
③ 새로운 회계연도가 개시될 때까지 예산안이 의결되지 못한 때에는 정부는 국회에서 예산안이 의결될 때까지 다음의 목적을 위한 경비는 전년도 예산에 준하여 집행할 수 있다.
　1. 헌법이나 법률에 의하여 설치된 기관 또는 시설의 유지·운영
　2. 법률상 지출의무의 이행
　3. 이미 예산으로 승인된 사업의 계속

제55조 ① 한 회계연도를 넘어 계속하여 지출할 필요가 있을 때에는 정부는 연한을 정하여 계속비로서 국회의 의결을 얻어야 한다.
② 예비비는 총액으로 국회의 의결을 얻어야 한다. 예비비의 지출은 차기국회의 승인을 얻어야 한다.

제56조 정부는 예산에 변경을 가할 필요가 있을 때에는 추가경정예산안을 편성하여 국회에 제출할 수 있다.

제57조 국회는 정부의 동의 없이 정부가 제출한 지출예산 각항의 금액을 증가하거나 새 비목을 설치할 수 없다.

제58조 국채를 모집하거나 예산 외에 국가의 부담이 될 계약을 체결하려 할 때에는 정부는 미리 국회의 의결을 얻어야 한다.

제59조 조세의 종목과 세율은 법률로 정한다.

제60조 ① 국회는 상호원조 또는 안전보장에 관한 조약, 중요한 국제조직에 관한 조약, 우호통상항해조약, 주권의 제약에 관한 조약, 강화조약, 국가나 국민에게 중대한 재정적 부담을 지우는 조약 또는 입법사항에 관한 조약의 체결·비준에 대한 동의권을 가진다.
② 국회는 선전포고, 국군의 외국에의 파견 또는 외국군대의 대한민국 영역 안에서의 주류에 대한 동의권을 가진다.

제61조 ① 국회는 국정을 감사하거나 특정한 국정사안에 대하여 조사할 수 있으며, 이에 필요한 서류의 제출 또는 증인의 출석과 증언이나 의견의 진술을 요구할 수 있다.
② 국정감사 및 조사에 관한 절차 기타 필요한 사항은 법률로 정한다.

제62조 ① 국무총리·국무위원 또는 정부위원은 국회나 그 위원회에 출석하여 국정처리상황을 보고하거나 의견을 진술하고 질문에 응답할 수 있다.
② 국회나 그 위원회의 요구가 있을 때에는 국무총리·국무위원 또는 정부위원은 출석·답변하여야 하며, 국무총리 또는 국무위원이 출석요구를 받은 때에는 국무위원 또는 정부위원으로 하여금 출석·답변하게 할 수 있다.

제63조 ① 국회는 국무총리 또는 국무위원의 해임을 대통령에게 건의할 수 있다.

② 제1항의 해임건의는 국회재적의원 3분의 1 이상의 발의에 의하여 국회재적의원 과반수의 찬성이 있어야 한다.

제64조 ① 국회는 법률에 저촉되지 아니하는 범위 안에서 의사와 내부규율에 관한 규칙을 제정할 수 있다.
② 국회는 의원의 자격을 심사하며, 의원을 징계할 수 있다.
③ 의원을 제명하려면 국회재적의원 3분의 2 이상의 찬성이 있어야 한다.
④ 제2항과 제3항의 처분에 대하여는 법원에 제소할 수 없다.

제65조 ① 대통령·국무총리·국무위원·행정각부의 장·헌법재판소 재판관·법관·중앙선거관리위원회 위원·감사원장·감사위원 기타 법률이 정한 공무원이 그 직무집행에 있어서 헌법이나 법률을 위배한 때에는 국회는 탄핵의 소추를 의결할 수 있다.
② 제1항의 탄핵소추는 국회재적의원 3분의 1 이상의 발의가 있어야 하며, 그 의결은 국회재적의원 과반수의 찬성이 있어야 한다. 다만 대통령에 대한 탄핵소추는 국회재적의원 과반수의 발의와 국회재적의원 3분의 2 이상의 찬성이 있어야 한다.
③ 탄핵소추의 의결을 받은 자는 탄핵심판이 있을 때까지 그 권한행사가 정지된다.
④ 탄핵결정은 공직으로부터 파면함에 그친다. 그러나 이에 의하여 민사상이나 형사상의 책임이 면제되지는 아니한다.

제4장 정부

제1절 대통령

제66조 ① 대통령은 국가의 원수이며, 외국에 대하여 국가를 대표한다.
② 대통령은 국가의 독립·영토의 보전·국가의 계속성과 헌법을 수호할 책무를 진다.
③ 대통령은 조국의 평화적 통일을 위한 성실한 의무를 진다.
④ 행정권은 대통령을 수반으로 하는 정부에 속한다.

제67조 ① 대통령은 국민의 보통·평등·직접·비밀선거에 의하여 선출한다.
② 제1항의 선거에 있어서 최고득표자가 2인 이상인 때에는 국회의 재적의원 과반수가 출석한 공개회의에서 다수표를 얻은 자를 당선자로 한다.
③ 대통령후보자가 1인일 때에는 그 득표수가 선거권자 총수의 3분의 1 이상이 아니면 대통령으로 당선될 수 없다.
④ 대통령으로 선거될 수 있는 자는 국회의원의 피선거권이 있고 선거일 현재 40세에 달하여야 한다.
⑤ 대통령의 선거에 관한 사항은 법률로 정한다.

제68조 ① 대통령의 임기가 만료되는 때에는 임기만료 70일 내지 40일 전에 후임자를 선거한다.
② 대통령이 궐위된 때 또는 대통령 당선자가 사망하거나 판결 기타의 사유로 그 자격을 상실한 때에는 60일 이내에 후임자를 선거한다.

제69조 대통령은 취임에 즈음하여 다음

의 선서를 한다.

"나는 헌법을 준수하고 국가를 보위하며 조국의 평화적 통일과 국민의 자유와 복리의 증진 및 민족문화의 창달에 노력하여 대통령으로서의 직책을 성실히 수행할 것을 국민 앞에 엄숙히 선서합니다."

제70조 대통령의 임기는 5년으로 하며, 중임할 수 없다.

제71조 대통령이 궐위되거나 사고로 인하여 직무를 수행할 수 없을 때에는 국무총리, 법률이 정한 국무위원의 순서로 그 권한을 대행한다.

제72조 대통령은 필요하다고 인정할 때에는 외교·국방·통일 기타 국가안위에 관한 중요 정책을 국민투표에 부칠 수 있다.

제73조 대통령은 조약을 체결·비준하고, 외교사절을 신임·접수 또는 파견하며, 선전포고와 강화를 한다.

제74조 ① 대통령은 헌법과 법률이 정하는 바에 의하여 국군을 통수한다.
② 국군의 조직과 편성은 법률로 정한다.

제75조 대통령은 법률에서 구체적으로 범위를 정하여 위임받은 사항과 법률을 집행하기 위하여 필요한 사항에 관하여 대통령령을 발할 수 있다.

제76조 ① 대통령은 내우·외환·천재·지변 또는 중대한 재정·경제상의 위기에 있어서 국가의 안전보장 또는 공공의 안녕질서를 유지하기 위하여 긴급한 조치가 필요하고 국회의 집회를 기다릴 여유가 없을 때에 한하여 최소한으로 필요한 재정·경제상의 처분을 하거나 이에 관하여 법률의 효력을 가지는 명령을 발할 수 있다.
② 대통령은 국가의 안위에 관계되는 중대한 교전상태에 있어서 국가를 보위하기 위하여 긴급한 조치가 필요하고 국회의 집회가 불가능한 때에 한하여 법률의 효력을 가지는 명령을 발할 수 있다.
③ 대통령은 제1항과 제2항의 처분 또는 명령을 한 때에는 지체 없이 국회에 보고하여 그 승인을 얻어야 한다.
④ 제3항의 승인을 얻지 못한 때에는 그 처분 또는 명령은 그때부터 효력을 상실한다. 이 경우 그 명령에 의하여 개정 또는 폐지되었던 법률은 그 명령이 승인을 얻지 못한 때부터 당연히 효력을 회복한다.
⑤ 대통령은 제3항과 제4항의 사유를 지체 없이 공포하여야 한다.

제77조 ① 대통령은 전시·사변 또는 이에 준하는 국가비상사태에 있어서 병력으로써 군사상의 필요에 응하거나 공공의 안녕질서를 유지할 필요가 있을 때에는 법률이 정하는 바에 의하여 계엄을 선포할 수 있다.
② 계엄은 비상계엄과 경비계엄으로 한다.
③ 비상계엄이 선포된 때에는 법률이 정하는 바에 의하여 영장제도, 언론·출판·집회·결사의 자유, 정부나 법원의 권한에 관하여 특별한 조치를 할 수 있다.
④ 계엄을 선포한 때에는 대통령은 지체 없이 국회에 통고하여야 한다.
⑤ 국회가 재적의원 과반수의 찬성으로 계엄의 해제를 요구한 때에는 대통령은 이를 해제하여야 한다.

제78조 대통령은 헌법과 법률이 정하는 바에 의하여 공무원을 임면한다.

제79조 ① 대통령은 법률이 정하는 바에 의하여 사면·감형 또는 복권을 명할 수 있다.
② 일반사면을 명하려면 국회의 동의를 얻어야 한다.
③ 사면·감형 및 복권에 관한 사항은 법률로 정한다.

제80조 대통령은 법률이 정하는 바에 의하여 훈장 기타의 영전을 수여한다.

제81조 대통령은 국회에 출석하여 발언하거나 서한으로 의견을 표시할 수 있다.

제82조 대통령의 국법상 행위는 문서로써 하며, 이 문서에는 국무총리와 관계 국무위원이 부서한다. 군사에 관한 것도 또한 같다.

제83조 대통령은 국무총리·국무위원·행정각부의 장 기타 법률이 정하는 공사의 직을 겸할 수 없다.

제84조 대통령은 내란 또는 외환의 죄를 범한 경우를 제외하고는 재직 중 형사상의 소추를 받지 아니한다.

제85조 전직대통령의 신분과 예우에 관하여는 법률로 정한다.

제2절 행정부

제1관 국무총리와 국무위원

제86조 ① 국무총리는 국회의 동의를 얻어 대통령이 임명한다.
② 국무총리는 대통령을 보좌하며, 행정에 관하여 대통령의 명을 받아 행정각부를 통할한다.
③ 군인은 현역을 면한 후가 아니면 국무총리로 임명될 수 없다.

제87조 ① 국무위원은 국무총리의 제청으로 대통령이 임명한다.
② 국무위원은 국정에 관하여 대통령을 보좌하며, 국무회의의 구성원으로서 국정을 심의한다.
③ 국무총리는 국무위원의 해임을 대통령에게 건의할 수 있다.
④ 군인은 현역을 면한 후가 아니면 국무위원으로 임명될 수 없다.

제2관 국무회의

제88조 ① 국무회의는 정부의 권한에 속하는 중요한 정책을 심의한다.
② 국무회의는 대통령·국무총리와 15인 이상 30인 이하의 국무위원으로 구성한다.
③ 대통령은 국무회의의 의장이 되고, 국무총리는 부의장이 된다.
제89조 다음 사항은 국무회의의 심의를 거쳐야 한다.
1. 국정의 기본계획과 정부의 일반정책
2. 선전·강화 기타 중요한 대외정책
3. 헌법개정안·국민투표안·조약안·법률안 및 대통령령안
4. 예산안·결산·국유재산처분의 기본계획·국가의 부담이 될 계약 기타 재정에 관한 중요 사항
5. 대통령의 긴급명령·긴급재정경제처분 및 명령 또는 계엄과 그 해제
6. 군사에 관한 중요 사항
7. 국회의 임시회 집회의 요구

8. 영전수여

9. 사면·감형과 복권

10. 행정각부 간의 권한의 획정

11. 정부안의 권한의 위임 또는 배정에 관한 기본계획

12. 국정처리상황의 평가·분석

13. 행정각부의 중요한 정책의 수립과 조정

14. 정당해산의 제소

15. 정부에 제출 또는 회부된 정부의 정책에 관계되는 청원의 심사

16. 검찰총장·합동참모의장·각군참모총장·국립대학교총장·대사 기타 법률이 정한 공무원과 국영기업체관리자의 임명

17. 기타 대통령·국무총리 또는 국무위원이 제출한 사항

제90조 ① 국정의 중요한 사항에 관한 대통령의 자문에 응하기 위하여 국가원로로 구성되는 국가원로자문회의를 둘 수 있다.

② 국가원로자문회의의 의장은 직전대통령이 된다. 다만 직전대통령이 없을 때에는 대통령이 지명한다.

③ 국가원로자문회의의 조직·직무범위 기타 필요한 사항은 법률로 정한다.

제91조 ① 국가안전보장에 관련되는 대외정책·군사정책과 국내정책의 수립에 관하여 국무회의의 심의에 앞서 대통령의 자문에 응하기 위하여 국가안전보장회의를 둔다.

② 국가안전보장회의는 대통령이 주재한다.

③ 국가안전보장회의의 조직·직무범위 기타 필요한 사항은 법률로 정한다.

제92조 ① 평화통일정책의 수립에 관한 대통령의 자문에 응하기 위하여 민주평화통일자문회의를 둘 수 있다.

② 민주평화통일자문회의의 조직·직무범위 기타 필요한 사항은 법률로 정한다.

제93조 ① 국민경제의 발전을 위한 중요정책의 수립에 관하여 대통령의 자문에 응하기 위하여 국민경제자문회의를 둘 수 있다.

② 국민경제자문회의의 조직·직무범위 기타 필요한 사항은 법률로 정한다.

제3관 행정각부

제94조 행정각부의 장은 국무위원 중에서 국무총리의 제청으로 대통령이 임명한다.

제95조 국무총리 또는 행정각부의 장은 소관사무에 관하여 법률이나 대통령령의 위임 또는 직권으로 총리령 또는 부령을 발할 수 있다.

제96조 행정각부의 설치·조직과 직무범위는 법률로 정한다.

제4관 감사원

제97조 국가의 세입·세출의 결산, 국가 및 법률이 정한 단체의 회계검사와 행정기관 및 공무원의 직무에 관한 감찰을 하기 위하여 대통령 소속하에 감사원을 둔다.

제98조 ① 감사원은 원장을 포함한 5인 이상 11인 이하의 감사위원으로 구성한다.

② 원장은 국회의 동의를 얻어 대통령이 임명하고, 그 임기는 4년으로 하며, 1차에 한하여 중임할 수 있다.

③ 감사위원은 원장의 제청으로 대통령

이 임명하고, 그 임기는 4년으로 하며, 1차에 한하여 중임할 수 있다.

제99조 감사원은 세입·세출의 결산을 매년 검사하여 대통령과 차연도국회에 그 결과를 보고하여야 한다.

제100조 감사원의 조직·직무범위·감사위원의 자격·감사대상공무원의 범위 기타 필요한 사항은 법률로 정한다.

제5장 법원

제101조 ① 사법권은 법관으로 구성된 법원에 속한다.
② 법원은 최고법원인 대법원과 각급법원으로 조직된다.
③ 법관의 자격은 법률로 정한다.

제102조 ① 대법원에 부를 둘 수 있다.
② 대법원에 대법관을 둔다. 다만 법률이 정하는 바에 의하여 대법관이 아닌 법관을 둘 수 있다.
③ 대법원과 각급법원의 조직은 법률로 정한다.

제103조 법관은 헌법과 법률에 의하여 그 양심에 따라 독립하여 심판한다.

제104조 ① 대법원장은 국회의 동의를 얻어 대통령이 임명한다.
② 대법관은 대법원장의 제청으로 국회의 동의를 얻어 대통령이 임명한다.
③ 대법원장과 대법관이 아닌 법관은 대법관회의의 동의를 얻어 대법원장이 임명한다.

제105조 ① 대법원장의 임기는 6년으로 하며, 중임할 수 없다.
② 대법관의 임기는 6년으로 하며, 법률이 정하는 바에 의하여 연임할 수 있다.
③ 대법원장과 대법관이 아닌 법관의 임기는 10년으로 하며, 법률이 정하는 바에 의하여 연임할 수 있다.
④ 법관의 정년은 법률로 정한다.

제106조 ① 법관은 탄핵 또는 금고 이상의 형의 선고에 의하지 아니하고는 파면되지 아니하며, 징계처분에 의하지 아니하고는 정직·감봉 기타 불리한 처분을 받지 아니한다.
② 법관이 중대한 심신상의 장해로 직무를 수행할 수 없을 때에는 법률이 정하는 바에 의하여 퇴직하게 할 수 있다.

제107조 ① 법률이 헌법에 위반되는 여부가 재판의 전제가 된 경우에는 법원은 헌법재판소에 제청하여 그 심판에 의하여 재판한다.
② 명령·규칙 또는 처분이 헌법이나 법률에 위반되는 여부가 재판의 전제가 된 경우에는 대법원은 이를 최종적으로 심사할 권한을 가진다.
③ 재판의 전심절차로서 행정심판을 할 수 있다. 행정심판의 절차는 법률로 정하되, 사법절차가 준용되어야 한다.

제108조 대법원은 법률에서 저촉되지 아니하는 범위 안에서 소송에 관한 절차, 법원의 내부규율과 사무처리에 관한 규칙을 제정할 수 있다.

제109조 재판의 심리와 판결은 공개한다. 다만 심리는 국가의 안전보장 또는 안녕질서를 방해하거나 선량한 풍속을 해할 염려가 있을 때에는 법원의 결정

으로 공개하지 아니할 수 있다.

제110조 ① 군사재판을 관할하기 위하여 특별법원으로서 군사법원을 둘 수 있다.
② 군사법원의 상고심은 대법원에서 관할한다.
③ 군사법원의 조직·권한 및 재판관의 자격은 법률로 정한다.
④ 비상계엄하의 군사재판은 군인·군무원의 범죄나 군사에 관한 간첩죄의 경우와 초병·초소·유독음식물공급·포로에 관한 죄 중 법률이 정한 경우에 한하여 단심으로 할 수 있다. 다만 사형을 선고한 경우에는 그러하지 아니하다.

제6장 헌법재판소

제111조 ① 헌법재판소는 다음 사항을 관장한다.
1. 법원의 제청에 의한 법률의 위헌여부 심판
2. 탄핵의 심판
3. 정당의 해산 심판
4. 국가기관 상호간, 국가기관과 지방자치단체 간 및 지방자치단체 상호간의 권한쟁의에 관한 심판
5. 법률이 정하는 헌법소원에 관한 심판
② 헌법재판소는 법관의 자격을 가진 9인의 재판관으로 구성하며, 재판관은 대통령이 임명한다.
③ 제2항의 재판관 중 3인은 국회에서 선출하는 자를, 3인은 대법원장이 지명하는 자를 임명한다.
④ 헌법재판소의 장은 국회의 동의를 얻어 재판관 중에서 대통령이 임명한다.

제112조 ① 헌법재판소 재판관의 임기는 6년으로 하며, 법률이 정하는 바에 의하여 연임할 수 있다.
② 헌법재판소 재판관은 정당에 가입하거나 정치에 관여할 수 없다.
③ 헌법재판소 재판관은 탄핵 또는 금고 이상의 형의 선고에 의하지 아니하고는 파면되지 아니한다.

제113조 ① 헌법재판소에서 법률의 위헌결정, 탄핵의 결정, 정당해산의 결정 또는 헌법소원에 관한 인용결정을 할 때에는 재판관 6인 이상의 찬성이 있어야 한다.
② 헌법재판소는 법률에 저촉되지 아니하는 범위 안에서 심판에 관한 절차, 내부규율과 사무처리에 관한 규칙을 제정할 수 있다.
③ 헌법재판소의 조직과 운영 기타 필요한 사항은 법률로 정한다.

제7장 선거관리

제114조 ① 선거와 국민투표의 공정한 관리 및 정당에 관한 사무를 처리하기 위하여 선거관리위원회를 둔다.
② 중앙선거관리위원회는 대통령이 임명하는 3인, 국회에서 선출하는 3인과 대법원장이 지명하는 3인의 위원으로 구성한다. 위원장은 위원 중에서 호선한다.
③ 위원의 임기는 6년으로 한다.
④ 위원은 정당에 가입하거나 정치에 관여할 수 없다.
⑤ 위원은 탄핵 또는 금고 이상의 형의 선고에 의하지 아니하고는 파면되지 아니한다.
⑥ 중앙선거관리위원회는 법령의 범위

안에서 선거관리·국민투표관리 또는 정당사무에 관한 규칙을 제정할 수 있으며, 법률에 저촉되지 아니하는 범위 안에서 내부규율에 관한 규칙을 제정할 수 있다.

⑦ 각급 선거관리위원회의 조직·직무범위 기타 필요한 사항은 법률로 정한다.

제115조 ① 각급 선거관리위원회는 선거인명부의 작성 등 선거사무와 국민투표사무에 관하여 관계 행정기관에 필요한 지시를 할 수 있다.

② 제1항의 지시를 받은 당해 행정기관은 이에 응하여야 한다.

제116조 ① 선거운동은 각급 선거관리위원회의 관리하에 법률이 정하는 범위 안에서 하되, 균등한 기회가 보장되어야 한다.

② 선거에 관한 경비는 법률이 정하는 경우를 제외하고는 정당 또는 후보자에게 부담시킬 수 없다.

제8장 지방자치

제117조 ① 지방자치단체는 주민의 복리에 관한 사무를 처리하고 재산을 관리하며, 법령의 범위 안에서 자치에 관한 규정을 제정할 수 있다.

② 지방자치단체의 종류는 법률로 정한다.

제118조 ① 지방자치단체에 의회를 둔다.

② 지방의회의 조직·권한·의원선거와 지방자치단체의 장의 선임방법 기타 지방자치단체의 조직과 운영에 관한 사항은 법률로 정한다.

제9장 경제

제119조 ① 대한민국의 경제질서는 개인과 기업의 경제상의 자유와 창의를 존중함을 기본으로 한다.

② 국가는 균형 있는 국민경제의 성장 및 안정과 적정한 소득의 분배를 유지하고, 시장의 지배와 경제력의 남용을 방지하며, 경제주체 간의 조화를 통한 경제의 민주화를 위하여 경제에 관한 규제와 조정을 할 수 있다.

제120조 ① 광물 기타 중요한 지하자원·수산자원·수력과 경제상 이용할 수 있는 자연력은 법률이 정하는 바에 의하여 일정한 기간 그 채취·개발 또는 이용을 특허할 수 있다.

② 국토와 자원은 국가의 보호를 받으며, 국가는 그 균형 있는 개발과 이용을 위하여 필요한 계획을 수립한다.

제121조 ① 국가는 농지에 관하여 경자유전의 원칙이 달성될 수 있도록 노력하여야 하며, 농지의 소작제도는 금지된다.

② 농업생산성의 제고와 농지의 합리적인 이용을 위하거나 불가피한 사정으로 발생하는 농지의 임대차와 위탁경영은 법률이 정하는 바에 의하여 인정된다.

제122조 국가는 국민 모두의 생산 및 생활의 기반이 되는 국토의 효율적이고 균형 있는 이용·개발과 보전을 위하여 법률이 정하는 바에 의하여 그에 관한 필요한 제한과 의무를 과할 수 있다.

제123조 ① 국가는 농업 및 어업을 보호·육성하기 위하여 농·어촌종합개발과 그 지원 등 필요한 계획을 수립·시

행하여야 한다.

② 국가는 지역 간의 균형 있는 발전을 위하여 지역경제를 육성할 의무를 진다.

③ 국가는 중소기업을 보호·육성하여야 한다.

④ 국가는 농수산물의 수급균형과 유통구조의 개선에 노력하여 가격안정을 도모함으로써 농·어민의 이익을 보호한다.

⑤ 국가는 농·어민과 중소기업의 자조조직을 육성하여야 하며, 그 자율적 활동과 발전을 보장한다.

제124조 국가는 건전한 소비행위를 계도하고 생산품의 품질 향상을 촉구하기 위한 소비자보호운동을 법률이 정하는 바에 의하여 보장한다.

제125조 국가는 대외무역을 육성하며, 이를 규제·조정할 수 있다.

제126조 국방상 또는 국민경제상 긴절한 필요로 인하여 법률이 정하는 경우를 제외하고는, 사영기업을 국유 또는 공유로 이전하거나 그 경영을 통제 또는 관리할 수 없다.

제127조 ① 국가는 과학기술의 혁신과 정보 및 인력의 개발을 통하여 국민경제의 발전에 노력하여야 한다.

② 국가는 국가표준제도를 확립한다.

③ 대통령은 제1항의 목적을 달성하기 위하여 필요한 자문기구를 둘 수 있다.

제10장 헌법개정

제128조 ① 헌법개정은 국회재적의원 과반수 또는 대통령의 발의로 제안된다.

② 대통령의 임기연장 또는 중임변경을 위한 헌법개정은 그 헌법개정 제안 당시의 대통령에 대하여는 효력이 없다.

제129조 제안된 헌법개정안은 대통령이 20일 이상의 기간 이를 공고하여야 한다.

제130조 ① 국회는 헌법개정안이 공고된 날로부터 60일 이내에 의결하여야 하며, 국회의 의결은 재적의원 3분의 2 이상의 찬성을 얻어야 한다.

② 헌법개정안은 국회가 의결한 후 30일 이내에 국민투표에 붙여 국회의원선거권자 과반수의 투표와 투표자 과반수의 찬성을 얻어야 한다.

③ 헌법개정안이 제2항의 찬성을 얻은 때에는 헌법개정은 확정되며, 대통령은 즉시 이를 공포하여야 한다.

부칙〈제10호, 1987.10.29.〉

제1조 이 헌법은 1988년 2월 25일부터 시행한다. 다만 이 헌법을 시행하기 위하여 필요한 법률의 제정·개정과 이 헌법에 의한 대통령 및 국회의원의 선거 기타 이 헌법시행에 관한 준비는 이 헌법시행 전에 할 수 있다.

제2조 ① 이 헌법에 의한 최초의 대통령선거는 이 헌법시행일 40일 전까지 실시한다.

② 이 헌법에 의한 최초의 대통령의 임기는 이 헌법시행일로부터 개시한다.

제3조 ① 이 헌법에 의한 최초의 국회의원선거는 이 헌법공포일로부터 6월 이내에 실시하며, 이 헌법에 의하여 선출된 최초의 국회의원의 임기는 국회의원선거 후 이 헌법에 의한 국회의 최초의 집회일로부터 개시한다.

② 이 헌법공포 당시의 국회의원의 임기는 제1항에 의한 국회의 최초의 집회

일 전일까지로 한다.

제4조 ① 이 헌법시행 당시의 공무원과 정부가 임명한 기업체의 임원은 이 헌법에 의하여 임명된 것으로 본다. 다만 이 헌법에 의하여 선임방법이나 임명권자가 변경된 공무원과 대법원장 및 감사원장은 이 헌법에 의하여 후임자가 선임될 때까지 그 직무를 행하며, 이 경우 전임자인 공무원의 임기는 후임자가 선임되는 전일까지로 한다.

② 이 헌법시행 당시의 대법원장과 대법원판사가 아닌 법관은 제1항 단서의 규정에 불구하고 이 헌법에 의하여 임명된 것으로 본다.

③ 이 헌법 중 공무원의 임기 또는 중임제한에 관한 규정은 이 헌법에 의하여 그 공무원이 최초로 선출 또는 임명된 때로부터 적용한다.

제5조 이 헌법시행 당시의 법령과 조약은 이 헌법에 위배되지 아니하는 한 그 효력을 지속한다.

제6조 이 헌법시행 당시에 이 헌법에 의하여 새로 설치될 기관의 권한에 속하는 직무를 행하고 있는 기관은 이 헌법에 의하여 새로운 기관이 설치될 때까지 존속하며 그 직무를 행한다.

● 여성발전기본법

[일부개정 2007.10.17. 법률 제8655호], 시행일 2008.1.18.

第1章 總則

第1條(目的) 이 法은 憲法의 男女平等 理念을 具現하기 위한 國家와 地方自治團體의 責務 등에 관한 기본적인 사항을 規定함으로써 政治·經濟·社會·文化의 모든 領域에 있어서 男女平等을 촉진하고 女性의 발전을 도모함을 目的으로 한다.

第2條(基本理念) 이 法은 개인의 尊嚴을 기초로 하여 男女平等의 촉진, 母性의 보호, 性差別的 意識의 解消 및 女性의 能力開發을 통하여 건강한 家庭의 具現과 國家 및 社會의 발전에 男女가 공동으로 참여하고 責任을 分擔할 수 있도록 함을 그 基本理念으로 한다.

第3條(定義) 이 法에서 사용하는 用語의 定義는 다음과 같다. <개정 2005. 12.29.>

1. '女性政策'이라 함은 男女平等의 촉진, 女性의 社會參與擴大 및 福祉增進에 관한 大統領令이 정하는 정책을 말한다.

2. '女性團體'라 함은 男女平等의 촉진, 女性의 社會參與擴大 및 福祉增進을 주된 目的으로 設立된 法人 또는 大統領令이 정하는 團體를 말한다.

3. '女性關聯施設'이라 함은 男女平等의 촉진, 女性의 社會參與擴大 및 福祉增進을 위한 大統領令이 정하는 施設을 말한다.

4. '성희롱'이라 함은 업무, 고용 그 밖의 관계에서 국가기관·지방자치단체 또는 대통령령이 정하는 공공단체(이하 '국가기관 등'이라 한다)의 종사자, 사용자 또는 근로자가 그 지위를 이용하거나 업무 등과 관련하여 성적 언동 등으로 상대방에게 성적 굴욕감 또는 혐오감을 느끼게 하거나 성적 언동 그 밖의 요구 등에 대한 불응을 이유로 고용상의 불이익을 주는 것을 말한다.
5. '사용자'라 함은 사업주 또는 사업경영담당자 그 밖에 근로자에 관한 사항에 대하여 사업주를 위하여 행위하는 자를 말한다.

第4條(國民의 責務) 모든 國民은 男女平等의 촉진과 女性의 발전의 중요성을 認識하고 그 實現을 위하여 노력하여야 한다.

第5條(國家 및 地方自治團體의 責務) 國家 및 地方自治團體는 男女平等의 촉진, 女性의 社會參與擴大 및 福祉增進을 위하여 필요한 法的·制度的 장치의 마련과 이에 필요한 財源을 調達할 責務를 진다.

第6條(적극적 조치〈개정 2002. 12. 11.〉) ① 國家 및 地方自治團體는 女性의 참여가 현저히 부진한 분야에 대하여 합리적인 범위 안에서 여성의 참여를 촉진함으로써 실질적인 남녀평등이 이루어질 수 있도록 關係法令이 정하는 바에 따라 적극적 조치를 취할 수 있다. 〈개정 2002. 12.11.〉
② 여성가족부장관은 국가기관 및 지방자치단체의 장에 대하여 제1항의 규정에 의한 적극적 조치를 취하도록 권고하고 그 결과를 점검하여야 한다. 〈신설

2002.12.11, 2005.3.24.〉

第2章 女性政策 基本計劃 등

第7條(女性政策基本計劃의 수립) ① 여성가족부장관은 女性政策에 관한 基本計劃(이하 '基本計劃'이라 한다)을 5年마다 수립하여야 한다. 〈개정 2001.1.29, 2005.3.24.〉
② 基本計劃에는 다음 各號의 사항이 포함되어야 한다.
1. 女性政策의 基本方向
2. 女性政策의 推進目標
가. 男女平等의 촉진
나. 女性의 社會參與擴大
다. 女性의 福祉增進
라. 기타 女性政策에 관한 主要施策
3. 女性政策 추진과 관련한 財源의 調達方法

第8條(年度別 施行計劃의 수립 등) ① 中央行政機關의 長과 特別市長·廣域市長 및 道知事(이하 '市·道知事'라 한다)는 基本計劃에 의한 年度別 施行計劃(이하 '施行計劃'이라 한다)을 수립·施行하여야 한다.
② 여성가족부장관은 施行計劃을 調整하고 그 履行狀況을 點檢하여야 한다. 〈개정 2001.1.29, 2005.3.24.〉
제9조(계획 수립 및 시행의 협조) ① 여성가족부장관은 기본계획과 시행계획을 수립·시행하기 위하여 필요한 경우에 관계 중앙행정기관·지방자치단체 또는 공공기관의 장에 대하여 협조를 요청할 수 있다. 〈개정 2005.3.24.〉
② 중앙행정기관의 장 또는 시·도지사는 시행계획을 수립·시행하기 위하여

필요한 경우에 관계 중앙행정기관·지방자치단체 또는 공공기관의 장에 대하여 협조를 요청할 수 있다.

③ 제1항 및 제2항의 규정에 의한 협조요청을 받은 자는 특별한 사유가 있는 경우를 제외하고는 이에 협조하여야 한다.

[전문개정 2002.12.11.]

제10조(정책의 분석·평가 등) ① 국가 및 지방자치단체는 소관 정책을 수립·시행하는 과정에서 당해 정책이 여성의 권익과 사회참여 등에 미칠 영향을 미리 분석·평가하여야 한다.

② 여성가족부장관은 국가 및 지방자치단체에 대하여 제1항의 규정에 의한 정책의 분석·평가에 필요한 지원 및 자문을 할 수 있다. <개정 2005.3.24.>

③ 제1항의 규정에 의한 정책의 분석·평가를 위한 기준 등에 관하여 필요한 사항은 대통령령으로 정한다.

[본조신설 2002.12.11.]

제10조의2(정책의 분석·평가지원기관의 지정 등) ① 여성가족부장관은 제10조제1항의 규정에 따라 국가 및 지방자치단체 정책의 분석·평가에 필요한 지원 및 자문을 위하여 국공립 연구기관, 정부 및 지방자치단체가 출연한 연구기관 또는 민간연구기관을 정책의 분석·평가지원기관으로 지정할 수 있다.

② 국가 및 지방자치단체는 제1항의 규정에 따라 지정된 정책의 분석·평가지원기관(이하 '정책분석·평가지원기관'이라 한다)으로부터 정책의 분석·평가에 필요한 지원 및 자문을 받을 수 있으며, 이 경우 예산의 범위 안에서 그 지원 및 자문에 소요되는 비용을 지급할 수 있다.

③ 여성가족부장관은 정책분석·평가지원기관이 지정기준 또는 지정조건을 위반한 경우에는 여성가족부장관이 정하는 바에 따라 시정을 명하거나 그 지정을 취소할 수 있다.

④ 정책분석·평가지원기관의 지정기준 및 지정조건 등에 관하여 필요한 사항은 여성가족부장관이 정한다.

[본조신설 2005.12.29.]

제11조(여성정책조정회의) ① 여성정책에 관한 주요 사항을 심의·조정하기 위하여 국무총리 소속하에 여성정책조정회의(이하 '조정회의'라 한다)를 둔다.

② 조정회의는 다음 각 호의 사항을 심의·조정한다.

1. 기본계획 및 시행계획에 관한 사항

2. 2 이상의 행정기관에 관련되는 여성정책의 조정에 관한 사항

3. 여성정책의 평가 및 제도개선에 관한 사항

4. 그 밖에 여성정책을 위하여 대통령령이 정하는 사항

③ 제2항의 규정에 의한 심의·조정사항을 미리 검토하고 조정회의가 위임한 사항을 처리하기 위하여 조정회의에 여성정책실무회의를 둔다.

④ 조정회의 및 여성정책실무회의의 구성 및 운영 등에 관하여 필요한 사항은 대통령령으로 정한다.

[본조신설 2002.12.11.]

제12조(여성정책책임관의 지정 등) ① 중앙행정기관의 장은 당해 기관의 여성정책을 효율적으로 수립·시행하기 위하여 소속공무원 중에서 여성정책책임관을 지정하여야 한다.

② 제1항의 규정에 의한 여성정책책임관의 지정 및 임무 등에 관하여 필요한 사항은 대통령령으로 정한다.

[본조신설 2002.12.11.]

第13條(女性關聯問題의 調査 등)

① 여성가족부장관은 효율적인 여성정책을 수립하기 위하여 필요한 경우에 여성과 관련된 문제에 대한 기초조사 및 여론조사를 실시하여야 한다. <개정 2001.1.29, 2002.12.11, 2005.3.24.>
② 여성가족부장관은 情報體系의 構築을 통한 女性關聯 情報의 제공에 노력하여야 한다. <개정 2001.1.29, 2005.3.24.>
③ 국가 및 지방자치단체가 인적 통계를 작성하는 경우에는 성별을 주요 분석단위에 포함시켜야 한다. <신설 2002.12.11.>

第14條(女性週間)

여성의 발전을 도모하고 汎國民的으로 男女平等의 촉진 등에 대한 關心을 높이기 위하여 대통령령이 정하는 바에 따라 1년 중 1주간을 여성주간으로 한다. <개정 2002.12.11.>

第3章 女性政策의 基本施策

第15條(政策決定過程 및 政治參與)

① 國家 및 地方自治團體는 각종 委員會 등 政策決定過程에 女性의 참여를 확대하기 위한 方案을 강구하여야 한다. ② 國家 및 地方自治團體는 다양한 방법을 통하여 女性의 政治參與擴大를 지원하기 위하여 노력하여야 한다.

第16條(公職參與)

國家 및 地方自治團體는 公務員의 採用·補職管理·昇進·褒賞·教育訓練 등의 合理的 운영으로 女性의 公職參與擴大를 위한 여건을 造成

하여야 한다.

第17條(雇傭平等)

① 國家 및 地方自治團體는 關係法律이 정하는 바에 의하여 勤勞者의 採用·教育訓練·昇進·退職 등 雇傭全般에 걸쳐 男女平等이 이루어지도록 하여야 한다.
② 삭제 <2002.12.11.>
③ 國家·地方自治團體 또는 事業主는 직장 내의 平等한 勤務環境 造成을 위하여 필요한 措置를 취하여야 한다. <개정 2005.12.29.>

제17조의2(성희롱의 방지 등)

① 국가기관 등의 장 및 사업주는 대통령령이 정하는 바에 따라 성희롱의 방지를 위하여 교육을 실시하는 등 필요한 조치를 하여야 하고, 국가기관 등의 장은 그 조치 결과를 여성가족부장관에게 제출하여야 한다.
② 여성가족부장관은 제1항의 규정에 따른 국가기관 등의 성희롱 방지조치 결과를 언론 등에 공표할 수 있다. 다만 다른 법률에 의하여 공표가 제한되어 있는 경우에는 그러하지 아니하다.
③ 제1항의 규정에 의한 성희롱예방교육의 내용·방법 등 성희롱 방지조치에 관하여 필요한 사항은 대통령령으로 정한다.
[본조신설 2005.12.29.]

第18條(母性保護의 强化)

① 國家·地方自治團體 또는 事業主는 女性의 姙娠·出産 및 授乳期間 동안에 이들을 특별히 보호하며 이를 이유로 하여 불이익을 받지 아니하도록 하여야 한다.
② 國家 및 地方自治團體는 就業女性의 姙娠·出産 및 授乳와 관련한 母性保護費用에 대하여 '사회보장기본법'에

의한 社會保險 및 財政 등을 통한 社會的 부담을 높여 나가도록 하여야 한다. <개정 2005.12.29.>

第19條(家庭敎育) 國家 및 地方自治團體는 家庭에서부터 男女平等에 관한 敎育이 이루어지도록 노력하여야 한다.

第20條(學校敎育) 國家 및 地方自治團體는 學校敎育에 있어서 男女平等理念을 鼓吹하고 女性의 敎育機會를 擴大하여야 한다.

第21條(평생교육<개정 2002. 12.11.>) 國家 및 地方自治團體는 國·公立硏修機關 및 평생교육시설과 그 밖의 硏修敎育課程에서 男女平等意識을 提高하는 敎育이 실시되도록 노력하여야 한다. <개정 2002.12.11.>

제21조의2(여성인적자원의 개발 등)
① 국가 및 지방자치단체는 여성의 사회참여를 촉진하기 위하여 여성인적자원의 개발을 위한 시책을 강구하여야 한다.
② 국가 및 지방자치단체는 여성의 능력향상을 통하여 남녀가 동등하게 경제활동에 참여할 수 있도록 하는 시책을 강구하여야 한다.
③ 국가 및 지방자치단체는 여성의 정보화 능력을 향상시키기 위한 시책을 강구하여야 한다.
[본조신설 2002.12.11.]

제21조의3(한국양성평등교육진흥원의 설립 등) ① 양성평등교육, 특정 성별에게 불평등이 발생하지 아니하도록 여성과 남성에게 미치는 영향을 인식·반영하는 능력을 증진시키는 교육(이하 '성인지교육'이라 한다)을 효율적이고 체계적으

로 추진하고 진흥시키기 위하여 한국양성평등교육진흥원(이하 '진흥원'이라 한다)을 설립한다.
② 진흥원은 법인으로 한다.
③ 진흥원은 주된 사무소의 소재지에 설립등기를 함으로써 성립한다.
④ 진흥원에는 정관이 정하는 바에 따라 임원과 필요한 직원을 둔다.
⑤ 진흥원은 다음 각 호의 사업을 한다.
1. 양성평등을 위한 교육 및 진흥사업
2. 공무원에 대한 성인지 교육
3. 여성과 남성의 지도력 함양 교육
4. 성희롱 예방교육 강사 등 전문인력 양성사업
5. 공무원 교육훈련기관의 양성평등 교육과정을 강화하기 위한 교류협력 지원 사업
6. 양성평등 교육프로그램 개발 연구사업
7. 양성평등 교육 관련 자료 출간 사업
8. 제1호 내지 제7호의 사업에 부대되는 사업 또는 이와 관련하여 국가기관 등으로부터 위탁받은 사업
9. 그 밖에 진흥원의 목적달성을 위하여 대통령령으로 정하는 사업
⑥ 정부는 예산의 범위 안에서 진흥원의 운영에 필요한 경비를 출연할 수 있다.
⑦ 진흥원에 관하여는 이 법에 규정된 것을 제외하고는 '민법' 중 재단법인에 관한 규정을 준용한다.
[본조신설 2005.12.29.]

第22條(女性福祉增進) ① 國家 및 地方自治團體는 지역·연령 등에 따른 女性福祉需要에 副應하기 위한 施策을 강구하여야 한다. <개정 2002.12.11.>
② 國家 및 地方自治團體는 관계법률이 정하는 바에 따라 低所得 모자가족, 미혼

모, 장애인 여성, 家出女性 그 밖에 보호를 요하는 여성에 대한 지원을 위하여 필요한 조치를 하여야 한다. <개정 2002.12.11, 2005.12.29, 2007.10.17.>
③ 國家 및 地方自治團體는 老人인 女性과 農漁村에 居住하는 女性의 福祉 增進에 노력하여야 한다.

제23조(직장 및 가정생활의 병행)
국가 및 지방자치단체는 근로자가 직장생활과 가정생활을 조화롭게 병행할 수 있도록 다음 각 호의 사항에 관한 시책을 강구하여야 한다. <개정 2005.12.29.>
1. 영유아 보육시설의 확충
2. 방과 후 아동 보육의 활성화
3. 육아휴직제의 정착
4. 직장 내 수유시설의 확충
[전문개정 2002.12.11.]

第24條(平等한 家族關係 확립 등)
① 國家 및 地方自治團體는 民主的이고 平等한 家族關係를 확립시키기 위하여 노력하여야 한다.
② 國家 및 地方自治團體는 家族構造의 變化에 따라 맞벌이夫婦·한부모가족 등에 대하여 필요한 支援策을 강구하여야 한다. <개정 2007.10.17.>

第25條(性暴力 및 家庭暴力 豫防)
① 國家 및 地方自治團體는 關係法律이 정하는 바에 의하여 性暴力犯罪의 豫防과 被害者 보호를 하여야 한다.
② 국가 및 지방자치단체는 관계법률이 정하는 바에 따라 가정에서 발생하는 폭력을 예방하고 피해자를 보호하여야 한다. <개정 2002.12.11.>
③ 국가 및 지방자치단체는 관계법률이 정하는 바에 따라 성폭력피해자 및 가정폭력피해자의 상담과 가해자의 교정

을 위하여 필요한 시책을 강구하여야 한다. <신설 2002.12.11.>

第26條(家事勞動價値의 評價)
國家 및 地方自治團體는 家事勞動에 대한 經濟的 價値를 정당하게 評價하여 이를 法制度나 施策에 반영하도록 노력하여야 한다.

第27條(女性國際協力)
① 國家 및 地方自治團體는 國際機構나 國際會議에 있어서의 女性의 참여를 확대하고 女性의 國際的 平和增進運動과 國際協力强化를 위한 活動을 지원하여야 한다.
② 國家 및 地方自治團體는 여성 관련 조약의 체결 또는 이행에 노력하여야 한다. <개정 2002.12.11.>
③ 국가 및 지방자치단체는 국내·외에 거주하는 한민족(韓民族) 여성 간의 교류 및 연대강화에 노력하여야 한다. <신설 2005.12.29.>

第28條(大衆媒體의 性差別改善)
國家 및 地方自治團體는 大衆媒體의 性差別的 내용이 개선되도록 지원하고 大衆媒體를 통한 男女平等意識을 확산하도록 하여야 한다.

제28조의2(여성자원봉사활동의 지원)
국가 및 지방자치단체는 여성자원봉사활동의 활성화를 위하여 필요한 지원을 할 수 있다. [본조신설 2002.12.11.]

第4章 女性發展基金

第29條(基金의 設置 등)
① 國家는 이 法의 目的을 實現하기 위한 사업 등의 지원에 필요한 財源을 확보하기 위하여

女性發展基金(이하 '基金'이라 한다)을 設置한다.
② 基金은 다음 各號의 財源으로 造成한다.
1. 國家의 出捐金
2. 國家 외의 者가 出捐하는 現金·物品 기타 財産
3. 基金의 운영으로 생기는 收益金
4. 기타 大統領令이 정하는 收入金
③ 基金은 여성가족부장관이 관리·運用한다. <개정 2001.1.29, 2005.3.24.>
④ 여성가족부장관은 대통령령이 정하는 바에 따라 기금의 관리·운용에 관한 사무의 전부 또는 일부를 '은행법' 제2조제1항제2호의 규정에 의한 금융기관에 위탁할 수 있다. <신설 2002.12.11, 2005. 3.24, 2005.12.29.>

第30條(基金의 用途) 基金은 다음 各號의 사업에 사용한다. <개정 2005. 12.29.>
1. 女性의 權益增進을 위한 사업의 지원
2. 女性團體事業의 지원
3. 女性關聯施設의 設置 및 운영의 지원
4. 女性의 國際協力事業의 지원
5. 그 밖에 남녀평등 실현, 여성발전 및 가족지원 등을 위하여 대통령령이 정하는 사업의 지원

第31條(基金의 會計機關) ① 여성가족부장관은 基金의 收入과 支出에 관한 業務를 행하기 위하여 소속公務員 중에서 기금수입징수관·기금재무관·기금지출관 및 기금출납공무원을 任命하여야 한다. <개정 2001.1.29, 2002.12.30, 2005.3.24.>
② 여성가족부장관은 제29조제4항의 규정에 따라 기금의 관리·운용에 관한 사무의 전부 또는 일부를 위탁한 경우에는, 위탁받은 금융기관의 이사 중에서 기금수입담당이사와 기금지출원인행위담당이

사를, 그 직원 중에서 기금지출직원과 기금출납직원을 각각 임명하여야 한다. 이 경우 기금수입담당이사는 기금수입징수관의 직무를, 기금지출원인행위담당이사는 기금재무관의 직무를, 기금지출직원은 기금지출관의 직무를, 기금출납직원은 기금출납공무원의 직무를 각각 수행한다. <신설 2002.12.11, 2005.3.24.>

第5章 女性團體의 지원 등

第32條(여성단체 등의 지원〈개정 2002. 12.11.〉) ① 國家 및 地方自治團體는 여성단체가 추진하는 남녀평등의 촉진, 여성의 사회참여확대 및 복지 증진을 위한 활동에 필요한 行政的인 지원을 할 수 있으며, 豫算의 범위 안에서 그 活動 등에 필요한 經費의 일부를 보조할 수 있다. <개정 2002. 12.11.>
② 국가 및 지방자치단체는 비영리법인 또는 비영리단체가 남녀평등과 여성발전을 촉진하는 활동을 하는 경우에 필요한 지원을 할 수 있다. <개정 2002. 12.11.>

第33條(女性關聯施設의 設置·운영)
① 國家 및 地方自治團體는 女性의 권익 및 복지 증진과 교육을 위한 女性과 관련된 施設을 設置·운영할 수 있다. <개정 2002.12.11.>
② 국가 및 지방자치단체는 女性의 권익 및 복지 증진과 교육을 위한 女性과 관련된 시설에 대하여 예산의 범위 안에서 그 경비의 전부 또는 일부를 보조할 수 있다. <신설 2001.1.29, 2002.12.11.>
③ 국가 및 지방자치단체는 여성의 직업능력 개발훈련을 위한 시설(이하 '여성인력개발센터'라 한다)을 설치·운영하거나

여성단체 등에 위탁하여 운영하게 할 수 있다. <개정 2005.12.29.>
④ 지방자치단체는 제3항의 규정에 의하여 운영을 위탁하는 경우에는 예산의 범위 안에서 경비의 전부 또는 일부를 보조할 수 있다. <신설 2005.12.29.>
⑤ 지방자치단체가 제3항의 규정에 의하여 운영을 위탁하는 경우에 그 위탁 운영에 관한 사항 및 제4항의 규정에 의한 경비 보조에 관한 사항 등 필요한 사항에 대하여는 당해 지방자치단체의 조례로 정한다. <신설 2005. 12.29.>

第34條 삭제〈2002.12.11.〉

第6章 補則

第35條(權限의 위임 · 委託) 여성가족부장관은 이 法에 의한 權限의 일부를 大統領令이 정하는 바에 따라 市 · 道知事에 위임하거나 그 事務의 일부를 女性團體 또는 여성정책 관련 전문기관에 委託할 수 있다. <개정 1999.1.29, 2001. 1.29, 2002.12.11, 2005.3.24.>

제36조(여성정책에 관한 연차보고) 정부는 매년 주요 여성정책에 관한 연차보고서를 작성하여 정기국회 개회 전까지 이를 국회에 제출하여야 한다.
[본조신설 2005.12.29.]

附則〈제5136호, 1995.12.30.〉
① (施行日) 이 法은 公布 후 6月이 경과한 날부터 施行한다.
② (다른 法律의 改正) 基金管理基本法 중 다음과 같이 改正한다.
別表에 第119號를 다음과 같이 新設한다.

119. 女性發展基本法
③ (經過措置) 이 法 施行 당시 女性政策審議委員會規程에 의한 女性政策審議委員會는 이 法 第10條의 規定에 의한 女性政策審議委員會로 본다.

附則(政府組織法)〈제5529호, 1998. 2.28.〉
第1條(施行日) 이 法은 公布한 날부터 施行한다. 다만 附則 第5條第18項은 1998年 6月 14日부터, 同條 第29項 내지 第31項은 1998年 7月 1日부터 각각 施行한다.
第2條 내지 第4條 省略
第5條 ① 내지 ㉜ 省略
㉝ 女性發展基本法 중 다음과 같이 改正한다.
第10條를 削除한다.
第36條를 다음과 같이 한다.
第36條(事務處理機關의 지정) 基本計劃의 수립, 基金의 관리 · 運用 등 이 法에서 規定하고 있는 政府의 事務는 政府組織法 第18條第1項의 規定에 의한 女性特別委員會가 수행한다.
㉞ 省略
第6條 및 제7條 省略

附則(政府出捐研究機關 등의 設立 · 운영 및 육성에 관한 法律)〈제5733호, 1999. 1.29.〉
第1條(施行日) 이 法은 公布한 날부터 施行한다.
第2條 내지 第4條 생략
第5條(다른 法律의 改正) ① 내지 ⑤ 생략
⑥ 女性發展基本法 중 다음과 같이 改正한다.
第12條를 削除한다.
第35條 중 '開發院 또는 女性團體'를 '女性團體 또는 政府出捐研究機關 등의 設立 · 운영 및 육성에 관한 法律에 의

하여 設立된 한국여성개발원'으로 한다.
⑦ 내지 ㉑ 생략
第6條 내지 第11條 생략

**附則(男女差別禁止 및 救濟에 관한 法律)
〈제5934호, 1999.2.8.〉**
① (施行日) 이 法은 1999年 7월 1日
부터 施行한다.
② (다른 法律의 改正) 女性發展基本
法 중 다음과 같이 改正한다.
第11條를 削除한다.

부칙(정부조직법)〈제6400호, 2001. 1.29.〉
제1조(시행일) 이 법은 공포한 날부터
시행한다. <단서 생략>
제2조 생략
제3조(다른 법률의 개정) ① 내지 ⑱ 생략
⑲ 여성발전기본법 중 다음과 같이 개
정한다.
제7조제1항, 제8조제2항, 제13조제1항·제
2항, 제31조제1항 및 제35조 중 '政府는'을
각각 '女性部長官은'으로 한다.
제9조제1항 중 '政府'를 '女性部長官'
으로 한다.
제29조제3항 중 '政府가'를 '女性部長
官이'로 한다.
제33조에 제2항을 다음과 같이 신설한다.
② 국가 및 지방자치단체는 女性의 權益
및 福祉增進을 위한 女性과 관련된 시
설에 대하여 예산의 범위 안에서 그 경
비의 전부 또는 일부를 보조할 수 있다.
제36조를 삭제한다.
제4조 생략

부칙〈제6770호, 2002.12.11.〉
이 법은 공포 후 3개월이 경과한 날부
터 시행한다.

부칙(국고금관리법)〈제6836호, 2002. 12.30.〉

제1조(시행일) 이 법은 2003년 1월 1일
부터 시행한다.
제2조 내지 제5조 생략
제6조(다른 법률의 개정) ① 내지 ㉓ 생략
㉔ 여성발전기본법 중 다음과 같이 개
정한다.
제31조제1항 중 '基金出納命令官과 基金
出納公務員'을 '기금수입징수관·기금재
무관·기금지출관 및 기금출납공무원'으
로 하고, 동 조 제2항을 삭제한다.
㉕ 내지 ㉛ 생략
제7조 생략

부칙(정부조직법) 〈제7413호, 2005. 3.24.〉
제1조(시행일) 이 법은 공포한 날부터
시행한다. 다만 다음 각 호의 사항은 각
호의 구분에 의한 날부터 시행한다.
1. 제26조……부칙 제2조 내지 제4조의
규정은 이 법 공포 후 3월 이내에 제42
조의 개정규정에 의한 여성가족부의 조
직에 관한 대통령령이 시행되는 날
2. 생략
제2조 생략
제3조(다른 법률의 개정) ① 내지 ⑨ 생략
⑩ 女性發展基本法 일부를 다음과 같이
개정한다.
제6조제2항, 제9조제1항, 제10조제2항,
제29조제4항 및 제31조제2항 전단 중
'여성부장관'을 각각 '여성가족부장관'
으로 한다.
제7조제1항, 제8조제2항, 제13조제1항·제
2항, 제29조제3항, 제31조제1항 및 제35조
중 '女性部長官'을 각각 '여성가족부장관'
으로 한다.
⑪ 내지 ⑭ 생략
제4조 생략

부칙〈제7786호, 2005.12.29.〉
제1조(시행일) 이 법은 공포 후 3개월이

경과한 날부터 시행한다.

제2조(재단법인 한국양성평등교육진흥원에 관한 경과조치) ① 이 법 시행 당시 '민법' 제32조의 규정에 의하여 여성가족부장관의 허가를 받아 설립된 한국양성평등교육진흥원(이하 '법인'이라 한다)은 이 사회의 의결에 의하여 그 모든 권리와 의무를 제21조의3의 개정규정에 의하여 설립되는 진흥원이 승계할 수 있도록 여성가족부장관에게 승인을 신청할 수 있다.
② 제1항의 신청에 의하여 여성가족부장관의 승인을 얻은 법인은 이 법에 의한 진흥원의 설립과 동시에 '민법' 중 법인의 해산 및 청산에 관한 규정에 불구하고 해산된 것으로 보며, 법인에 속하였던 모든 재산·권리와 의무는 진흥원이 승계한다. 이 경우 재산·권리와 의무에 대한 등기부 그 밖에 공부상의 법인의 명의는 진흥원의 명의로 본다.
③ 진흥원의 설립 당시 법인의 임원 및 직원은 이 법에 의한 진흥원의 임원 및 직원으로 본다.

제3조(여성인력개발센터에 관한 경과조치) 이 법 시행 당시 종전의 제33조제3항의 규정에 따라 운영 중인 여성인력개발센터로서 특별시장·광역시장 또는 도지사(이하 '시·도지사'라 한다)가 그 경비의 전부 또는 일부를 지원하고 있는 여성인력개발센터는 당해 여성인력개발센터가 소재하는 지역의 시·도지사가 운영을 위탁한 여성인력개발센터로 본다.

제4조(여성인력개발센터에 대한 국가채권에 관한 경과조치) 이 법 시행 당시 종전의 제33조제3항의 규정에 따라 운영한 여성인력개발센터에 대한 국가의 채권은 당해 여성인력개발센터가 소재하는 지역의 특별시·광역시 또는 도가 승계한다.

제5조(다른 법률의 개정) 남녀차별금지

및 구제에 관한 법률 폐지법률 일부를 다음과 같이 개정한다.
부칙 제1항 단서를 삭제한다.

부칙(한부모가족지원법) 〈제8655호, 2007.10.17.〉
제1조(시행일) 이 법은 공포 후 3개월이 경과한 날부터 시행한다. 〈단서 생략〉
제2조부터 제5조까지 생략
제6조(다른 법률의 개정) ①부터 ⑦까지 생략
⑧ 여성발전기본법 일부를 다음과 같이 개정한다.
제22조제2항 중 '母子家庭'을 '모자가족'으로 한다.
제24조제2항 중 '偏父母家庭'을 '한부모가족'으로 한다.
⑨부터 ⑬까지 생략
제7조 생략

● 勤勞基準法
[일부개정 2007.12.21. 법률 제8781호], 시행일 2008.1.28.

제1장 총칙

제1조(목적) 이 법은 헌법에 따라 근로조건의 기준을 정함으로써 근로자의 기본적 생활을 보장, 향상시키며 균형 있는 국민경제의 발전을 꾀하는 것을 목적으로 한다.

제2조(정의) ① 이 법에서 사용하는 용어의 뜻은 다음과 같다.
1. '근로자'란 직업의 종류와 관계없이 임금을 목적으로 사업이나 사업장에 근로를 제공하는 자를 말한다.
2. '사용자'란 사업주 또는 사업 경영 담당자, 그 밖에 근로자에 관한 사항에 대하여 사업주를 위하여 행위하는 자를 말한다.
3. '근로'란 정신노동과 육체노동을 말한다.
4. '근로계약'이란 근로자가 사용자에게 근로를 제공하고 사용자는 이에 대하여 임금을 지급하는 것을 목적으로 체결된 계약을 말한다.
5. '임금'이란 사용자가 근로의 대가로 근로자에게 임금, 봉급, 그 밖에 어떠한 명칭으로든지 지급하는 일체의 금품을 말한다.
6. '평균임금'이란 이를 산정하여야 할 사유가 발생한 날 이전 3개월 동안에 그 근로자에게 지급된 임금의 총액을 그 기간의 총 일수로 나눈 금액을 말한다. 근로자가 취업한 후 3개월 미만인 경우도 이에 준한다.
7. '소정(所定)근로시간'이란 제50조, 제69조 본문 또는 '산업안전보건법' 제46조에 따른 근로시간의 범위에서 근로자와 사용자 사이에 정한 근로시간을 말한다.
8. '단시간근로자'란 1주 동안의 소정근로시간이 그 사업장에서 같은 종류의 업무에 종사하는 통상 근로자의 1주 동안의 소정근로시간에 비하여 짧은 근로자를 말한다.
② 제1항제6호에 따라 산출된 금액이 그 근로자의 통상임금보다 적으면 그 통상임금액을 평균임금으로 한다.

제3조(근로조건의 기준) 이 법에서 정하는 근로조건은 최저기준이므로 근로관계 당사자는 이 기준을 이유로 근로조건을 낮출 수 없다.

제4조(근로조건의 결정) 근로조건은 근로자와 사용자가 동등한 지위에서 자유의사에 따라 결정하여야 한다.

제5조(근로조건의 준수) 근로자와 사용자는 각자가 단체협약, 취업규칙과 근로계약을 지키고 성실하게 이행할 의무가 있다.

제6조(균등한 처우) 사용자는 근로자에 대하여 남녀의 성(性)을 이유로 차별적 대우를 하지 못하고, 국적·신앙 또는 사회적 신분을 이유로 근로조건에 대한 차별적 처우를 하지 못한다.

제7조(강제 근로의 금지) 사용자는 폭행, 협박, 감금, 그 밖에 정신상 또는 신체상의 자유를 부당하게 구속하는 수단으로써 근로자의 자유의사에 어긋나는 근로를 강요하지 못한다.

제8조(폭행의 금지) 사용자는 사고의 발생이나 그 밖의 어떠한 이유로도 근로자에게 폭행을 하지 못한다.

제9조(중간착취의 배제) 누구든지 법률에 따르지 아니하고는 영리로 다른 사람의 취업에 개입하거나 중간인으로서 이익을 취득하지 못한다.

제10조(공민권행사의 보장) 사용자는 근로자가 근로시간 중에 선거권, 그 밖의 공민권(公民權) 행사 또는 공(公)의 직무를 집행하기 위하여 필요한 시간을 청구하면 거부하지 못한다. 다만 그 권리 행사나 공(公)의 직무를 수행하는 데에 지장이 없으면 청구한 시간을 변경할 수 있다.

제11조(적용 범위) ① 이 법은 상시 5명 이상의 근로자를 사용하는 모든 사업 또는 사업장에 적용한다. 다만 동거하는 친족만을 사용하는 사업 또는 사업장과 가사(家事) 사용인에 대하여는 적용하지 아니한다.
② 상시 4명 이하의 근로자를 사용하는 사업 또는 사업장에 대하여는 대통령령으로 정하는 바에 따라 이 법의 일부 규정을 적용할 수 있다.

제12조(적용 범위) 이 법과 이 법에 따른 대통령령은 국가, 특별시·광역시·도, 시·군·구, 읍·면·동, 그 밖에 이에 준하는 것에 대하여도 적용된다.

제13조(보고, 출석의 의무) 사용자 또는 근로자는 이 법의 시행에 관하여 노동부장관·'노동위원회법'에 따른 노동위원회(이하 '노동위원회'라 한다) 또는 근로감독관의 요구가 있으면 지체 없이 필요한 사항에 대하여 보고하거나 출석하여야 한다.

제14조(법령 요지 등의 게시) ① 사용자는 이 법과 이 법에 따른 대통령령의 요지(要旨)와 취업규칙을 근로자가 자유롭게 열람할 수 있는 장소에 항상 게시하거나 갖추어 두어 근로자에게 널리 알려야 한다.
② 사용자는 제1항에 따른 대통령령 중 기숙사에 관한 규정과 제99조제1항에 따른 기숙사규칙을 기숙사에 게시하거나 갖추어 두어 기숙(寄宿)하는 근로자에게 널리 알려야 한다.

제2장 근로계약

제15조(이 법을 위반한 근로계약)
① 이 법에서 정하는 기준에 미치지 못하는 근로조건을 정한 근로계약은 그 부분에 한하여 무효로 한다.
② 제1항에 따라 무효로 된 부분은 이 법에서 정한 기준에 따른다.

제16조(계약기간) 근로계약은 기간을 정하지 아니한 것과 일정한 사업의 완료에 필요한 기간을 정한 것 외에는 그 기간은 1년을 초과하지 못한다.
[유효기간 2007.6.30.]

제17조(근로조건의 명시) 사용자는 근로계약을 체결할 때에 근로자에게 임금, 소정근로시간, 제55조에 따른 휴일, 제60조에 따른 연차 유급휴가, 그 밖에 대통령령으로 정하는 근로조건을 명시하여야 한다. 이 경우 임금의 구성항목·계산방법·지급방법, 소정근로시간, 제55조에

따른 휴일 및 제60조에 따른 연차 유급 휴가에 관한 사항은 서면으로 명시하고 근로자의 요구가 있으면 그 근로자에게 교부하여야 한다.

제18조(단시간근로자의 근로조건)
① 단시간근로자의 근로조건은 그 사업장의 같은 종류의 업무에 종사하는 통상 근로자의 근로시간을 기준으로 산정한 비율에 따라 결정되어야 한다.
② 제1항에 따라 근로조건을 결정할 때에 기준이 되는 사항이나 그 밖에 필요한 사항은 대통령령으로 정한다.
③ 1주 동안의 소정근로시간이 뚜렷하게 짧은 단시간근로자로서 대통령령으로 정하는 자에 대하여는 이 법의 일부 규정을 대통령령으로 정하는 바에 따라 적용하지 아니할 수 있다.

제19조(근로조건의 위반)
① 제17조에 따라 명시된 근로조건이 사실과 다를 경우에 근로자는 근로조건 위반을 이유로 손해의 배상을 청구할 수 있으며 즉시 근로계약을 해제할 수 있다.
② 제1항에 따라 근로자가 손해배상을 청구할 경우에는 노동위원회에 신청할 수 있으며, 근로계약이 해제되었을 경우에는 사용자는 취업을 목적으로 거주를 변경하는 근로자에게 귀향 여비를 지급하여야 한다.

제20조(위약 예정의 금지)
사용자는 근로계약 불이행에 대한 위약금 또는 손해배상액을 예정하는 계약을 체결하지 못한다.

제21조(전차금 상계의 금지)
사용자는 전차금(前借金)이나 그 밖에 근로할 것을 조건으로 하는 전대(前貸)채권과 임금을 상계하지 못한다.

제22조(강제 저금의 금지)
① 사용자는 근로계약에 덧붙여 강제 저축 또는 저축금의 관리를 규정하는 계약을 체결하지 못한다.
② 사용자가 근로자의 위탁으로 저축을 관리하는 경우에는 다음 각 호의 사항을 지켜야 한다.
1. 저축의 종류·기간 및 금융기관을 근로자가 결정하고, 근로자 본인의 이름으로 저축할 것
2. 근로자가 저축증서 등 관련 자료의 열람 또는 반환을 요구할 때에는 즉시 이에 따를 것

제23조(해고 등의 제한)
① 사용자는 근로자에게 정당한 이유 없이 해고, 휴직, 정직, 전직, 감봉, 그 밖의 징벌(懲罰)(이하 '부당해고등'이라 한다)을 하지 못한다.
② 사용자는 근로자가 업무상 부상 또는 질병의 요양을 위하여 휴업한 기간과 그 후 30일 동안 또는 산전(産前)·산후(産後)의 여성이 이 법에 따라 휴업한 기간과 그 후 30일 동안은 해고하지 못한다. 다만 사용자가 제84조에 따라 일시보상을 하였을 경우 또는 사업을 계속할 수 없게 된 경우에는 그러하지 아니하다.

제24조(경영상 이유에 의한 해고의 제한)
① 사용자가 경영상 이유에 의하여 근로자를 해고하려면 긴박한 경영상의 필요가 있어야 한다. 이 경우 경영 악화를 방지하기 위한 사업의 양도·인수·합병은 긴박한 경영상의 필요가 있는 것으로 본다.
② 제1항의 경우에 사용자는 해고를 피

하기 위한 노력을 다하여야 하며, 합리적이고 공정한 해고의 기준을 정하고 이에 따라 그 대상자를 선정하여야 한다. 이 경우 남녀의 성을 이유로 차별하여서는 아니 된다.

③ 사용자는 제2항에 따른 해고를 피하기 위한 방법과 해고의 기준 등에 관하여 그 사업 또는 사업장에 근로자의 과반수로 조직된 노동조합이 있는 경우에는 그 노동조합(근로자의 과반수로 조직된 노동조합이 없는 경우에는 근로자의 과반수를 대표하는 자를 말한다. 이하 '근로자대표'라 한다)에 해고를 하려는 날의 50일 전까지 통보하고 성실하게 협의하여야 한다.

④ 사용자는 제1항에 따라 대통령령으로 정하는 일정한 규모 이상의 인원을 해고하려면 대통령령으로 정하는 바에 따라 노동부장관에게 신고하여야 한다.

⑤ 사용자가 제1항부터 제3항까지의 규정에 따른 요건을 갖추어 근로자를 해고한 경우에는 제23조제1항에 따른 정당한 이유가 있는 해고를 한 것으로 본다.

제25조(우선 재고용 등) ① 제24조에 따라 근로자를 해고한 사용자는 근로자를 해고한 날부터 3년 이내에 해고된 근로자가 해고 당시 담당하였던 업무와 같은 업무를 할 근로자를 채용하려고 할 경우 제24조에 따라 해고된 근로자가 원하면 그 근로자를 우선적으로 고용하여야 한다.

② 정부는 제24조에 따라 해고된 근로자에 대하여 생계안정, 재취업, 직업훈련 등 필요한 조치를 우선적으로 취하여야 한다.

제26조(해고의 예고) 사용자는 근로자를 해고(경영상 이유에 의한 해고를 포함한

다)하려면 적어도 30일 전에 예고를 하여야 하고, 30일 전에 예고를 하지 아니하였을 때에는 30일분 이상의 통상임금을 지급하여야 한다. 다만 천재·사변, 그 밖의 부득이한 사유로 사업을 계속하는 것이 불가능한 경우 또는 근로자가 고의로 사업에 막대한 지장을 초래하거나 재산상 손해를 끼친 경우로서 노동부령으로 정하는 사유에 해당하는 경우에는 그러하지 아니하다.

제27조(해고사유 등의 서면통지)
① 사용자는 근로자를 해고하려면 해고사유와 해고시기를 서면으로 통지하여야 한다.

② 근로자에 대한 해고는 제1항에 따라 서면으로 통지하여야 효력이 있다.

제28조(부당해고 등의 구제신청)
① 사용자가 근로자에게 부당해고 등을 하면 근로자는 노동위원회에 구제를 신청할 수 있다.

② 제1항에 따른 구제신청은 부당해고 등이 있었던 날부터 3개월 이내에 하여야 한다.

제29조(조사 등) ① 노동위원회는 제28조에 따른 구제신청을 받으면 지체 없이 필요한 조사를 하여야 하며 관계 당사자를 심문하여야 한다.

② 노동위원회는 제1항에 따라 심문을 할 때에는 관계 당사자의 신청이나 직권으로 증인을 출석하게 하여 필요한 사항을 질문할 수 있다.

③ 노동위원회는 제1항에 따라 심문을 할 때에는 관계 당사자에게 증거 제출과 증인에 대한 반대심문을 할 수 있는 충분한 기회를 주어야 한다.

④ 제1항에 따른 노동위원회의 조사와

심문에 관한 세부절차는 '노동위원회법'에 따른 중앙노동위원회(이하 '중앙노동위원회'라 한다)가 정하는 바에 따른다.

제30조(구제명령 등) ① 노동위원회는 제29조에 따른 심문을 끝내고 부당해고 등이 성립한다고 판정하면 사용자에게 구제명령을 하여야 하며, 부당해고 등이 성립하지 아니한다고 판정하면 구제신청을 기각하는 결정을 하여야 한다.
② 제1항에 따른 판정, 구제명령 및 기각결정은 사용자와 근로자에게 각각 서면으로 통지하여야 한다.
③ 노동위원회는 제1항에 따른 구제명령(해고에 대한 구제명령만을 말한다)을 할 때에 근로자가 원직복직(原職復職)을 원하지 아니하면 원직복직을 명하는 대신 근로자가 해고기간 동안 근로를 제공하였더라면 받을 수 있었던 임금 상당액 이상의 금품을 근로자에게 지급하도록 명할 수 있다.

제31조(구제명령 등의 확정) ① '노동위원회법'에 따른 지방노동위원회의 구제명령이나 기각결정에 불복하는 사용자나 근로자는 구제명령서나 기각결정서를 통지받은 날부터 10일 이내에 중앙노동위원회에 재심을 신청할 수 있다.
② 제1항에 따른 중앙노동위원회의 재심판정에 대하여 사용자나 근로자는 재심판정서를 송달받은 날부터 15일 이내에 '행정소송법'의 규정에 따라 소(訴)를 제기할 수 있다.
③ 제1항과 제2항에 따른 기간 이내에 재심을 신청하지 아니하거나 행정소송을 제기하지 아니하면 그 구제명령, 기각결정 또는 재심판정은 확정된다.

제32조(구제명령 등의 효력) 노동위원회의 구제명령, 기각결정 또는 재심판정은 제31조에 따른 중앙노동위원회에 대한 재심 신청이나 행정소송 제기에 의하여 그 효력이 정지되지 아니한다.

제33조(이행강제금) ① 노동위원회는 구제명령(구제명령을 내용으로 하는 재심판정을 포함한다. 이하 이 조에서 같다)을 받은 후 이행기한까지 구제명령을 이행하지 아니한 사용자에게 2천만 원 이하의 이행강제금을 부과한다.
② 노동위원회는 제1항에 따른 이행강제금을 부과하기 30일 전까지 이행강제금을 부과·징수한다는 뜻을 사용자에게 미리 문서로써 알려 주어야 한다.
③ 제1항에 따른 이행강제금을 부과할 때에는 이행강제금의 액수, 부과 사유, 납부기한, 수납기관, 이의제기방법 및 이의제기기관 등을 명시한 문서로써 하여야 한다.
④ 제1항에 따라 이행강제금을 부과하는 위반행위의 종류와 위반 정도에 따른 금액, 부과·징수된 이행강제금의 반환절차, 그 밖에 필요한 사항은 대통령령으로 정한다.
⑤ 노동위원회는 최초의 구제명령을 한 날을 기준으로 매년 2회의 범위에서 구제명령이 이행될 때까지 반복하여 제1항에 따른 이행강제금을 부과·징수할 수 있다. 이 경우 이행강제금은 2년을 초과하여 부과·징수하지 못한다.
⑥ 노동위원회는 구제명령을 받은 자가 구제명령을 이행하면 새로운 이행강제금을 부과하지 아니하되, 구제명령을 이행하기 전에 이미 부과된 이행강제금은 징수하여야 한다.
⑦ 노동위원회는 이행강제금 납부의무자가 납부기한까지 이행강제금을 내지 아니하면 기간을 정하여 독촉을 하고

지정된 기간에 제1항에 따른 이행강제금을 내지 아니하면 국세 체납처분의 예에 따라 징수할 수 있다.

⑧ 근로자는 구제명령을 받은 사용자가 이행기한까지 구제명령을 이행하지 아니하면 이행기한이 지난 때부터 15일 이내에 그 사실을 노동위원회에 알려줄 수 있다.

제34조(퇴직급여 제도) 사용자가 퇴직하는 근로자에게 지급하는 퇴직급여 제도에 관하여는 '근로자퇴직급여 보장법'이 정하는 대로 따른다.

제35조(예고해고의 적용 예외) 제26조는 다음 각 호의 어느 하나에 해당하는 근로자에게는 적용하지 아니한다.
1. 일용근로자로서 3개월을 계속 근무하지 아니한 자
2. 2개월 이내의 기간을 정하여 사용된 자
3. 월급근로자로서 6개월이 되지 못한 자
4. 계절적 업무에 6개월 이내의 기간을 정하여 사용된 자
5. 수습 사용 중인 근로자

제36조(금품 청산) 사용자는 근로자가 사망 또는 퇴직한 경우에는 그 지급 사유가 발생한 때부터 14일 이내에 임금, 보상금, 그 밖에 일체의 금품을 지급하여야 한다. 다만 특별한 사정이 있을 경우에는 당사자 사이의 합의에 의하여 기일을 연장할 수 있다.

제37조(미지급 임금에 대한 지연이자)
① 사용자는 제36조에 따라 지급하여야 하는 임금 및 '근로자퇴직급여 보장법' 제2조제5호에 따른 급여(일시금만 해당된다)의 전부 또는 일부를 그 지급 사유가 발생한 날부터 14일 이내에 지급하지 아니한 경우 그다음 날부터 지급하는 날까지의 지연 일수에 대하여 연 100분의 40 이내의 범위에서 '은행법'에 따른 금융기관이 적용하는 연체금리 등 경제 여건을 고려하여 대통령령으로 정하는 이율에 따른 지연이자를 지급하여야 한다.

② 제1항은 사용자가 천재·사변, 그 밖에 대통령령으로 정하는 사유에 따라 임금 지급을 지연하는 경우 그 사유가 존속하는 기간에 대하여는 적용하지 아니한다.

제38조(임금채권의 우선변제) ① 임금, 재해보상금, 그 밖에 근로관계로 인한 채권은 사용자의 총재산에 대하여 질권(質權) 또는 저당권에 따라 담보된 채권 외에는 조세·공과금 및 다른 채권에 우선하여 변제되어야 한다. 다만 질권 또는 저당권에 우선하는 조세·공과금에 대하여는 그러하지 아니하다.

② 제1항에도 불구하고 다음 각 호의 어느 하나에 해당하는 채권은 사용자의 총재산에 대하여 질권 또는 저당권에 따라 담보된 채권, 조세·공과금 및 다른 채권에 우선하여 변제되어야 한다.
1. 최종 3개월분의 임금
2. 재해보상금

제39조(사용증명서) ① 사용자는 근로자가 퇴직한 후라도 사용 기간, 업무 종류, 지위와 임금, 그 밖에 필요한 사항에 관한 증명서를 청구하면 사실대로 적은 증명서를 즉시 내주어야 한다.
② 제1항의 증명서에는 근로자가 요구한 사항만을 적어야 한다.

제40조(취업 방해의 금지) 누구든지 근로자의 취업을 방해할 목적으로 비밀 기

호 또는 명부를 작성·사용하거나 통신을 하여서는 아니 된다.

제41조(근로자의 명부) ① 사용자는 각 사업장별로 근로자 명부를 작성하고 근로자의 성명, 생년월일, 이력, 그 밖에 대통령령으로 정하는 사항을 적어야 한다.
② 제1항에 따라 근로자 명부에 적을 사항이 변경된 경우에는 지체 없이 정정하여야 한다.

제42조(계약 서류의 보존) 사용자는 근로자 명부와 대통령령으로 정하는 근로계약에 관한 중요한 서류를 3년간 보존하여야 한다.

제3장 임금

제43조(임금 지급) ① 임금은 통화(通貨)로 직접 근로자에게 그 전액을 지급하여야 한다. 다만 법령 또는 단체협약에 특별한 규정이 있는 경우에는 임금의 일부를 공제하거나 통화 이외의 것으로 지급할 수 있다.
② 임금은 매월 1회 이상 일정한 날짜를 정하여 지급하여야 한다. 다만 임시로 지급하는 임금, 수당, 그 밖에 이에 준하는 것 또는 대통령령으로 정하는 임금에 대하여는 그러하지 아니하다.

제44조(도급 사업에 대한 임금 지급)
① 사업이 여러 차례의 도급에 따라 행하여지는 경우에 하수급인(下受給人)이 직상(直上) 수급인의 귀책사유로 근로자에게 임금을 지급하지 못한 경우에는 그 직상 수급인은 그 하수급인과 연대하여 책임을 진다.

② 제1항의 직상 수급인의 귀책사유 범위는 대통령령으로 정한다.

제44조의2(건설업에서의 임금 지급 연대책임) ① 건설업에서 사업이 2차례 이상 '건설산업기본법' 제2조제8호에 따른 도급(이하 '공사도급'이라 한다)이 이루어진 경우에 같은 법 제2조제5호에 따른 건설업자가 아닌 하수급인이 그가 사용한 근로자에게 임금(해당 건설공사에서 발생한 임금으로 한정한다)을 지급하지 못한 경우에는 그 직상 수급인은 하수급인과 연대하여 하수급인이 사용한 근로자의 임금을 지급할 책임을 진다.
② 제1항의 직상 수급인이 '건설산업기본법' 제2조제5호에 따른 건설업자가 아닌 때에는 그 상위 수급인 중에서 최하위의 같은 호에 따른 건설업자를 직상 수급인으로 본다.
[본조신설 2007.7.27.]

제44조의3(건설업의 공사도급에 있어서의 임금에 관한 특례) ① 공사도급이 이루어진 경우로서 다음 각 호의 어느 하나에 해당하는 때에는 직상 수급인은 하수급인에게 지급하여야 하는 하도급 대금 채무의 부담 범위에서 그 하수급인이 사용한 근로자가 청구하면 하수급인이 지급하여야 하는 임금(해당 건설공사에서 발생한 임금으로 한정한다)에 해당하는 금액을 근로자에게 직접 지급하여야 한다.
1. 직상 수급인이 하수급인을 대신하여 하수급인이 사용한 근로자에게 지급하여야 하는 임금을 직접 지급할 수 있다는 뜻과 그 지급방법 및 절차에 관하여 직상 수급인과 하수급인이 합의한 경우
2. '민사집행법' 제56조제3호에 따른 확정된 지급명령, 하수급인의 근로자에게 하수급인에 대하여 임금채권이 있음을

증명하는 같은 법 제56조제4호에 따른 집행증서, '소액사건심판법' 제5조의7에 따라 확정된 이행권고결정, 그 밖에 이에 준하는 집행권원이 있는 경우

3. 하수급인이 그가 사용한 근로자에 대하여 지급하여야 할 임금채무가 있음을 직상 수급인에게 알려주고, 직상 수급인이 파산 등의 사유로 하수급인이 임금을 지급할 수 없는 명백한 사유가 있다고 인정하는 경우

② '건설산업기본법' 제2조제7호에 따른 발주자의 수급인(이하 '원수급인'이라 한다)으로부터 공사도급이 2차례 이상 이루어진 경우로서 하수급인(도급받은 하수급인으로부터 재하도급받은 하수급인을 포함한다. 이하 이 항에서 같다)이 사용한 근로자에게 그 하수급인에 대한 제1항제2호에 따른 집행권원이 있는 경우에는 근로자는 하수급인이 지급하여야 하는 임금(해당 건설공사에서 발생한 임금으로 한정한다)에 해당하는 금액을 원수급인에게 직접 지급할 것을 요구할 수 있다. 원수급인은 근로자가 자신에 대하여 '민법' 제404조에 따른 채권자대위권을 행사할 수 있는 금액의 범위에서 이에 따라야 한다.

③ 직상 수급인 또는 원수급인이 제1항 및 제2항에 따라 하수급인이 사용한 근로자에게 임금에 해당하는 금액을 지급한 경우에는 하수급인에 대한 하도급대금 채무는 그 범위에서 소멸한 것으로 본다.

[본조신설 2007.7.27.]

제45조(비상시 지급) 사용자는 근로자가 출산, 질병, 재해, 그 밖에 대통령령으로 정하는 비상(非常)한 경우의 비용에 충당하기 위하여 임금 지급을 청구하면 지급기일 전이라도 이미 제공한 근로에 대한 임금을 지급하여야 한다.

제46조(휴업수당) ① 사용자의 귀책사유로 휴업하는 경우에 사용자는 휴업기간 동안 그 근로자에게 평균임금의 100분의 70 이상의 수당을 지급하여야 한다. 다만 평균임금의 100분의 70에 해당하는 금액이 통상임금을 초과하는 경우에는 통상임금을 휴업수당으로 지급할 수 있다.

② 제1항에도 불구하고 부득이한 사유로 사업을 계속하는 것이 불가능하여 노동위원회의 승인을 받은 경우에는 제1항의 기준에 못 미치는 휴업수당을 지급할 수 있다.

제47조(도급 근로자) 사용자는 도급이나 그 밖에 이에 준하는 제도로 사용하는 근로자에게 근로시간에 따라 일정액의 임금을 보장하여야 한다.

제48조(임금대장) 사용자는 각 사업장별로 임금대장을 작성하고 임금과 가족수당 계산의 기초가 되는 사항, 임금액, 그 밖에 대통령령으로 정하는 사항을 임금을 지급할 때마다 적어야 한다.

제49조(임금의 시효) 이 법에 따른 임금채권은 3년간 행사하지 아니하면 시효로 소멸한다.

제4장 근로시간과 휴식

제50조(근로시간) ① 1주간의 근로시간은 휴게시간을 제외하고 40시간을 초과할 수 없다.

② 1일의 근로시간은 휴게시간을 제외하고 8시간을 초과할 수 없다.

제51조(탄력적 근로시간제) ① 사용자는 취업규칙(취업규칙에 준하는 것을 포함한다)에서 정하는 바에 따라 2주 이내의 일정한 단위기간을 평균하여 1주간의 근로시간이 제50조제1항의 근로시간을 초과하지 아니하는 범위에서 특정한 주에 제50조제1항의 근로시간을, 특정한 날에 제50조제2항의 근로시간을 초과하여 근로하게 할 수 있다. 다만 특정한 주의 근로시간은 48시간을 초과할 수 없다.

② 사용자는 근로자대표와의 서면 합의에 따라 다음 각 호의 사항을 정하면 3개월 이내의 단위기간을 평균하여 1주간의 근로시간이 제50조제1항의 근로시간을 초과하지 아니하는 범위에서 특정한 주에 제50조제1항의 근로시간을, 특정한 날에 제50조제2항의 근로시간을 초과하여 근로하게 할 수 있다. 다만 특정한 주의 근로시간은 52시간을, 특정한 날의 근로시간은 12시간을 초과할 수 없다.

1. 대상 근로자의 범위
2. 단위기간(3개월 이내의 일정한 기간으로 정하여야 한다)
3. 단위기간의 근로일과 그 근로일별 근로시간
4. 그 밖에 대통령령으로 정하는 사항

③ 제1항과 제2항은 15세 이상 18세 미만의 근로자와 임신 중인 여성근로자에 대하여는 적용하지 아니한다.

④ 사용자는 제1항 및 제2항에 따라 근로자를 근로시킬 경우에는 기존의 임금 수준이 낮아지지 아니하도록 임금보전방안(賃金補塡方案)을 강구하여야 한다.

제52조(선택적 근로시간제) 사용자는 취업규칙(취업규칙에 준하는 것을 포함한다)에 따라 업무의 시작 및 종료 시각을 근로자의 결정에 맡기기로 한 근로자에 대하여 근로자대표와의 서면 합의에 따라 다음 각 호의 사항을 정하면 1개월 이내의 정산기간을 평균하여 1주간의 근로시간이 제50조제1항의 근로시간을 초과하지 아니하는 범위에서 1주간에 제50조제1항의 근로시간을, 1일에 제50조제2항의 근로시간을 초과하여 근로하게 할 수 있다.

1. 대상 근로자의 범위(15세 이상 18세 미만의 근로자는 제외한다)
2. 정산기간(1개월 이내의 일정한 기간으로 정하여야 한다)
3. 정산기간의 총 근로시간
4. 반드시 근로하여야 할 시간대를 정하는 경우에는 그 시작 및 종료 시각
5. 근로자가 그의 결정에 따라 근로할 수 있는 시간대를 정하는 경우에는 그 시작 및 종료 시각
6. 그 밖에 대통령령으로 정하는 사항

제53조(연장 근로의 제한) ① 당사자 간에 합의하면 1주간에 12시간을 한도로 제50조의 근로시간을 연장할 수 있다.

② 당사자 간에 합의하면 1주간에 12시간을 한도로 제51조의 근로시간을 연장할 수 있고, 제52조제2호의 정산기간을 평균하여 1주간에 12시간을 초과하지 아니하는 범위에서 제52조의 근로시간을 연장할 수 있다.

③ 사용자는 특별한 사정이 있으면 노동부장관의 인가와 근로자의 동의를 받아 제1항과 제2항의 근로시간을 연장할 수 있다. 다만 사태가 급박하여 노동부장관의 인가를 받을 시간이 없는 경우에는 사후에 지체 없이 승인을 받아야 한다.

④ 노동부장관은 제3항에 따른 근로시간의 연장이 부적당하다고 인정하면 그 후 연장시간에 상당하는 휴게시간이나 휴일을 줄 것을 명할 수 있다.

제54조(휴게) ① 사용자는 근로시간이 4시간인 경우에는 30분 이상, 8시간인 경우에는 1시간 이상의 휴게시간을 근로시간 도중에 주어야 한다.
② 휴게시간은 근로자가 자유롭게 이용할 수 있다.

제55조(휴일) 사용자는 근로자에게 1주일에 평균 1회 이상의 유급휴일을 주어야 한다.

제56조(연장·야간 및 휴일 근로) 사용자는 연장근로(제53조·제59조 및 제69조 단서에 따라 연장된 시간의 근로)와 야간근로(오후 10시부터 오전 6시까지 사이의 근로) 또는 휴일근로에 대하여는 통상임금의 100분의 50 이상을 가산하여 지급하여야 한다.

제57조(보상 휴가제) 사용자는 근로자대표와의 서면 합의에 따라 제56조에 따른 연장근로·야간근로 및 휴일근로에 대하여 임금을 지급하는 것을 갈음하여 휴가를 줄 수 있다.

제58조(근로시간 계산의 특례) ① 근로자가 출장이나 그 밖의 사유로 근로시간의 전부 또는 일부를 사업장 밖에서 근로하여 근로시간을 산정하기 어려운 경우에는 소정근로시간을 근로한 것으로 본다. 다만 그 업무를 수행하기 위하여 통상적으로 소정근로시간을 초과하여 근로할 필요가 있는 경우에는 그 업무의 수행에 통상 필요한 시간을 근로한 것으로 본다.
② 제1항 단서에도 불구하고 그 업무에 관하여 근로자대표와의 서면 합의를 한 경우에는 그 합의에서 정하는 시간을 그 업무의 수행에 통상 필요한 시간으로

로 본다.
③ 업무의 성질에 비추어 업무 수행 방법을 근로자의 재량에 위임할 필요가 있는 업무로서 대통령령으로 정하는 업무는 사용자가 근로자대표와 서면 합의로 정한 시간을 근로한 것으로 본다. 이 경우 그 서면 합의에는 다음 각 호의 사항을 명시하여야 한다.
1. 대상 업무
2. 사용자가 업무의 수행 수단 및 시간 배분 등에 관하여 근로자에게 구체적인 지시를 하지 아니한다는 내용
3. 근로시간의 산정은 그 서면 합의로 정하는 바에 따른다는 내용
④ 제1항과 제3항의 시행에 필요한 사항은 대통령령으로 정한다.

제59조(근로시간 및 휴게시간의 특례) 다음 각 호의 어느 하나에 해당하는 사업에 대하여 사용자가 근로자대표와 서면 합의를 한 경우에는 제53조제1항에 따른 주(週) 12시간을 초과하여 연장근로를 하게 하거나 제54조에 따른 휴게시간을 변경할 수 있다.
1. 운수업, 물품 판매 및 보관업, 금융보험업
2. 영화 제작 및 흥행업, 통신업, 교육연구 및 조사 사업, 광고업
3. 의료 및 위생 사업, 접객업, 소각 및 청소업, 이용업
4. 그 밖에 공중의 편의 또는 업무의 특성상 필요한 경우로서 대통령령으로 정하는 사업

제60조(연차 유급휴가) ① 사용자는 1년간 8할 이상 출근한 근로자에게 15일의 유급휴가를 주어야 한다.
② 사용자는 계속하여 근로한 기간이 1년 미만인 근로자에게 1개월 개근 시 1

일의 유급휴가를 주어야 한다.

③ 사용자는 근로자의 최초 1년간의 근로에 대하여 유급휴가를 주는 경우에는 제2항에 따른 휴가를 포함하여 15일로 하고, 근로자가 제2항에 따른 휴가를 이미 사용한 경우에는 그 사용한 휴가 일수를 15일에서 뺀다.

④ 사용자는 3년 이상 계속하여 근로한 근로자에게는 제1항에 따른 휴가에 최초 1년을 초과하는 계속 근로 연수 매 2년에 대하여 1일을 가산한 유급휴가를 주어야 한다. 이 경우 가산휴가를 포함한 총 휴가 일수는 25일을 한도로 한다.

⑤ 사용자는 제1항부터 제4항까지의 규정에 따른 휴가를 근로자가 청구한 시기에 주어야 하고, 그 기간에 대하여는 취업규칙 등에서 정하는 통상임금 또는 평균임금을 지급하여야 한다. 다만 근로자가 청구한 시기에 휴가를 주는 것이 사업 운영에 막대한 지장이 있는 경우에는 그 시기를 변경할 수 있다.

⑥ 제1항부터 제3항까지의 규정을 적용하는 경우 다음 각 호의 어느 하나에 해당하는 기간은 출근한 것으로 본다.
1. 근로자가 업무상의 부상 또는 질병으로 휴업한 기간
2. 임신 중의 여성이 제74조제1항 또는 제2항에 따른 보호휴가로 휴업한 기간

⑦ 제1항부터 제4항까지의 규정에 따른 휴가는 1년간 행사하지 아니하면 소멸된다. 다만 사용자의 귀책사유로 사용하지 못한 경우에는 그러하지 아니하다.

제61조(연차 유급휴가의 사용 촉진) 사용자가 제60조제1항·제3항 및 제4항에 따른 유급휴가의 사용을 촉진하기 위하여 다음 각 호의 조치를 하였음에도 불구하고 근로자가 휴가를 사용하지 아니하여 제60조제7항 본문에 따라 소멸된 경우에는 사용자는 그 사용하지 아니한 휴가에 대하여 보상할 의무가 없고, 제60조제7항 단서에 따른 사용자의 귀책사유에 해당하지 아니하는 것으로 본다.
1. 제60조제7항 본문에 따른 기간이 끝나기 3개월 전을 기준으로 10일 이내에 사용자가 근로자별로 사용하지 아니한 휴가 일수를 알려주고, 근로자가 그 사용 시기를 정하여 사용자에게 통보하도록 서면으로 촉구할 것
2. 제1호에 따른 촉구에도 불구하고 근로자가 촉구를 받은 때부터 10일 이내에 사용하지 아니한 휴가의 전부 또는 일부의 사용 시기를 정하여 사용자에게 통보하지 아니하면 제60조제7항 본문에 따른 기간이 끝나기 2개월 전까지 사용자가 사용하지 아니한 휴가의 사용 시기를 정하여 근로자에게 서면으로 통보할 것

제62조(유급휴가의 대체) 사용자는 근로자대표와의 서면 합의에 따라 제60조에 따른 연차 유급휴가일을 갈음하여 특정한 근로일에 근로자를 휴무시킬 수 있다.

제63조(적용의 제외) 이 장과 제5장에서 정한 근로시간, 휴게와 휴일에 관한 규정은 다음 각 호의 어느 하나에 해당하는 근로자에 대하여는 적용하지 아니한다.
1. 토지의 경작·개간, 식물의 재식(栽植)·재배·채취 사업, 그 밖의 농림 사업
2. 동물의 사육, 수산 동식물의 채포(採捕)·양식 사업, 그 밖의 축산, 양잠, 수산 사업
3. 감시(監視) 또는 단속적(斷續的)으로 근로에 종사하는 자로서 사용자가 노동부장관의 승인을 받은 자
4. 대통령령으로 정하는 업무에 종사하는 근로자

제5장 여성과 소년

제64조(최저 연령과 취직인허증)
① 15세 미만인 자('초·중등교육법'에 따른 중학교에 재학 중인 18세 미만인 자를 포함한다)는 근로자로 사용하지 못한다. 다만 대통령령으로 정하는 기준에 따라 노동부장관이 발급한 취직인허증(就職認許證)을 지닌 자는 근로자로 사용할 수 있다.
② 제1항의 취직인허증은 본인의 신청에 따라 의무교육에 지장이 없는 경우에는 직종(職種)을 지정하여서만 발행할 수 있다.
③ 노동부장관은 거짓이나 그 밖의 부정한 방법으로 제1항 단서의 취직인허증을 발급받은 자에게는 그 인허를 취소하여야 한다.

제65조(사용 금지)
① 사용자는 임신 중이거나 산후 1년이 지나지 아니한 여성(이하 '임산부'라 한다)과 18세 미만자를 도덕상 또는 보건상 유해·위험한 사업에 사용하지 못한다.
② 사용자는 임산부가 아닌 18세 이상의 여성을 제1항에 따른 보건상 유해·위험한 사업 중 임신 또는 출산에 관한 기능에 유해·위험한 사업에 사용하지 못한다.
③ 제1항 및 제2항에 따른 금지 직종은 대통령령으로 정한다.

제66조(연소자 증명서)
사용자는 18세 미만인 자에 대하여는 그 연령을 증명하는 가족관계기록사항에 관한 증명서와 친권자 또는 후견인의 동의서를 사업장에 갖추어 두어야 한다. <개정 2007.5.17.>

제67조(근로계약)
① 친권자나 후견인은 미성년자의 근로계약을 대리할 수 없다.
② 친권자, 후견인 또는 노동부장관은 근로계약이 미성년자에게 불리하다고 인정하는 경우에는 이를 해지할 수 있다.
③ 사용자는 18세 미만인 자와 근로계약을 체결하는 경우에는 제17조에 따른 근로조건을 서면으로 명시하여 교부하여야 한다. <신설 2007.7.27.>

제68조(임금의 청구)
미성년자는 독자적으로 임금을 청구할 수 있다.

제69조(근로시간)
15세 이상 18세 미만인 자의 근로시간은 1일에 7시간, 1주일에 40시간을 초과하지 못한다. 다만 당사자 사이의 합의에 따라 1일에 1시간, 1주일에 6시간을 한도로 연장할 수 있다.

제70조(야간근로와 휴일근로의 제한)
① 사용자는 18세 이상의 여성을 오후 10시부터 오전 6시까지의 시간 및 휴일에 근로시키려면 그 근로자의 동의를 받아야 한다.
② 사용자는 임산부와 18세 미만자를 오후 10시부터 오전 6시까지의 시간 및 휴일에 근로시키지 못한다. 다만 다음 각 호의 어느 하나에 해당하는 경우로서 노동부장관의 인가를 받으면 그러하지 아니하다.
1. 18세 미만자의 동의가 있는 경우
2. 산후 1년이 지나지 아니한 여성의 동의가 있는 경우
3. 임신 중의 여성이 명시적으로 청구하는 경우
③ 사용자는 제2항의 경우 노동부장관의 인가를 받기 전에 근로자의 건강 및 모성보호를 위하여 그 시행 여부와 방법

등에 관하여 그 사업 또는 사업장의 근로자대표와 성실하게 협의하여야 한다.

제71조(시간외근로) 사용자는 산후 1년이 지나지 아니한 여성에 대하여는 단체협약이 있는 경우라도 1일에 2시간, 1주일에 6시간, 1년에 150시간을 초과하는 시간외근로를 시키지 못한다.

제72조(갱내근로의 금지) 사용자는 여성과 18세 미만인 자를 갱내(坑內)에서 근로시키지 못한다. 다만 보건·의료, 보도·취재 등 대통령령으로 정하는 업무를 수행하기 위하여 일시적으로 필요한 경우에는 그러하지 아니하다.

제73조(생리휴가) 사용자는 여성근로자가 청구하면 월 1일의 생리휴가를 주어야 한다.

제74조(임산부의 보호) ① 사용자는 임신 중의 여성에게 산전과 산후를 통하여 90일의 보호휴가를 주어야 한다. 이 경우 휴가 기간의 배정은 산후에 45일 이상이 되어야 한다.
② 사용자는 임신 중인 여성이 임신 16주 이후 유산 또는 사산한 경우로서 그 근로자가 청구하면 대통령령으로 정하는 바에 따라 보호휴가를 주어야 한다. 다만 인공 임신중절 수술('모자보건법' 제14조제1항에 따른 경우는 제외한다)에 따른 유산의 경우는 그러하지 아니하다.
③ 제1항 및 제2항에 따른 휴가 중 최초 60일은 유급으로 한다. 다만 '남녀고용평등법' 제18조에 따라 산전후휴가급여 등이 지급된 경우에는 그 금액의 한도에서 지급의 책임을 면한다.
④ 사용자는 임신 중의 여성근로자에게 시간외근로를 하게 하여서는 아니 되며, 그 근로자의 요구가 있는 경우에는 쉬운 종류의 근로로 전환하여야 한다.

제74조(임산부의 보호) ① 사용자는 임신 중의 여성에게 산전과 산후를 통하여 90일의 보호휴가를 주어야 한다. 이 경우 휴가 기간의 배정은 산후에 45일 이상이 되어야 한다.
② 사용자는 임신 중인 여성이 임신 16주 이후 유산 또는 사산한 경우로서 그 근로자가 청구하면 대통령령으로 정하는 바에 따라 보호휴가를 주어야 한다. 다만 인공 임신중절 수술('모자보건법' 제14조제1항에 따른 경우는 제외한다)에 따른 유산의 경우는 그러하지 아니하다.
③ 제1항 및 제2항에 따른 휴가 중 최초 60일은 유급으로 한다. 다만 '남녀고용평등과 일·가정 양립지원에 관한 법률' 제18조에 따라 산전후휴가급여 등이 지급된 경우에는 그 금액의 한도에서 지급의 책임을 면한다. <개정 2007. 12.21.>
④ 사용자는 임신 중의 여성근로자에게 시간외근로를 하게 하여서는 아니 되며, 그 근로자의 요구가 있는 경우에는 쉬운 종류의 근로로 전환하여야 한다.

제75조(육아 시간) 생후 1년 미만의 유아(乳兒)를 가진 여성근로자가 청구하면 1일 2회 각각 30분 이상의 유급 수유시간을 주어야 한다.

제6장 안전과 보건

제76조(안전과 보건) 근로자의 안전과 보건에 관하여는 '산업안전보건법'에서 정

하는 바에 따른다.

제7장 기능 습득

제77조(기능 습득자의 보호) 사용자는 양성공, 수습, 그 밖의 명칭을 불문하고 기능의 습득을 목적으로 하는 근로자를 혹사하거나 가사, 그 밖의 기능 습득에 관계없는 업무에 종사시키지 못한다.

제8장 재해보상

제78조(요양보상) ① 근로자가 업무상 부상 또는 질병에 걸리면 사용자는 그 비용으로 필요한 요양을 행하거나 필요한 요양비를 부담하여야 한다.
② 제1항에 따른 업무상 질병과 요양의 범위는 대통령령으로 정한다.

제79조(휴업보상) 사용자는 제78조에 따라 요양 중에 있는 근로자에게 그 근로자의 요양 중 평균임금의 100분의 60의 휴업보상을 하여야 한다.

제80조(장해보상) 근로자가 업무상 부상 또는 질병에 걸리고, 완치된 후 신체에 장해가 있으면 사용자는 그 장해 정도에 따라 평균임금에 별표에서 정한 일수를 곱한 금액의 장해보상을 하여야 한다.

제81조(휴업보상과 장해보상의 예외) 근로자가 중대한 과실로 업무상 부상 또는 질병에 걸리고 또한 사용자가 그 과실에 대하여 노동위원회의 인정을 받으면 휴업보상이나 장해보상을 하지 아니하여도 된다.

제82조(유족보상) 근로자가 업무상 사망한 경우에는 사용자는 그 유족에게 평균임금 1,000일분의 유족보상을 하여야 한다.

제83조(장의비) 근로자가 업무상 사망한 경우에는 사용자는 평균임금 90일분의 장의비를 지급하여야 한다.

제84조(일시보상) 제78조에 따라 보상을 받는 근로자가 요양을 시작한 지 2년이 지나도 부상 또는 질병이 완치되지 아니하는 경우에는 사용자는 그 근로자에게 평균임금 1,340일분의 일시보상을 하여 그 후의 이 법에 따른 모든 보상 책임을 면할 수 있다.

제85조(분할보상) 사용자는 지급 능력이 있는 것을 증명하고 보상을 받는 자의 동의를 받으면 제80조, 제82조 또는 제84조에 따른 보상금을 1년에 걸쳐 분할보상을 할 수 있다.

제86조(보상청구권) 보상을 받을 권리는 퇴직으로 인하여 변경되지 아니하고, 양도나 압류하지 못한다.

제87조(다른 손해배상과의 관계) 보상을 받게 될 자가 동일한 사유에 대하여 '민법'이나 그 밖의 법령에 따라 이 법의 재해보상에 상당한 금품을 받으면 그 가액(價額)의 한도에서 사용자는 보상의 책임을 면한다.

제88조(노동부장관의 심사와 중재)
① 업무상의 부상, 질병 또는 사망의 인정, 요양의 방법, 보상금액의 결정, 그

밖에 보상의 실시에 관하여 이의가 있는 자는 노동부장관에게 심사나 사건의 중재를 청구할 수 있다.

② 제1항의 청구가 있으면 노동부장관은 1개월 이내에 심사나 중재를 하여야 한다.

③ 노동부장관은 필요에 따라 직권으로 심사나 사건의 중재를 할 수 있다.

④ 노동부장관은 심사나 중재를 위하여 필요하다고 인정하면 의사에게 진단이나 검안을 시킬 수 있다.

⑤ 제1항에 따른 심사나 중재의 청구와 제2항에 따른 심사나 중재의 시작은 시효의 중단에 관하여는 재판상의 청구로 본다.

제89조(노동위원회의 심사와 중재)

① 노동부장관이 제88조제2항의 기간에 심사 또는 중재를 하지 아니하거나 심사와 중재의 결과에 불복하는 자는 노동위원회에 심사나 중재를 청구할 수 있다.

② 제1항의 청구가 있으면 노동위원회는 1개월 이내에 심사나 중재를 하여야 한다.

제90조(도급 사업에 대한 예외)

① 사업이 여러 차례의 도급에 따라 행하여지는 경우의 재해보상에 대하여는 원수급인(元受給人)을 사용자로 본다.

② 제1항의 경우에 원수급인이 서면상 계약으로 하수급인에게 보상을 담당하게 하는 경우에는 그 수급인도 사용자로 본다. 다만 2명 이상의 하수급인에게 똑같은 사업에 대하여 중복하여 보상을 담당하게 하지 못한다.

③ 제2항의 경우에 원수급인이 보상의 청구를 받으면 보상을 담당한 하수급인에게 우선 최고(催告)할 것을 청구할 수 있다. 다만 그 하수급인이 파산의 선고를 받거나 행방이 알려지지 아니하는 경우에는 그러하지 아니하다.

제91조(서류의 보존)

사용자는 재해보상에 관한 중요한 서류를 2년간 보존하여야 한다.

제92조(시효)

이 법의 규정에 따른 재해보상청구권은 3년간 행사하지 아니하면 시효로 소멸한다.

제9장 취업규칙

제93조(취업규칙의 작성·신고)

상시 10명 이상의 근로자를 사용하는 사용자는 다음 각 호의 사항에 관한 취업규칙을 작성하여 노동부장관에게 신고하여야 한다. 이를 변경하는 경우에도 또한 같다.

1. 업무의 시작과 종료 시각, 휴게시간, 휴일, 휴가 및 교대 근로에 관한 사항

2. 임금의 결정·계산·지급 방법, 임금의 산정기간·지급시기 및 승급(昇給)에 관한 사항

3. 가족수당의 계산·지급 방법에 관한 사항

4. 퇴직에 관한 사항

5. '근로자퇴직급여 보장법' 제8조에 따른 퇴직금, 상여 및 최저임금에 관한 사항

6. 근로자의 식비, 작업 용품 등의 부담에 관한 사항

7. 근로자를 위한 교육시설에 관한 사항

8. 산전후휴가·육아휴직 등 여성근로자의 모성보호에 관한 사항

9. 안전과 보건에 관한 사항

10. 업무상과 업무 외의 재해부조(災害扶助)에 관한 사항

11. 표창과 제재에 관한 사항
12. 그 밖에 해당 사업 또는 사업장의 근로자 전체에 적용될 사항

제94조(규칙의 작성, 변경 절차)
① 사용자는 취업규칙의 작성 또는 변경에 관하여 해당 사업 또는 사업장에 근로자의 과반수로 조직된 노동조합이 있는 경우에는 그 노동조합, 근로자의 과반수로 조직된 노동조합이 없는 경우에는 근로자의 과반수의 의견을 들어야 한다. 다만 취업규칙을 근로자에게 불리하게 변경하는 경우에는 그 동의를 받아야 한다.
② 사용자는 제93조에 따라 취업규칙을 신고할 때에는 제1항의 의견을 적은 서면을 첨부하여야 한다.

제95조(제재 규정의 제한)
취업규칙에서 근로자에 대하여 감급(減給)의 제재를 정할 경우에 그 감액은 1회의 금액이 평균임금의 1일분의 2분의 1을, 총액이 1임금지급기의 임금 총액의 10분의 1을 초과하지 못한다.

제96조(단체협약의 준수)
① 취업규칙은 법령이나 해당 사업 또는 사업장에 대하여 적용되는 단체협약과 어긋나서는 아니 된다.
② 노동부장관은 법령이나 단체협약에 어긋나는 취업규칙의 변경을 명할 수 있다.

제97조(위반의 효력)
취업규칙에서 정한 기준에 미달하는 근로조건을 정한 근로계약은 그 부분에 관하여는 무효로 한다. 이 경우 무효로 된 부분은 취업규칙에 정한 기준에 따른다.

제10장 기숙사

제98조(기숙사 생활의 보장)
① 사용자는 사업 또는 사업장의 부속 기숙사에 기숙하는 근로자의 사생활의 자유를 침해하지 못한다.
② 사용자는 기숙사 생활의 자치에 필요한 임원 선거에 간섭하지 못한다.

제99조(규칙의 작성과 변경)
① 부속 기숙사에 근로자를 기숙시키는 사용자는 다음 각 호의 사항에 관하여 기숙사규칙을 작성하여야 한다.
1. 기상(起床), 취침, 외출과 외박에 관한 사항
2. 행사에 관한 사항
3. 식사에 관한 사항
4. 안전과 보건에 관한 사항
5. 건설물과 설비의 관리에 관한 사항
6. 그 밖에 기숙사에 기숙하는 근로자 전체에 적용될 사항
② 사용자는 제1항에 따른 규칙의 작성 또는 변경에 관하여 기숙사에 기숙하는 근로자의 과반수를 대표하는 자의 동의를 받아야 한다.
③ 사용자와 기숙사에 기숙하는 근로자는 기숙사규칙을 지켜야 한다.

제100조(설비와 안전 위생)
① 사용자는 부속 기숙사에 대하여 근로자의 건강, 풍기(風紀)와 생명의 유지에 필요한 조치를 강구하여야 한다.
② 제1항에 따라 강구하여야 할 조치의 기준은 대통령령으로 정한다.

제11장 근로감독관 등

제101조(감독기관) ① 근로조건의 기준을 확보하기 위하여 노동부와 그 소속 기관에 근로감독관을 둔다.
② 근로감독관의 자격, 임면(任免), 직무배치에 관한 사항은 대통령령으로 정한다.

제102조(근로감독관의 권한) ① 근로감독관은 사업장, 기숙사, 그 밖의 부속 건물에 임검(臨檢)하고 장부와 서류의 제출을 요구할 수 있으며 사용자와 근로자에 대하여 심문(尋問)할 수 있다.
② 의사인 근로감독관이나 근로감독관의 위촉을 받은 의사는 취업을 금지하여야 할 질병에 걸릴 의심이 있는 근로자에 대하여 검진할 수 있다.
③ 제1항 및 제2항의 경우에 근로감독관이나 그 위촉을 받은 의사는 그 신분증명서와 노동부장관의 임검 또는 검진지령서(檢診指令書)를 제시하여야 한다.
④ 제3항의 임검 또는 검진지령서에는 그 일시, 장소 및 범위를 분명하게 적어야 한다.
⑤ 근로감독관은 이 법이나 그 밖의 노동관계법령 위반의 죄에 관하여 '사법경찰관리의 직무를 행할 자와 그 직무범위에 관한 법률'에서 정하는 바에 따라 사법경찰관의 직무를 수행한다.

제103조(근로감독관의 의무) 근로감독관은 직무상 알게 된 비밀을 엄수하여야 한다. 근로감독관을 그만둔 경우에도 또한 같다.

제104조(감독기관에 대한 신고)
① 사업 또는 사업장에서 이 법 또는 이 법에 따른 대통령령을 위반한 사실이 있으면 근로자는 그 사실을 노동부장관이나 근로감독관에게 통보할 수 있다.
② 사용자는 제1항의 통보를 이유로 근로자에게 해고나 그 밖에 불리한 처우를 하지 못한다.

제105조(사법경찰권행사자의 제한)
이 법이나 그 밖의 노동관계법령에 따른 임검, 서류의 제출, 심문 등의 수사는 검사와 근로감독관이 전담하여 수행한다. 다만 근로감독관의 직무에 관한 범죄의 수사는 그러하지 아니하다.

제106조(권한의 위임) 이 법에 따른 노동부장관의 권한은 대통령령으로 정하는 바에 따라 그 일부를 지방노동관서의 장에게 위임할 수 있다.

제12장 벌칙

제107조(벌칙) 제7조, 제8조, 제9조, 제23조제2항 또는 제40조를 위반한 자는 5년 이하의 징역 또는 3천만 원 이하의 벌금에 처한다.

제108조(벌칙) 근로감독관이 이 법을 위반한 사실을 고의로 묵과하면 3년 이하의 징역 또는 5년 이하의 자격정지에 처한다.

제109조(벌칙) ① 제36조, 제43조, 제44조, 제44조의2, 제46조, 제56조, 제65조 또는 제72조를 위반한 자는 3년 이하의 징역 또는 2천만 원 이하의 벌금에 처한다. <개정 2007.7.27.>
② 제36조, 제43조, 제44조, 제44조의2, 제46조 또는 제56조를 위반한 자에 대

하여는 피해자의 명시적인 의사와 다르게 공소를 제기할 수 없다. <개정 2007.7.27.>

제110조(벌칙) 다음 각 호의 어느 하나에 해당하는 자는 2년 이하의 징역 또는 1천만 원 이하의 벌금에 처한다.

1. 제10조, 제22조제1항, 제26조, 제50조, 제53조제1항·제2항·제3항 본문, 제54조, 제55조, 제60조제1항·제2항·제4항 및 제5항, 제64조제1항, 제69조, 제70조제1항·제2항, 제71조, 제74조, 제75조, 제78조부터 제80조까지, 제82조, 제83조 및 제104조제2항을 위반한 자

2. 제53조제4항에 따른 명령을 위반한 자

제111조(벌칙) 제31조제3항에 따라 확정되거나 행정소송을 제기하여 확정된 구제명령 또는 구제명령을 내용으로 하는 재심판정을 이행하지 아니한 자는 1년 이하의 징역 또는 1천만 원 이하의 벌금에 처한다.

제112조(고발) ① 제111조의 죄는 노동위원회의 고발이 있어야 공소를 제기할 수 있다.
② 검사는 제1항에 따른 죄에 해당하는 위반행위가 있음을 노동위원회에 통보하여 고발을 요청할 수 있다.

제113조(벌칙) 제45조를 위반한 자는 1천만 원 이하의 벌금에 처한다.

제114조(벌칙) 다음 각 호의 어느 하나에 해당하는 자는 500만 원 이하의 벌금에 처한다. <개정 2007.7.27.>

1. 제6조, 제16조, 제17조, 제20조, 제21조, 제22조제2항, 제47조, 제53조제3항 단서, 제67조제1항·제3항, 제70조제3항, 제73조, 제77조, 제94조, 제95조, 제98조제2항, 제100조 및 제103조를 위반한 자

2. 제96조제2항에 따른 명령을 위반한 자

제115조(양벌규정) ① 해당 사업의 근로자에 관한 사항에 대하여 사업주를 위하여 행위하는 대리인, 사용인, 그 밖의 종업원이 이 법의 위반행위를 하면 그 행위자를 벌할 뿐만 아니라 그 사업주에게도 각 해당 조문의 벌금형을 과(科)한다. 다만 사업주(사업주가 법인인 경우에는 그 대표자, 사업주가 영업에 관하여 성년자와 동일한 능력을 갖지 아니하는 미성년자 또는 금치산자인 경우에는 그 법정대리인을 사업주로 한다. 이하 이 조에서 같다)가 위반 방지에 필요한 조치를 한 경우에는 그러하지 아니하다.
② 사업주가 대리인, 사용인, 그 밖의 종업원의 이 법의 위반행위와 관련하여 그 계획을 알고 그 방지에 필요한 조치를 하지 아니하는 경우, 위반행위를 알고 그 시정에 필요한 조치를 하지 아니하는 경우 또는 위반을 교사(敎唆)한 경우에는 사업주도 행위자로 처벌한다.

제116조(과태료) ① 다음 각 호의 어느 하나에 해당하는 자에게는 500만 원 이하의 과태료를 부과한다.

1. 제13조에 따른 노동부장관, 노동위원회 또는 근로감독관의 요구가 있는 경우에 보고 또는 출석을 하지 아니하거나 거짓된 보고를 한 자

2. 제14조, 제39조, 제41조, 제42조, 제48조, 제66조, 제91조, 제93조 및 제99조를 위반한 자

3. 제102조에 따른 근로감독관 또는 그 위촉을 받은 의사의 임검(臨檢)이나 검진을 거절, 방해 또는 기피하고 그 심문

에 대하여 진술을 하지 아니하거나 거짓된 진술을 하며 장부·서류를 제출하지 아니하거나 거짓 장부·서류를 제출한 자

② 제1항에 따른 과태료는 대통령령으로 정하는 바에 따라 노동부장관이 부과·징수한다.

③ 제2항에 따른 과태료 처분에 불복하는 자는 그 처분을 고지받은 날부터 30일 이내에 노동부장관에게 이의를 제기할 수 있다.

④ 제2항에 따른 과태료 처분을 받은 자가 제3항에 따라 이의를 제기하면 노동부장관은 지체 없이 관할 법원에 그 사실을 통보하여야 하며, 그 통보를 받은 관할 법원은 '비송사건절차법'에 따른 과태료 재판을 한다.

⑤ 제3항에 따른 기간 이내에 이의를 제기하지 아니하고 과태료를 내지 아니하면 국세 체납처분의 예에 따라 징수한다.

부칙 〈제8372호, 2007.4.11.〉

제1조(시행일) 이 법은 공포한 날부터 시행한다. 다만 부칙 제16조제24항의 개정규정은 2007년 4월 12일부터 시행하고, 제12조, 제13조, 제17조, 제21조, 제23조제1항, 제24조제3항, 제25조제1항, 제27조부터 제33조까지, 제37조제1항, 제38조, 제43조, 제45조, 제64조제3항, 제77조, 제107조, 제110조제1호, 제111조, 제112조, 제114조, 제116조 및 부칙 제16조제9항의 개정규정은 2007년 7월 1일부터 시행하며, 부칙 제16조제21항의 개정규정은 2007년 7월 20일부터 시행한다.

제2조(시행일에 관한 경과조치) 부칙 제1조 단서에 따라 제12조, 제13조, 제17조, 제21조, 제23조제1항, 제24조제3항, 제25조제1항, 제28조, 제37조제1항, 제38조, 제43조, 제45조, 제77조, 제107조, 제110조제1호 및 제114조의 개정규정이 시행되기 전까지는 그에 해당하는 종전의 제11조, 제12조, 제24조, 제28조, 제30조제1항, 제31조제3항, 제31조의2제1항, 제33조, 제36조의2제1항, 제37조, 제42조, 제44조, 제77조, 제110조, 제113조제1호 및 제115조를 적용한다.

제3조(유효기간) 제16조의 개정규정은 2007년 6월 30일까지 효력을 가진다.

제4조(법률 제6974호 근로기준법중개정법률의 시행일) 법률 제6974호 근로기준법중개정법률의 시행일은 다음 각 호와 같다.

1. 금융·보험업, '정부투자기관 관리기본법' 제2조에 따른 정부투자기관, '지방공기업법' 제49조 및 같은 법 제76조에 따른 지방공사 및 지방공단, 국가·지방자치단체 또는 정부투자기관이 자본금의 2분의 1 이상을 출자하거나 기본재산의 2분의 1 이상을 출연한 기관·단체와 그 기관·단체가 자본금의 2분의 1 이상을 출자하거나 기본재산의 2분의 1 이상을 출연한 기관·단체 및 상시 1,000명 이상의 근로자를 사용하는 사업 또는 사업장: 2004년 7월 1일

2. 상시 300명 이상 1,000명 미만의 근로자를 사용하는 사업 또는 사업장: 2005년 7월 1일

3. 상시 100명 이상 300명 미만의 근로자를 사용하는 사업 또는 사업장: 2006년 7월 1일

4. 상시 50명 이상 100명 미만의 근로자를 사용하는 사업 또는 사업장: 2007년 7월 1일

5. 상시 20명 이상 50명 미만의 근로자를 사용하는 사업 또는 사업장: 2008년 7월 1일

6. 상시 20명 미만의 근로자를 사용하

는 사업 또는 사업장, 국가 및 지방자치 단체의 기관: 2011년을 초과하지 아니 하는 기간 이내에서 대통령령으로 정하 는 날

제5조(법률 제6974호 근로기준법중개정 법률의 적용에 관한 특례) 사용자가 부 칙 제4조에 따른 시행일 전에 근로자의 과반수로 조직된 노동조합이 있는 경우 에는 그 노동조합, 근로자의 과반수로 조직된 노동조합이 없는 경우에는 근로 자의 과반수의 동의를 얻어 노동부령으 로 정하는 바에 따라 노동부장관에게 신고한 경우에는 부칙 제4조에 따른 시 행일 전이라도 이를 적용할 수 있다.

제6조(연장근로에 관한 특례) ① 부칙 제 4조 각 호의 시행일(부칙 제5조에 따라 노동부장관에게 신고한 경우에는 적용일 을 말한다. 이하 같다)부터 3년간은 제53 조제1항 및 제59조제1항을 적용할 때 '12 시간'을 각각 '16시간'으로 본다.

② 제1항을 적용할 때 최초의 4시간에 대하여는 제56조 중 '100분의 50'을 '100분의 25'로 본다.

제7조(임금보전 및 단체협약의 변경 등) ① 사용자는 법률 제6974호 근로기준법 중개정법률의 시행으로 인하여 기존의 임금수준 및 시간당 통상임금이 저하되 지 아니하도록 하여야 한다.

② 근로자·노동조합 및 사용자는 법률 제6974호 근로기준법중개정법률의 시행 과 관련하여 단체협약 유효기간의 만료 여부를 불문하고 가능한 빠른 시일 내에 단체협약, 취업규칙 등에 임금보전방안 및 같은 법의 개정사항이 반영되도록 하 여야 한다.

③ 제1항 및 제2항을 적용할 때 임금항 목 또는 임금 조정방법은 단체협약, 취 업규칙 등을 통하여 근로자·노동조합 및 사용자가 자율적으로 정한다.

제8조(연차 및 월차 유급휴가에 관한 경 과조치) 법률 제6974호 근로기준법중개 정법률 시행일 전에 발생한 월차 유급 휴가 및 연차 유급휴가에 대하여는 종 전의 규정에 따른다.

제9조(지연이자에 관한 적용례) 법률 제 7465호 근로기준법 일부개정법률 제36 조의2의 개정규정은 같은 법 시행 후 최초로 지급사유가 발생하는 경우부터 적용한다.

제10조(유산 또는 사산에 따른 보호휴 가 등에 관한 적용례) 법률 제7566호 근로기준법 일부개정법률 제72조제2항 및 제3항의 개정규정은 같은 법 시행 후 최초로 출산·유산 또는 사산하는 여성근로자부터 적용한다.

제11조(우선 재고용 등에 관한 적용례) 제25조제1항의 개정규정은 법률 제8293 호 근로기준법 일부개정법률의 시행일 인 2007년 7월 1일 이후 최초로 발생한 경영상 이유에 따른 해고부터 적용한다.

제12조(부당해고 등에 대한 구제에 관한 적용례) 제28조부터 제33조까지, 제111조 및 제112조의 개정규정은 법률 제8293호 근로기준법 일부개정법률의 시행일인 2007년 7월 1일 이후 최초로 발생한 부 당해고 등부터 적용한다.

제13조(임금채권 우선변제에 관한 경과 조치) ① 법률 제5473호 근로기준법중 개정법률 제37조제2항제2호의 개정규정 에도 불구하고 같은 법 시행 전에 퇴직 한 근로자의 경우에는 1989년 3월 29일 이후의 계속 근로연수에 대한 퇴직금을 우선변제의 대상으로 한다.

② 법률 제5473호 근로기준법중개정법 률 제37조제2항제2호의 개정규정에도 불구하고 같은 법 시행 전에 채용된 근 로자로서 같은 법 시행 후 퇴직하는 근 로자의 경우에는 1989년 3월 29일 이후

부터 같은 법 시행 전까지의 계속 근로연수에 대한 퇴직금에 같은 법 시행 후의 계속 근로연수에 대하여 발생하는 최종 3년간의 퇴직금을 합산한 금액을 우선변제의 대상으로 한다.

③ 제1항 및 제2항에 따라 우선변제의 대상이 되는 퇴직금은 계속 근로연수 1년에 대하여 30일분의 평균임금으로 계산한 금액으로 한다.

④ 제1항 및 제2항에 따라 우선변제의 대상이 되는 퇴직금은 250일분의 평균임금을 초과할 수 없다.

제14조(처분 등에 관한 일반적 경과조치) 이 법 시행 당시 종전의 규정에 따른 행정기관의 행위나 행정기관에 대한 행위는 그에 해당하는 이 법에 따른 행정기관의 행위나 행정기관에 대한 행위로 본다.

제15조(벌칙에 관한 경과조치) 이 법 시행 전의 행위에 대하여 벌칙 규정을 적용할 때에는 종전의 규정에 따른다.

제16조(다른 법률의 개정) ① 建設勤勞者의 雇傭改善 등에 관한 法律 일부를 다음과 같이 개정한다.

제2조제2호 중 '勤勞基準法 第14條'를 '근로기준법 제2조'로 한다.

② 경제자유구역의 지정 및 운영에 관한 법률 일부를 다음과 같이 개정한다.

제17조제4항 중 '근로기준법 제54조 및 제71조'를 '근로기준법 제55조 및 제73조'로 한다.

③ 고령자고용촉진법 일부를 다음과 같이 개정한다.

제2조제3호 중 '第14條'를 '제2조'로 한다.

제21조제2항 중 '同法 第59條'를 '같은 법 제60조'로 한다.

④ 고용정책기본법 일부를 다음과 같이 개정한다.

제27조제1항 단서 중 '제31조제4항'을 '제24조제4항'으로 한다.

⑤ 국세기본법 일부를 다음과 같이 개정한다.

제35조제1항제5호 중 '第37條'를 '제38조'로 한다.

⑥ 근로자직업능력개발법 일부를 다음과 같이 개정한다.

제9조제4항 중 '근로기준법 제49조'를 '근로기준법 제50조'로 하고, 제20조제2항제4호 중 '근로기준법 제57조 및 제59조'를 '근로기준법 제60조'로 한다.

⑦ 勤勞者參與 및 協力增進에 관한 法律 일부를 다음과 같이 개정한다.

제3조제2호 중 '勤勞基準法 第14條'를 '근로기준법 제2조'로 하고, 같은 조 제3호 중 '勤勞基準法 第15條'를 '근로기준법 제2조'로 한다.

⑧ 근로자퇴직급여 보장법 일부를 다음과 같이 개정한다.

제2조제1호 중 '근로기준법 제14조'를 '근로기준법 제2조'로 하고, 같은 조 제2호 중 '근로기준법 제15조'를 '근로기준법 제2조'로 하며, 같은 조 제3호 중 '근로기준법 제18조'를 '근로기준법 제2조'로 하고, 같은 조 제4호 중 '근로기준법 제19조'를 '근로기준법 제2조'로 한다.

⑨ 법률 제8074호 기간제 및 단시간근로자보호 등에 관한 법률 일부를 다음과 같이 개정한다.

제2조제2호 중 '제21조'를 '제2조'로 한다.

제6조제1항 전단 중 '제20조'를 '제2조'로 한다.

⑩ 남녀고용평등법 일부를 다음과 같이 개정한다.

제18조제1항 중 '근로기준법 제72조'를 '근로기준법 제74조'로 하고, 같은 조 제2항 중 '근로기준법 제72조제3항'을 '근로기준법 제74조제3항'으로 한다.

⑪ 노동위원회법 일부를 다음과 같이 개정한다.

제16조의3제1항 중 '제33조'를 '제28조'로 한다.

⑫ 별정우체국법 일부를 다음과 같이 개정한다.

제29조제1항 중 '勤勞基準法 第34條'를 '근로기준법 제34조'로 한다.

⑬ 병역법 일부를 다음과 같이 개정한다.

제41조제1항 중 '근로기준법 제33조제1항'을 '근로기준법 제28조제1항'으로 한다.

⑭ 社內勤勞福祉基金法 일부를 다음과 같이 개정한다.

제2조제1호 중 '勤勞基準法 第14條'를 '근로기준법 제2조'로 하고, 같은 조 제2호 중 '勤勞基準法 第15條'를 '근로기준법 제2조'로 한다.

⑮ 산업안전보건법 일부를 다음과 같이 개정한다.

제2조제2호 중 '第14條'를 '제2조'로 한다.

제51조제1항 중 '근로기준법 제104조'를 '근로기준법 제101조'로 한다.

⑯ 석탄산업법 일부를 다음과 같이 개정한다.

제39조의3제1항제1호 중 '근로기준법 제19조'를 '근로기준법 제2조'로 하고, 같은 조 제2항 중 '근로기준법 제37조제2항'을 '근로기준법 제38조제2항'으로 한다.

⑰ 선원법 일부를 다음과 같이 개정한다.

제5조제1항 중 '근로기준법 第2條 내지 第9條·第14條 내지 第16條·第36條·第37條·第39條·第66條·第110條(第6條·第7條·第8條 또는 第39條의 規定에 위반한 경우에 한한다)·第112條(第36條의 規定에 위반한 경우에 한한다)·第113條(第9條의 規定에 위반한 경우에 한한다) 및 第115條(第5條의 規定에 위반한 경우에 한한다)'를 '근로기준법 제2조제1호부터 제3호까지, 제3조부터 제10조까지, 제36조, 제38조, 제40조, 제68조, 제107조(제7조부터 제9조까지 또는 제40조를 위반한 경우에 한정한다), 제109조(제36조를 위반한 경우로 한정한다), 제110조(제10조를 위반한 경우로 한정한다) 및 제114조(제6조를 위반한 경우로 한정한다)'로 하고, 제51조의2제5항 중 '근로기준법 제37조제2항'을 '근로기준법 제38조제2항'으로 한다.

⑱ 임금채권보장법 일부를 다음과 같이 개정한다.

제2조제1호 중 '勤勞基準法 第14條'를 '근로기준법 제2조'로 하고, 같은 조 제3호 중 '勤勞基準法 第18條·第34條 및 第45條'를 '근로기준법 제2조, 제34조 및 제46조'로 한다.

제6조제2항제1호 중 '근로기준법 제37조제2항제1호'를 '근로기준법 제38조제2항제1호'로 하고, 같은 항 제2호 중 '勤勞基準法 第45條'를 '근로기준법 제46조'로 한다.

제7조제2항 중 '근로기준법 제37조제2항'을 '근로기준법 제38조제2항'으로 한다.

⑲ 제주특별자치도 설치 및 국제자유도시 조성을 위한 특별법 일부를 다음과 같이 개정한다.

제141조 중 '근로기준법 제104조제1항'을 '근로기준법 제101조제1항'으로 한다.

⑳ 지방세법 일부를 다음과 같이 개정한다.

제31조제2항제5호 중 '근로기준법 第37條'를 '근로기준법 제38조'로 한다.

㉑ 법률 제8249호 직업안정법 일부개정법률 일부를 다음과 같이 개정한다.

제21조의3제2항 중 '근로기준법 제63조'를 '근로기준법 제65조'로 한다.

㉒ 최저임금법 일부를 다음과 같이 개정한다.

제2조 중 '勤勞基準法 第14條, 第15條 및

第18條'를 '근로기준법 제2조'로 한다.

제5조제2항제2호 중 '근로기준법 제61조제3호'를 '근로기준법 제63조제3호'로 한다.

㉓ 파견근로자보호 등에 관한 법률 일부를 다음과 같이 개정한다.

제8조제3호 중 '勤勞基準法 第6條·第8條·第27條 내지 第29條·第36條·第42條 내지 第45條·第55條·第62條'를 '근로기준법 제7조, 제9조, 제20조부터 제22조까지, 제36조, 제43조부터 제46조까지, 제56조 및 제64조'로 한다.

제16조제2항 중 '勤勞基準法 第31條'를 '근로기준법 제24조'로 한다.

제34조제1항 본문 중 '勤勞基準法 第15條'를 '근로기준법 제2조'로 하고, 같은 항 단서 중 '同法 第22條 내지 第36條·第38條·第40條 내지 第47條·第55條·第59條·第62條·第64條 내지 第66條·第74條·第81條 내지 第95條'를 '같은 법 제15조부터 제36조까지, 제39조, 제41조부터 제48조까지, 제56조, 제60조, 제64조, 제66조부터 제68조까지 및 제78조부터 제92조까지'로, '同法 第49條 내지 第54條·第56條 내지 第58條·第60條·第61條·第67條 내지 第73條 및 第75條'를 '같은 법 제50조부터 제55조까지, 제58조, 제59조, 제62조, 제63조 및 제69조부터 제75조까지'로 한다.

제34조제2항 후단 중 '勤勞基準法 第42條 및 第66條'를 '근로기준법 제43조 및 제68조'로 하고, '同法 第15條'를 '같은 법 제2조'로 한다.

제34조제3항 중 '勤勞基準法 第54條·第57條·第71條·第72條第1項'을 '근로기준법 제55조, 제73조 및 제74조제1항'으로 한다.

㉔ 법률 제8236호 한국주택금융공사법 일부개정법률 일부를 다음과 같이 개정한다.

제43조의4제2항제2호 중 '근로기준법 제37조제2항'을 '근로기준법 제38조제2항'으로 한다.

제17조(다른 법령과의 관계) 이 법 시행 당시 다른 법령에서 종전의 '근로기준법' 또는 그 규정을 인용한 경우에 이 법 가운데 그에 해당하는 규정이 있으면 종전의 규정을 갈음하여 이 법 또는 이 법의 해당 규정을 인용한 것으로 본다.

부칙(가족관계의 등록 등에 관한 법률) 〈제8435호, 2007.5.17.〉

제1조(시행일) 이 법은 2008년 1월 1일부터 시행한다. <단서 생략>

제2조부터 제7조까지 생략

제8조(다른 법률의 개정) ①부터 ⑥까지 생략

⑦ 근로기준법 일부를 다음과 같이 개정한다.

제66조 중 '호적증명서'를 '가족관계기록사항에 관한 증명서'로 한다.

⑧부터 ㊴까지 생략

제9조 생략

부칙〈제8561호, 2007.7.27〉

이 법은 공포 후 6개월이 경과한 날부터 시행한다.

부칙(남녀고용평등과 일·가정 양립지원에 관한 법률) 〈제8781호, 2007. 12.21.〉

제1조(시행일) 이 법은 공포 후 6개월이 경과한 날부터 시행한다. <단서 생략>

제2조(다른 법률의 개정) ① 근로기준법 일부를 다음과 같이 개정한다.

제74조제3항 단서 중 '남녀고용평등법'을 '남녀고용평등과 일·가정 양립지원에 관한 법률'로 한다.

② 생략

제3조 생략

별표

● 모자보건법
[일부개정 2007.4.11. 법률 제8366호]

第1條(目的) 이 法은 母性의 生命과 건강을 보호하고 건전한 자녀의 出産과 養育을 도모함으로써 國民保健向上에 이바지함을 目的으로 한다.

第2條(定義) 이 法에서 사용하는 用語의 定義는 다음과 같다. <개정 1987. 11.28, 1999.2.8, 2005.12.7.>
1. '姙産婦'라 함은 姙娠 중에 있거나 分娩 후 6個月 미만의 女子를 말한다.
2. '영幼兒'라 함은 出生 후 6年 미만의 者를 말한다.
3. '新生兒'라 함은 出生 후 28日 미만의 영幼兒를 말한다.
4. '未熟兒'라 함은 身體의 發育이 未熟한 채로 출생한 영幼兒로서 大統領令으로 정하는 기준에 해당하는 者를 말한다.
5. '先天性異常兒'라 함은 先天性 奇形·變形 및 染色體 이상을 지닌 영幼兒로서 大統領令으로 정하는 기준에 해당하는 者를 말한다.
6. '不姙手術'이라 함은 生殖腺을 제거하지 아니하고 生殖할 수 없게 하는 手術을 말한다.
7. '避姙施術'이라 함은 不姙手術과 人體안에 避姙藥劑 또는 避姙器具를 넣어 一定期間 이상 避姙하도록 하는 施術行爲를 말한다.
8. '人工姙娠中絶手術'이라 함은 胎兒가 母體 밖에서는 生命을 유지할 수 없는 時期에 胎兒와 그 附屬物을 人工的으로 母體 밖으로 排出시키는 手術을 말한다.
9. '母子保健事業'이라 함은 姙産婦 또는 영幼兒에게 전문적인 醫療奉仕를 함으로써 身體的·精神的 건강을 유지하게 하는 事業을 말한다.
10. '家族計劃事業'이라 함은 家族의 건강과 家庭福祉의 增進을 위하여 受胎調節에 관한 전문적인 醫療奉仕·啓蒙 또는 敎育을 하는 事業을 말한다.
11. '母子保健要員'이라 함은 醫師·助産師·看護師의 免許를 받은 者 또는 看護助務士의 資格을 인정받은 者로서 母子保健事業 및 家族計劃事業에 종사하는 者를 말한다.
12. '산후조리업(産後調理業)'이라 함은 산후조리 및 요양 등에 필요한 인력과 시설을 갖춘 곳(이하 '산후조리원'이라 한다)에서 분만 직후의 임산부 또는 출생 직후의 영유아에게 급식·요양 그 밖의 일상생활에 필요한 편의를 제공하는 업을 말한다.

第3條(國家와 地方自治團體의 責任)
① 國家와 地方自治團體는 母性과 영幼兒의 건강을 유지·增進하기 위하여 필요한 措置를 하여야 한다.
② 國家와 地方自治團體는 母子保健事業 및 家族計劃事業에 관한 施策을 강구하여 國民保健向上에 이바지하도록 노력하여야 한다.

제3조의2(임산부의 날) 임신과 출산의 중요성을 고취하기 위하여 10월 10일을 임산부의 날로 정한다.
[본조신설 2005.12.7.]

第4條(母性 등의 義務) ① 母性은 姙娠·分娩·授乳 등에 있어서 자신의 건강에 대한 올바른 理解와 關心을 가

지고 그 健康管理에 노력하여야 한다.

② 영幼兒의 親權者·後見人 기타 영幼兒를 보호하고 있는 者(이하 '保護者'라 한다)는 育兒에 대한 올바른 理解를 가지고 영幼兒의 건강의 유지·增進에 적극적으로 노력하여야 한다.

第5條(事業計劃의 수립 및 調整)

① 保健福祉部長官은 大統領令이 정하는 바에 따라 母子保健事業 및 家族計劃事業에 관한 施策을 綜合·調整하고 그에 관한 基本計劃을 수립하여야 한다. <개정 1997.12.13.>

② 관계中央行政機關의 長 및 地方自治團體의 長은 第1項의 基本計劃의 施行에 필요한 細部計劃을 수립·施行하여야 한다.

第6條(母子保健審議會)

① 保健福祉部長官의 諮問에 응하여 母子保健事業 및 家族計劃事業에 관한 중요한 사항을 審議하기 위하여 保健福祉部에 母子保健審議會를 둔다. <개정 1997.12.13.>

② 母子保健審議會의 구성과 운영에 관하여 필요한 사항은 大統領令으로 정한다.

第7條(母子保健機構의 設置)

① 國家와 地方自治團體는 母子保健事業 및 家族計劃事業에 관한 다음 사항을 管掌하기 위하여 母子保健機構를 設置·운영할 수 있다. 이 경우 地方自治團體가 母子保健機構를 設置하는 때에는 당해 地方自治團體가 設置한 保健所 안에 設置함을 원칙으로 한다.

1. 姙産婦의 産前·産後管理 및 分娩管理와 應急處置에 관한 사항

2. 영幼兒의 健康管理 및 豫防接種 등에 관한 사항

3. 避姙施術에 관한 사항

4. 婦人科疾病 및 그에 관련되는 疾病의 豫防에 관한 사항

5. 心身障碍兒의 發生豫防 및 健康管理에 관한 사항

6. 보건에 관한 指導·敎育·研究·弘報 및 統計管理 등에 관한 사항

② 第1項의 規定에 의한 母子保健機構의 設置基準 및 운영에 관하여 필요한 사항은 大統領令으로 정한다.

③ 國家는 第1項 各號의 사항을 大統領令이 정하는 바에 따라 醫療法人 또는 非營利法人에 委託하여 수행할 수 있다.

第8條(姙産婦의 申告 등)

① 姙産婦로서 이 法에 의한 보호를 받고자 하는 경우에는 本人 또는 그 保護者가 保健福祉部令이 정하는 바에 따라 保健所 또는 醫療機關(이하 '保健機關'이라 한다)에 姙娠 또는 分娩의 사실을 申告하여야 한다. <개정 1997.12.13.>

② 保健機關의 長은 第1項의 規定에 의한 申告를 받은 후 이를 종합하여 保健福祉部令이 정하는 바에 따라 市長·郡守·區廳長(自治區의 區廳長을 말한다. 이하 같다)에게 보고하여야 한다. <개정 1997.12.13, 1999.2.8.>

③ 保健機關의 長은 당해 保健機關에서 姙産婦가 死亡하거나 死産한 때 또는 新生兒가 死亡한 때에는 保健福祉部令이 정하는 바에 따라 市長·郡守·區廳長에게 보고하여야 한다. <개정 1997.12.13, 1999.2.8.>

④ 保健機關의 長은 당해 保健機關에서 未熟兒 혹은 先天性異常兒가 出生한 때에는 保健福祉部令이 정하는 바에 따라 保健所長에게 보고하여야 한다. <신설 1999.2.8.>

⑤ 第4項의 規定에 의한 未熟兒 및 先天性異常兒(이하 '未熟兒 등'이라 한다)를 보고받은 保健所長은 그 保護者가 당해 管轄區域 안에 住所를 가지고 있지 아니한 경우에는 그 保護者 住所地의 管轄保健所長에게 그 出生報告를 移送하여야 한다. <신설 1999.2.8.>

第9條(母子保健手帖의 발급) ① 市長·郡守·區廳長은 第8條第1項의 規定에 의하여 申告된 姙産婦 또는 영幼兒에 대하여 母子保健手帖을 발급하여야 한다. <개정 1999.2.8.>
② 第1項의 母子保健手帖의 發給節次 등에 관하여 필요한 사항은 保健福祉部令으로 정한다. <개정 1997.12.13.>

第9條의2(未熟兒 등에 대한 등록카드) 第8條第4項 및 第5項의 規定에 의하여 未熟兒 등의 出生報告를 받은 保健所長은 保健福祉部令이 정하는 바에 따라 未熟兒 등에 대하여 등록카드를 작성·관리하여야 한다.
[본조신설 1999.2.8.]

第10條(姙産婦·영幼兒·未熟兒 등의 健康管理 등〈개정 1999.2.8.〉)
① 市長·郡守·區廳長은 姙産婦·영幼兒·未熟兒 등에 대하여 大統領令이 정하는 바에 따라 定期的으로 健康診斷·豫防接種을 실시하거나 母子保健要員으로 하여금 그 家庭을 訪問하여 保健診療를 하게 하는 등 保健管理에 관하여 필요한 措置를 하여야 한다. <개정 1999.2.8.>
② 市長·郡守·區廳長은 姙産婦·영幼兒·未熟兒 등 중 入院診療를 요하는 者에게 다음의 醫療支援을 할 수 있다. <개정 1999.2.8.>

1. 診察
2. 藥劑 또는 治療材料의 支給
3. 處置·手術 기타의 治療
4. 醫療施設에의 收容
5. 看護
6. 移送

第11條(安全分娩 措置) 市長·郡守·區廳長은 姙産婦의 安全分娩과 건강을 위하여 醫療機關에의 入院이 필요하다고 인정하는 경우에는 醫療機關에 入院하게 하여야 하며, 家庭에서 分娩하고자 하는 경우에는 母子保健要員으로 하여금 助産하게 하여야 한다. <개정 1999.2.8.>

第12條(避姙施術 및 避姙藥劑의 보급) 保健福祉部長官 또는 市長·郡守·區廳長은 保健福祉部令이 정하는 바에 따라 願하는 者에게 避姙施術을 행하거나 避姙藥劑를 보급할 수 있다. <개정 1997. 12.13, 1999.2.8.>

第13條(避姙施術者의 資格) 避姙施術은 醫師 또는 保健福祉部이 정하는 소정의 敎育課程을 마친 助産師 또는 看護師가 아니면 이를 할 수 없다. 이 경우 助産師 또는 看護師의 避姙施術行爲는 保健福祉部長官이 인정하는 범위 안의 施術에 한한다. <개정 1987.11.28, 1997.12.13.>

第14條(人工姙娠中絶手術의 許容限界) ① 醫師는 다음 各號의 1에 해당되는 경우에 한하여 本人과 配偶者(사실상의 婚姻關係에 있는 者를 포함한다. 이하 같다)의 同意를 얻어 人工姙娠中絶手術을 할 수 있다.
1. 本人 또는 配偶者가 大統領令이 정하는 優生學的 또는 遺傳學的 精神障碍나 身體疾患이 있는 경우

2. 本人 또는 配偶者가 大統領令이 정하는 傳染性 疾患이 있는 경우

3. 强姦 또는 準强姦에 의하여 姙娠된 경우

4. 法律上 婚姻할 수 없는 血族 또는 姻戚間에 姙娠된 경우

5. 姙娠의 지속이 保健醫學的 이유로 母體의 건강을 심히 해하고 있거나 해할 우려가 있는 경우

② 第1項의 경우에 配偶者의 死亡·失踪·行方不明 기타 부득이한 사유로 인하여 同意를 얻을 수 없는 경우에는 本人의 同意만으로 그 手術을 행할 수 있다.

③ 第1項의 경우에 本人 또는 配偶者가 心身障碍로 意思表示를 할 수 없는 때에는 그 親權者 또는 後見人의 同意로, 親權者 또는 後見人이 없는 때에는 扶養義務者의 同意로 각각 그 同意에 갈음할 수 있다.

제15조(산후조리업의 신고) ① 산후조리업을 하고자 하는 자는 산후조리원의 운영에 필요한 간호사 또는 간호조무사 등의 인력과 시설을 갖추고 시장·군수·구청장에게 신고하여야 한다. 신고한 사항 중 보건복지부령이 정하는 중요 사항을 변경하고자 하는 때에도 또한 같다.

② 제1항의 규정에 따른 인력·시설기준, 신고의 방법 및 절차는 보건복지부령으로 정한다.
[본조신설 2005.12.7.]

제15조의2(결격사유) 다음 각 호의 어느 하나에 해당하는 자는 산후조리원을 설치·운영하거나 이에 종사할 수 없다.

1. 미성년자·금치산자 또는 한정치산자
2. '정신보건법' 제3조제1호에 따른 정신질환자

3. '마약류관리에 관한 법률'에 따른 마약류 중독자

4. 이 법을 위반하여 금고 이상의 실형을 선고받고 그 집행이 종료(집행이 종료된 것으로 보는 경우를 포함한다)되거나 집행이 면제된 날부터 3년이 경과하지 아니한 자

5. 이 법을 위반하여 형의 집행유예 선고를 받고 그 유예기간 중에 있는 자

6. 제15조의9의 규정에 따라 산후조리원의 폐쇄명령을 받고 1년이 경과되지 아니한 자

7. 대표자가 제1호 내지 제6호의 어느 하나에 해당하는 법인
[본조신설 2005.12.7.]

제15조의3(산후조리업의 승계) ① 제15조 제1항의 규정에 따라 산후조리업의 신고를 한 자(이하 '산후조리업자'라 한다)가 산후조리업을 양도하거나 사망한 때 또는 법인의 합병이 있는 때에는 양수인·상속인 또는 합병 후 신설되거나 존속하는 법인은 산후조리업자의 지위를 승계한다.

② 제1항의 규정에 따라 산후조리업자의 지위를 승계한 자는 1월 이내에 보건복지부령이 정하는 바에 따라 시장·군수·구청장에게 신고하여야 한다.
[본조신설 2005.12.7.]

제15조의4(산후조리업자의 준수사항) 산후조리업자는 임산부 및 영유아의 건강 및 위생 관리와 위해방지 등을 위하여 다음 각 호에서 정하는 사항을 지켜야 한다.

1. 보건복지부령이 정하는 바에 따라 건강기록부를 비치하여 임산부와 영유아의 건강상태를 기록하고 이를 관리할 것

2. 감염 또는 질병을 예방하기 위하여 소독 등 필요한 조치를 취할 것
3. 임산부 또는 영유아에게 감염 또는 질병이 의심되거나 발생하는 때에는 즉시 의료기관으로 이송하는 등 필요한 조치를 취할 것
[본조신설 2005.12.7.]

제15조의5(건강진단) ① 산후조리업에 종사하는 자는 건강진단을 받아야 한다. 다만 다른 법령의 규정에 따라 같은 내용의 건강진단을 받은 경우에는 이 법에 따른 건강진단을 받은 것으로 갈음할 수 있다.
② 산후조리업자는 제1항의 규정에 의한 건강진단을 받지 아니한 자와 타인에게 위해를 끼칠 우려가 있는 질병이 있는 자로 하여금 산후조리업에 종사하도록 하여서는 아니 된다.
③ 제1항의 규정에 따른 산후조리업에 종사하는 자의 범위·건강진단의 실시방법 및 제2항의 규정에 따른 질병의 종류는 각각 대통령령으로 정한다.
[본조신설 2005.12.7.]

제15조의6(산후조리 교육) ① 산후조리업자는 보건복지부령이 정하는 바에 따라 감염예방 등에 관한 교육을 정기적으로 받아야 한다.
② 제15조제1항의 규정에 따라 산후조리업의 신고를 하고자 하는 자는 미리 제1항의 규정에 따른 교육을 받아야 한다. 다만 질병이나 부상으로 입원 중인 경우 등 부득이한 사유로 신고 전에 교육을 받을 수 없는 경우에는 보건복지부령이 정하는 바에 따라 당해 산후조리업을 개시한 후 교육을 받아야 한다.
[본조신설 2005.12.7.]

제15조의7(보고·출입·검사 등) ① 시장·군수·구청장은 필요하다고 인정하는 때에는 산후조리업자에 대하여 필요한 보고를 하게 하거나 소속공무원으로 하여금 산후조리원에 출입하여 산후조리업자의 준수사항의 이행 등에 대하여 검사하게 하거나 건강기록부 등의 서류를 열람하게 할 수 있다.
② 제1항의 규정에 따라 출입·검사 또는 열람하고자 하는 공무원은 그 권한을 표시하는 증표를 지니고 이를 관계인에게 내보여야 한다.
[본조신설 2005.12.7.]

제15조의8(시정명령) 시장·군수·구청장은 산후조리업자가 다음 각 호의 어느 하나에 해당하는 경우에는 보건복지부령이 정하는 바에 따라 산후조리업자에게 기간을 정하여 시정을 명할 수 있다.
1. 제15조의 규정에 따른 인력 및 시설을 갖추지 아니한 경우
2. 제15조의2의 규정을 위반하여 결격사유가 있는 자를 종사하도록 한 경우
3. 제15조의4의 규정에 따른 준수사항을 지키지 아니한 경우
4. 제15조의5제2항의 규정에 따른 건강진단을 받지 아니하거나 타인에게 위해를 끼칠 우려가 있는 질병이 있는 자를 종사하도록 한 경우
5. 제15조의14제1항의 규정에 따른 '산후조리원'이라는 문자를 사용하지 아니한 경우
[본조신설 2005.12.7.]

제15조의9(산후조리원의 폐쇄 등) ① 시장·군수·구청장은 산후조리업자가 제15조의8의 규정에 따른 시정명령을 위반한 경우 6월 이내의 기간을 정하여 산후조리업의 정지를 명하거나 산후조리

원의 폐쇄를 명할 수 있다.

② 시장·군수·구청장은 산후조리업자가 다음 각 호의 어느 하나에 해당하는 경우에는 산후조리원의 폐쇄를 명하여야 한다.

1. 제1항의 규정에 따른 정지기간 중 산후조리업을 계속 영위한 경우

2. 제15조의2 각 호의 어느 하나에 해당하는 경우. 다만 제15조의2제7호에 해당하게 된 법인이 3월 이내에 그 대표자를 개임하는 경우에는 그러하지 아니하다.

③ 시장·군수·구청장은 산후조리업자가 제1항 및 제2항의 규정에 따라 폐쇄명령을 받은 후 계속하여 산후조리업을 영위하는 때에는 관계 공무원으로 하여금 당해 업소를 폐쇄하기 위하여 다음 각 호의 조치를 하도록 할 수 있다.

1. 당해 산후조리원의 간판 그 밖의 업소표지물의 제거

2. 당해 산후조리원이 위법한 업소임을 알리는 게시물 등의 부착

3. 당해 산후조리업을 영위하기 위하여 필수불가결한 기구 또는 시설물을 사용할 수 없게 하는 봉인

④ 제1항 및 제2항의 규정에 따라 산후조리원의 폐쇄명령을 받은 후 6월이 지나지 아니한 경우에는 누구든지 동일한 장소에서 산후조리업을 할 수 없다.

⑤ 제1항 및 제2항의 규정에 따른 산후조리업의 정지명령과 산후조리원 폐쇄명령의 세부적인 기준은 그 위반행위의 유형과 위반의 정도 등을 감안하여 대통령령으로 정한다.

[본조신설 2005.12.7.]

제15조의10(산후조리업의 폐업·휴업 및 재개의 신고) 산후조리업자가 산후조리업을 폐업·휴업 또는 재개하고자 하는 경우 미리 보건복지부령이 정하는 바에 따라 시장·군수·구청장에게 신고하여야 한다.

[본조신설 2005.12.7.]

제15조의11(과징금) ① 시장·군수·구청장은 제15조의9제1항의 규정에 따른 산후조리업의 정지명령이 산후조리원의 이용자에게 심한 불편을 주거나 줄 우려가 있는 경우에는 산후조리업의 정지명령에 갈음하여 3천만 원 이하의 과징금을 부과할 수 있다.

② 제1항의 규정에 따라 과징금 부과처분을 받은 자가 과징금을 기한 이내에 납부하지 아니한 경우에는 대통령령이 정하는 바에 따라 제1항의 규정에 따른 과징금 부과처분을 취소하고 제15조의9제1항의 규정에 따라 산후조리업의 정지를 명령하여야 한다. 다만 제15조의10의 규정에 따른 폐업 등으로 제15조의9의 규정에 따른 산후조리업의 정지를 명령할 수 없는 경우에는 지방세체납처분의 예에 따라 이를 징수한다.

③ 제1항의 규정에 따라 과징금을 부과하는 위반행위의 종별과 위반 정도 등에 따른 금액은 대통령령으로 정한다.

[본조신설 2005.12.7.]

제15조의12(행정제재처분 효과의 승계)

① 산후조리업자가 산후조리업을 양도하거나 사망한 때 또는 법인의 합병이 있는 때에는 제15조의9의 규정에 따라 종전의 산후조리업자에 대하여 행한 행정제재처분의 효과는 양수인·상속인 또는 합병 후 신설되거나 존속하는 법인에 승계된다.

② 산후조리업자가 산후조리업을 양도하거나 사망한 때 또는 법인의 합병이 있는 때에는 제15조의9의 규정에 따라 종전의 산후조리업자에 대하여 진행 중

인 행정제재처분 절차를 양수인·상속인 또는 합병 후 신설되거나 존속하는 법인에 대하여 속행할 수 있다.
③ 제1항 및 제2항의 규정에 불구하고 양수인·상속인 또는 합병 후 신설되거나 존속하는 법인이 양수·상속 또는 합병이 있을 때 그 처분 또는 위반사실을 알지 못하였음을 증명하는 때에는 그러하지 아니하다.
[본조신설 2005.12.7.]

제15조의13(청문) 시장·군수·구청장이 제15조의9의 규정에 따라 산후조리원의 폐쇄명령을 하고자 하는 때에는 청문을 실시하여야 한다.
[본조신설 2005.12.7.]

제15조의14(명칭사용의 제한 등)
① 산후조리업자는 산후조리업을 영위하기 위하여 명칭을 사용함에 있어서 '산후조리원'이라는 문자를 사용하여야 한다.
② 이 법에 따라 개설된 산후조리원이 아니면 산후조리원 또는 이와 유사한 명칭을 사용하지 못한다.
[본조신설 2005.12.7.]

第16條(協會) ① 母子保健事業 및 출산지원에 관한 調査·硏究·敎育 및 弘報 등의 業務를 행하기 위하여 인구보건복지협회(이하 '협회'라 한다)를 둔다. <개정 1999.2.8, 2005.12.7.>
② 協會의 會員이 될 수 있는 者는 協會의 設立趣旨와 事業에 贊同하는 者로 한다.
③ 協會는 法人으로 한다.
④ 協會의 定款記載事項과 業務에 관하여 필요한 사항은 大統領令으로 정한다.
⑤ 協會에 관하여 이 法에 規定되지

아니한 사항은 民法 중 社團法人에 관한 規定을 準用한다.

第17條 삭제〈1999.2.8.〉

第18條 삭제〈1999.2.8.〉

第19條 삭제〈1994.12.22.〉

第20條(同一名稱의 사용 금지〈개정 1999.2.8.〉) 이 法에 의한 協會가 아닌 者는 인구보건복지협회와 동일한 명칭을 사용하지 못한다. <개정 1999.2.8, 2005.12.7.>

第21條(經費의 補助) ① 國家는 豫算의 범위 안에서 다음의 經費를 補助할 수 있다. <개정 1999.2.8.>
1. 母子保健機構(國家가 設置하는 경우를 제외한다. 이하 같다)의 設置에 소요되는 經費 및 附帶費用의 3分의 2 이내
2. 母子保健機構의 運營費의 2分의 1 이내
3. 第7條第3項의 規定에 의하여 業務를 委託받은 者의 委託받은 業務遂行에 소요되는 經費
4. 負擔能力이 없는 者에 대한 第10條第1項의 規定에 의한 健康診斷 등에 소요되는 經費
5. 負擔能力이 없는 者에 대한 第11條의 規定에 의한 助産經費의 2分의 1 이내
6. 負擔能力이 없는 者에 대한 第12條의 規定에 의한 避姙施術 중 不姙手術을 행하는 데 소요되는 經費
② 地方自治團體는 豫算의 범위 안에서 第1項第4號 내지 第6號의 經費 중 國家에서 補助하는 부분 외의 經費를 補助한다.

第22條(國有財産의 無償貸付) 國家는 協會에 대하여 필요하다고 인정하는 때에는 國有財産을 無償으로 貸付할 수 있다.

第23條(費用의 徵收) ① 市長·郡守·區廳長은 第11條 및 第12條의 規定에 의한 措置의 상대방으로부터 그 措置에 소요된 費用을 徵收할 수 있다. 다만 負擔能力이 없는 者에 대하여는 그러하지 아니하다. <개정 1999.2.8.>
② 第1項의 費用의 徵收에 관하여 필요한 사항은 保健福祉部令으로 정한다. <개정 1997.12.13.>

第24條(秘密漏泄의 금지) 母子保健事業 및 家族計劃事業에 종사하는 者는 이 法 또는 다른 法令에서 특별히 規定된 경우를 제외하고는 그 業務遂行上 알게 된 他人의 秘密을 누설하거나 公表하여서는 아니 된다.

第25條(權限의 委任) 保健福祉部長官은 이 法에 의한 權限의 일부를 大統領令이 정하는 바에 따라 特別市長·廣域市長 또는 道知事에게 委任할 수 있다. <개정 1997.12.13.>

제26조(벌칙) ① 다음 각 호의 어느 하나에 해당하는 자는 1년 이하의 징역 또는 1천만 원 이하의 벌금에 처한다.
1. 제13조의 규정을 위반하여 피임시술을 행한 자
2. 제15조제1항의 규정을 위반하여 신고 또는 변경신고를 하지 아니하고 산후조리업을 영위한 자
3. 제15조의5제2항의 규정을 위반하여 타인에게 위해를 끼칠 우려가 있는 질병이 있는 자를 산후조리업에 종사하도록 한 자
4. 제15조의9제1항 또는 제2항의 규정을 위반하여 산후조리업 정지명령 또는 폐쇄명령을 받고도 계속하여 산후조리업을 영위한 자
5. 제24조의 규정을 위반하여 비밀을 누설하거나 공표한 자
② 다음 각 호의 어느 하나에 해당하는 자는 300만 원 이하의 벌금에 처한다.
1. 제15조의3제2항의 규정을 위반하여 신고하지 아니한 자
2. 제15조의4제2호 또는 제3호의 규정을 위반하여 필요한 조치를 취하지 아니한 자
[전문개정 2005.12.7.]

제26조의2(양벌규정) 법인의 대표자 또는 법인이나 개인의 대리인·사용인 그 밖의 종업원이 그 법인 또는 개인의 업무에 관하여 제26조의 위반행위를 한 때에는 그 행위자를 벌하는 외에 그 법인 또는 개인에 대하여 해당 조의 벌금형을 과한다.
[본조신설 2005.12.7.]

第27條(過怠料) ① 다음 각 호의 어느 하나에 해당하는 자는 200만 원 이하의 과태료에 처한다. <개정 2005.12.7.>
1. 제15조의4제1호의 규정을 위반한 자
2. 제15조의5제1항의 규정을 위반한 자
3. 제15조의6제1항 또는 제2항의 규정을 위반한 자
4. 제15조의7제1항의 규정에 따른 보고를 하지 아니하거나 허위로 보고한 자 또는 공무원의 출입·검사 또는 열람을 거부·방해 또는 기피한 자
② 다음 각 호의 어느 하나에 해당하는 자는 100만 원 이하의 과태료에 처한다. <신설 2005.12.7.>

1. 제8조제3항의 규정을 위반한 보건기관의 장
2. 제15조의10의 규정을 위반하여 신고를 하지 아니한 산후조리업자
3. 제15조의14 또는 제20조의 규정을 위반한 자

③ 제1항 및 제2항의 規定에 의한 過怠料 중 第20條의 規定에 위반한 者에 대하여는 保健福祉部長官이, 제8조제3항·제15조의4 내지 제15조의7·제15조의10 또는 제15조의14의 規定에 위반한 者에 대하여는 市長·郡守·區廳長이 賦課·徵收하되 大統領令이 정하는 바에 의한다. <개정 1997.12.13, 1999.2.8, 2005.12.7.>

④ 제3항의 規定에 의한 過怠料處分에 불복이 있는 者는 그 處分이 있음을 안 날로부터 30日 이내에 保健福祉部長官 또는 市長·郡守·區廳長에게 異議를 제기할 수 있다. <개정 1997.12.13, 1999.2.8, 2005.12.7.>

⑤ 제3항의 規定에 의한 過怠料處分을 받은 者가 제4항의 規定에 의하여 異議를 제기한 때에는 保健福祉部長官 또는 市長·郡守·區廳長은 지체 없이 管轄法院에 그 사실을 통보하여야 하며, 그 통보를 받은 管轄法院은 非訟事件節次法에 의한 過怠料의 裁判을 한다. <개정 1997. 12.13, 1999.2.8, 2005.12.7.>

⑥ 제4항의 規定에 의한 期間 내에 異議를 제기하지 아니하고 過怠料를 납부하지 아니한 때에는 國稅滯納處分 또는 地方稅滯納處分의 예에 의하여 이를 徵收한다. <개정 2005.12.7.>

第28條(刑法의 適用排除) 이 法의 規定에 의한 人工姙娠中絶手術을 받은 者와 手術을 행한 者는 刑法 第269條第1項·第2項 및 同法 第270條第1項의 規定에 불구하고 處罰하지 아니한다.

第29條(醫療法의 適用排除) 이 法의 規定에 의한 母子保健要員 중 看護師 및 看護助務士가 第11條의 規定에 의하여 행한 助産行爲에 대하여는 '의료법' 제27조제1항의 無免許醫療行爲 등 금지 및 같은 법 제87조제2호의 罰則의 規定을 適用하지 아니한다. 第13條의 規定에 의한 避姙施術을 행하는 助産師 또는 看護師의 경우에도 또한 같다. <개정 1987.11.28, 2007.4.11.>

附則〈제3824호, 1986.5.10.〉
第1條(施行日) 이 法은 公布 후 6個月이 경과한 날로부터 施行한다.
第2條(大韓家族計劃協會에 관한 經過措置) 이 法 施行 당시의 社團法人 大韓家族計劃協會는 이 法에 의하여 設立된 大韓家族計劃協會로 본다. 다만 第16條의 規定에 의한 協會의 定款記載事項을 정하는 大統領令의 施行 후 3個月 이내에 그에 맞도록 定款을 變更하고 기타 필요한 요건을 갖추어야 한다.

附則(의료법)〈제3948호, 1987. 11.28.〉
第1條(施行日) 이 法은 公布 후 4個月이 경과한 날로부터 施行한다.
第2條 및 第3條 省略
第4條(다른 法律의 改正) ① 내지 ③ 省略
④ 母子保健法 중 다음과 같이 改正한다.
第2條第9號 중 '助産員·看護員의 免許를 받은 者 또는 看護補助員'을 '助産師·看護師의 免許를 받은 者 또는 看護助務士'로 하고, 第13條 중 '助産員 또는 看護員이'를 '助産師 또는 看護師가'로 하며, 第29條 前段 중 '看護員 및 看護補助員이'

를 '看護師 및 看護助務士가'로 하고, 同
條 後段 중 '助産員 또는 看護員'을 '助産
師 또는 看護師'로 한다.
⑤ 省略

附則(기금관리기본법)〈제4791호,
1994.12.22.〉
第1條(施行日) 이 法은 1995年 1月 1
日부터 施行한다.
第2條(다른 法律의 改正) ① 내지 ⑥
省略
⑦ 母子保健法 중 다음과 같이 改正한다.
第19條를 削除한다.
⑧ 및 ⑨ 省略

附則(정부부처명칭 등의 변경에 따른 건
축법 등의 정비에 관한 법률)〈제5454
호, 1997.12.13.〉
이 法은 1998年 1月 1日부터 施行한다.
〈但書 省略〉

附則〈제5859호, 1999.2.8.〉
① (施行日) 이 法은 公布한 날부터 施
行한다.
② (大韓家族計劃協會의 명칭변경에
따른 經過措置) 이 法 施行 당시 종전
의 規定에 의하여 設立된 大韓家族計
劃協會는 이 法에 의하여 設立된 大韓
家族保健福祉協會로 본다.

부칙〈제7703호, 2005.12.7.〉
① (시행일) 이 법은 공포 후 6월이 경
과한 날부터 시행한다. 다만 제3조의
2·제16조 및 제20조의 개정규정은 각
각 공포한 날부터 시행한다.
② (산후조리업의 신고에 관한 경과조
치) 이 법 시행 당시 산후조리업을 영위
하고 있는 자는 이 법 시행 후 6월 이
내에 이 법에 따른 인력 및 시설을 갖

추어 제15조제1항의 개정규정에 따라
산후조리업의 신고를 하여야 한다.
③ (대한가족보건복지협회의 명칭변경
에 따른 경과조치) 이 법 시행 당시 종
전의 규정에 따라 설립된 대한가족보건
복지협회는 이 법에 따라 설립된 인구
보건복지협회로 본다. 이 경우 인구보건
복지협회는 이 법 시행 후 1월 이내에
정관을 변경하여 등기하여야 한다.

부칙(의료법)〈제8366호, 2007. 4.11.〉
제1조(시행일) 이 법은 공포한 날부터
시행한다. 〈단서 생략〉
제2조 내지 제19조 생략
제20조(다른 법률의 개정) ① 내지 ⑥
생략
⑦ 모자보건법 일부를 다음과 같이 개
정한다.
제29조 중 '醫療法 第25條第1項'을 '의료
법 제27조제1항'으로, '同法 第66條第3號'
를 '같은 법 제87조제2호'로 한다.
⑧ 내지 ⑰ 생략
제21조 생략

● 남녀고용평등과 일·가정 양립지원에 관한 법률

[일부개정 2007.12.21. 법률 제8781호], 시행일 2008.6.22.

제1장 총칙〈개정 2007.12.21.〉

제1조(목적) 이 법은 '대한민국헌법'의 평등이념에 따라 고용에서 남녀의 평등한 기회와 대우를 보장하고 모성보호와 여성고용을 촉진하여 남녀고용평등을 실현함과 아울러 근로자의 일과 가정의 양립을 지원함으로써 모든 국민의 삶의 질 향상에 이바지하는 것을 목적으로 한다.
[전문개정 2007.12.21.]

제2조(정의) 이 법에서 사용하는 용어의 뜻은 다음과 같다.
1. '차별'이란 사업주가 근로자에게 성별, 혼인, 가족 안에서의 지위, 임신 또는 출산 등의 사유로 합리적인 이유 없이 채용 또는 근로의 조건을 다르게 하거나 그 밖의 불리한 조치를 하는 경우(사업주가 채용조건이나 근로조건은 동일하게 적용하더라도 그 조건을 충족할 수 있는 남성 또는 여성이 다른 한 성(性)에 비하여 현저히 적고 그에 따라 특정 성에게 불리한 결과를 초래하며 그 조건이 정당한 것임을 증명할 수 없는 경우를 포함한다)를 말한다. 다만 다음 각 목의 어느 하나에 해당하는 경우는 제외한다.
가. 직무의 성격에 비추어 특정 성이 불가피하게 요구되는 경우
나. 여성근로자의 임신·출산·수유 등 모성보호를 위한 조치를 하는 경우
다. 그 밖에 이 법 또는 다른 법률에 따라 적극적 고용개선조치를 하는 경우
2. '직장 내 성희롱'이란 사업주·상급자 또는 근로자가 직장 내의 지위를 이용하거나 업무와 관련하여 다른 근로자에게 성적 언동 등으로 성적 굴욕감 또는 혐오감을 느끼게 하거나 성적 언동 또는 그 밖의 요구 등에 따르지 아니하였다는 이유로 고용에서 불이익을 주는 것을 말한다.
3. '적극적 고용개선조치'란 현존하는 남녀 간의 고용차별을 없애거나 고용평등을 촉진하기 위하여 잠정적으로 특정 성을 우대하는 조치를 말한다.
4. '근로자'란 사업주에게 고용된 자와 취업할 의사를 가진 자를 말한다.
[전문개정 2007.12.21.]

제3조(적용 범위) ① 이 법은 근로자를 사용하는 모든 사업 또는 사업장(이하 '사업'이라 한다)에 적용한다. 다만 대통령령으로 정하는 사업에 대하여는 이 법의 전부 또는 일부를 적용하지 아니할 수 있다.
② 남녀고용평등의 실현과 일·가정의 양립에 관하여 다른 법률에 특별한 규정이 있는 경우 외에는 이 법에 따른다.
[전문개정 2007.12.21.]

제4조(국가와 지방자치단체의 책무)
① 국가와 지방자치단체는 이 법의 목적을 실현하기 위하여 국민의 관심과 이해를 증진시키고 여성의 직업능력 개발 및 고용 촉진을 지원하여야 하며, 남녀고용평등의 실현에 방해가 되는 모든 요인을 없애기 위하여 필요한 노력을 하여야 한다.
② 국가와 지방자치단체는 일·가정의 양립을 위한 근로자와 사업주의 노력을

지원하여야 하며 일·가정의 양립지원에 필요한 재원을 조성하고 여건을 마련하기 위하여 노력하여야 한다.
[전문개정 2007.12.21.]

제5조(근로자 및 사업주의 책무)
① 근로자는 상호 이해를 바탕으로 남녀가 동등하게 존중받는 직장문화를 조성하기 위하여 노력하여야 한다.
② 사업주는 해당 사업장의 남녀고용평등의 실현에 방해가 되는 관행과 제도를 개선하여 남녀 근로자가 동등한 여건에서 자신의 능력을 발휘할 수 있는 근로환경을 조성하기 위하여 노력하여야 한다.
③ 사업주는 일·가정의 양립을 방해하는 사업장 내의 관행과 제도를 개선하고 일·가정의 양립을 지원할 수 있는 근무환경을 조성하기 위하여 노력하여야 한다.
[전문개정 2007.12.21.]

제6조(정책의 수립 등) ① 노동부장관은
남녀고용평등과 일·가정의 양립을 실현하기 위하여 다음 각 호의 정책을 수립·시행하여야 한다.
1. 남녀고용평등의식 확산을 위한 홍보
2. 남녀고용평등 우수기업(제17조의4에 따른 적극적 고용개선조치 우수기업을 포함한다)의 선정 및 행정적·재정적 지원
3. 남녀고용평등 강조 기간의 설정·추진
4. 남녀차별 개선과 여성취업 확대를 위한 조사·연구
5. 모성보호와 일·가정 양립을 위한 제도개선 및 행정적·재정적 지원
6. 그 밖에 남녀고용평등의 실현과 일·가정의 양립을 지원하기 위하여 필요한 사항

② 노동부장관은 제1항에 따른 정책의 수립·시행을 위하여 관계자의 의견을 반영하도록 노력하여야 하며 필요하다고 인정되는 경우 관계 행정기관 및 지방자치단체, 그 밖의 공공단체의 장에게 협조를 요청할 수 있다.
[전문개정 2007.12.21.]

제6조의2(기본계획 수립) ① 노동부장관은
남녀고용평등 실현과 일·가정의 양립에 관한 기본계획(이하 '기본계획'이라 한다)을 수립하여야 한다.
② 기본계획에는 다음 각 호의 사항이 포함되어야 한다.
1. 여성취업의 촉진에 관한 사항
2. 남녀의 평등한 기회보장 및 대우에 관한 사항
3. 동일 가치 노동에 대한 동일 임금 지급의 정착에 관한 사항
4. 여성의 직업능력 개발에 관한 사항
5. 여성근로자의 모성보호에 관한 사항
6. 일·가정의 양립지원에 관한 사항
7. 여성근로자를 위한 복지시설의 설치 및 운영에 관한 사항
8. 그 밖에 남녀고용평등의 실현과 일·가정의 양립지원을 위하여 노동부장관이 필요하다고 인정하는 사항
[본조신설 2007.12.21.]

제6조의3(실태조사 실시) ① 노동부장관은
사업 또는 사업장의 남녀차별 개선, 모성보호, 일·가정의 양립 실태를 파악하기 위하여 정기적으로 조사를 실시하여야 한다.
② 제1항에 따른 실태조사의 대상, 시기, 내용 등 필요한 사항은 노동부령으로 정한다.
[본조신설 2007.12.21.]

제2장 고용에 있어서 남녀의 평등한 기회보장 및 대우 등

제1절 남녀의 평등한 기회보장 및 대우〈개정 2007.12.21.〉

제7조(모집과 채용) ① 사업주는 근로자를 모집하거나 채용할 때 남녀를 차별하여서는 아니 된다.
② 사업주는 여성근로자를 모집·채용할 때 그 직무의 수행에 필요하지 아니한 용모·키·체중 등의 신체적 조건, 미혼 조건, 그 밖에 노동부령으로 정하는 조건을 제시하거나 요구하여서는 아니 된다.
[전문개정 2007.12.21.]

제8조(임금) ① 사업주는 동일한 사업 내의 동일 가치 노동에 대하여는 동일한 임금을 지급하여야 한다.
② 동일 가치 노동의 기준은 직무 수행에서 요구되는 기술, 노력, 책임 및 작업 조건 등으로 하고, 사업주가 그 기준을 정할 때에는 제25조에 따른 노사협의회의 근로자를 대표하는 위원의 의견을 들어야 한다.
③ 사업주가 임금차별을 목적으로 설립한 별개의 사업은 동일한 사업으로 본다.
[전문개정 2007.12.21.]

제9조(임금 외의 금품 등) 사업주는 임금 외에 근로자의 생활을 보조하기 위한 금품의 지급 또는 자금의 융자 등 복리후생에서 남녀를 차별하여서는 아니 된다.
[전문개정 2007.12.21.]

제10조(교육·배치 및 승진) 사업주는 근로자의 교육·배치 및 승진에서 남녀를 차별하여서는 아니 된다.
[전문개정 2007.12.21.]

제11조(정년·퇴직 및 해고) ① 사업주는 근로자의 정년·퇴직 및 해고에서 남녀를 차별하여서는 아니 된다.
② 사업주는 여성근로자의 혼인, 임신 또는 출산을 퇴직 사유로 예정하는 근로계약을 체결하여서는 아니 된다.
[전문개정 2007.12.21.]

제2절 직장 내 성희롱의 금지 및 예방〈개정 2007.12.21.〉

제12조(직장 내 성희롱의 금지) 사업주, 상급자 또는 근로자는 직장 내 성희롱을 하여서는 아니 된다.
[전문개정 2007.12.21.]

제13조(직장 내 성희롱 예방 교육) ① 사업주는 직장 내 성희롱을 예방하고 근로자가 안전한 근로환경에서 일할 수 있는 여건을 조성하기 위하여 직장 내 성희롱의 예방을 위한 교육(이하 '성희롱 예방 교육'이라 한다)을 실시하여야 한다.
② 성희롱 예방 교육의 내용·방법 및 횟수 등에 관하여 필요한 사항은 대통령령으로 정한다.
[전문개정 2007.12.21.]

제13조의2(성희롱 예방 교육의 위탁) ① 사업주는 성희롱 예방 교육을 노동부장관이 지정하는 기관(이하 '성희롱 예방 교육기관'이라 한다)에 위탁하여 실시할 수 있다.
② 성희롱 예방 교육기관은 노동부령으로 정하는 기관 중에서 지정하되, 노동

부령으로 정하는 강사를 1명 이상 두어야 한다.

③ 성희롱 예방 교육기관은 노동부령으로 정하는 바에 따라 교육을 실시하고 교육이수증이나 이수자 명단 등 교육 실시 관련 자료를 보관하며 사업주나 피교육자에게 그 자료를 내주어야 한다.

④ 노동부장관은 성희롱 예방 교육기관이 다음 각 호의 어느 하나에 해당하면 그 지정을 취소할 수 있다.

1. 거짓이나 그 밖의 부정한 방법으로 지정을 받은 경우

2. 정당한 사유 없이 제2항에 따른 강사를 6개월 이상 계속하여 두지 아니한 경우

[전문개정 2007.12.21.]

제14조(직장 내 성희롱 발생 시 조치) ① 사업주는 직장 내 성희롱 발생이 확인된 경우 지체 없이 행위자에 대하여 징계나 그 밖에 이에 준하는 조치를 하여야 한다.

② 사업주는 직장 내 성희롱과 관련하여 피해를 입은 근로자 또는 성희롱 피해 발생을 주장하는 근로자에게 해고나 그 밖의 불리한 조치를 하여서는 아니 된다.

[전문개정 2007.12.21.]

제14조의2(고객 등에 의한 성희롱 방지) ① 사업주는 고객 등 업무와 밀접한 관련이 있는 자가 업무수행 과정에서 성적인 언동 등을 통하여 근로자에게 성적 굴욕감 또는 혐오감 등을 느끼게 하여 해당 근로자가 그로 인한 고충 해소를 요청할 경우 근무 장소 변경, 배치전환 등 가능한 조치를 취하도록 노력하여야 한다.

② 사업주는 근로자가 제1항에 따른 피

해를 주장하거나 고객 등으로부터의 성적 요구 등에 불응한 것을 이유로 해고나 그 밖의 불이익한 조치를 하여서는 아니 된다.

[본조신설 2007.12.21.]

제3절 여성의 직업능력 개발 및 고용 촉진〈개정 2007.12.21.〉

제15조(직업 지도) '직업안정법' 제4조에 따른 직업안정기관은 여성이 적성, 능력, 경력 및 기능의 정도에 따라 직업을 선택하고, 직업에 적응하는 것을 쉽게 하기 위하여 고용정보와 직업에 관한 조사·연구 자료를 제공하는 등 직업 지도에 필요한 조치를 하여야 한다.

[전문개정 2007.12.21.]

제16조(직업능력 개발) 국가, 지방자치단체 및 사업주는 여성의 직업능력 개발 및 향상을 위하여 모든 직업능력 개발 훈련에서 남녀에게 평등한 기회를 보장하여야 한다.

[전문개정 2007.12.21.]

제17조(여성고용 촉진) ① 노동부장관은 여성의 고용 촉진을 위한 시설을 설치·운영하는 비영리법인과 단체에 대하여 필요한 비용의 전부 또는 일부를 지원할 수 있다.

② 노동부장관은 여성의 고용 촉진을 위한 사업을 실시하는 사업주 또는 여성휴게실과 수유시설을 설치하는 등 사업장 내의 고용환경을 개선하고자 하는 사업주에게 필요한 비용의 전부 또는 일부를 지원할 수 있다.

[전문개정 2007.12.21.]

제17조의2(경력단절여성의 능력 개발과 고용 촉진 지원) ① 노동부장관은 임신·출산·육아 등의 이유로 직장을 그만두었으나 재취업할 의사가 있는 경력단절여성(이하 '경력단절여성'이라 한다)을 위하여 취업유망 직종을 선정하고, 특화된 훈련과 고용 촉진 프로그램을 개발하여야 한다.

② 노동부장관은 '직업안정법' 제4조에 따른 직업안정기관을 통하여 경력단절여성에게 직업정보, 직업훈련정보 등을 제공하고 전문화된 직업지도, 직업상담 등의 서비스를 제공하여야 한다.

[본조신설 2007.12.21.]

[종전 제17조의2는 제17조의3으로 이동 <2007.12.21.>]

제4절 적극적 고용개선조치〈개정 2007. 12.21.〉

제17조의3(적극적 고용개선조치 시행계획의 수립·제출 등) ① 노동부장관은 다음 각 호의 어느 하나에 해당하는 사업주로서 고용하고 있는 직종별 여성근로자의 비율이 산업별·규모별로 노동부령으로 정하는 고용기준에 미달하는 사업주에 대하여는 차별적 고용관행 및 제도개선을 위한 적극적 고용개선조치 시행계획(이하 '시행계획'이라 한다)을 수립하여 제출할 것을 요구할 수 있다. 이 경우 해당 사업주는 시행계획을 제출하여야 한다.

1. 대통령령으로 정하는 공공기관·단체의 장

2. 대통령령으로 정하는 규모 이상의 근로자를 고용하는 사업의 사업주

② 제1항 각 호의 어느 하나에 해당하는 사업주는 직종별·직급별 남녀 근로자 현황을 노동부장관에게 제출하여야 한다.

③ 제1항 각 호의 어느 하나에 해당하지 아니하는 사업주로서 적극적 고용개선조치를 하려는 사업주는 직종별 남녀 근로자 현황과 시행계획을 작성하여 노동부장관에게 제출할 수 있다.

④ 노동부장관은 제1항과 제3항에 따라 제출된 시행계획을 심사하여 그 내용이 명확하지 아니하거나 차별적 고용관행을 개선하려는 노력이 부족하여 시행계획으로서 적절하지 아니하다고 인정되면 해당 사업주에게 시행계획의 보완을 요구할 수 있다.

⑤ 제1항과 제2항에 따른 시행계획과 남녀 근로자 현황의 기재 사항, 제출 시기, 제출 절차 등에 관하여 필요한 사항은 노동부령으로 정한다.

[전문개정 2007.12.21.]

제17조의4(이행실적의 평가 및 지원 등) ① 제17조의3제1항 및 제3항에 따라 시행계획을 제출한 자는 그 이행실적을 노동부장관에게 제출하여야 한다.

② 노동부장관은 제1항에 따라 제출된 이행실적을 평가하고, 그 결과를 사업주에게 통보하여야 한다.

③ 노동부장관은 제2항에 따른 평가 결과 이행실적이 우수한 기업(이하 '적극적 고용개선조치 우수기업'이라 한다)에 표창을 할 수 있다.

④ 국가와 지방자치단체는 적극적 고용개선조치 우수기업에 행정적·재정적 지원을 할 수 있다.

⑤ 노동부장관은 제2항에 따른 평가 결과 이행실적이 부진한 사업주에게 시행계획의 이행을 촉구할 수 있다.

⑥ 노동부장관은 제2항에 따른 평가 업무를 대통령령으로 정하는 기관이나 단체에 위탁할 수 있다.

⑦ 제1항에 따른 이행실적의 기재 사항,

제출 시기 및 제출 절차와 제2항에 따른 평가 결과의 통보 절차 등에 관하여 필요한 사항은 노동부령으로 정한다.
[전문개정 2007.12.21.]

제17조의5(시행계획 등의 게시) 제17조의3 제1항에 따라 시행계획을 제출한 사업주는 시행계획 및 제17조의4제1항에 따른 이행실적을 근로자가 열람할 수 있도록 게시하는 등 필요한 조치를 하여야 한다.
[전문개정 2007.12.21.]

제17조의6(적극적 고용개선조치에 관한 협조) 노동부장관은 적극적 고용개선조치의 효율적 시행을 위하여 필요하다고 인정하면 관계 행정기관의 장에게 차별의 시정 또는 예방을 위하여 필요한 조치를 하여 줄 것을 요청할 수 있다. 이 경우 관계 행정기관의 장은 특별한 사유가 없으면 요청에 따라야 한다.
[전문개정 2007.12.21.]

제17조의7(적극적고용개선위원회)
① 적극적 고용개선조치에 관한 중요 사항을 심의하기 위하여 노동부장관 소속으로 적극적고용개선위원회(이하 '위원회'라 한다)를 둔다.
② 위원회는 다음 각 호의 사항을 심의한다.
1. 제17조의3제1항에 따른 여성근로자 고용기준에 관한 사항
2. 제17조의3제4항에 따른 시행계획의 심사에 관한 사항
3. 제17조의4제2항에 따른 적극적 고용개선조치 이행실적의 평가에 관한 사항
4. 제17조의4제3항 및 제4항에 따른 적극적 고용개선조치 우수기업의 표창 및 지원에 관한 사항

5. 그 밖에 적극적 고용개선조치에 관하여 노동부장관이 토의에 부치는 사항
③ 위원회는 위원장을 포함하여 10명 이내의 위원으로 구성된다.
④ 위원장은 노동부차관이 된다.
⑤ 위원은 근로자를 대표하는 자, 사업주를 대표하는 자, 여성을 대표하는 자 및 공익을 대표하는 자로 구성하고 노동부장관이 위촉하거나 임명한다. 이 경우 공익을 대표하는 위원은 고용평등에 관한 학식과 경험이 풍부한 자와 관계 중앙행정기관의 고위공무원단에 속하는 공무원 중에서 위촉하거나 임명한다.
⑥ 위원의 자격·임기 및 위원회의 운영에 필요한 사항은 대통령령으로 정한다.
[전문개정 2007.12.21.]

제17조의8(적극적 고용개선조치의 조사연구 등) ① 노동부장관은 적극적 고용개선조치에 관한 업무를 효율적으로 수행하기 위하여 조사·연구·교육·홍보 등의 사업을 할 수 있다.
② 노동부장관은 필요하다고 인정하면 제1항에 따른 업무의 일부를 대통령령으로 정하는 자에게 위탁할 수 있다.
[전문개정 2007.12.21.]

제3장 모성보호〈개정 2007. 12.21.〉

제18조(산전후휴가에 대한 지원)
① 국가는 '근로기준법' 제74조에 따른 산전후휴가 또는 유산·사산 휴가를 사용한 근로자 중 일정한 요건에 해당하는 자에게 그 휴가기간에 대하여 통상임금에 상당하는 금액(이하 '산전후휴가급여 등'이라 한다)을 지급할 수 있다.
② 제1항에 따라 지급된 산전후휴가급

여 등은 그 금액의 한도에서 '근로기준법' 제74조제3항에 따라 사업주가 지급한 것으로 본다.

③ 산전후휴가급여 등을 지급하기 위하여 필요한 비용은 재정이나 '사회보장기본법'에 따른 사회보험에서 분담할 수 있다.

④ 여성근로자가 산전후휴가급여 등을 받으려는 경우 사업주는 관계 서류의 작성·확인 등 모든 절차에 적극 협력하여야 한다.

⑤ 산전후휴가급여 등의 지급요건, 지급기간 및 절차 등에 관하여 필요한 사항은 따로 법률로 정한다.

[전문개정 2007.12.21.]

제18조의2(배우자 출산휴가) ① 사업주는 근로자가 배우자의 출산을 이유로 휴가를 청구하는 경우에 3일의 휴가를 주어야 한다.

② 제1항에 따른 휴가는 근로자의 배우자가 출산한 날부터 30일이 지나면 청구할 수 없다.

[본조신설 2007.12.21.]

제3장의2 일·가정의 양립지원〈신설 2007. 12.21.〉

제19조(육아휴직) ① 사업주는 생후 3년 미만 된 영유아(嬰幼兒)가 있는 근로자가 그 영유아의 양육을 위하여 휴직(이하 '육아휴직'이라 한다)을 신청하는 경우에 이를 허용하여야 한다. 다만 대통령령으로 정하는 경우에는 그러하지 아니하다.

② 육아휴직의 기간은 1년 이내로 한다.

③ 사업주는 육아휴직을 이유로 해고나 그 밖의 불리한 처우를 하여서는 아니 되며, 육아휴직기간에는 그 근로자를 해고하지 못한다. 다만 사업을 계속할 수 없는 경우에는 그러하지 아니하다.

④ 사업주는 육아휴직을 마친 후에는 휴직 전과 같은 업무 또는 같은 수준의 임금을 지급하는 직무에 복귀시켜야 한다. 또한 제2항의 육아휴직기간은 근속기간에 포함한다.

⑤ 육아휴직의 신청방법 및 절차 등에 관하여 필요한 사항은 대통령령으로 정한다.

[전문개정 2007.12.21.]

제19조의2(육아기 근로시간 단축) ① 사업주는 제19조제1항에 따라 육아휴직을 신청할 수 있는 근로자가 육아휴직 대신 근로시간의 단축(이하 '육아기 근로시간 단축'이라 한다)을 신청하는 경우에 이를 허용할 수 있다.

② 사업주가 육아기 근로시간 단축을 허용하지 아니하는 경우에는 해당 근로자에게 그 사유를 서면으로 통보하고 육아휴직을 사용하게 하거나 그 밖의 조치를 통하여 지원할 수 있는지를 해당 근로자와 협의하여야 한다.

③ 사업주가 제1항에 따라 해당 근로자에게 육아기 근로시간 단축을 허용하는 경우 단축 후 근로시간은 주당 15시간 이상이어야 하고 30시간을 넘어서는 아니 된다.

④ 육아기 근로시간 단축의 기간은 1년 이내로 한다.

⑤ 사업주는 육아기 근로시간 단축을 이유로 해당 근로자에게 해고나 그 밖의 불리한 처우를 하여서는 아니 된다.

⑥ 사업주는 근로자의 육아기 근로시간 단축기간이 끝난 후에 그 근로자를 육아기 근로시간 단축 전과 같은 업무 또는 같은 수준의 임금을 지급하는 직무에 복귀시켜야 한다.

⑦ 육아기 근로시간 단축의 신청방법 및 절차 등에 관하여 필요한 사항은 대통령령으로 정한다.
[본조신설 2007.12.21.]

제19조의3(육아기 근로시간 단축 중 근로조건 등) ① 사업주는 제19조의2에 따라 육아기 근로시간 단축을 하고 있는 근로자에 대하여 근로시간에 비례하여 적용하는 경우 외에는 육아기 근로시간 단축을 이유로 그 근로조건을 불리하게 하여서는 아니 된다.
② 제19조의2에 따라 육아기 근로시간 단축을 한 근로자의 근로조건(육아기 근로시간 단축 후 근로시간을 포함한다)은 사업주와 그 근로자 간에 서면으로 정한다.
③ 사업주는 제19조의2에 따라 육아기 근로시간 단축을 하고 있는 근로자에게 단축된 근로시간 외에 연장근로를 요구할 수 없다. 다만 그 근로자가 명시적으로 청구하는 경우에는 사업주는 주 12시간 이내에서 연장근로를 시킬 수 있다.
④ 육아기 근로시간 단축을 한 근로자에 대하여 '근로기준법' 제2조제6호에 따른 평균임금을 산정하는 경우에는 그 근로자의 육아기 근로시간 단축기간을 평균임금 산정기간에서 제외한다.
[본조신설 2007.12.21.]

제19조의4(육아휴직과 육아기 근로시간 단축의 사용형태) 근로자는 제19조와 제19조의2에 따라 육아휴직이나 육아기 근로시간 단축을 하려는 경우에는 다음 각 호의 방법 중 하나를 선택하여 사용할 수 있다. 이 경우 어느 방법을 사용하든지 그 총기간은 1년을 넘을 수 없다.
1. 육아휴직의 1회 사용

2. 육아기 근로시간 단축의 1회 사용
3. 육아휴직의 분할 사용(1회만 할 수 있다)
4. 육아기 근로시간 단축의 분할 사용(1회만 할 수 있다)
5. 육아휴직의 1회 사용과 육아기 근로시간 단축의 1회 사용
[본조신설 2007.12.21.]

제19조의5(육아지원을 위한 그 밖의 조치) ① 사업주는 초등학교 취학 전까지의 자녀를 양육하는 근로자의 육아를 지원하기 위하여 다음 각 호의 어느 하나에 해당하는 조치를 하도록 노력하여야 한다.
1.업무를 시작하고 마치는 시간 조정
2. 연장근로의 제한
3. 근로시간의 단축, 탄력적 운영 등 근로시간 조정
4. 그 밖에 소속 근로자의 육아를 지원하기 위하여 필요한 조치
② 노동부장관은 사업주가 제1항에 따른 조치를 할 경우 고용 효과 등을 고려하여 필요한 지원을 할 수 있다.
[본조신설 2007.12.21.]

제19조의6(직장복귀를 위한 사업주의 지원) 사업주는 이 법에 따라 육아휴직 중인 근로자에 대한 직업능력 개발 및 향상을 위하여 노력하여야 하고 산전후휴가, 육아휴직 또는 육아기 근로시간 단축을 마치고 복귀하는 근로자가 쉽게 직장생활에 적응할 수 있도록 지원하여야 한다.
[본조신설 2007.12.21.]

제20조(일·가정의 양립을 위한 지원) ① 국가는 사업주가 근로자에게 육아휴직이나 육아기 근로시간 단축을 허용한 경우 그 근로자의 생계비용과 사업주의 고용유지비용의 일부를 지원할 수 있다.

② 국가는 소속 근로자의 일·가정의 양립을 지원하기 위한 조치를 도입하는 사업주에게 세제 및 재정을 통한 지원을 할 수 있다.
[전문개정 2007.12.21.]

제21조(직장보육시설 설치 및 지원 등)
① 사업주는 근로자의 취업을 지원하기 위하여 수유·탁아 등 육아에 필요한 보육시설(이하 '직장보육시설'이라 한다)을 설치하여야 한다.
② 직장보육시설을 설치하여야 할 사업주의 범위 등 직장보육시설의 설치 및 운영에 관한 사항은 '영유아보육법'에 따른다.
③ 노동부장관은 근로자의 고용을 촉진하기 위하여 직장보육시설의 설치·운영에 필요한 지원 및 지도를 하여야 한다.
[전문개정 2007.12.21.]

제21조의2(그 밖의 보육 관련 지원) 노동부장관은 제21조에 따라 직장보육시설을 설치하여야 하는 사업주 외의 사업주가 직장보육시설을 설치하려는 경우에는 직장보육시설의 설치·운영에 필요한 정보 제공, 상담 및 비용의 일부 지원 등 필요한 지원을 할 수 있다.
[본조신설 2007.12.21.]

제22조(공공복지시설의 설치) ① 국가 또는 지방자치단체는 여성근로자를 위한 교육·육아·주택 등 공공복지시설을 설치할 수 있다.
② 제1항에 따른 공공복지시설의 기준과 운영에 필요한 사항은 노동부장관이 정한다.
[전문개정 2007.12.21.]

제22조의2(근로자의 가족 돌봄 등을 위한 지원) ① 근로자가 가족의 질병, 사고, 노령 등을 이유로 그 가족을 돌볼 필요가 있는 경우에 사업주는 다음 각 호의 어느 하나에 해당하는 조치를 하도록 노력하여야 한다.
1. 가족 간호를 위한 휴직
2. 업무를 시작하고 마치는 시간 조정
3. 연장근로의 제한
4. 근로시간의 단축, 탄력적 운영 등 근로시간 조정
5. 그 밖에 사업장 사정에 맞는 지원조치
② 사업주는 소속 근로자가 건전하게 직장과 가정을 유지하는 데에 도움이 될 수 있도록 필요한 심리상담 서비스를 제공하도록 노력하여야 한다.
③ 노동부장관은 사업주가 제1항에 따른 조치를 하는 경우에는 고용 효과 등을 고려하여 필요한 지원을 할 수 있다.
[본조신설 2007.12.21.]

제22조의3(일·가정 양립지원 기반 조성) ① 노동부장관은 일·가정 양립프로그램의 도입·확산, 모성보호 조치의 원활한 운영 등을 지원하기 위하여 조사·연구 및 홍보 등의 사업을 하고, 전문적인 상담 서비스와 관련 정보 등을 사업주와 근로자에게 제공하여야 한다.
② 노동부장관은 제1항에 따른 업무와 제21조와 제21조의2에 따른 직장보육시설 설치·운영의 지원에 관한 업무를 대통령령으로 정하는 바에 따라 공공기관 또는 민간에 위탁하여 수행할 수 있다.
③ 노동부장관은 제2항에 따라 업무를 위탁받은 기관에 업무수행에 사용되는 경비를 지원할 수 있다.
[본조신설 2007.12.21.]

제4장 분쟁의 예방과 해결〈개정 2007.12.21.〉

제23조(상담지원) ① 노동부장관은 차별, 직장 내 성희롱, 모성보호 및 일·가정 양립 등에 관한 상담을 실시하는 민간단체에 필요한 비용의 일부를 예산의 범위에서 지원할 수 있다.
② 제1항에 따른 단체의 선정요건, 비용의 지원기준과 지원절차 및 지원의 중단 등에 필요한 사항은 노동부령으로 정한다.
[전문개정 2007.12.21.]

제24조(명예고용평등감독관) ① 노동부장관은 사업장의 남녀고용평등 이행을 촉진하기 위하여 그 사업장 소속 근로자 중 노사가 추천하는 자를 명예고용평등감독관(이하 '명예감독관'이라 한다)으로 위촉할 수 있다.
② 명예감독관은 다음 각 호의 업무를 수행한다.
1. 해당 사업장의 차별 및 직장 내 성희롱 발생 시 피해근로자에 대한 상담·조언
2. 해당 사업장의 고용평등 이행상태 자율점검 및 지도 시 참여
3. 법령위반 사실이 있는 사항에 대하여 사업주에 대한 개선 건의 및 감독기관에 대한 신고
4. 남녀고용평등 제도에 대한 홍보·계몽
5. 그 밖에 남녀고용평등의 실현을 위하여 노동부장관이 정하는 업무
③ 사업주는 명예감독관으로서 정당한 임무 수행을 한 것을 이유로 해당 근로자에게 인사상 불이익 등의 불리한 조치를 하여서는 아니 된다.

④ 명예감독관의 위촉과 해촉 등에 필요한 사항은 노동부령으로 정한다.
[전문개정 2007.12.21.]

제25조(분쟁의 자율적 해결) 사업주는 제7조부터 제13조까지, 제13조의2, 제14조, 제14조의2, 제18조제4항, 제18조의2, 제19조, 제19조의2부터 제19조의6까지, 제21조 및 제22조의2에 따른 사항에 관하여 근로자가 고충을 신고하였을 때에는 '근로자참여 및 협력증진에 관한 법률'에 따라 해당 사업장에 설치된 노사협의회에 고충의 처리를 위임하는 등 자율적인 해결을 위하여 노력하여야 한다.
[전문개정 2007.12.21.]

제26조 삭제〈2005.12.30.〉

제27조 삭제〈2005.12.30.〉

제28조 삭제〈2005.12.30.〉

제29조 삭제〈2005.12.30.〉

제30조(입증책임) 이 법과 관련한 분쟁해결에서 입증책임은 사업주가 부담한다.
[전문개정 2007.12.21.]

제5장 보칙〈개정 2007.12.21.〉

제31조(보고 및 검사 등) ① 노동부장관은 이 법 시행을 위하여 필요한 경우에는 사업주에게 보고와 관계 서류의 제출을 명령하거나 관계 공무원이 사업장에 출입하여 관계인에게 질문하거나 관계 서류를 검사하도록 할 수 있다.
② 제1항의 경우에 관계 공무원은 그

권한을 표시하는 증표를 지니고 이를 관계인에게 내보여야 한다.
[전문개정 2007.12.21.]

제32조(고용평등 이행실태 등의 공표) 노동부장관은 이 법 시행의 실효성을 확보하기 위하여 필요하다고 인정하면 고용평등 이행실태나 그 밖의 조사결과 등을 공표할 수 있다. 다만 다른 법률에 따라 공표가 제한되어 있는 경우에는 그러하지 아니하다.
[전문개정 2007.12.21.]

제33조(관계 서류의 보존) 사업주는 이 법의 규정에 따른 사항에 관하여 대통령령으로 정하는 서류를 3년간 보존하여야 한다.
[전문개정 2007.12.21.]

제34조(파견근로에 대한 적용) '파견근로자 보호 등에 관한 법률'에 따라 파견근로가 이루어지는 사업장에 제13조제1항을 적용할 때에는 '파견근로자보호 등에 관한 법률' 제2조제4호에 따른 사용사업주를 이 법에 따른 사업주로 본다.
[전문개정 2007.12.21.]

제35조(경비보조) ① 국가, 지방자치단체 및 공공단체는 여성의 취업촉진과 복지증진에 관련되는 사업에 대하여 예산의 범위에서 그 경비의 전부 또는 일부를 보조할 수 있다.
② 국가, 지방자치단체 및 공공단체는 제1항에 따라 보조를 받은 자가 다음 각 호의 어느 하나에 해당하면 보조금 지급결정의 전부 또는 일부를 취소하고, 지급된 보조금의 전부 또는 일부를 반환하도록 명령할 수 있다.
1. 사업의 목적 외에 보조금을 사용한

경우
2. 보조금의 지급결정의 내용(그에 조건을 붙인 경우에는 그 조건을 포함한다)을 위반한 경우
3. 거짓이나 그 밖의 부정한 방법으로 보조금을 받은 경우
[전문개정 2007.12.21.]

제36조(권한의 위임 및 위탁) 노동부장관은 대통령령으로 정하는 바에 따라 이 법에 따른 권한의 일부를 지방노동행정기관의 장 또는 지방자치단체의 장에게 위임하거나 공공단체에 위탁할 수 있다.
[전문개정 2007.12.21.]

제6장 벌칙〈개정 2007.12.21.〉

제37조(벌칙) ① 사업주가 제11조를 위반하여 근로자의 정년·퇴직 및 해고에서 남녀를 차별하거나 여성근로자의 혼인, 임신 또는 출산을 퇴직사유로 예정하는 근로계약을 체결하는 경우에는 5년 이하의 징역 또는 3천만 원 이하의 벌금에 처한다.
② 사업주가 다음 각 호의 어느 하나에 해당하는 위반행위를 한 경우에는 3년 이하의 징역 또는 2천만 원 이하의 벌금에 처한다.
1. 제8조제1항을 위반하여 동일한 사업 내의 동일 가치의 노동에 대하여 동일한 임금을 지급하지 아니한 경우
2. 제14조제2항을 위반하여 직장 내 성희롱과 관련하여 피해를 입은 근로자 또는 성희롱 발생을 주장하는 근로자에게 해고나 그 밖의 불리한 조치를 하는 경우
3. 제19조제3항을 위반하여 육아휴직을 이유로 해고나 그 밖의 불리한 처우를

하거나, 같은 항 단서의 사유가 없는데도 육아휴직기간 동안 해당 근로자를 해고한 경우

4. 제19조의2제5항을 위반하여 육아기 근로시간 단축을 이유로 해당 근로자에 대하여 해고나 그 밖의 불리한 처우를 한 경우

5. 제19조의3제1항을 위반하여 육아기 근로시간 단축을 하고 있는 근로자에 대하여 근로시간에 비례하여 적용하는 경우 외에 육아기 근로시간 단축을 이유로 그 근로조건을 불리하게 한 경우

③ 사업주가 제19조의3제3항을 위반하여 해당 근로자가 명시적으로 청구하지 아니하였는데도 육아기 근로시간 단축을 하고 있는 근로자에게 단축된 근로시간 외에 연장근로를 요구한 경우에는 1천만 원 이하의 벌금에 처한다.

④ 사업주가 다음 각 호의 어느 하나에 해당하는 위반행위를 한 경우에는 500만 원 이하의 벌금에 처한다.

1. 제7조를 위반하여 근로자의 모집 및 채용에서 남녀를 차별하거나, 여성근로자를 모집·채용할 때 그 직무의 수행에 필요하지 아니한 용모·키·체중 등의 신체적 조건, 미혼 조건 등을 제시하거나 요구한 경우

2. 제9조를 위반하여 임금 외에 근로자의 생활을 보조하기 위한 금품의 지급 또는 자금의 융자 등 복리후생에서 남녀를 차별한 경우

3. 제10조를 위반하여 근로자의 교육·배치 및 승진에서 남녀를 차별한 경우

4. 제19조제1항·제4항을 위반하여 근로자의 육아휴직 신청을 받고 육아휴직을 허용하지 아니하거나, 육아휴직을 마친 후 휴직 전과 같은 업무 또는 같은 수준의 임금을 지급하는 직무에 복귀시키지 아니한 경우

5. 제19조의2제6항을 위반하여 육아기 근로시간 단축기간이 끝난 후에 육아기 근로시간 단축 전과 같은 업무 또는 같은 수준의 임금을 지급하는 직무에 복귀시키지 아니한 경우

6. 제24조제3항을 위반하여 명예감독관으로서 정당한 임무 수행을 한 것을 이유로 해당 근로자에게 인사상 불이익 등의 불리한 조치를 한 경우
[전문개정 2007.12.21.]

제38조(양벌규정) ① 법인의 대표자, 대리인, 사용인, 그 밖의 종업원이 그 법인의 업무에 관하여 제37조의 위반행위를 하면 그 행위자를 벌할 뿐만 아니라 그 법인에도 해당 조문의 벌금형을 과(科)한다.

② 개인의 대리인, 사용인, 그 밖의 종업원이 그 개인의 업무에 관하여 제37조의 위반행위를 하면 그 행위자를 벌할 뿐만 아니라 그 개인에게도 해당 조문의 벌금형을 과한다.
[전문개정 2007.12.21.]

제39조(과태료) ① 사업주가 제12조를 위반하여 직장 내 성희롱을 한 경우에는 1천만 원 이하의 과태료를 부과한다.

② 사업주가 다음 각 호의 어느 하나에 해당하는 위반행위를 한 경우에는 500만 원 이하의 과태료를 부과한다.

1. 제14조제1항을 위반하여 직장 내 성희롱 발생이 확인되었는데도 지체 없이 행위자에게 징계나 그 밖에 이에 준하는 조치를 하지 아니한 경우

2. 제14조의2제2항을 위반하여 근로자가 고객 등에 의한 성희롱 피해를 주장하거나 고객 등으로부터의 성적 요구 등에 불응한 것을 이유로 해고나 그 밖의 불이익한 조치를 한 경우

3. 제18조의2제1항을 위반하여 근로자가 배우자의 출산을 이유로 휴가를 청구하였는데도 3일의 휴가를 주지 아니한 경우

4. 제19조의2제2항을 위반하여 육아기 근로시간 단축을 허용하지 아니하였으면서도 해당 근로자에게 그 사유를 서면으로 통보하지 아니하거나, 육아휴직의 사용 또는 그 밖의 조치를 통한 지원 여부에 관하여 해당 근로자와 협의하지 아니한 경우

5. 제19조의3제2항을 위반하여 육아기 근로시간 단축을 한 근로자의 근로조건을 서면으로 정하지 아니한 경우

③ 다음 각 호의 어느 하나에 해당하는 자에게는 300만 원 이하의 과태료를 부과한다.

1. 제13조제1항을 위반하여 직장 내 성희롱 예방 교육을 하지 아니한 자

2. 제17조의3제1항을 위반하여 시행계획을 제출하지 아니한 자

3. 제17조의3제2항을 위반하여 남녀 근로자 현황을 제출하지 아니하거나 거짓으로 제출한 자

4. 제17조의4제1항을 위반하여 이행실적을 제출하지 아니하거나 거짓으로 제출한 자(제17조의3제3항에 따라 시행계획을 제출한 자가 이행실적을 제출하지 아니하는 경우는 제외한다)

5. 제18조제4항을 위반하여 관계 서류의 작성·확인 등 모든 절차에 적극 협력하지 아니한 자

6. 제31조제1항에 따른 보고 또는 관계 서류의 제출을 거부하거나 거짓으로 보고 또는 제출한 자

7. 제31조제1항에 따른 검사를 거부, 방해 또는 기피한 자

8. 제33조를 위반하여 관계 서류를 3년간 보존하지 아니한 자

④ 제1항부터 제3항까지의 규정에 따른 과태료는 대통령령으로 정하는 바에 따라 노동부장관이 부과·징수한다.

⑤ 제4항에 따른 과태료 처분에 불복하는 자는 그 처분을 고지받은 날부터 30일 이내에 노동부장관에게 이의를 제기할 수 있다.

⑥ 제4항에 따른 과태료 처분을 받은 자가 제5항에 따라 이의를 제기하면 노동부장관은 지체 없이 관할 법원에 그 사실을 통보하여야 하며, 그 통보를 받은 관할 법원은 '비송사건절차법'에 따른 과태료 재판을 한다.

⑦ 제5항에 따른 기간에 이의를 제기하지 아니하고 과태료를 내지 아니한 때에는 국세 체납처분의 예에 따라 징수한다.

[전문개정 2007.12.21.]

부칙〈제6508호, 2001.8.14.〉

① (시행일) 이 법은 2001년 11월 1일부터 시행한다.

② (벌칙 등에 관한 경과조치) 이 법 시행 전의 행위에 대한 벌칙 또는 과태료의 적용에 있어서는 종전의 규정에 의한다.

③ (고용평등위원회에 관한 경과조치) 이 법 시행 당시 종전의 규정에 의하여 설치된 고용평등위원회는 이 법에 의한 고용평등위원회로 본다.

④ (다른 법률과의 관계) 이 법 시행 당시 다른 법령에서 남녀고용평등법의 규정을 인용한 경우에 이 법 중 그에 해당하는 규정이 있는 때에는 종전의 규정에 갈음하여 이 법의 해당 규정을 인용한 것으로 본다.

부칙〈제7564호, 2005.5.31.〉

① (시행일) 이 법은 2006년 1월 1일부터 시행한다.

② (산전후휴가급여 등에 관한 적용례) 산전후휴가급여 등에 관한 제18조제1항의 개정규정은 이 법 시행 후 최초로 출산·유산 또는 사산하는 여성근로자부터 적용한다.

부칙〈제7822호, 2005.12.30.〉

제1조(시행일) 이 법은 2006년 3월 1일부터 시행한다.

제2조(분쟁조정신청에 관한 경과조치) ① 이 법 시행 당시 종전의 규정에 의하여 고용평등위원회에 접수된 분쟁조정신청에 대하여는 종전의 규정에 의한다.

② 제26조 내지 제29조의 개정규정에도 불구하고 종전의 규정에 의한 고용평등위원회는 제1항의 규정에 의한 분쟁의 조정에 한하여 존속하는 것으로 본다.

제3조(육아휴직 신청요건 완화에 따른 경과조치) 제19조의 개정규정은 2008년 1월 1일 이후 출생한 영유아부터 적용한다.

부칙(근로기준법)〈제8372호, 2007. 4.11.〉

제1조(시행일) 이 법은 공포한 날부터 시행한다. <단서 생략>

제2조 내지 제15조 생략

제16조(다른 법률의 개정) ① 내지 ⑨ 생략 ⑩ 남녀고용평등법 일부를 다음과 같이 개정한다.

제18조제1항 중 '근로기준법 제72조'를 '근로기준법 제74조'로 하고, 같은 조 제2항 중 '근로기준법 제72조제3항'을 '근로기준법 제74조제3항'으로 한다.

⑪ 내지 ㉔ 생략

제17조 생략

부칙〈제8781호, 2007.12.21.〉

제1조(시행일) 이 법은 공포 후 6개월이 경과한 날부터 시행한다. 다만 제39조제2항제3호부터 제5호까지의 개정규정은 공포 후 1년 6개월이 경과한 날부터 시행한다.

제2조(다른 법률의 개정) ① 근로기준법 일부를 다음과 같이 개정한다.

제74조제3항 단서 중 '남녀고용평등법'을 '남녀고용평등과 일·가정 양립지원에 관한 법률'로 한다.

② 고용보험법 일부를 다음과 같이 개정한다.

제70조제1항 각 호 외의 부분 및 제75조 각 호 외의 부분 중 '남녀고용평등법'을 각각 '남녀고용평등과 일·가정 양립지원에 관한 법률'로 한다.

제3조(다른 법령과의 관계) 이 법 시행 당시 다른 법령에서 종전의 '남녀고용평등법' 또는 그 규정을 인용한 경우에 이 법 가운데 그에 해당하는 규정이 있는 때에는 종전의 규정을 갈음하여 이 법 또는 이 법의 해당 규정을 인용한 것으로 본다.

● 가정폭력방지 및 피해자보호 등에 관한 법률

[일부개정 2007.10.17.법률 제8653호]

제1조(목적) 이 법은 가정폭력을 예방하고 가정폭력의 피해자를 보호·지원함을 목적으로 한다.
[전문개정 2006.4.28.]

제2조(정의) 이 법에서 사용하는 용어의 뜻은 다음과 같다.
1. '가정폭력'이란 '가정폭력범죄의 처벌 등에 관한 특례법' 제2조제1호의 행위를 말한다.
2. '가정폭력행위자'란 '가정폭력범죄의 처벌 등에 관한 특례법' 제2조제4호의 자를 말한다.
3. '피해자'란 가정폭력으로 인하여 직접적으로 피해를 입은 자를 말한다.
4. '아동'이란 18세 미만인 자를 말한다.
[전문개정 2007.10.17.]

第3條 삭제〈2006.4.28.〉

제4조(국가 등의 책무) ① 국가와 지방자치단체는 가정폭력의 예방·방지와 피해자의 보호·지원을 위하여 다음 각 호의 조치를 취하여야 한다.
1. 가정폭력 신고체계의 구축 및 운영
2. 가정폭력의 예방과 방지를 위한 조사·연구·교육 및 홍보
3. 피해자를 위한 보호시설의 설치·운영과 그 밖에 피해자에 대한 지원 서비스의 제공
4. 피해자의 보호와 지원을 원활히 하기 위한 관련 기관 간의 협력체계 구축 및

운영
5. 가정폭력의 예방·방지와 피해자의 보호·지원을 위한 관계법령의 정비와 각종 정책의 수립·시행 및 평가
② 국가와 지방자치단체는 제1항에 따른 책무를 다하기 위하여 이에 따르는 예산상의 조치를 취하여야 한다.
③ 특별시·광역시·도·특별자치도 및 시·군·구(자치구를 말한다. 이하 같다)에 가정폭력의 예방·방지 및 피해자의 보호·지원을 담당할 기구와 공무원을 두어야 한다.
④ 국가와 지방자치단체는 제5조제2항과 제7조제2항에 따라 설치·운영하는 가정폭력 관련 상담소와 가정폭력피해자보호시설에 대하여 경비(經費)를 보조하는 등 이를 육성·지원하여야 한다.
[전문개정 2007.10.17.]

제4조의2(가정폭력 실태조사) ① 여성가족부장관은 3년마다 가정폭력에 대한 실태조사를 실시하여 그 결과를 발표하고, 이를 가정폭력을 예방하기 위한 정책수립의 기초자료로 활용하여야 한다.
② 제1항에 따른 가정폭력 실태조사의 방법과 내용 등에 필요한 사항은 여성가족부령으로 정한다.
[전문개정 2007.10.17.]

제4조의3(가정폭력 예방교육의 실시) '초·중등교육법'에 따른 각급 학교의 장은 대통령령으로 정하는 바에 따라 가정폭력의 예방과 방지를 위하여 필요한 교육을 실시하여야 한다.
[전문개정 2007.10.17.]

제4조의4(아동의 취학 지원) ① 국가나 지방자치단체는 피해자나 피해자가 동반한 가정구성원('가정폭력범죄의 처벌 등

에 관한 특례법' 제2조제2호의 자 중 피해자의 보호나 양육을 받고 있는 자를 말한다. 이하 같다)이 아동인 경우 주소지 외의 지역에서 취학(입학·재입학·전학 및 편입학을 포함한다. 이하 같다)할 필요가 있을 때에는 그 취학이 원활히 이루어지도록 지원하여야 한다.
② 제1항에 따른 취학에 필요한 사항은 대통령령으로 정한다.
[전문개정 2007.10.17.]

제4조의5(피해자에 대한 불이익처분의 금지) 피해자를 고용하고 있는 자는 누구든지 '가정폭력범죄의 처벌 등에 관한 특례법'에 따른 가정폭력범죄와 관련하여 피해자를 해고(解雇)하거나 그 밖의 불이익을 주어서는 아니 된다.
[전문개정 2007.10.17.]

제5조(상담소의 설치·운영) ① 국가나 지방자치단체는 가정폭력 관련 상담소(이하 '상담소'라 한다)를 설치·운영할 수 있다.
② 국가나 지방자치단체 외의 자가 상담소를 설치·운영하려면 특별자치도지사·시장·군수·구청장(구청장은 자치구의 구청장을 말하며, 이하 '시장·군수·구청장'이라 한다)에게 신고하여야 한다.
③ 상담소의 설치·운영기준, 상담소에 두는 상담원의 수와 신고절차 등에 필요한 사항은 여성가족부령으로 정한다.
[전문개정 2007.10.17.]

제6조(상담소의 업무) 상담소의 업무는 다음 각 호와 같다.
1. 가정폭력을 신고받거나 이에 관한 상담에 응하는 일
2. 가정폭력으로 정상적인 가정생활과 사회생활이 어렵거나 그 밖에 긴급히 보호를 필요로 하는 피해자 및 피해자가 동반한 가정구성원(이하 '피해자 등'이라 한다)을 임시로 보호하거나 의료기관 또는 제7조제1항에 따른 가정폭력피해자보호시설로 인도(引渡)하는 일
3. 행위자에 대한 고발 등 법률적 사항에 관하여 자문하기 위한 대한변호사협회 또는 지방변호사회 및 '법률구조법'에 따른 법률구조법인(이하 '법률구조법인'이라 한다) 등에 대한 필요한 협조와 지원의 요청
4. 경찰관서 등으로부터 인도받은 피해자 등의 임시 보호
5. 가정폭력의 예방과 방지에 관한 홍보
6. 그 밖에 가정폭력과 그 피해에 관한 조사·연구
[전문개정 2007.10.17.]

제7조(보호시설의 설치) ① 국가나 지방자치단체는 가정폭력피해자보호시설(이하 '보호시설'이라 한다)을 설치·운영할 수 있다.
② '사회복지사업법'에 따른 사회복지법인(이하 '사회복지법인'이라 한다)과 그 밖의 비영리법인은 시장·군수·구청장의 인가(認可)를 받아 보호시설을 설치·운영할 수 있다.
③ 보호시설에는 상담원을 두어야 하고, 보호시설의 규모에 따라 생활지도원, 취사원, 관리원 등의 종사자를 둘 수 있다.
④ 보호시설의 설치·운영의 기준, 보호시설에 두는 상담원 등 종사자의 직종(職種)과 수(數) 및 인가기준(認可基準) 등에 필요한 사항은 여성가족부령으로 정한다.
[전문개정 2007.10.17.]

제7조의2(보호시설의 종류) ① 보호시설의 종류는 다음 각 호와 같다.
1. 단기보호시설: 피해자 등을 6개월의

범위에서 보호하는 시설

2. 장기보호시설: 피해자 등에 대하여 2년의 범위에서 자립을 위한 주거편의(住居便宜) 등을 제공하는 시설

3. 외국인보호시설: 배우자가 대한민국 국민인 외국인 피해자 등을 2년의 범위에서 보호하는 시설

4. 장애인보호시설: '장애인복지법'의 적용을 받는 장애인인 피해자 등을 2년의 범위에서 보호하는 시설

② 단기보호시설의 장은 그 단기보호시설에 입소한 피해자 등에 대한 보호기간을 여성가족부령으로 정하는 바에 따라 3개월의 범위에서 한 차례만 연장할 수 있다.

[전문개정 2007.10.17.]

제8조(보호시설의 업무) ① 보호시설은 피해자 등에 대하여 다음 각 호의 업무를 행한다. 다만 피해자가 동반한 가정구성원에게는 제1호 외의 업무 일부를 하지 아니할 수 있고, 장기보호시설은 피해자 등에 대하여 제1호부터 제5호까지에 규정된 업무(주거편의를 제공하는 업무는 제외한다)를 하지 아니할 수 있다.

1. 숙식의 제공

2. 심리적 안정과 사회적응을 위한 상담 및 치료

3. 질병치료와 건강관리를 위한 의료기관에의 인도 등 의료지원

4. 수사기관의 조사와 법원의 증인신문(證人訊問)에의 동행

5. 법률구조기관 등에 필요한 협조와 지원의 요청

6. 자립자활교육의 실시와 취업정보의 제공

7. 다른 법률에 따라 보호시설에 위탁된 사항

8. 그 밖에 피해자 등의 보호를 위하여 필요한 일

② 장애인보호시설을 설치·운영하는 자가 제1항 각 호의 업무를 할 때에는 장애인의 특성을 고려하여 적절하게 지원할 수 있도록 하여야 한다.

③ 보호시설의 장은 제1항 각 호로 인한 비용의 전부 또는 일부를 가정폭력 행위자로부터 구상(求償)할 수 있다. 이 경우 그 구상절차는 국세 또는 지방세 체납처분절차의 예에 따른다.

[전문개정 2007.10.17.]

제8조의2(상담소 및 보호시설 종사자의 자격기준) ① 다음 각 호의 어느 하나에 해당하는 자는 상담소의 장, 보호시설의 장 또는 상담소와 보호시설에 종사하는 상담원이 될 수 없다.

1. 미성년자, 금치산자 또는 한정치산자

2. 파산선고를 받은 자로서 복권(復權)되지 아니한 자

3. 금고 이상의 형을 선고받고 그 집행이 끝나지(집행이 끝난 것으로 보는 경우를 포함한다) 아니하거나 집행이 면제되지 아니한 자

② 상담소와 보호시설에 근무하는 상담원은 여성가족부령으로 정하는 요건에 해당하는 자로서 제8조의3에 따른 가정폭력 관련 상담원 교육훈련시설에서 상담원 교육훈련과정을 마친 자로 한다.

③ 그 밖에 상담소와 보호시설에 종사하는 종사자의 자격기준에 필요한 사항은 여성가족부령으로 정한다.

[전문개정 2007.10.17.]

제8조의3(가정폭력 관련 상담원 교육훈련시설) ① 국가나 지방자치단체는 상담원(상담원이 되려는 자를 포함한다)에 대하여 교육·훈련을 실시하기 위하여 가정폭력 관련 상담원 교육훈련시설(이하 '교육훈련

시설'이라 한다)을 설치·운영할 수 있다.
② 다음 각 호의 자로서 교육훈련시설을 설치하려는 자는 시장·군수·구청장에게 신고하여야 한다.
1. '고등교육법'에 따른 학교를 설립·운영하는 학교법인
2. 법률구조법인
3. 사회복지법인
4. 그 밖의 비영리법인
③ 교육훈련시설의 설치기준, 교육훈련시설에 두는 강사의 자격과 수, 상담원 교육훈련과정의 운영기준 및 신고절차 등에 필요한 사항은 여성가족부령으로 정한다.
[전문개정 2007.10.17.]

제9조(피해자 의사의 존중 의무) 상담소나 보호시설의 장은 피해자 등의 명시한 의사에 반하여 제8조제1항과 제18조의 보호를 할 수 없다.
[전문개정 2007.10.17.]

제10조(상담소·보호시설 또는 교육훈련시설의 폐지 등) 제5조제2항, 제7조제2항 또는 제8조의3제2항에 따른 상담소·보호시설 또는 교육훈련시설의 장이 그 시설의 운영을 일시적으로 중단하거나 폐지(廢止)하려면 여성가족부령으로 정하는 바에 따라 시장·군수·구청장에게 신고하여야 한다.
[전문개정 2007.10.17.]

제11조(감독) ① 여성가족부장관 또는 시장·군수·구청장은 상담소·보호시설 또는 교육훈련시설의 장에게 그 시설에 관하여 필요한 보고를 하게 할 수 있으며, 관계 공무원으로 하여금 그 시설의 운영상황을 조사하게 하거나 장부나 그 밖의 서류를 검사하게 할 수 있다.

② 제1항에 따라 그 직무를 수행하는 관계 공무원은 그 권한을 표시하는 증표를 지니고 이를 관계인에게 내보여야 한다.
[전문개정 2007.10.17.]

제12조(인가의 취소 등) ① 시장·군수·구청장은 상담소·보호시설 또는 교육훈련시설이 다음 각 호의 어느 하나에 해당하면 시설의 폐쇄, 업무의 폐지 또는 6개월의 범위에서 업무의 정지를 명하거나 인가를 취소할 수 있다.
1. 제5조제3항, 제7조제4항 또는 제8조의3제3항에 따른 설치기준이나 운영기준에 미달하게 된 경우
2. 제5조제3항, 제7조제4항, 제8조의2 또는 제8조의3제3항에 따른 상담원이나 강사의 수가 부족하거나 자격이 없는 자를 채용한 경우
3. 정당한 사유 없이 제11조제1항에 따른 보고를 하지 아니하거나 거짓으로 보고를 한 경우 또는 관계 공무원의 조사·검사를 거부하거나 기피한 경우
4. 제15조를 위반하여 영리를 목적으로 상담소·보호시설 또는 교육 훈련시설을 설치·운영한 경우
② 제1항에 따른 업무의 정지·폐지 또는 시설의 폐쇄명령이나 인가취소에 관한 세부 기준은 여성가족부령으로 정한다.
[전문개정 2007.10.17.]

제12조의2 (청문) 시장·군수·구청장은 제12조에 따라 업무의 정지·폐지 또는 그 시설의 폐쇄를 명하거나 인가를 취소하려면 청문을 하여야 한다.
[전문개정 2007.10.17.]

제13조(경비의 보조) ① 국가나 지방자치

단체는 제5조제2항 또는 제7조제2항에 따른 상담소나 보호시설의 설치·운영에 드는 경비의 일부를 보조할 수 있다. ② 국가나 지방자치단체는 장애인보호시설이 여성가족부장관이 정하는 기준에 맞는 시설과 설비를 설치할 수 있도록 그 비용을 지원하여야 한다.
[전문개정 2007.10.17.]

제14조(상담소의 통합 설치 및 운영) 국가나 지방자치단체는 이 법에 따라 설치·운영하는 상담소나 보호시설을 대통령령으로 정하는 유사한 성격의 상담소나 보호시설과 통합하여 설치·운영하거나 설치·운영할 것을 권고할 수 있다.
[전문개정 2007.10.17.]

제15조(영리목적 운영의 금지) 누구든지 영리를 목적으로 상담소·보호시설 또는 교육훈련시설을 설치·운영하여서는 아니된다. 다만 교육훈련시설의 장은 상담원 교육훈련과정을 수강하는 자에게 여성가족부장관이 정하는 바에 따라 수강료를 받을 수 있다.
[전문개정 2006.4.28.]

제16조(비밀 엄수의 의무) 상담소 또는 보호시설의 장이나 이를 보조하는 자 또는 그 직에 있었던 자는 그 직무상 알게 된 비밀을 누설하여서는 아니 된다.
[전문개정 2007.10.17.]

제17조(유사 명칭의 사용 금지) 이 법에 따른 상담소·보호시설 또는 교육훈련시설이 아니면 가정폭력 관련 상담소, 가정폭력피해자보호시설 또는 가정폭력 관련 상담원 교육훈련시설이나 그 밖에 이와 유사한 명칭을 사용하지 못한다.
[전문개정 2007.10.17.]

제18조(치료보호) ① 의료기관은 피해자 본인·가족·친지 또는 상담소나 보호시설의 장 등이 요청하면 피해자에 대하여 다음 각 호의 치료보호를 실시하여야 한다.
1. 보건에 관한 상담 및 지도
2. 신체적·정신적 피해에 대한 치료
3. 그 밖에 대통령령으로 정하는 의료에 관한 사항
② 제1항의 치료보호에 필요한 일체의 비용은 가정폭력행위자가 부담한다.
③ 제2항에도 불구하고 피해자가 치료보호비를 신청하는 경우에는 국가나 지방자치단체는 가정폭력행위자를 대신하여 제1항의 치료보호에 필요한 비용을 의료기관에 지급하여야 한다.
④ 국가나 지방자치단체가 제3항에 따라 비용을 지급한 경우에는 가정폭력행위자에 대하여 구상권(求償權)을 행사할 수 있다. 다만 피해자가 보호시설 입소 중에 제1항의 치료보호를 받은 경우나 가정폭력행위자가 다음 각 호의 어느 하나에 해당하는 경우에는 그러하지 아니하다.
1. '국민기초생활보장법' 제2조에 따른 수급자(受給者)
2. '장애인복지법' 제32조에 따라 등록된 장애인
⑤ 제3항의 비용을 지급하기 위한 절차, 제4항의 구상권행사(行使)의 절차 등에 필요한 사항은 여성가족부령으로 정한다.
[전문개정 2007.10.17.]

제19조(권한의 위임) 이 법에 따른 여성가족부장관의 권한은 대통령령으로 정하는 바에 따라 그 일부를 특별시장·광역시장·도지사 또는 시 장·군수·구청장에게 위임할 수 있다.
[전문개정 2007.10.17.]

제20조(벌칙) 다음 각 호의 어느 하나에 해당하는 자는 1년 이하의 징역 또는 500만 원 이하의 벌금에 처한다.

1. 제5조제2항·제7조제2항 또는 제8조의3제2항에 따른 신고를 하지 아니하거나 인가를 받지 아니하고 상담소·보호시설 또는 교육훈련시설을 설치·운영한 자

2. 제12조에 따른 업무의 정지·폐지 또는 시설의 폐쇄 명령을 받고도 상담소·보호시설 또는 교육훈련시설을 계속 운영한 자

3. 제16조에 따른 비밀 엄수의 의무를 위반한 자

[전문개정 2007.10.17.]

제21조(양벌규정) ① 법인의 대표자, 대리인, 사용인, 그 밖의 종업원이 그 법인의 업무에 관하여 제20조의 위반행위를 하면 그 행위자를 벌할 뿐만 아니라 그 법인에도 해당 조문의 벌금형을 과(科)한다.

② 개인의 대리인, 사용인, 그 밖의 종업원이 그 개인의 업무에 관하여 제20조의 위반행위를 하면 그 행위자를 벌할 뿐만 아니라 그 개인에게도 해당 조문의 벌금형을 과한다.

[전문개정 2007.10.17.]

제22조(과태료) ① 다음 각 호의 어느 하나에 해당하는 자에게는 300만 원 이하의 과태료를 부과한다.

1. 정당한 사유 없이 제11조제1항에 따른 보고를 하지 아니하거나 거짓으로 보고한 자 또는 조사·검사를 거부하거나 기피한 자

2. 제17조에 따른 유사 명칭 사용 금지를 위반한 자

② 제1항에 따른 과태료는 대통령령으로 정하는 바에 따라 여성가족부장관 또는 시장·군수·구청장이 부과·징수한다.

③ 제2항에 따른 과태료 처분에 불복하는 자는 그 처분을 고지받은 날부터 30일 이내에 여성가족부장관 또는 시장·군수·구청장에게 이의를 제기할 수 있다.

④ 제2항에 따른 과태료 처분을 받은 자가 제3항에 따른 이의를 제기하면 여성가족부장관 또는 시장·군수·구청장은 지체 없이 관할 법원에 그 사유를 통지하여야 하며, 그 통지를 받은 관할 법원은 '비송사건절차법'에 따른 과태료 재판을 한다.

⑤ 제3항에 따른 기간에 이의를 제기하지 아니하고 과태료를 내지 아니하면 국세 또는 지방세 체납처분의 예에 따라 징수한다.

[전문개정 2007.10.17.]

附則〈제5487호, 1997.12.31.〉

이 法은 1998年 7月 1日부터 施行한다.

부칙(정부조직법)〈제6400호, 2001. 1.29.〉

제1조(시행일) 이 법은 공포한 날부터 시행한다. <단서 생략>

제2조 생략

제3조(다른 법률의 개정) ① 내지 ⑦⑤ 생략

⑦⑥ 가정폭력방지 및 피해자보호 등에 관한 법률 중 다음과 같이 개정한다.

제11조제1항, 제19조 및 제22조제2항 내지 제4항 중 '保健福祉部長官'을 각각 '女性部長官'으로 한다.

제5조제3항, 제7조제3항, 제10조 및 제18조제3항 중 '保健福祉部令'을 각각 '女性部令'으로 한다.

⑦⑦ 내지 ⑦⑨ 생략

제4조 생략

부칙〈제7099호, 2004.1.20.〉

① (시행일) 이 법은 공포한 날부터 시

행한다.

② (국가 등의 구상권 불행사에 관한 적용례) 제18조제4항 단서의 개정규정은 이 법 시행 후 최초로 국가 또는 지방자치단체가 가정폭력행위자를 대신하여 지급하는 비용부터 적용한다.

부칙(정부조직법)〈제7413호, 2005. 3.24.〉
제1조(시행일) 이 법은 공포한 날부터 시행한다. 다만 다음 각 호의 사항은 각 호의 구분에 의한 날부터 시행한다.
1. 제26조……부칙 제2조 내지 제4조의 규정은 이 법 공포 후 3개월 이내에 제42조의 개정규정에 의한 여성가족부의 조직에 관한 대통령령이 시행되는 날
2. 생략
제2조 생략
제3조(다른 법률의 개정) ① 가정폭력방지 및 피해자보호 등에 관한 법률 일부를 다음과 같이 개정한다.
제5조제3항, 제7조제3항, 제10조 및 제18조제5항 중 '女性部令'을 각각 '여성가족부령'으로 한다.
제11조제1항 및 제22조제2항 내지 제4항 중 '女性部長官'을 각각 '여성가족부장관'으로 한다.
제19조 중 '여성부장관'을 '여성가족부장관'으로 한다.
② 내지 ⑭ 생략
제4조 생략

부칙〈제7952호, 2006.4.28.〉
① (시행일) 이 법은 공포 후 6개월이 경과한 날부터 시행한다.
② (보호시설에 관한 경과조치) 이 법 시행 당시 종전의 규정에 따라 시장·군수·구청장의 인가를 받은 보호시설은 이 법의 규정에 따른 보호시설로 본다. 다만 이 법 시행일부터 1년 이내에

제7조의2제1항 각 호의 개정규정에 해당하는 보호시설의 종류별로 각각 제7조제4항의 개정규정에 따른 설치기준 등을 갖추어야 한다.
③ (상담원의 자격에 관한 경과조치) 이 법 시행 당시 여성가족부령이 정하는 바에 의하여 상담원의 자격이 있는 자는 제8조의2제2항의 규정에 따른 상담원교육훈련과정을 이수한 것으로 본다.
④ (교육훈련시설에 관한 경과조치) 이 법 시행 당시 여성가족부령이 정하는 바에 따라 가정폭력 관련 상담원의 교육과정을 설치·운영하고 있는 '고등교육법'의 규정에 의한 학교를 설립·운영하는 학교법인, 법률구조법인, 사회복지법인 그 밖의 비영리법인이 이 법 시행일부터 3개월 이내에 제8조의3제2항의 규정에 따른 신고를 한 경우에는 이 법 시행일에 신고를 한 것으로 본다. 다만 이 법 시행일부터 6개월 이내에 제8조의3제3항의 개정규정에 따른 설치기준 등을 갖추어야 한다.

부칙(가정폭력방지 및 피해자보호 등에 관한 법률)〈제8367호, 2007.4.11.〉
제1조(시행일) 이 법은 공포 후 6개월이 경과한 날부터 시행한다.
제2조 내지 제4조 생략
제5조(다른 법률의 개정) ① 가정폭력방지 및 피해자보호 등에 관한 법률 일부를 다음과 같이 개정한다.
제18조제4항제2호 중 '장애인복지법 제29조'를 '장애인복지법 제32조'로 한다.
② 내지 ⑬ 생략
제6조 생략

부칙〈제8653호, 2007.10.17.〉
이 법은 공포한 날부터 시행한다.

● 성폭력범죄의 처벌 및 피해자보호 등에 관한 법률

[일부개정 2006.10.27.법률 제8059호]

第1章 總則

第1條(目的) 이 法은 性暴力犯罪를 예방하고 그 被害者를 보호하며, 性暴力犯罪의 處罰 및 그 節次에 관한 特例를 規定함으로써 國民의 人權伸張과 건강한 社會秩序의 확립에 이바지함을 目的으로 한다.

第2條(定義) ① 이 法에서 '性暴力犯罪'라 함은 다음 各號의 1에 해당하는 罪를 말한다. <改正 1997.8.22, 1998.12.28.>

1. 刑法 第22章 性風俗에 관한 罪 中 第242條(淫行媒介)·第243條(淫畵等의 頒布等)·第244條(淫畵等의 製造等) 및 第245條(公然淫亂)의 罪

2. 刑法 第31章 略取와 誘引의 罪 中 醜行 또는 姦淫을 目的으로 하거나 醜業에 사용할 目的으로 犯한 第288條(營利等을 爲한 略取, 誘引, 賣買等)·第292條(略取, 誘引, 賣買된 者를 授受 또는 隱匿. 다만 第288條의 略取·誘引이나 賣買된 者를 授受 또는 隱匿한 罪에 한한다)·第293條(常習犯. 다만 第288條의 略取·誘引이나 賣買된 者 또는 移送된 者를 授受 또는 隱匿한 罪의 常習犯에 한한다)·第294條(未遂犯. 다만 第288條의 未遂犯 및 第292條의 未遂犯 中 第288條의 略取·誘引이나 賣買된 者를 授受 또는 隱匿한 罪의 未遂犯과 第293條의 常習犯의 未遂犯 中 第288條의 略取·誘引이나 賣買된 者를 授受 또는 隱匿한 罪의 常習犯의 未遂犯에 한한다)의 罪

3. 刑法 第32章 强姦과 醜行의 罪 中 第297條(强姦)·第298條(强制醜行)·第299條(準强姦, 準强制醜行)·第300條(未遂犯)·第301條(强姦 등 傷害·致傷)·第301條의2(强姦 등 殺人·致死)·第302條(未成年者等에 對한 姦淫)·第303條(業務上威力等에 依한 姦淫) 및 第305條(未成年者에 대한 姦淫, 醜行)의 罪

4. 刑法 第339條(强盜强姦)의 罪

5. 이 法 第5條(特殊强盜强姦 등) 내지 第14條의2(카메라 등 利用撮影)의 罪

② 第1項 各號의 犯罪로서 다른 法律에 의하여 加重處罰되는 罪는 性暴力犯罪로 본다.

第3條(國家와 地方自治團體의 義務) ① 國家와 地方自治團體는 性暴力犯罪를 예방하고 그 被害者를 보호하며 有害環境을 개선하기 위하여 필요한 法的·制度的 裝置를 마련하고 필요한 財源을 조달하여야 한다.

② 國家와 地方自治團體는 靑少年을 건전하게 육성하기 위하여 靑少年에 대한 性敎育 및 性暴力豫防에 필요한 敎育을 실시하여야 한다.

③ 第2項의 規定에 의한 靑少年에 대한 性敎育 및 性暴力豫防에 필요한 敎育에 관하여 필요한 사항은 大統領令으로 정한다. <新設 1997.8.22.>

第4條(被害者에 대한 불이익처분의 금지) 性暴力犯罪의 被害者를 고용하고 있는 者는 누구든지 性暴力犯罪와 관련하여 被害者를 해고하거나 기타 불이익을 주어서는 아니 된다.

第2章 性暴力犯罪의 處罰 및 節次에 관한 特例

第5條(特殊强盜强姦 등) ① 刑法 第319條第1項(住居侵入), 第330條(夜間住居侵入竊盜), 第331條(特殊竊盜) 또는 第342條(未遂犯. 다만 第330條 및 第331條의 未遂犯에 한한다)의 罪를 범한 者가 同法 第297條(强姦) 내지 第299條(準强姦, 準强制醜行)의 罪를 범한 때에는 無期 또는 5年 이상의 懲役에 處한다. <改正 1997.8.22.>

② 刑法 第334條(特殊强盜) 또는 第342條(未遂犯. 다만 第334條의 未遂犯에 한한다)의 罪를 범한 者가 同法 第297條(强姦) 내지 第299條(準强姦, 準强制醜行)의 罪를 범한 때에는 死刑·無期 또는 10年 이상의 懲役에 處한다. <改正 1997.8.22.>

第6條(特殊强姦 등) ① 凶器 기타 위험한 물건을 휴대하거나 2人 이상이 合同하여 刑法 第297條(强姦)의 罪를 범한 者는 無期 또는 5年 이상의 懲役에 處한다.

② 第1項의 방법으로 刑法 第298條(强制醜行)의 罪를 범한 者는 3年 이상의 有期懲役에 處한다.

③ 第1項의 방법으로 刑法 第299條(準强姦, 準强制醜行)의 罪를 범한 者는 第1項 또는 第2項의 예에 의한다. <改正 1997.8.22.>

④ 삭제 <2006.10.27.>

第7條(親族關係에 의한 强姦 등)
① 親族關係에 있는 者가 刑法 第297條(强姦)의 罪를 범한 때에는 5年 이상의 有期懲役에 處한다. <改正 1997.

8.22.>

② 親族關係에 있는 者가 刑法 第298條(强制醜行)의 罪를 범한 때에는 3年 이상의 有期懲役에 處한다. <改正 1997.8.22.>

③ 親族關係에 있는 者가 刑法 第299條(準强姦, 準强制醜行)의 罪를 범한 때에는 第1項 또는 第2項의 예에 의한다. <改正 1997.8.22.>

④ 第1項 내지 第3項의 親族의 범위는 4寸 이내의 血族과 2寸 이내의 姻戚으로 한다. <改正 1997.8.22.>

⑤ 第1項 내지 第3項의 親族은 사실상의 관계에 의한 親族을 포함한다. <新設 1997.8.22.>

第8條(障碍人에 대한 姦淫 등) 身體障碍 또는 精神上의 障碍로 항거불능인 상태에 있음을 이용하여 女子를 姦淫하거나 사람에 대하여 醜行한 者는 刑法 第297條(强姦) 또는 第298條(强制醜行)에 정한 刑으로 處罰한다. <改正 1997.8.22.>

第8條의2(13歲 미만의 未成年者에 대한 强姦, 强制醜行 등) ① 13歲 미만의 女子에 대하여 刑法 第297條(强姦)의 罪를 범한 者는 5年 이상의 有期懲役에 處한다.

② 13세 미만의 사람에 대하여 폭행 또는 협박으로 다음 각 호의 어느 하나에 해당하는 행위를 한 자는 3년 이상의 유기징역에 처한다. <신설 2006.10.27.>

1. 구강·항문 등 신체(성기를 제외한다)의 내부에 성기를 삽입하는 행위
2. 성기에 손가락 등 신체(성기를 제외한다)의 일부나 도구를 삽입하는 행위

③ 13歲 미만의 사람에 대하여 刑法 第298條(强制醜行)의 罪를 범한 者는 1年 이상의 有期懲役 또는 500萬 원 이상 3천만 원 이하의 罰金에 處한다. <개정

2006.10.27.>

④ 13歲 미만의 사람에 대하여 刑法 第299條(準强姦, 準强制醜行)의 罪를 범한 者는 第1項 또는 제3항의 예에 의한다. <개정 2006.10.27.>

⑤ 僞計 또는 威力으로써 13歲 미만의 女子를 姦淫하거나 13歲 미만의 사람에 대하여 醜行을 한 者는 第1項 또는 제3항의 예에 의한다. <개정 2006.10.27.>

[本條新設 1997.8.22.]

第9條(强姦 등 傷害·致傷) ① 第5條第1項, 第6條 또는 第12條(第5條第1項 또는 第6條의 未遂犯에 한한다)의 罪를 범한 者가 사람을 傷害하거나 傷害에 이르게 한 때에는 無期 또는 7年 이상의 懲役에 處한다. <改正 1997.8.22.>

② 第7條, 第8條 또는 第12條(第7條 또는 第8條의 未遂犯에 한한다)의 罪를 범한 者가 사람을 傷害하거나 傷害에 이르게 한 때에는 無期 또는 5年 이상의 懲役에 處한다. <改正 1997.8.22.>

第10條(强姦 등 殺人·致死) ① 第5條 내지 第8條, 第12條(第5條 내지 第8條의 未遂犯에 한한다)의 罪 또는 刑法 第297條(强姦) 내지 第300條(未遂犯)의 罪를 범한 者가 사람을 殺害한 때에는 死刑 또는 無期懲役에 處한다. <改正 1997.8.22.>

② 第6條 내지 第8條, 第12條(第6條 내지 第8條의 未遂犯에 한한다)의 罪를 범한 者가 사람을 死亡에 이르게 한 때에는 無期 또는 10年 이상의 懲役에 處한다. <改正 1997.8.22.>

③ 削除 <1997.8.22.>

第11條(業務상 威力 등에 의한 醜行) ① 業務·고용 기타 관계로 인하여 자기의

보호 또는 감독을 받는 사람에 대하여 僞計 또는 威力으로써 醜行한 者는 2年 이하의 懲役 또는 500萬 원 이하의 罰金에 處한다.

② 法律에 의하여 拘禁된 사람을 監護하는 者가 그 사람을 醜行한 때에는 3年 이하의 懲役 또는 1千500萬 원 이하의 罰金에 處한다.

③ 장애인의 보호·교육 등을 목적으로 하는 시설의 장 또는 종사자가 보호·감독의 대상이 되는 장애인에 대하여 위계 또는 위력으로써 간음한 때에는 7년 이하의 징역에 처하고, 추행한 때에는 5년 이하의 징역 또는 3천만 원 이하의 벌금에 처한다. <신설 2006.10.27.>

第12條(未遂犯) 第5條 내지 第10條 및 第14條의2의 未遂犯은 處罰한다. <改正 1997.8.22, 1998.12.28.>

第13條(公衆密集場所에서의 醜行) 대중교통수단, 공연·집회장소 기타 公衆이 밀집하는 場所에서 사람을 醜行한 者는 1年 이하의 懲役 또는 300萬 원 이하의 罰金에 處한다.

第14條(通信媒體利用淫亂) 자기 또는 다른 사람의 性的 욕망을 유발하거나 만족시킬 目的으로 전화·우편·컴퓨터 기타 통신매체를 통하여 性的 수치심이나 혐오감을 일으키는 말이나 음향, 글이나 圖畵, 映像 또는 물건을 相對方에게 도달하게 한 者는 2년 이하의 懲役 또는 500만 원 이하의 罰金에 處한다. <개정 2006.10.27.>

第14條의2(카메라 등 利用撮影)

① 카메라 기타 이와 유사한 기능을 갖춘 機械裝置를 利用하여 性的 욕망 또

는 수치심을 유발할 수 있는 他人의 身體를 그 意思에 反하여 촬영하거나 그 촬영물을 반포·판매·임대 또는 공연히 전시·상영한 者는 5年 이하의 懲役 또는 1千萬 원 이하의 罰金에 處한다. <개정 2006.10.26.>

② 영리목적으로 제1항의 촬영물을 '정보통신망 이용촉진 및 정보보호 등에 관한 법률' 제2조제1항제1호의 정보통신망(이하 '정보통신망'이라 한다)을 이용하여 유포한 자는 7년 이하의 징역 또는 3천만 원 이하의 벌금에 처한다. <신설 2006.10.27.>

[本條新設 1998.12.28.]

第15條(告訴) 제11조제1항·第13條 및 第14條의 罪는 告訴가 있어야 公訴를 제기할 수 있다. <改正 1997.8.22, 2006.10.27.>

第16條(保護觀察 등) ① 法院이 性暴力犯罪를 범한 者에 대하여 刑의 宣告를 猶豫할 경우에는 1年 동안 保護觀察을 받을 것을 명할 수 있다. 다만 性暴力犯罪를 범한 者가 少年인 경우에는 반드시 保護觀察을 명하여야 한다.

② 法院이 性暴力犯罪를 범한 者에 대하여 刑의 執行을 猶豫할 경우에는 그 執行猶豫期間 내에서 일정 기간 동안 保護觀察을 받을 것을 명하거나 社會奉仕 또는 受講을 명할 수 있다. 이 경우 2 이상 倂科할 수 있다. 다만 性暴力犯罪를 범한 者가 少年인 경우에는 반드시 保護觀察·社會奉仕 또는 受講을 명하여야 한다. <改正 1997.8.22.>

③ 性暴力犯罪를 범한 者로서 刑의 執行 중에 假釋放된 者는 假釋放期間 동안 保護觀察을 받는다. 다만 假釋放을 許可한 行政官廳이 필요가 없다고 인정한 때에는 그러하지 아니하다.

④ 保護觀察·社會奉仕 및 受講에 관하여 이 法에 정한 사항 이외의 사항에 관하여는 保護觀察 등에 관한 法律을 準用한다. <改正 1995.1.5, 1997.8.22.>

第17條 삭제 〈2005.8.4.〉

第18條(告訴制限에 대한 예외) 性暴力犯罪에 대하여는 刑事訴訟法 第224條(告訴의 제한)의 規定에 불구하고 자기 또는 配偶者의 直系尊屬을 告訴할 수 있다.

第19條(告訴期間) ① 性暴力犯罪 중 親告罪에 대하여는 刑事訴訟法 第230條(告訴期間)第1項의 規定에 불구하고 犯人을 알게 된 날부터 1年을 경과하면 告訴하지 못한다. 다만 告訴할 수 없는 불가항력의 사유가 있는 때에는 그 사유가 없어진 날부터 起算한다.

② 刑事訴訟法 第230條(告訴期間)第2項의 規定은 第1項의 경우에 이를 準用한다.

第20條(特定强力犯罪의 處罰에 관한 特例法의 準用) ① 性暴力犯罪에 대한 處罰節次에는 特定强力犯罪의 處罰에 관한 特例法 第7條(證人에 대한 身邊安全措置)·第8條(出版物 등으로부터의 被害者保護)·第9條(訴訟進行의 協議)·第12條(簡易公判節次의 決定) 및 第13條(判決宣告)의 規定을 準用한다.

② 第5條·第6條·第9條·第10條 및 第12條(第5條·第6條·第9條 및 第10條의 未遂犯에 한한다)의 罪는 特定强力犯罪의 處罰에 관한 特例法 第2條(適用範圍)第1項의 規定에 의한 特定强力犯罪로 본다.

第21條(被害者의 身元과 사생활비밀누설금지) ① 性暴力犯罪의 搜査 또는 裁判을

담당하거나 이에 관여하는 公務員은 被
害者의 주소·성명·연령·직업·용모
기타 被害者를 특정하여 파악할 수 있게
하는 人的事項과 사진 등을 公開하거나
타인에게 누설하여서는 아니 된다.

② 第1項에 規定된 者는 性暴力犯罪
의 訴追에 필요한 犯罪構成事實을 제
외한 被害者의 사생활에 관한 비밀을
公開하거나 타인에게 누설하여서는 아
니 된다.

③ 누구든지 제1항의 규정에 따른 피해
자의 인적사항과 사진 등을 피해자의
동의를 받지 아니하고 출판물에 게재하
거나 방송매체 또는 정보통신망을 이용
하여 공개하여서는 아니 된다. <신설
2006.10.27.>

제21조의2(성폭력범죄의 피해자에 대한 전담조사제)
① 검찰총장은 각 지방검찰청
검사장으로 하여금 성폭력범죄 전담검
사를 지정하도록 하여 특별한 사정이
없는 한 이들로 하여금 피해자를 조사
하게 하여야 한다.

② 경찰청장은 각 경찰서장으로 하여금
성폭력범죄 전담 사법경찰관을 지정하도
록 하여 특별한 사정이 없는 한 이들로
하여금 피해자를 조사하게 하여야 한다.

③ 국가는 제1항 및 제2항의 검사 및
사법경찰관에 대하여 성폭력범죄의 수
사에 필요한 전문지식과 피해자보호를
위한 수사방법 등에 관한 교육을 실시
하여야 한다.

[본조신설 2006.10.27.]

[종전 제21조의2는 제21조의3으로 이동
<2006.10.27.>]

제21조의3(영상물의 촬영·보존 등)
① 검사 또는 사법경찰관은 성폭력 범
죄를 당한 피해자의 연령, 심리상태 또

는 후유장애의 유무 등을 신중하게 고
려하여 조사과정에서 피해자의 인격이
나 명예가 손상되거나 사적인 비밀이
침해되지 않도록 주의하여야 한다. <개
정 2006.10.27.>

② 검사 또는 사법경찰관은 성폭력범죄
의 피해자를 조사함에 있어서 피해자가
편안한 상태에서 진술하도록 조사환경을
조성하여야 하며, 조사 횟수는 필요 최소
한으로 하여야 한다. <신설 2006.
10.27.>

③ 제1항의 피해자가 16세 미만이거나 신
체장애 또는 정신상의 장애로 사물을 변
별하거나 의사를 결정할 능력이 미약한
때에는 피해자의 진술내용과 조사과정을
비디오녹화기 등 영상물 녹화장치에 의하
여 촬영·보존하여야 한다. 다만 피해자
또는 법정대리인이 이를 원하지 않는 의
사를 표시한 때에는 촬영을 하여서는 아
니 된다. <개정 2006.10.27.>

④ 제3항의 규정에 따라 촬영한 영상물
에 수록된 피해자의 진술은 공판준비
또는 공판기일에서 피해자 또는 조사과
정에 동석하였던 신뢰관계에 있는 자의
진술에 의하여 그 성립의 진정함이 인
정된 때에는 증거로 할 수 있다. <개정
2006.10.27.>

⑤ 수사기관은 제3항의 요건에 해당하
는 피해자 또는 법정대리인으로부터 신
청이 있는 때에는 영상물 촬영과정에서
작성한 조서의 사본을 신청인에게 교부
하여야 한다. <개정 2006.10.27.>

⑥ 누구든지 제3항의 규정에 따라 촬영
한 영상물을 수사 및 재판의 용도 외에
다른 목적으로 사용하여서는 아니 된다.
<신설 2006.10.27.>

[본조신설 2003.12.11.]

[제21조의2에서 이동 <2006.10.27.>]

第22條(審理의 非公開) ① 性暴力犯罪에 대한 審理는 그 被害者의 사생활을 보호하기 위하여 決定으로 이를 公開하지 아니할 수 있다.

② 證人으로 召喚받은 性暴力犯罪의 被害者와 그 家族은 사생활보호 등의 사유로 證人訊問의 非公開를 신청할 수 있다.

③ 裁判長은 第2項의 신청이 있는 때에는 그 許可與否 및 公開, 法廷 외의 場所에서의 訊問등 證人의 訊問方式 및 場所에 관하여 決定할 수 있다.

④ 法院組織法 第57條(裁判의 公開)第2項 및 第3項의 規定은 第1項 및 第3項의 경우에 이를 準用한다.

제22조의2(전문가의 의견조회)

① 법원은 정신과의사·심리학자·사회복지학자 그 밖의 관련 전문가에게 행위자 또는 피해자의 정신·심리상태에 대한 진단소견 및 피해자의 진술내용에 관한 의견을 조회할 수 있다.

② 법원은 성폭력범죄를 조사·심리함에 있어서 제1항의 규정에 의한 의견조회의 결과를 참작하여야 한다.

[본조신설 2003.12.11.]

[종전 제22조의2는 제22조의3으로 이동 <2003.12.11.>]

제22조의3(신뢰관계에 있는 자의 동석)

① 법원은 제5조 내지 제9조와 제11조 및 제12조(제10조의 미수범을 제외한다)의 범죄의 피해자를 증인으로 신문함에 있어서 검사·피해자 또는 법정대리인의 신청이 있는 때에는 재판에 지장을 초래할 우려가 있는 등 부득이한 경우가 아닌 한 피해자와 신뢰관계에 있는 자를 동석하게 하여야 한다.

② 제1항의 규정은 수사기관이 제1항의

피해자를 조사하는 경우에 관하여 이를 준용한다.

[전문개정 2006.10.27.]

제22조의4(비디오 등 중계장치에 의한 증인신문)

① 법원은 제2조제1항제3호 내지 제5호의 규정에 의한 범죄의 피해자를 증인으로 신문하는 경우 검사와 피고인 또는 변호인의 의견을 들어 비디오 등 중계장치에 의한 중계를 통하여 신문할 수 있다.

② 제1항의 규정에 의한 증인신문의 절차·방법 등에 관하여 필요한 사항은 대법원규칙으로 정한다.

[본조신설 2003.12.11.]

[종전 제22조의4는 제22조의6으로 이동 <2003.12.11.>]

第22條의5(申告義務) 18歲 미만의 사람을 보호하거나 敎育 또는 治療하는 施設의 責任者 및 關聯從事者는 자기의 보호 또는 監督을 받는 사람이 第5條 내지 第10條, 刑法 第301條(强姦 등 傷害·致傷) 및 第301條의2(强姦 등 殺人·致死)의 犯罪의 被害者인 사실을 안 때에는 즉시 搜査機關에 申告하여야 한다.

[本條新設 1997.8.22.]

[제22조의3에서 이동 <2003.12.11.>]

第22條의6(證據保全의 特例) ① 被害者 또는 그 法定代理人은 被害者가 公判期日에 출석하여 證言하는 것이 현저히 곤란한 사정이 있는 때에는 그 사유를 疏明하여 당해 性暴力犯罪를 搜査하는 檢事에 대하여 刑事訴訟法 第184條證據保全의 請求와 그 節次第1項의 規定에 의한 證據保全의 請求를 할 것을 요청할 수 있다. 이 경우 피해자가 제21조의3제3항의 요건에 해당하는

경우에는 공판기일에 출석하여 증언하는 것이 현저히 곤란한 사정이 있는 것으로 본다. <개정 2003.12.11, 2006.10.27.>
② 第1項의 요청을 받은 檢事는 그 요청이 상당한 이유가 있다고 인정하는 때에는 證據保全의 請求를 할 수 있다. [本條新設 1997.8.22.]
[제22조의4에서 이동 <2003.12.11.>]

第3章 性暴力被害相談所 등

第23條(相談所의 설치) ① 國家 또는 地方自治團體는 性暴力被害相談所(이하 '相談所'라 한다)를 설치·운영할 수 있다.
② 國家 또는 地方自治團體 외의 者가 相談所를 설치·운영하고자 할 때에는 시장·군수·구청장(자치구의 구청장을 말한다. 이하 같다)에게 申告하여야 한다. <개정 1997.8.22, 1997.12.13, 2003.12.11.>
③ 相談所의 設置基準과 申告 등에 관하여 필요한 사항은 여성가족부령으로 정한다. <개정 1997.8.22, 2001.1.29, 2005.3.24.>

第24條(相談所의 業務) 相談所의 業務는 다음과 같다.
1. 性暴力被害를 申告받거나 이에 관한 相談에 응하는 일
2. 性暴力被害로 인하여 정상적인 가정생활 및 사회생활이 어렵거나 기타 사정으로 긴급히 보호를 필요로 하는 사람을 病院 또는 性暴力被害者保護施設로 데려다 주는 일
3. 加害者에 대한 告訴와 被害賠償請求 등 司法處理節次에 관하여 大韓辯護士協會·大韓法律救助公團 등 關係機關에 필요한 협조와 지원을 요청하는 일

4. 性暴力犯罪의 예방 및 방지를 위한 홍보를 하는 일
5. 기타 性暴力犯罪 및 性暴力被害에 관하여 調查·研究하는 일

第25條(保護施設의 설치) ① 國家 또는 地方自治團體는 性暴力被害者保護施設(이하 '保護施設'이라 한다)을 설치·운영할 수 있다.
② 社會福祉法人 기타 非營利法人은 시장·군수·구청장에게 申告하고 保護施設을 설치·운영할 수 있다. <개정 1997.8.22, 2003.12.11.>
③ 保護施設의 設置基準과 申告 등에 관하여 필요한 사항은 여성가족부령으로 정한다. <개정 1997.8.22, 2001.1.29, 2005.3.24.>

第26條(保護施設의 業務) 保護施設의 業務는 다음과 같다.
1. 第24條 各號의 일
2. 性暴力被害者를 一時保護하는 일
3. 性暴力被害者의 신체적·정신적 安定回復과 사회복귀를 도우는 일
4. 기타 性暴力被害者의 보호를 위하여 필요한 일

第27條(相談所 또는 保護施設의 休止 또는 廢止) 第23條第2項 또는 第25條第2項의 規定에 의하여 설치한 相談所 또는 保護施設을 休止 또는 廢止하고자 할 때에는 여성가족부령이 정하는 바에 따라 미리 시장·군수·구청장에게 申告하여야 한다. <개정 1997.8.22, 2001.1.29, 2003.12.11, 2005.3.24.>

第28條(監督) ① 여성가족부장관 또는 시장·군수·구청장은 相談所 또는 保護施設의 長으로 하여금 당해 시설에

관하여 필요한 보고를 하게 할 수 있으며, 關係公務員으로 하여금 당해 시설의 운영상황을 調査하게 하거나 帳簿 기타 書類를 檢査하게 할 수 있다. <개정 1997.8.22, 2001.1.29, 2003. 12.11, 2005. 3.24.>

② 第1項의 規定에 의하여 關係公務員이 그 職務를 행하는 때에는 그 권한을 표시하는 證票를 지니고 이를 관계인에게 내보여야 한다.

第29條(施設의 閉鎖 등) 시장·군수·구청장은 相談所 또는 保護施設이 다음 各號의 1에 해당하는 때에는 그 業務의 정지 또는 廢止를 명하거나 施設을 閉鎖할 수 있다. <개정 1997.8.22, 2003.12.11.>

1. 第23條第3項 또는 第25條第3項의 規定에 의한 설치기준에 미달하게 된 때
2. 정당한 사유 없이 第28條第1項의 規定에 의한 보고를 하지 아니하거나 허위로 보고한 때 또는 調査·檢査를 거부하거나 기피한 때

第29條의2(청문) 시장·군수·구청장은 第29條의 規定에 의하여 業務의 廢止를 명하거나 施設을 閉鎖하고자 하는 경우에는 청문을 실시하여야 한다. <개정 2003.12.11.>

[本條新設 1997.12.13.]

第30條(經費의 보조) 國家 또는 地方自治團體는 第23條第2項 또는 第25條第2項의 規定에 의하여 설치한 相談所 또는 保護施設의 설치·운영에 소요되는 經費를 보조할 수 있다.

第31條(秘密嚴守의 義務) 相談所 또는 保護施設의 長이나 이를 보조하는 者 또는 그 職에 있었던 者는 그 職務上 알게 된 秘密을 누설하여서는 아니 된다.

第32條(유사명칭사용 금지) 이 法에 의한 相談所 또는 保護施設이 아니면 性暴力被害相談所·性暴力被害者保護施設 또는 이와 유사한 명칭을 사용하지 못한다.

第33條(醫療保護) ① 여성가족부장관 또는 시장·군수·구청장은 國·公立病院·保健所 또는 民間醫療施設을 性暴力被害者의 治療를 위한 專擔醫療機關으로 지정할 수 있다. <개정 1997.8.22, 2001. 1.29, 2003.12.11, 2005.3.24.>

② 第1項의 規定에 의하여 지정된 專擔醫療機關은 相談所 또는 保護施設의 長의 요청이 있을 경우에는 다음 各號의 醫療 등을 제공하여야 한다.

1. 性暴力被害者의 保健相談 및 指導
2. 性暴力被害의 治療
3. 기타 大統領令이 정하는 신체적·정신적 治療

第34條(權限의 위임) 여성가족부장관은 이 法에 의한 權限의 일부를 市·道知事 또는 市長·郡守·區廳長에게 위임할 수 있다. <개정 1997.8.22, 2001.1.29, 2003. 12.11, 2005.3.24.>

第4章 罰則

第35條(罰則) ① 다음 各號의 1에 해당하는 者는 2年 이하의 懲役 또는 500萬 원 이하의 罰金에 處한다. <改正 1997.8.22, 2006.10.27.>

1. 營利를 目的으로 이 法에 의한 相談所 또는 保護施設을 설치·운영한 者
2. 제21조제1항·제2항 또는 제31조의 規定에 의한 秘密嚴守義務를 위반한 者

3. 제21조제3항의 규정을 위반하여 피해자의 인적사항과 사진 등을 공개한 자
4. 第29條의 規定에 의한 施設의 閉鎖, 業務의 休止 또는 廢止命令을 받고도 相談所 또는 保護施設을 계속 운영한 者
② 제1항제3호의 죄는 피해자의 명시한 의사에 반하여 공소를 제기할 수 없다. <신설 2006.10.26.>

第36條(過怠料) ① 다음 各號의 1에 해당하는 者는 300萬 원 이하의 過怠料에 處한다. <개정 2003.12.11.>
1. 정당한 사유 없이 제22조의5 또는 제28조제1항의 規定에 의한 신고 또는 보고를 하지 아니하거나 허위로 신고 또는 보고한 者 또는 調査·檢査를 거부하거나 기피한 者
2. 第32條의 規定에 의한 유사명칭사용금지를 위반한 者
② 第1項의 規定에 의한 過怠料는 大統領令이 정하는 바에 의하여 여성가족부장관 또는 시장·군수·구청장이 賦課·徵收한다. <개정 1997.8.22, 2001.1.29, 2003. 12.11, 2005.3.24.>
③ 第2項의 規定에 의한 過怠料處分에 불복이 있는 者는 그 처분의 告知를 받은 날부터 30日 이내에 여성가족부장관 또는 시장·군수·구청장에게 異議를 제기할 수 있다. <개정 1997.8.22, 2001.1.29, 2003.12.11, 2005.3.24.>
④ 第2項의 規定에 의한 過怠料處分을 받은 者가 第3項의 規定에 의한 異議를 제기한 때에는 여성가족부장관 또는 시장·군수·구청장은 지체 없이 管轄法院에 그 사유를 통보하여야 하며, 그 통보를 받은 管轄法院은 非訟事件節次法에 의한 過怠料의 裁判을 한다. <개정 1997.8.22, 2001.1.29, 2003.12.11, 2005.3.24.>
⑤ 第3項의 規定에 의한 기간 내에 異議를 제기하지 아니하고 過怠料를 납부하지 아니한 때에는 國稅 또는 地方稅 滯納處分의 예에 의하여 이를 徵收한다.

第37條(兩罰規定) 法人의 代表者, 法人 또는 개인의 代理人·使用人 기타 從業員이 그 法人 또는 개인의 業務에 관하여 第14條의2 또는 第35條의 위반행위를 한 때에는 行爲者를 罰하는 외에 그 法人 또는 개인에 대하여도 각 해당 條의 罰金刑을 科한다. <改正 1997.8.22, 1998.12.28.>

附則 〈제4702호, 1994.1.5.〉
第1條(施行日) 이 法은 1994年 4月 1日부터 施行한다.
第2條(經過措置) ① 이 法 施行 전에 행하여진 第2條의 罪에 관하여는 종전의 規定에 의한다.
② 1個의 행위가 이 法 施行 전후에 걸쳐 행하여진 때에는 이 法 施行 전에 행하여진 것으로 본다.
③ 이 法 第20條 및 第22條의 規定은 이 法 施行 전에 公訴가 제기된 事件에 대하여는 이를 적용하지 아니한다.
第3條(다른 法律의 改正) 特定犯罪加重處罰等에 관한 法律 중 다음과 같이 改正한다.
第5條의6 및 第5條의7을 削除한다.

附則(보호관찰 등에 관한 법률)〈제4933호, 1995.1.5.〉
第1條(施行日) 이 法은 公布한 날부터 施行한다.
第2條 내지 第12條 省略
第13條(다른 法律의 改正) ① 省略
② 性暴力犯罪의 處罰 및 被害者保護 등에 관한 法律 중 다음과 같이 改正한다.
第16條第4項 중 '保護觀察法'을 '保護

觀察 등에 관한 法律'로 한다.
③ 省略
第14條 省略

附則〈제5343호, 1997.8.22.〉
이 法은 1998年 1月 1日부터 施行한다.

附則 (사회복지사업법)〈제5358호, 1997.8.22.〉
第1條(施行日) 이 法은 1998年 7月 1日부터 施行한다. <但書 省略>
第2條 내지 第8條 省略
第9條(다른 法律의 改正 등) ① 내지 ⑥ 省略
⑦ 性暴力犯罪의 處罰 및 被害者保護 등에 관한 法律 中 다음과 같이 改正한다.
第25條第2項 中 '市・道知事의 許可를 받아'를 '市・道知事에게 申告하고'로 하고, 同條第3項 中 '許可'를 '申告'로 한다.
第29條의 題目 '許可의 取消 등'을 '施設의 閉鎖 등'으로 하고, 同條 本文 中 '許可를 取消할 수 있다'를 '施設을 閉鎖할 수 있다'로 한다.
第35條第2號 中 '許可의 取消'를 '施設의 閉鎖'로 한다.
⑧ 省略

附則(행정절차법의 시행에 따른 공인회계사법 등의 정비에 관한 법률)<제5453호, 1997.12.13.>
第1條(施行日) 이 法은 1998年 1月 1日부터 施行한다. <但書 省略>
第2條(草地法 등의 改正에 따른 經過措置) ① 내지 ③ 省略
④ 이 法 施行日부터 1998年 6月 30日까지는 性暴力犯罪의 處罰 및 被害者保護 등에 관한 法律 第29條의2의 改正規定 中 '施設을 閉鎖'를 '許可를 取消'로 본다.

⑤ 내지 ⑧ 省略

附則(정부부처명칭 등의 변경에 따른 건축법 등의 정비에 관한 법률)〈제5454호, 1997.12.13.〉
이 法은 1998年 1月 1日부터 施行한다. <但書 省略>

附則〈제5593호, 1998.12.28.〉
이 法은 公布한 날부터 施行한다.

부칙(정부조직법)〈제6400호, 2001. 1.29.〉
제1조(시행일) 이 법은 공포한 날부터 시행한다. <단서 생략>
제2조 생략
제3조(다른 법률의 개정) ① 내지 ⑭ 생략
⑮ 성폭력범죄의 처벌 및 피해자보호 등에 관한 법률 중 다음과 같이 개정한다.
제28조제1항, 제33조제1항, 제34조 및 제36조제2항 내지 제4항 중 '保健福祉部長官'을 각각 '女性部長官'으로 한다.
제23조제3항, 제25조제3항 및 제27조 중 '保健福祉部令'을 각각 '女性部令'으로 한다.
⑯ 내지 ⑲ 생략
제4조 생략

부칙〈제6995호, 2003.12.11.〉
① (시행일) 이 법은 공포 후 3개월이 경과한 날부터 시행한다.
② (과태료 부과・징수권자의 변경에 관한 경과조치) 이 법 시행 당시 종전의 규정에 의하여 과태료 부과・징수절차가 진행 중인 사건에 대하여는 제36조제2항 내지 제4항의 개정규정에 불구하고 종전의 규정에 의한다.
부칙(정부조직법)〈제7413호, 2005. 3.24.〉
제1조(시행일) 이 법은 공포한 날부터 시행한다. 다만 다음 각 호의 사항은 각

호의 구분에 의한 날부터 시행한다.
1. 제26조……부칙 제2조 내지 제4조의
규정은 이 법 공포 후 3월 이내에 제42
조의 개정규정에 의한 여성가족부의 조
직에 관한 대통령령이 시행되는 날
2. 생략
제2조 생략
제3조(다른 법률의 개정) ① 내지 ⑦ 생
략
⑧ 性暴力犯罪의 處罰 및 被害者保護
등에 관한 法律 일부를 다음과 같이 개
정한다.
제23조제3항, 제25조제3항 및 제27조
중 ‘女性部令’을 각각 ‘여성가족부령’으
로 한다.
제28조제1항, 제33조제1항 및 제36조제2
항 내지 제4항 중 ‘女性部長官’을 각각
‘여성가족부장관’으로 한다.
제34조 중 ‘여성부장관’을 ‘여성가족부
장관’으로 한다.
⑨ 내지 ⑭ 생략
제4조 생략

부칙(사회보호법)〈제7656호, 2005. 8.4.〉
제1조(시행일) 이 법은 공포한 날부터
시행한다.
제2조 내지 제5조 생략
제6조(다른 법률의 개정) ① 생략
② 성폭력범죄의 처벌 및 피해자보호
등에 관한 법률 일부를 다음과 같이 개
정한다.
제17조를 삭제한다.
③ 생략

부칙〈제8059호, 2006.10.27.〉
이 법은 공포한 날부터 시행한다. 다만
제21조의2의 개정규정은 공포 후 3개월
이 경과한 날부터 시행한다.

● 성매매방지 및 피해자보호 등에 관한 법률
[일부개정 2006.2.21. 법률 제7849호]

제1조(목적) 이 법은 성매매를 방지하고
성매매피해자 및 성을 파는 행위를 한
자의 보호와 자립의 지원을 목적으로
한다.

제2조(정의) 이 법에서 사용하는 용어의
정의는 다음과 같다. <개정 2005.
12.29.>
1. ‘성매매’라 함은 ‘성매매알선 등 행
위의 처벌에 관한 법률’ 제2조제1항제1
호에 규정된 행위를 말한다.
2. ‘성매매알선등행위’라 함은 ‘성매매
알선 등 행위의 처벌에 관한 법률’ 제2
조제1항제2호에 규정된 행위를 말한다.
3. ‘성매매 목적의 인신매매’라 함은
‘성매매알선 등 행위의 처벌에 관한 법
률’ 제2조제1항제3호에 규정된 행위를
말한다.
4. ‘성매매피해자’라 함은 ‘성매매알선
등 행위의 처벌에 관한 법률’ 제2조제1
항제4호에 규정된 자를 말한다.

제3조(국가 등의 책임) ① 국가 및 지방자
치단체는 성매매를 방지하고 성매매피
해자 및 성을 파는 행위를 한 자(이하
‘성매매피해자 등’이라 한다)의 보호와
자립의 지원을 위하여 다음 각 호의 사
항에 대한 법적 · 제도적 장치를 마련하
고 필요한 행정적 · 재정적 조치를 취하
여야 한다.
1. 성매매, 성매매알선 등 행위 및 성매
매 목적의 인신매매를 방지하기 위한
조사 · 연구 · 교육 · 홍보

2. 성매매피해자 등의 보호와 자립을 지원하기 위한 시설(외국인여성을 위한 시설을 포함한다)의 설치·운영

② 국가는 성매매 목적의 인신매매의 방지를 위한 국제협력의 증진을 위하여 노력하여야 한다.

제4조(성매매 예방교육) 초·중·고등학교의 장은 성에 대한 건전한 가치관 함양과 성매매를 방지하기 위하여 대통령령이 정하는 바에 따라 성매매 예방교육을 실시하여야 한다.

제5조(지원시설의 종류) ① 성매매피해자 등을 위한 지원시설(이하 '지원시설'이라 한다)의 종류는 다음 각 호와 같다. <개정 2005.12.29.>

1. 일반지원시설: 성매매피해자 등을 대상으로 1년 이내의 범위에서 숙식을 제공하고 자립을 지원하는 시설

2. 청소년지원시설: 청소년인 성매매피해자 등을 대상으로 1년 이내의 범위에서 숙식을 제공하고, 취학·교육 등을 통하여 자립을 지원하는 시설

3. 외국인여성지원시설: 외국인여성인 성매매피해자 등을 대상으로 3월('성매매알선 등 행위의 처벌에 관한 법률' 제11조의 규정에 해당하는 외국인여성에 대하여는 그 해당 기간) 이내의 범위에서 숙식을 제공하고, 귀국을 지원하는 시설

4. 자활지원센터: 성매매피해자 등을 대상으로 자활에 필요한 지원을 제공하는 이용시설

② 일반지원시설의 장은 6월 이내의 범위에서 여성가족부령이 정하는 바에 따라 지원기간을 연장할 수 있다. <개정 2005.3.24.>

③ 청소년지원시설의 장은 청소년이 19세에 달할 때까지 여성가족부령이 정하는 바에 따라 지원기간을 연장할 수 있다. <개정 2005.3.24.>

제6조(지원시설의 설치) ① 국가 또는 지방자치단체는 지원시설을 설치·운영할 수 있다.

② 국가 또는 지방자치단체 외의 자가 지원시설을 설치·운영하고자 할 때에는 시장·군수·구청장(자치구의 구청장을 말한다. 이하 같다)에게 신고하여야 한다.

③ 지원시설의 설치기준·신고절차 및 종사자의 자격기준·수 등에 관하여 필요한 사항은 여성가족부령으로 정한다. <개정 2005.3.24.>

제7조(지원시설의 업무) ① 일반지원시설은 다음 각 호의 업무를 행한다. <개정 2005.3.24, 2005.12.29.>

1. 숙식의 제공

2. 심리적 안정 및 사회적응을 위한 상담 및 치료

3. 질병치료 및 건강관리를 위한 의료기관에의 인도 등 의료지원

4. 수사기관의 조사 및 법원의 증인신문에의 동행

5. 법률구조기관 등에의 필요한 협조 및 지원요청

6. 자립자활교육의 실시와 취업정보 제공

7. '국민기초생활 보장법' 등 사회보장 관련 법령에 따른 급부의 수령지원

8. 기술교육(위탁교육을 포함한다)

9. 다른 법률이 지원시설에 위탁한 사항

10. 그 밖에 여성가족부령이 정하는 사항

② 청소년지원시설은 제1항 각 호의 업무 외에 진학을 위한 교육을 제공하거

나 교육기관에 취학을 연계하는 업무를
행한다.
③ 외국인여성지원시설은 제1항제1호
내지 제5호·제9호의 업무 및 귀국을
지원하는 업무를 행한다.
④ 자활지원센터는 다음 각 호의 업무
를 행한다. <개정 2005.3.24.>
1. 자활공동체 등의 운영
2. 취업 및 기술교육(위탁교육을 포함한
다)
3. 취업 및 창업을 위한 정보의 제공
4. 그 밖에 사회적응을 위하여 필요한
지원으로서 여성가족부령이 정하는 사항

제8조(지원시설에의 입소 등) ① 지원시설
에 입소하고자 하는 자는 당해 지원시설
의 입소규정을 준수하여야 한다.
② 지원시설에서 제공하는 프로그램을
이용하고자 하는 자는 당해 지원시설의
이용규정을 준수하여야 한다.
③ 지원시설의 장은 입소규정 및 이용
규정을 준수하지 아니하거나 그 밖에
단체생활을 현저히 저해하는 행위를 하
는 입소자 또는 이용자에 대하여는 퇴
소 또는 이용중단 등 필요한 조치를 할
수 있다.
④ 지원시설의 입소 및 이용절차, 입소
규정 및 이용규정 등에 관하여 필요한
사항은 여성가족부령으로 정한다. <개
정 2005.3.24.>

제9조(지원시설의 운영) ① 지원시설의 장
은 입소자 또는 이용자의 인권을 최대
한 보장하여야 한다.
② 지원시설의 장은 입소자 및 이용자
의 사회적응능력 등을 배양시킬 수 있
는 상담·교육·정보제공 및 신변보호
등에 필요한 지원을 하여야 한다.
③ 지원시설의 장은 입소자의 건강관리를

위하여 입소 후 1개월 이내에 건강진단을
실시하고 건강에 이상이 발견된 경우에는
'의료급여법'에 의한 의료급여의 수급 등
필요한 조치를 하여야 하며, 필요한 경우
의료기관에 질병치료 등을 의뢰할 수 있
다. <개정 2005.12.29.>
④ 지원시설의 운영방법·운영기준 등
에 관하여 필요한 사항은 여성가족부령
으로 정한다. <개정 2005.3.24.>

제10조(상담소의 설치) ① 국가 또는 지방
자치단체는 성매매피해상담소(이하 '상담
소'라 한다)를 설치·운영할 수 있다.
② 국가 또는 지방자치단체 외의 자가 상
담소를 설치·운영하고자 할 때에는 시
장·군수·구청장에게 신고하여야 한다.
③ 상담소에는 상담실을 두어야 하며,
이용자를 임시로 보호하기 위한 보호실
을 운영할 수 있다.
④ 상담소의 설치기준, 신고절차, 운영기
준, 상담원 등 종사자의 자격기준 및 수
등에 관하여 필요한 사항은 여성가족부령
으로 정한다. <개정 2005.3.24.>

제11조(상담소의 업무 등) 상담소는 다음
각 호의 업무를 행한다. <개정 2005.3.
24.>
1. 상담 및 현장방문
2. 지원시설이용에 관한 고지 및 지원시
설에의 인도 또는 연계
3. 성매매피해자의 구조
4. 제7조제1항제3호 내지 제5호의 업무
5. 다른 법률이 상담소에 위탁한 사항
6. 성매매피해자 등의 보호를 위한 조치
로서 여성가족부령이 정하는 사항

제12조(수사기관의 협조) 상담소의 장은
성매매피해자를 구조할 긴급한 필요가
있는 때에는 관할 국가경찰관서의 장에

게 그 소속 직원의 동행을 요청할 수 있으며, 요청을 받은 국가경찰관서의 장은 특별한 사유가 없는 한 이에 응하여야 한다. <개정 2006.2.21.>

제13조(성매매피해자 등의 의사존중) 지원시설 또는 상담소의 장은 성매매피해자 등의 명시한 의사에 반하여 지원시설에 입소하게 하거나 제10조제3항의 보호를 할 수 없다.

제14조(의료비의 지원) ① 국가 또는 지방자치단체는 제9조제3항의 규정에 따라 지원시설의 장이 의료기관에 질병치료 등을 의뢰한 경우에 '의료급여법'상의 급여가 실시되지 아니하는 치료항목에 대한 의료비용의 전부 또는 일부를 지원할 수 있다. <개정 2005.12.29.>
② 제1항의 규정에 의한 의료비용의 지원범위 및 절차 등에 관하여 필요한 사항은 여성가족부령으로 정한다. <개정 2005.3.24.>

제14조의2(전담의료기관의 지정 등
① 여성가족부장관 또는 시장·군수·구청장은 '성폭력범죄의 처벌 및 피해자보호 등에 관한 법률' 제33조제1항의 규정에 따라 지정받은 전담의료기관 등 필요한 의료기관을 성매매피해자 등의 치료를 위한 전담의료기관으로 지정할 수 있다.
② 제1항의 규정에 따라 지정된 전담의료기관은 지원시설 또는 상담소의 장의 요청이 있을 경우에는 다음 각 호의 의료 등을 제공하여야 한다.
1. 성매매피해자 등의 보건상담 및 지도
2. 성매매피해의 치료
3. 그 밖에 대통령령이 정하는 신체적·정신적 치료

[본조신설 2005.12.29.]

제15조(비용의 보조) ① 국가 또는 지방자치단체는 지원시설 및 상담소의 설치·운영에 소요되는 비용을 보조할 수 있다.
② 제1항의 규정에 의한 비용의 보조범위 등에 관하여 필요한 사항은 대통령령으로 정한다.

제16조(지도·감독) ① 여성가족부장관, 특별시장·광역시장·도지사(이하 '시·도지사'라 한다), 또는 시장·군수·구청장은 지원시설 또는 상담소의 장으로 하여금 필요한 보고를 명하거나 자료를 제출하게 할 수 있으며, 관계공무원으로 하여금 지원시설 또는 상담소에 출입하여 관계서류 등을 검사하게 할 수 있다. <개정 2005.3.24.>
② 제1항의 규정에 의하여 출입·검사를 행하는 공무원은 출입하기 전에 방문 및 검사 목적·일시 등을 지원시설 또는 상담소의 장에게 통보하여야 하며, 출입 시에는 그 권한을 표시하는 증표를 지니고 관계인에게 이를 내보여야 한다.

제17조(폐지·휴지 등의 신고) 제6조제2항 또는 제10조제2항의 규정에 따라 신고한 지원시설이나 상담소를 폐지 또는 휴지하거나 그 운영을 재개하고자 하는 자는 여성가족부령이 정하는 바에 따라 시장·군수·구청장에게 신고하여야 한다. <개정 2005.3.24.>

제18조(영리목적운영의 금지) 이 법에 의한 지원시설 또는 상담소는 영리를 목적으로 설치·운영하여서는 아니 된다.

제19조(비밀엄수 등의 의무) 지원시설 또

는 상담소의 장이나 이를 보좌하는 자 또는 그 직에 있었던 자는 직무상 알게 된 비밀을 누설하여서는 아니 된다.

제20조(지원시설 및 상담소의 폐쇄 등) ① 여성가족부장관, 시·도지사 또는 시장·군수·구청장은 지원시설 또는 상담소가 다음 각 호의 어느 하나에 해당하는 때에는 그 업무의 정지 또는 폐지를 명하거나 지원시설 및 상담소를 폐쇄할 수 있다. <개정 2005.3.24, 2005.12.29.>
1. 지원시설이나 상담소가 제6조제3항 또는 제10조제4항의 규정에 따른 설치기준에 미달하게 된 때
2. 제16조제1항의 규정을 위반하여 정당한 사유 없이 보고를 하지 아니하거나 거짓으로 보고한 때
3. 제18조의 규정을 위반한 때
4. 지원시설·상담소의 장 또는 그 종사자들이 입소자·이용자에 대하여 '성폭력범죄의 처벌 및 피해자보호 등에 관한 법률' 제2조제1항의 범죄를 범한 때
5. '사회복지사업법' 제40조제1항제3호 및 제3호의2에 해당하는 경우
6. 이 법 또는 이 법에 의한 명령을 위반한 때
② 제1항의 규정에 의하여 업무의 정지 또는 폐지를 명하거나 지원시설 및 상담소를 폐쇄하고자 하는 때에는 청문을 실시하여야 한다.
③ 제1항의 규정에 의한 처분의 세부적인 종류·기준에 관하여 필요한 사항은 여성가족부령으로 정한다. <개정 2005.3.24.>

제21조(권한의 위임) 여성가족부장관 또는 시·도지사는 이 법에 의한 권한의 일부를 대통령령이 정하는 바에 따라 시·도지사 또는 시장·군수·구청장에게 위임

할 수 있다. <개정 2005.3.24.>

제22조(벌칙) 다음 각 호의 어느 하나에 해당하는 자는 1년 이하의 징역 또는 500만 원 이하의 벌금에 처한다.
1. 제6조제2항의 규정에 의한 신고를 하지 아니하고 지원시설을 설치·운영한 자
2. 제10조제2항의 규정에 의한 신고를 하지 아니하고 상담소를 설치·운영한 자
3. 제18조 또는 제19조의 규정을 위반한 자
4. 제20조의 규정에 의한 명령을 위반한 자

제23조(양벌규정) 법인의 대표자나 법인 또는 개인의 대리인·사용인 그 밖의 종사자가 그 법인 또는 개인의 업무에 관하여 제22조의 위반행위를 한 때에는 그 행위자를 벌하는 외에 그 법인 또는 개인에 대하여도 동 조의 벌금형을 과한다.

제24조(과태료) ① 다음 각 호의 어느 하나에 해당하는 자는 300만 원 이하의 과태료에 처한다.
1. 제16조제1항의 규정에 따른 관계공무원의 출입·검사를 거부·방해 또는 기피한 자
2. 제17조의 규정을 위반한 자
② 제1항의 규정에 의한 과태료는 대통령령이 정하는 바에 따라 여성가족부장관, 시·도지사 또는 시장·군수·구청장(이하 '부과권자'라 한다)이 부과·징수한다. <개정 2005.3.24.>
③ 제2항의 규정에 따른 과태료처분에 불복이 있는 자는 그 처분의 고지를 받은 날부터 30일 이내에 부과권자에게

이의를 제기할 수 있다.

④ 제2항의 규정에 따라 과태료처분을 받은 자가 제3항의 규정에 의하여 이의를 제기한 때에는 부과권자는 지체 없이 관할법원에 그 사실을 통보하여야 하며, 그 통보를 받은 관할법원은 '비송사건절차법'에 의한 과태료의 재판을 한다. <개정 2005.12.29.>

⑤ 제3항의 규정에 따른 기간 이내에 이의를 제기하지 아니하고 과태료를 납부하지 아니한 때에는 국세체납처분 또는 지방세체납처분의 예에 의하여 이를 징수한다.

부칙〈제7212호, 2004.3.22.〉

제1조(시행일) 이 법은 공포 후 6개월이 경과한 날부터 시행한다.

제2조(지원시설·상담소에 관한 경과조치) ① 이 법 시행 당시 종전의 윤락행위 등 방지법에 의하여 설치된 일시보호소 및 선도보호시설은 이 법에 의한 일반지원시설 또는 청소년지원시설로, 자립자활시설은 이 법에 의한 자활지원센터로, 여성복지상담소는 이 법에 의한 성매매피해상담소로 각각 본다. 다만 이 법 시행일부터 2년 이내에 이 법에서 정한 시설기준을 충족하여야 한다.

② 종전의 윤락행위 등 방지법에 의하여 설치된 일시보호소, 선도보호시설, 자립자활시설, 여성복지상담소는 이 법 시행일부터 6월 이내에 일반지원시설, 청소년지원시설, 자활지원센터 및 성매매피해상담소로 각각 신고하여야 한다.

제3조(벌칙에 관한 경과조치) 이 법 시행 전의 행위에 대한 벌칙의 적용에 있어서는 종전의 윤락행위 등 방지법에 의한다.

제4조(다른 법률의 개정 등) ① 사회복지사업법 중 다음과 같이 개정한다.

제2조제1호 사목을 다음과 같이 한다.

사. 성매매방지 및 피해자보호 등에 관한 법률

② 아동복지법 중 다음과 같이 개정한다.

제26조제2항제6호를 다음과 같이 한다.

6. 성매매방지 및 피해자보호 등에 관한 법률 제5조 및 제10조의 규정에 의한 지원시설 및 성매매피해상담소의 장이나 그 종사자

③ 청소년의 성보호에 관한 법률 중 다음과 같이 개정한다.

제15조제1항 중 '淪落行爲등防止法 第11條第1項第2號의 規定에 의한 善導保護施設'을 '성매매방지 및 피해자보호 등에 관한 법률 제5조제1항제2호의 규정에 의한 청소년지원시설'로 한다.

④ 이 법 시행 당시 다른 법령에서 종전의 윤락행위 등 방지법 및 그 규정을 인용하고 있는 경우 이 법 중 그에 해당하는 규정이 있는 때에는 이 법 또는 이 법의 해당 규정을 인용한 것으로 본다.

부칙(정부조직법)〈제7413호, 2005. 3.24.〉

제1조(시행일) 이 법은 공포한 날부터 시행한다. 다만 다음 각 호의 사항은 각 호의 구분에 의한 날부터 시행한다.

1. 제26조……부칙 제2조 내지 제4조의 규정은 이 법 공포 후 3월 이내에 제42조의 개정규정에 의한 여성가족부의 조직에 관한 대통령령이 시행되는 날

2. 생략

제2조 생략

제3조(다른 법률의 개정) ① 내지 ⑥ 생략

⑦ 성매매방지 및 피해자보호 등에 관한 법률 일부를 다음과 같이 개정한다.

제5조제2항·제3항, 제6조제3항, 제7조제1항제10호·제4항제4호, 제8조제4항, 제9조제4항, 제10조제4항, 제11조제6호,

제14조제2항, 제17조 및 제20조제3항 중 '여성부령'을 각각 '여성가족부령'으로 한다.
제16조제1항, 제20조제1항 각 호 외의 부분, 제21조 및 제24조제2항 중 '여성부장관'을 각각 '여성가족부장관'으로 한다.
⑧ 내지 ⑭ 생략
제4조 생략

부칙〈제7784호, 2005.12.29.〉
① (시행일) 이 법은 공포 후 3월이 경과한 날부터 시행한다.
② (입소기간을 연장한 일반지원시설 입소자의 입소기간에 관한 경과조치) 이 법 시행 당시 종전의 제5조제2항의 규정에 의하여 이미 지원기간을 연장한 자에 대하여 일반지원시설의 장은 동항의 규정에 의하여 다시 지원기간을 연장할 수 있다.

부칙(제주특별자치도 설치 및 국제자유도시 조성을 위한 특별법) 〈제7849호, 2006.2.21.〉
제1조(시행일) 이 법은 2006년 7월 1일부터 시행한다. 〈단서 생략〉
제2조 내지 제39조 생략
제40조(다른 법령의 개정) ① 내지 ⑯ 생략
⑰ 성매매방지 및 피해자보호 등에 관한 법률 일부를 다음과 같이 개정한다.
제12조 중 '경찰관서'를 각각 '국가경찰관서'로 한다.
⑱ 내지 ⑰ 생략
제41조 생략

● 특정 성폭력범죄자에 대한 위치추적 전자장치 부착에 관한 법률

[일부개정 2007.8.3. 법률 제8634호], 시행일 2008.2.4.

[특정 성폭력범죄자에 대한 위치추적 전자장치 부착에 관한 법률]

제1장 총칙

제1조(목적) 이 법은 성폭력범죄자의 재범방지와 성행(性行)교정을 통한 재사회화를 위하여 그의 행적을 추적하여 위치를 확인할 수 있는 전자장치를 신체에 부착하게 하는 부가적인 조치를 취함으로써 성폭력범죄로부터 국민을 보호함을 목적으로 한다.

제2조(정의) 이 법에서 사용하는 용어의 정의는 다음과 같다. 〈개정 2007.8.3.〉
1. '성폭력범죄'란 다음 각 목의 범죄를 말한다.
가. '형법' 제32장 강간과 추행의 죄 중 제297조(강간)·제298조(강제추행)·제299조(준강간, 준강제추행)·제300조(미수범)·제301조(강간 등 상해·치상)·제301조의2(강간 등 살인·치사)·제302조(미성년자 등에 대한 간음)·제303조(업무상위력 등에 의한 간음)·제305조(미성년자에 대한 간음, 추행) 및 제339조(강도강간)의 죄
나. '성폭력범죄의 처벌 및 피해자보호 등에 관한 법률' 제5조(특수강도강간 등)부터 제12조(미수범)까지의 죄

다. '청소년의 성보호에 관한 법률' 제7조(청소년에 대한 강간, 강제추행 등)의 죄

라. 가목부터 다목까지의 죄로서 다른 법률에 따라 가중 처벌되는 죄

2. "위치추적 전자장치(이하 '전자장치'라 한다)"란 전자파를 발신하고 추적하는 원리를 이용하여 위치를 확인하거나 이동경로를 탐지하는 일련의 기계적 설비로서 대통령령으로 정하는 것을 말한다.

제3조(국가의 책무) 국가는 이 법의 집행 과정에서 국민의 인권이 부당하게 침해되지 아니하도록 주의하여야 한다.

제4조(적용 범위) 만 19세 미만의 자에 대하여는 이 법에 따른 전자장치를 부착할 수 없다.

제2장 징역형 종료 이후의 전 자장치 부착

제5조(전자장치 부착명령의 청구)
① 검사는 다음 각 호의 어느 하나에 해당하고, 성폭력범죄를 다시 범할 위험성이 있다고 인정되는 자에 대하여 유기징역형의 전부 또는 일부의 집행을 종료하거나 집행이 면제된 후에 전자장치를 부착하도록 하는 명령(이하 '부착명령'이라 한다)을 법원에 청구할 수 있다.

1. 성폭력범죄로 2회 이상 징역형의 실형을 선고받아 그 형기의 합계가 3년 이상인 자가 그 집행을 종료한 후 또는 집행이 면제된 후 5년 이내에 성폭력범죄를 저지른 때

2. 이 법에 따른 전자장치를 부착받은 전력이 있는 자가 다시 성폭력범죄를 저지른 때

3. 성폭력범죄를 2회 이상 범하여 그 습벽이 인정된 때

4. 13세 미만의 자에 대하여 성폭력범죄를 저지른 때

② 제1항의 청구는 공소가 제기된 성폭력범죄사건의 제1심 판결 선고 전까지 하여야 한다.

③ 법원은 공소가 제기된 성폭력범죄사건을 심리한 결과 부착명령을 선고할 필요가 있다고 인정하는 때에는 검사에게 부착명령의 청구를 요구할 수 있다.

④ 제1항 각 호의 성폭력범죄사건에 대하여 판결의 확정 없이 공소가 제기된 때부터 15년이 경과한 경우에는 부착명령을 청구할 수 없다.

제6조(조사) ① 검사는 부착명령을 청구하기 위하여 필요하다고 인정하는 때에는 피의자의 주거지 또는 소속 검찰청(지청을 포함한다. 이하 같다) 소재지를 관할하는 보호관찰소(지소를 포함한다. 이하 같다)의 장에게 범죄의 동기, 피해자와의 관계, 심리상태, 재범의 위험성 등 피의자에 관하여 필요한 사항의 조사를 요청할 수 있다.

② 제1항의 요청을 받은 보호관찰소의 장은 조사할 보호관찰관을 지명하여야 한다.

③ 제2항에 따라 지명된 보호관찰관은 검사의 지휘를 받아 지체 없이 필요한 사항을 조사한 후 검사에게 조사보고서를 제출하여야 한다.

④ 검사는 부착명령을 청구함에 있어서 필요한 경우에는 피의자에 대한 정신감정이나 그 밖에 전문가의 진단 등의 결과를 참고하여야 한다.

제7조(부착명령 청구사건의 관할)
① 부착명령 청구사건의 관할은 부착명

령 청구사건과 동시에 심리하는 성폭력범죄사건의 관할에 따른다.

② 부착명령 청구사건의 제1심 재판은 지방법원 합의부(지방법원지원 합의부를 포함한다. 이하 같다)의 관할로 한다.

제8조(부착명령 청구서의 기재사항 등) ① 부착명령 청구서에는 다음 각 호의 사항을 기재하여야 한다.

1. 부착명령 청구대상자(이하 '피부착명령청구자'라 한다)의 성명과 그 밖에 피부착명령청구자를 특정할 수 있는 사항

2. 청구의 원인이 되는 사실

3. 적용 법조

4. 그 밖에 대통령령으로 정하는 사항

② 법원은 부착명령 청구가 있는 때에는 지체 없이 부착명령 청구서의 부본을 피부착명령청구자 또는 그의 변호인에게 송부하여야 한다. 이 경우 성폭력범죄사건에 대한 공소제기와 동시에 부착명령 청구가 있는 때에는 제1회 공판기일 5일 전까지, 성폭력범죄사건의 심리 중에 부착명령 청구가 있는 때에는 다음 공판기일 5일 전까지 송부하여야 한다.

제9조(부착명령의 판결 등) ① 법원은 부착명령 청구가 이유 있다고 인정하는 때에는 5년의 범위 내에서 부착기간을 정하여 판결로 부착명령을 선고하여야 한다.

② 법원은 다음 각 호의 어느 하나에 해당하는 때에는 판결로 부착명령 청구를 기각하여야 한다.

1. 부착명령 청구가 이유 없다고 인정하는 때

2. 성폭력범죄사건에 대하여 무죄·면소·공소기각의 판결 또는 결정을 선고하는 때

3. 성폭력범죄사건에 대하여 벌금형을 선고하는 때

4. 성폭력범죄사건에 대하여 선고유예 또는 집행유예를 선고하는 때(제28조제1항에 따라 전자장치 부착을 명하는 때를 제외한다)

③ 부착명령 청구사건의 판결은 성폭력범죄사건의 판결과 동시에 선고하여야 한다.

④ 부착명령 선고의 판결이유에는 요건으로 되는 사실, 증거의 요지 및 적용 법조를 명시하여야 한다.

⑤ 부착명령의 선고는 성폭력범죄사건의 양형에 유리하게 참작되어서는 아니 된다.

⑥ 성폭력범죄사건의 판결에 대하여 상소 및 상소의 포기·취하가 있는 때에는 부착명령 청구사건의 판결에 대하여도 상소 및 상소의 포기·취하가 있는 것으로 본다. 상소권회복 또는 재심의 청구나 비상상고가 있는 때에도 또한 같다.

⑦ 제6항에도 불구하고 검사 또는 피부착명령청구자 및 '형사소송법' 제340조·제341조에 규정된 자는 부착명령에 대하여 독립하여 상소 및 상소의 포기·취하를 할 수 있다. 상소권회복 또는 재심의 청구나 비상상고의 경우에도 또한 같다.

제10조(부착명령 판결 등의 통지)

① 법원은 제9조에 따라 부착명령을 선고한 때에는 그 판결이 확정된 날부터 3일 이내에 부착명령을 선고받은 자(이하 '피부착명령자'라 한다)의 주거지를 관할하는 보호관찰소의 장에게 판결문의 등본을 송부하여야 한다.

② 교도소, 소년교도소, 구치소 및 군교도소의 장(이하 '교도소장등'이라 한다)

은 피부착명령자가 석방되기 5일 전까지 피부착명령자의 주거지를 관할하는 보호관찰소의 장에게 그 사실을 통보하여야 한다.

제11조(국선변호인 등) '형사소송법' 제282조 및 제283조는 제5조제1항에 해당하는 자에 대한 부착명령 청구사건에 관하여 준용한다.

제12조(집행지휘) ① 부착명령은 검사의 지휘를 받아 보호관찰관이 집행한다.
② 제1항에 따른 지휘는 판결문 등본을 첨부한 서면으로 한다.

제13조(부착명령의 집행) ① 부착명령은 성폭력범죄사건에 대한 형의 집행이 종료되거나 면제되는 날 또는 가석방되는 날 석방 직전에 피부착명령자의 신체에 전자장치를 부착함으로써 집행한다.
② 부착명령의 집행은 신체의 완전성을 해하지 아니하는 범위 내에서 이루어져야 한다.
③ 다음 각 호의 어느 하나에 해당하는 때에는 부착명령의 집행이 정지된다.
1. 부착명령의 집행 중 다른 죄를 범하여 구속영장의 집행을 받아 구금된 때
2. 가석방된 자가 전자장치 부착기간 동안 가석방이 취소되거나 실효된 때
④ 제3항에 따라 집행이 정지된 부착명령의 잔여기간에 대하여는 다음 각 호의 구분에 따라 집행한다.
1. 제3항제1호의 경우에는 구금이 해제되거나 금고 이상의 형의 집행을 받지 아니하게 확정된 때부터 그 잔여기간을 집행한다.
2. 제3항제2호의 경우에는 그 형의 집행이 종료되거나 면제된 후 그 잔여기간을 집행한다.

⑤ 그 밖에 부착명령의 집행 및 정지에 관하여 필요한 사항은 대통령령으로 정한다.

제14조(피부착자의 의무) ① 전자장치가 부착된 자(이하 '피부착자'라 한다)는 전자장치의 부착기간 중 전자장치를 신체에서 임의로 분리·손상, 전파 방해 또는 수신자료의 변조, 그 밖의 방법으로 그 효용을 해하여서는 아니 된다.
② 피부착자는 주거를 이전하거나 출국할 때에는 미리 보호관찰관에게 신고하여야 한다.

제15조(보호관찰관의 임무) ① 보호관찰관은 피부착자의 재범 방지와 건전한 사회복귀를 위하여 필요한 지도와 원호를 한다.
② 보호관찰관은 전자장치 부착기간 중 피부착자의 소재지 인근 의료기관에서의 치료, 상담시설에서의 상담치료 등 피부착자의 재범 방지를 위하여 필요한 조치를 할 수 있다.

제16조(수신자료의 보존·사용·폐기 등) ① 보호관찰소의 장은 피부착자의 전자장치로부터 발신되는 전자파를 수신하여 그 자료(이하 '수신자료'라 한다)를 보존하여야 한다.
② 수신자료는 다음 각 호의 경우 외에는 열람·조회 또는 공개할 수 없다.
1. 피부착자의 성폭력범죄 혐의에 대한 수사 또는 재판자료로 사용하는 경우
2. 보호관찰관이 지도·원호를 목적으로 사용하는 경우
3. '보호관찰 등에 관한 법률' 제5조에 따른 보호관찰심사위원회(이하 '심사위원회'라 한다)의 부착명령 가해제와 그 취소에 관한 심사를 위하여 사용하는 경우
③ 보호관찰소의 장은 피부착자가 성폭

력범죄를 저질렀다고 의심할 만한 상당한 이유가 있는 때에는 관할 검찰청에 통보하여야 한다.

④ 검사 또는 사법경찰관은 수신자료를 열람 또는 조회하는 경우 법관이 발부한 압수수색영장을 제시하여야 한다.

⑤ 보호관찰소의 장은 다음 각 호의 어느 하나에 해당하는 때에는 수신자료를 폐기하여야 한다.

1. 부착명령과 함께 선고된 형이 '형의 실효 등에 관한 법률' 제7조 또는 '형법' 제81조에 따라 실효된 때

2. 부착명령과 함께 선고된 형이 사면으로 인하여 그 효력을 상실한 때

3. 전자장치 부착이 종료된 자가 자격정지 이상의 형 또는 이 법에 따른 전자장치 부착을 받음이 없이 전자장치 부착을 종료한 날부터 5년이 경과한 때

⑥ 그 밖에 수신자료의 보존·사용·폐기 등에 관하여 필요한 사항은 대통령령으로 정한다.

제17조(부착명령의 가해제 신청 등)

① 보호관찰소의 장 또는 피부착자 및 그 법정대리인은 해당 보호관찰소를 관할하는 심사위원회에 부착명령의 가해제를 신청할 수 있다.

② 제1항의 신청은 부착명령의 집행이 개시된 날부터 3개월이 경과한 후에 하여야 한다. 신청이 기각된 경우에는 기각된 날부터 3개월이 경과한 후에 다시 신청할 수 있다.

③ 제2항에 따라 가해제의 신청을 할 때에는 신청서에 가해제의 심사에 참고가 될 자료를 첨부하여 제출하여야 한다.

제18조(부착명령 가해제의 심사 및 결정)

① 심사위원회는 가해제를 심사할 때에는 피부착자의 인격, 생활태도, 부착명령

이행상황 및 재범의 위험성에 대한 전문가의 의견 등을 고려하여야 한다.

② 심사위원회는 가해제의 심사를 위하여 필요한 때에는 보호관찰소의 장으로 하여금 필요한 사항을 조사하게 하거나 피부착자나 그 밖의 관계인을 직접 소환·심문 또는 조사할 수 있다.

③ 제2항의 요구를 받은 보호관찰소의 장은 필요한 사항을 조사하여 심사위원회에 통보하여야 한다.

④ 심사위원회는 피부착자가 부착명령이 계속 집행될 필요가 없을 정도로 개선되어 재범의 위험성이 없다고 인정하는 때에는 부착명령의 가해제를 결정할 수 있다. 이 경우 피부착자로 하여금 주거이전 상황 등을 보호관찰소의 장에게 정기적으로 보고하도록 할 수 있다.

⑤ 심사위원회는 부착명령의 가해제를 하지 아니하기로 결정한 때에는 결정서에 그 이유를 명시하여야 한다.

제19조(가해제의 취소 등)

① 보호관찰소의 장은 부착명령이 가해제된 자가 성폭력범죄를 저지르거나 주거이전 상황 등의 보고에 불응하는 등 재범의 위험성이 있다고 판단되는 때에는 심사위원회에 가해제의 취소를 신청할 수 있다. 이 경우 심사위원회는 가해제된 자의 재범의 위험성이 현저하다고 인정될 때에는 가해제를 취소하여야 한다.

② 제1항에 따라 가해제가 취소된 자는 잔여 부착명령기간 동안 전자장치를 부착하여야 한다. 이 경우 가해제기간은 부착명령기간에 산입하지 아니한다.

제20조(부착명령 집행의 종료)

제9조에 따라 선고된 부착명령은 다음 각 호의 어느 하나에 해당하는 때에 그 집행이 종료된다.

1. 부착명령기간이 경과한 때
2. 부착명령과 함께 선고한 형이 사면되어 그 선고의 효력을 상실하게 된 때
3. 부착명령기간 중 다른 죄를 범하여 금고 이상의 형의 집행을 받게 된 때
4. 부착명령이 가해제된 자가 그 가해제가 취소됨이 없이 잔여 부착명령기간을 경과한 때

제21조(부착명령의 시효) ① 피부착명령자는 그 판결이 확정된 후 집행을 받지 아니하고 함께 선고된 성폭력범죄사건의 형의 시효가 완성되면 그 집행이 면제된다.
② 부착명령의 시효는 피부착명령자를 체포함으로써 중단된다.

제3장 가석방 및 가종료 등과 전자장치 부착

제22조(가석방과 전자장치 부착)
① 제9조에 따른 부착명령 판결을 선고받지 아니한 성폭력범죄자로서 형의 집행 중 가석방되어 보호관찰을 받게 되는 자는 준수사항 이행 여부 확인 등을 위하여 가석방기간 동안 전자장치를 부착하여야 한다.
② 심사위원회는 제1항에 따라 전자장치를 부착하게 되는 자의 주거지를 관할하는 보호관찰소의 장에게 가석방자의 인적사항 등 전자장치 부착에 필요한 사항을 즉시 통보하여야 한다.
③ 교도소장 등은 가석방 예정자가 석방되기 5일 전까지 그의 주거지를 관할하는 보호관찰소의 장에게 그 사실을 통보하여야 한다.

제23조(가종료 등과 전자장치 부착)
① '치료감호법' 제37조에 따른 치료감호심의위원회(이하 '치료감호심의위원회'라 한다)는 가종료 또는 치료위탁되는 성폭력범죄를 저지른 피치료감호자에 대하여 준수사항 이행 여부 확인 등을 위하여 보호관찰기간의 범위 내에서 기간을 정하여 전자장치를 부착하게 할 수 있다.
② 치료감호심의위원회는 제1항에 따라 전자장치 부착을 결정한 경우에는 즉시 피부착결정자의 주거지를 관할하는 보호관찰소의 장에게 통보하여야 한다.
③ 치료감호소의 장은 피치료감호자가 가종료 또는 치료위탁되기 5일 전까지 피치료감호자의 주거지를 관할하는 보호관찰소의 장에게 그 사실을 통보하여야 한다.

제24조(전자장치의 부착) ① 전자장치 부착은 보호관찰관이 집행한다.
② 전자장치는 다음 각 호의 어느 하나에 해당하는 때 석방 직전에 부착한다.
1. 가석방되는 날
2. 가종료되거나 치료위탁되는 날. 다만 치료감호와 형이 병과된 가종료자의 경우 집행할 잔여 형기가 있는 때에는 그 형의 집행이 종료되거나 면제되는 날 부착한다.
③ 전자장치 부착집행 중 보호관찰 준수사항 위반으로 유치허가장의 집행을 받아 유치된 때에는 부착집행이 정지된다. 이 경우 심사위원회가 보호관찰소의 장의 가석방 취소신청을 기각한 날 또는 법무부장관이 심사위원회의 허가신청을 불허한 날부터 그 잔여기간을 집행한다.

제25조(부착집행의 종료) 제22조 및 제23

조에 따른 전자장치 부착은 다음 각 호의 어느 하나에 해당하는 때에 그 집행이 종료된다.
1. 가석방기간이 경과하거나 가석방이 실효 또는 취소된 때
2. 가종료된 자 또는 치료위탁된 자의 부착기간이 경과하거나 보호관찰이 종료된 때
3. 가석방된 형이 사면되어 형의 선고의 효력을 상실하게 된 때
4. 부착기간 중 다른 죄를 범하여 금고 이상의 형의 집행을 받게 된 때

제26조(수신자료의 활용) 보호관찰관은 수신자료를 준수사항 이행여부 확인 등 '보호관찰 등에 관한 법률'에 따른 보호관찰대상자의 지도·감독 및 원호에 활용할 수 있다.

제27조(준용) 이 장에 따른 전자장치 부착에 관하여는 제13조제2항·제3항제1호·제4항제1호·제5항, 제14조부터 제19조까지의 규정을 준용한다.

제4장 형의 집행유예와 부착명령

제28조(형의 집행유예와 부착명령)
① 법원은 성폭력범죄를 범한 자에 대하여 형의 집행을 유예하면서 보호관찰을 받을 것을 명할 때에는 보호관찰기간의 범위 내에서 기간을 정하여 준수사항의 이행여부 확인 등을 위하여 전자장치를 부착할 것을 명할 수 있다.
② 법원은 제1항에 따른 부착명령기간 중 소재지 인근 의료기관에서의 치료, 지정 상담시설에서의 상담치료 등 대상자의 재범 방지를 위하여 필요한 조치

들을 과할 수 있다.
③ 법원은 제1항에 따른 전자장치 부착을 명하기 위하여 필요하다고 인정하는 때에는 피고인의 주거지 또는 그 법원의 소재지를 관할하는 보호관찰소의 장에게 범죄의 동기, 피해자와의 관계, 심리상태, 재범의 위험성 등 피고인에 관하여 필요한 사항의 조사를 요청할 수 있다.

제29조(부착명령의 집행) ① 부착명령은 전자장치 부착을 명하는 법원의 판결이 확정된 때부터 집행한다.
② 부착명령의 집행 중 보호관찰 준수사항 위반으로 유치허가장의 집행을 받아 유치된 때에는 부착명령 집행이 정지된다. 이 경우 검사가 보호관찰소의 장의 집행유예 취소신청을 기각한 날 또는 법원이 검사의 집행유예취소청구를 기각한 날부터 그 잔여기간을 집행한다.

제30조(부착명령 집행의 종료) 제28조의 부착명령은 다음 각 호의 어느 하나에 해당하는 때에 그 집행이 종료된다.
1. 부착명령기간이 경과한 때
2. 집행유예가 실효 또는 취소된 때
3. 집행유예된 형이 사면되어 형의 선고의 효력을 상실하게 된 때
4. 다른 죄를 범하여 금고 이상의 형의 집행을 받게 된 때

제31조(준용) 이 장에 따른 부착명령에 관하여는 제6조, 제9조제3항부터 제5항까지, 제10조제1항, 제12조, 제13조제2항·제3항제1호·제4항제1호·제5항, 제14조, 제15조제1항, 제16조부터 제19조까지 및 제26조를 준용한다.

제5장 보칙

제32조(전자장치 부착기간의 계산)
① 전자장치 부착기간은 이를 집행한 날부터 기산하되, 초일은 시간을 계산함이 없이 1일로 산정한다.
② 피부착자가 전자장치를 그의 신체로부터 분리하거나 손상하는 등 그 효용을 해한 기간은 그 전자장치 부착기간에 산입하지 아니한다. 다만 보호관찰이 부과된 자의 전자장치 부착기간은 보호관찰기간을 초과할 수 없다.

제33조(전자장치 부착 가해제의 의제)
보호관찰이 가해제된 경우에는 전자장치 부착이 가해제된 것으로 본다.

제34조(군법 피적용자에 대한 특칙)
이 법을 적용함에 있어서 '군사법원법' 제2조제1항 각 호의 어느 하나에 해당하는 자에 대하여는 군사법원은 법원의, 군검찰관은 검사의, 군사법경찰관리는 사법경찰관리의, 군교도소장은 교도소장의 이 법에 따른 직무를 각각 행한다.

제35조(다른 법률의 준용)
이 법을 적용함에 있어서 이 법에 규정이 있는 경우를 제외하고는 그 성질에 반하지 아니하는 범위 안에서 '형사소송법' 및 '보호관찰 등에 관한 법률'의 규정을 준용한다.

제6장 벌칙

제36조(벌칙)
① 전자장치 부착 업무를 담당하는 자가 정당한 사유 없이 피부착자의 전자장치를 해제하거나 손상한 때에는 1년 이상의 유기징역에 처한다.
② 전자장치 부착 업무를 담당하는 자가 금품을 수수·요구 또는 약속하고 제1항의 죄를 범한 때에는 2년 이상의 유기징역에 처한다.
③ 수신자료를 관리하는 자가 제16조제2항을 위반한 때에는 1년 이상의 유기징역에 처한다.

제37조(벌칙)
① 타인으로 하여금 부착명령을 받게 할 목적으로 공무소 또는 공무원에 대하여 허위의 사실을 신고하거나 '형법' 제152조제1항의 죄를 범한 때에는 10년 이하의 징역에 처한다.
② 제2장의 부착명령 청구사건에 관하여 피부착명령청구자를 모해할 목적으로 '형법' 제154조·제233조 또는 제234조(허위작성진단서의 행사에 한한다)의 죄를 범한 때에는 10년 이하의 징역 또는 금고에 처한다. 이 경우 10년 이하의 자격정지를 병과한다.

제38조(벌칙)
피부착자가 제14조(제27조 및 제31조에 따라 준용되는 경우를 포함한다)를 위반하여 전자장치의 부착기간 중 전자장치를 신체에서 임의로 분리·손상, 전파 방해 또는 수신자료의 변조, 그 밖의 방법으로 그 효용을 해한 때에는 7년 이하의 징역 또는 2천만 원 이하의 벌금에 처한다.

부칙〈제8394호, 2007.4.27.〉
제1조(시행일) 이 법은 공포 후 1년 6개월이 경과한 날부터 시행한다.
제2조(부착명령 청구에 관한 경과조치)
① 제5조제1항의 부착명령 청구는 이 법 시행 전에 저지른 성폭력범죄에 대하여도 적용한다.
② 이 법 시행 전에 성폭력범죄를 범하

여 징역형의 실형을 선고받은 자는 제5조제1항제1호의 실형을 선고받은 것으로 본다.

③ 이 법 시행 전에 저지른 성폭력범죄로 인하여 그 습벽이 인정되는 자는 제5조제1항제3호의 습벽이 인정되는 것으로 본다.

제3조(가석방 또는 가종료 시 전자장치 부착에 관한 경과조치) 제22조 및 제23조에 따른 전자장치 부착은 성폭력범죄를 범하여 이 법 시행 당시 형의 집행 또는 치료감호 중에 있는 자에 대하여도 적용한다.

제4조(집행유예 선고 시 전자장치 부착명령에 관한 경과조치) 제28조는 성폭력범죄를 범하여 이 법 시행 당시 재판 중인 자에 대하여도 적용한다.

부칙(청소년의 성보호에 관한 법률)〈제8634호, 2007.8.3.〉

제1조(시행일) 이 법은 공포 후 6개월이 경과한 날부터 시행한다.

제2조부터 제6조까지 생략

제7조(다른 법률의 개정) 특정 성폭력범죄자에 대한 위치추적 전자장치 부착에 관한 법률 일부를 다음과 같이 개정한다.
제2조제1호다목 중 '제10조'를 '제7조'로 한다.

● 한부모가족지원법

[일부개정 2007.10.17. 법률 제8655호], 시행일 2008.1.18.

제1장 총칙〈개정 2007.10.17.〉

제1조(목적) 이 법은 한부모가족이 건강하고 문화적인 생활을 영위할 수 있도록 함으로써 한부모가족의 생활 안정과 복지 증진에 이바지함을 목적으로 한다.
[전문개정 2007.10.17.]

제2조(국가 등의 책임) ① 국가와 지방자치단체는 한부모가족의 복지를 증진할 책임을 진다.
② 모든 국민은 한부모가족의 복지 증진에 협력하여야 한다.
[전문개정 2007.10.17.]

제3조(자립을 위한 노력) 한부모가족의 모(母) 또는 부(父)와 아동은 그가 가지고 있는 자산과 노동능력 등을 최대한으로 활용하여 자립과 생활 향상을 위하여 노력하여야 한다.
[전문개정 2007.10.17.]

제4조(정의) 이 법에서 사용하는 용어의 뜻은 다음과 같다.
1. '모' 또는 '부'란 다음 각 목의 어느 하나에 해당하는 자로서 아동인 자녀를 양육하는 자를 말한다.
가. 배우자와 사별 또는 이혼하거나 배우자로부터 유기(遺棄)된 자
나. 정신이나 신체의 장애로 장기간 노동능력을 상실한 배우자를 가진 자
다. 미혼자(사실혼(事實婚) 관계에 있는

자는 제외한다)

라. 가목부터 다목까지에 규정된 자에 준하는 자로서 여성가족부령으로 정하는 자

2. '한부모가족'이란 모자가족 또는 부자가족을 말한다.

3. '모자가족'이란 모가 세대주(세대주가 아니더라도 세대원(世代員)을 사실상 부양하는 자를 포함한다)인 가족을 말한다.

4. '부자가족'이란 부가 세대주(세대주가 아니더라도 세대원을 사실상 부양하는 자를 포함한다)인 가족을 말한다.

5. '아동'이란 18세 미만(취학 중인 경우에는 22세 미만을 말한다)의 자를 말한다.

6. '보호기관'이란 이 법에 따른 보호를 행하는 국가나 지방자치단체를 말한다.

7. '한부모가족복지단체'란 한부모가족의 복지 증진을 목적으로 설립된 기관이나 단체를 말한다.

[전문개정 2007.10.17.]

제5조(보호대상자의 범위) 이 법에 따른 보호대상자는 제4조제1호부터 제5호까지의 규정에 해당하는 자로서 여성가족부령으로 정하는 자로 한다.

[전문개정 2007.10.17.]

제5조의2(보호대상자의 범위에 대한 특례) ① 출산 후 해당 아동을 양육하지 아니하는 미혼모는 제5조에도 불구하고 제19조제1항제9호의 미혼모 공동생활가정을 이용할 때에는 이 법에 따른 보호대상자가 된다.

② 다음 각 호의 어느 하나에 해당하는 아동과 그 아동을 양육하는 조부 또는 조모로서 여성가족부령으로 정하는 자는 제5조에도 불구하고 이 법에 따른 보호대상자가 된다.

1. 부모가 사망하거나 생사가 분명하지 아니한 아동

2. 부모가 정신 또는 신체의 장애·질병으로 장기간 노동능력을 상실한 아동

3. 부모의 장기복역 등으로 부양을 받을 수 없는 아동

4. 제1호부터 제3호까지에 규정된 자에 준하는 자로서 여성가족부령으로 정하는 아동

③ 국내에 체류하고 있는 외국인 중 대한민국 국민과 혼인하여 대한민국 국적의 아동을 양육하고 있는 사람으로서 대통령령으로 정하는 사람이 제5조에 해당하면 이 법에 따른 보호대상자가 된다.

[전문개정 2007.10.17.]

제5조의3 삭제 〈2007.10.17.〉

第6條 삭제 〈1998.12.30.〉

제7조(한부모가족복지상담소) ① 한부모가족복지에 관한 사항을 상담하거나 지도하기 위하여 특별시장·광역시장·도지사(이하 '시·도지사'라 한다)와 시장·군수·구청장(자치구의 구청장을 말한다. 이하 같다)은 관할구역에 한부모가족복지상담소를 설치할 수 있다. 이 경우 시장·군수·구청장은 시·도지사의 승인을 받아야 한다.

② 한부모가족복지상담소의 조직과 운영 등에 필요한 사항은 대통령령으로 정한다.

[전문개정 2007.10.17.]

제8조(한부모가족복지상담원) ① 특별시·광역시·도와 시·군·구(자치구를 말한다) 및 제7조에 따른 한부모가족복지상담소에 한부모가족복지상담원을 둔다.

② 한부모가족복지상담원의 자격과 직무

에 관하여 필요한 사항은 대통령령으로
정한다.
[전문개정 2007.10.17.]

제9조(한부모가족복지단체의 육성) 국가나
지방자치단체는 한부모가족복지단체를
지원·육성할 수 있다.
[전문개정 2007.10.17.]

제2장 복지의 내용과 실시〈개정 2007.10.17.〉

제10조(보호대상자의 조사보고 등)
① 시장·군수·구청장은 매년 1회 이
상 관할구역의 보호대상자를 조사하여
야 한다.
② 시장·군수·구청장은 제1항에 따라
보호대상자를 조사한 경우에는 조사 결
과를 시·도지사에게 보고하여야 한다.
③ 시·도지사는 제2항에 따른 보고를
받으면 이를 여성가족부장관에게 보고
하여야 한다.
④ 보호기관은 보호대상자와 피보호자
의 실태에 관한 대장(臺帳)을 작성·비
치하여야 한다.
⑤ 제1항부터 제4항까지의 규정에 따른
조사·보고 및 대장에 필요한 사항은
여성가족부령으로 정한다.
[전문개정 2007.10.17.]

제11조(복지 급여의 신청) ① 보호대상자
또는 그 친족이나 그 밖의 이해관계인
은 제12조에 따른 복지 급여를 관할 시
장·군수·구청장에게 신청할 수 있다.
② 제1항에 따라 복지 급여를 신청하는
방법·절차 및 이해관계인의 범위 등에
필요한 사항은 여성가족부령으로 정한다.

[전문개정 2007.10.17.]

제12조(복지 급여의 내용) ① 국가나 지방
자치단체는 제11조에 따른 복지 급여의
신청이 있으면 다음 각 호의 복지 급여
를 실시할 수 있다. 다만 이 법에 따른
보호대상자가 '국민기초생활 보장법' 등
다른 법령에 따라 보호를 받고 있는 경
우에는 그 범위에서 이 법에 따른 급여
를 하지 아니한다.
1. 생계비
2. 아동교육지원비
3. 직업훈련비 및 훈련기간 중 생계비
4. 아동양육비
5. 그 밖에 대통령령으로 정하는 비용
② 제1항제4호의 아동양육비를 지급할
때에 미혼모나 미혼부가 5세 이하의 아
동을 양육하면 예산의 범위에서 추가적
인 복지 급여를 실시할 수 있다. 이 경
우 미혼모나 미혼부가 자녀를 양육하지
아니하고 미혼모나 미혼부의 직계존속
이 양육하는 경우에도 추가적인 복지
급여를 실시할 수 있다.
③ 제1항에 따른 복지 급여는 여성가족
부령으로 정하는 기간을 단위로 하여
실시한다.
[전문개정 2007.10.17.]

제13조(복지 자금의 대여) ① 국가나 지방
자치단체는 한부모가족의 생활 안정과
자립을 촉진하기 위하여 다음 각 호의
어느 하나의 자금을 대여할 수 있다.
1. 사업에 필요한 자금
2. 아동교육비
3. 의료비
4. 주택자금
5. 그 밖에 대통령령으로 정하는 한부모
가족의 복지를 위하여 필요한 자금
② 제1항에 따른 대여 자금의 한도, 대

여 방법 및 절차, 그 밖에 필요한 사항은 대통령령으로 정한다.
[전문개정 2007.10.17.]

제14조(고용의 촉진) ① 국가 또는 지방자치단체는 한부모가족의 모 또는 부와 아동의 직업능력을 개발하기 위하여 능력 및 적성 등을 고려한 직업능력 개발 훈련을 실시하여야 한다.
② 국가 또는 지방자치단체는 한부모가족의 모 또는 부와 아동의 고용을 촉진하기 위하여 적합한 직업을 알선하고 각종 사업장에 모 또는 부와 아동이 우선 고용되도록 노력하여야 한다.
[전문개정 2007.10.17.]

제14조의2(고용지원 연계) ① 국가 및 지방자치단체는 한부모가족의 모 또는 부와 아동의 취업기회를 확대하기 위하여 한부모가족 관련 시설 및 기관과 '직업안정법' 제4조제1호에 따른 직업안정기관 간 효율적인 연계를 도모하여야 한다.
② 노동부장관은 한부모가족의 모 또는 부와 아동을 위한 취업지원사업 등이 효율적으로 추진될 수 있도록 여성가족부장관과 긴밀히 협조하여야 한다.
[본조신설 2007.10.17.]

제15조(공공시설에 매점 및 시설 설치) 국가나 지방자치단체가 운영하는 공공시설의 장은 그 공공시설에 각종 매점 및 시설의 설치를 허가하는 경우 이를 한부모가족 또는 한부모가족복지단체에 우선적으로 허가할 수 있다.
[전문개정 2007.10.17.]

제16조(시설 우선이용) 국가나 지방자치단체는 한부모가족의 아동이 공공의 아동 편의시설과 그 밖의 공공시설을 우선적으로 이용할 수 있도록 노력하여야 한다.
[전문개정 2007.10.17.]

제17조(가족지원서비스) 국가나 지방자치단체는 한부모가족에게 다음 각 호의 가족지원서비스를 제공하도록 노력하여야 한다.
1. 아동의 양육 및 교육 서비스
2. 장애인, 노인, 만성질환자 등의 부양 서비스
3. 취사, 청소, 세탁 등 가사 서비스
4. 교육·상담 등 가족 관계 증진 서비스
5. 그 밖에 대통령령으로 정하는 한부모가족에 대한 가족지원서비스
[전문개정 2007.10.17.]

제18조(국민주택의 분양 및 임대) 국가나 지방자치단체는 '주택법'에서 정하는 바에 따라 국민주택을 분양하거나 임대할 때에는 한부모가족에게 일정 비율이 우선 분양될 수 있도록 노력하여야 한다.
[전문개정 2007.10.17.]

제3장 한부모가족복지시설〈개정 2007.10.17.〉

제19조(한부모가족복지시설) ① 한부모가족복지시설은 다음 각 호의 시설로 한다.
1. 모자보호시설: 생활이 어려운 모자가족을 일시적으로 또는 일정 기간 보호하여 생계를 지원하고 퇴소(退所) 후 자립 기반을 조성하도록 지원하는 것을 목적으로 하는 시설
2. 모자자립시설: 자립이 어려운 모자가

족에게 일정 기간 주택 편의만을 제공하는 것을 목적으로 하는 시설

3. 부자보호시설: 생활이 어려운 부자가족을 일시적으로 또는 일정 기간 보호하여 생계를 지원하고 퇴소 후 자립 기반을 조성하도록 지원하는 것을 목적으로 하는 시설

4. 부자자립시설: 자립이 어려운 부자가족에게 일정 기간 주택 편의만을 제공하는 것을 목적으로 하는 시설

5. 미혼모자시설: 미혼 여성의 임신·출산 시 안전 분만 및 심신의 건강 회복과 출산 후 아동의 양육 지원을 위하여 일정 기간 보호하는 것을 목적으로 하는 시설

6. 미혼모자 공동생활가정: 출산 후의 미혼모와 해당 아동으로 구성된 미혼모자가족이 일정 기간 공동으로 가정을 이루어 아동을 양육하고 보호할 수 있도록 지원하는 것을 목적으로 하는 시설

7. 모자 공동생활가정: 독립적인 가정생활이 어려운 모자가족이 일정 기간 공동으로 가정을 이루어 생활하면서 자립을 준비할 수 있도록 지원하는 것을 목적으로 하는 시설

8. 부자 공동생활가정: 독립적인 가정생활이 어려운 부자가족이 일정 기간 공동으로 가정을 이루어 생활하면서 자립을 준비할 수 있도록 지원하는 것을 목적으로 하는 시설

9. 미혼모 공동생활가정: 출산 후 해당 아동을 양육하지 아니하는 미혼모들이 일정 기간 공동으로 가정을 이루어 생활하면서 자립을 준비할 수 있도록 지원하는 것을 목적으로 하는 시설

10. 일시보호시설: 배우자(사실혼 관계에 있는 자를 포함한다)가 있으나 배우자의 물리적·정신적 학대로 아동의 건전한 양육이나 모의 건강에 지장을 초래할 우려가 있을 경우 일시적으로 또는 일정 기간 그 모와 아동 또는 모를 보호함을 목적으로 하는 시설

11. 여성복지관: 모자가족과 미혼여성에 대한 각종 상담을 실시하고 생활지도, 생업지도, 탁아 및 직업보도(職業輔導)를 행하는 등 모자가족과 미혼여성의 복지를 위한 편의를 종합적으로 제공하는 것을 목적으로 하는 시설

12. 한부모가족복지상담소: 한부모가족에 대한 조사, 지도, 시설 입소(入所) 등에 관한 상담 업무를 수행할 것을 목적으로 하는 시설

② 제1항제1호부터 제10호까지의 규정에 따른 한부모가족복지시설에서의 보호기간과 그 기간의 연장 등에 필요한 사항은 여성가족부령으로 정한다.

[전문개정 2007.10.17.]

제20조(한부모가족복지시설의 설치)

① 국가나 지방자치단체는 한부모가족복지시설을 설치할 수 있다.

② 국가나 지방자치단체 외의 자가 한부모가족복지시설을 설치·운영하려면 시장·군수·구청장에게 신고하여야 한다.

③ 한부모가족복지시설의 시설기준과 설치 신고에 필요한 사항은 여성가족부령으로 정한다.

[전문개정 2007.10.17.]

제21조(폐지 또는 휴지)
제20조제2항에 따라 한부모가족복지시설의 설치 신고를 한 자가 그 시설을 폐지하거나 그 시설의 운영을 일시적으로 중단하려면 여성가족부령으로 정하는 바에 따라 미리 시장·군수·구청장에게 신고하여야 한다.

[전문개정 2007.10.17.]

제22조(수탁 의무)
한부모가족복지시설을

설치 · 운영하는 자는 시 · 도지사 또는 시장 · 군수 · 구청장으로부터 한부모가족복지시설에 한부모가족을 입소보호하도록 위탁받으면 정당한 사유 없이 이를 거부하지 못한다.
[전문개정 2007.10.17.]

제23조(감독) ① 여성가족부장관, 시 · 도지사 또는 시장 · 군수 · 구청장은 한부모가족복지시설을 설치 · 운영하는 자에게 그 시설에 관하여 필요한 보고를 하게 하거나, 관계 공무원에게 시설의 운영상황을 조사하게 하거나 장부 등 그 밖의 서류를 검사하게 할 수 있다.
② 제1항에 따라 그 직무를 수행하는 관계 공무원은 그 권한을 표시하는 증표를 지니고 이를 관계인에게 내보여야 한다.
[전문개정 2007.10.17.]

제24조(시설 폐쇄 등) 시장 · 군수 · 구청장은 한부모가족복지시설이 다음 각 호의 어느 하나에 해당하면 그 사업의 정지나 폐지를 명하거나 시설을 폐쇄할 수 있다.
1. 제20조제3항의 시설기준에 미달하게 된 경우
2. 제22조를 위반한 경우
3. 정당한 이유 없이 제23조제1항에 따른 보고를 하지 아니하거나 거짓으로 한 경우 또는 조사 · 검사를 거부하거나 기피한 경우
[전문개정 2007.10.17.]

제24조의2(청문) 시장 · 군수 · 구청장은 제24조에 따라 사업의 폐지를 명하거나 시설을 폐쇄하려면 청문을 하여야 한다.
[전문개정 2007.10.17.]

제4장 비용〈개정 2007.10.17.〉

제25조(비용의 보조) 국가나 지방자치단체는 대통령령으로 정하는 바에 따라 한부모가족복지사업에 드는 비용을 보조할 수 있다.
[전문개정 2007.10.17.]

제25조의2(부정수급자에 대한 비용의 징수)
① 거짓이나 그 밖의 부정한 방법으로 복지 급여를 받거나 타인으로 하여금 복지 급여를 받게 한 경우 복지 급여를 지급한 보호기관은 그 비용의 전부 또는 일부를 그 복지 급여를 받은 자 또는 복지 급여를 받게 한 자(이하 '부정수급자'라 한다)로부터 징수할 수 있다.
② 제1항에 따라 징수할 금액은 부정수급자에게 통지하여 징수하고, 부정수급자가 이에 응하지 아니하는 경우 국세 또는 지방세 체납처분의 예에 따라 징수한다.
[본조신설 2007.10.17.]

제26조(보조금 등의 반환명령) ① 국가나 지방자치단체는 한부모가족복지시설의 장이나 한부모가족복지단체의 장이 다음 각 호의 어느 하나에 해당하면 이미 내준 보조금의 전부 또는 일부의 반환을 명할 수 있다.
1. 보조금의 교부 조건을 위반한 경우
2. 거짓이나 그 밖의 부정한 방법으로 보조금을 받은 경우
3. 한부모가족복지시설을 경영하면서 개인의 영리를 도모하는 행위를 한 경우
4. 이 법 또는 이 법에 따른 명령을 위반한 경우
② 보호기관은 복지 급여의 변경 또는

복지 급여의 정지·중지에 따라 보호대상자에게 이미 지급한 복지 급여 중 과잉지급분이 발생한 경우에는 즉시 보호대상자에 대하여 그 전부 또는 일부의 반환을 명하여야 한다. 다만 이를 소비하였거나 그 밖에 보호대상자에게 부득이한 사유가 있는 경우에는 그 반환을 면제할 수 있다.
[전문개정 2007.10.17.]

제5장 보칙〈개정 2007.10.17.〉

제27조(압류 금지) 이 법에 따라 지급된 금품과 이를 받을 권리는 압류하지 못한다.
[전문개정 2007.10.17.]

제28조(심사 청구) ① 보호대상자 또는 그 친족이나 그 밖의 이해관계인은 이 법에 따른 복지 급여 등에 대하여 이의가 있으면 그 결정을 통지받은 날부터 90일 이내에 서면으로 해당 복지실시기관에 심사를 청구할 수 있다.
② 복지실시기관은 제1항의 심사 청구를 받으면 30일 이내에 이를 심사·결정하여 청구인에게 통보하여야 한다.
[전문개정 2007.10.17.]

제29조(벌칙) ① 다음 각 호의 어느 하나에 해당하는 자는 1년 이하의 징역 또는 300만 원 이하의 벌금에 처한다.
1. 제20조제2항에 따른 신고를 하지 아니하고 한부모가족복지시설을 설치한 자
2. 제24조에 따라 시설의 폐쇄, 사업의 정지 또는 폐지의 명령을 받고 사업을 계속한 자
② 거짓이나 그 밖의 부정한 방법으로 복지 급여를 받거나 타인으로 하여금 복지 급여를 받게 한 자는 1년 이하의 징역, 500만 원 이하의 벌금, 구류 또는 과료에 처한다.
③ 제22조를 위반한 자는 100만 원 이하의 벌금에 처한다.
[전문개정 2007.10.17.]

제30조(양벌규정) ① 법인의 대표자, 대리인, 사용인, 그 밖의 종업원이 그 법인의 업무에 관하여 제29조의 위반행위를 하면 그 행위자를 벌할 뿐만 아니라 그 법인에도 해당 조문의 벌금형을 과(科)한다.
② 개인의 대리인, 사용인, 그 밖의 종업원이 그 개인의 업무에 관하여 제29조의 위반행위를 하면 그 행위자를 벌할 뿐만 아니라 그 개인에게도 해당 조문의 벌금형을 과한다.
[전문개정 2007.10.17.]

제31조(권한의 위임) 여성가족부장관이나 시·도지사는 대통령령으로 정하는 바에 따라 이 법에 따른 권한의 일부를 시장·군수·구청장에게 위임할 수 있다.
[전문개정 2007.10.17.]

附則〈제4121호, 1989.4.1.〉
① (施行日) 이 法은 1989年 7月 1日부터 施行한다.
② (母子保護施設 등에 관한 經過措置) 이 法 施行 당시 兒童福祉法에 의하여 設置된 母子保護施設은 이 法에 의하여 許可를 받아 設置된 母子福祉施設로 본다.

附則(社會福祉事業法)〈제5358호, 1997.8.22.〉
第1條(施行日) 이 法은 1998年 7月 1

日부터 施行한다. <但書 省略>

第2條 내지 第8條 省略

第9條(다른 法律의 改正 등) ① 및 ② 省略

③ 母子福祉法 중 다음과 같이 改正한다.

第20條第2項 중 '市·道知事의 許可를 받아'를 '市·道知事에게 申告하고'로 하고, 同條第3項 중 '設置許可에'를 '設置申告에'로 한다.

第24條의 題目 '許可의 取消 등'을 '(施設閉鎖 등)'으로 하고, 同條 本文 중 '第20條第2項의 規定에 의한 許可를 取消할 수 있다.'를 '施設을 閉鎖할 수 있다.'로 한다.

第29條第1項第1號 중 '許可를 받지'를 '申告를 하지'로 한다.

④ 내지 ⑧ 省略

附則(行政節次法의 施行에 따른 公認會計士法 등의 整備에 관한 法律)〈제5453호, 1997.12.13.〉

第1條(施行日) 이 法은 1998年 1月 1日부터 施行한다. <但書 省略>

第2條(草地法 등의 改正에 따른 經過措置) ① 및 ② 省略

③ 이 法 施行日부터 1998年 6月 30日까지는 母子福祉法 第24條의2의 改正 規定 중 '施設을 閉鎖'를 '許可를 取消'로 본다.

④ 내지 ⑧ 省略

附則(政府部處名稱 등의 변경에 따른 建築法 등의 整備에 관한 法律)〈제5454호, 1997.12.13.〉

이 法은 1998年 1月 1日부터 施行한다. <但書 省略>

附則〈제5612호, 1998.12.30.〉

第1條(施行日) 이 法은 公布 後 3月이 경과한 날부터 施行한다.

第2條(女性福祉館 등의 명칭변경에 따른 經過措置) 이 法 施行 당시 종전의 規定에 의하여 設置된 婦女福祉館 및 婦女相談所는 第19條의 改正規定에 의한 女性福祉館 및 母子家庭相談所로 본다.

第3條(罰則에 관한 經過措置) 이 法 施行 전의 행위에 대한 罰則의 적용에 있어서는 종전의 規定에 의한다.

부칙(국민기초생활보장법)〈제6024호, 1999.9.7.〉

제1조(시행일) 이 법은 2000년 10월 1일부터 시행한다. <단서 생략>

제2조 생략

제3조(다른 법률의 개정) ① 내지 ③ 생략 ④ 母子福祉法 중 다음과 같이 개정한다.

제12조 중 '生活保護法 등'을 '국민기초생활보장법 등'으로 한다.

⑤ 내지 ⑩ 생략

제4조 내지 제13조 생략

부칙〈제6801호, 2002.12.18.〉

제1조(시행일) 이 법은 공포 후 6개월이 경과한 날부터 시행한다.

제2조(보호대상자의 범위 등에 대한 경과조치) 이 법 시행 당시 종전의 규정에 의한 보호대상인 모자가정 및 사회보장기본법에 의한 지원대상인 부자가정은 이 법에 의한 보호대상인 모·부자가정으로 본다.

제3조(모자복지상담소에 대한 경과조치) 이 법 시행 당시 종전의 규정에 의하여 설치된 모자복지상담소는 제7조의 개정규정에 의하여 설치된 모·부자복지상담소로 본다.

제4조(모자복지상담원에 대한 경과조치) 이 법 시행 당시 종전의 규정에 의한 모자복지상담원은 제8조의 개정규정에 의한 모·부자복지상담원으로 본다.

제5조(모자복지시설에 대한 경과조치) 이 법 시행 당시 종전의 규정에 의한 모자복지시설은 제20조의 개정규정에 의하여 설치된 모·부자복지시설로 본다.

제6조(행정처분 등에 관한 경과조치) 이 법 시행 전에 종전의 규정에 의한 보호기관의 처분 그 밖의 행위 또는 보호기관에 대하여 행한 신청 등의 행위는 이 법에 의한 보호기관의 처분 그 밖의 행위 또는 보호기관에 대한 신청 등의 행위로 본다.

제7조(다른 법률의 개정) ① 保護施設에 있는 未成年者의 後見職務에 관한 法律 중 다음과 같이 개정한다.
제2조제1호라목을 다음과 같이 한다.
라. 모·부자복지법 제19조제1항제5호의 규정에 의한 미혼모 시설
② 淪落行爲 등 防止法 중 다음과 같이 개정한다.
제14조제3항을 다음과 같이 한다.
③ 모·부자복지법 제7조의 규정에 의하여 설치된 모·부자복지상담소는 상담소의 업무를 수행할 수 있다.
제15조제2항제7호를 다음과 같이 한다.
7. 모·부자복지법 제8조의 규정에 의한 모·부자복지상담원의 업무
③ 社會福祉事業法 중 다음과 같이 개정한다.
제2조제1항제5호를 다음과 같이 한다.
5. 모·부자복지법
④ 兒童福祉法 중 다음과 같이 개정한다.
제26조제2항제7호를 다음과 같이 한다.
7. 모·부자복지법 제8조 및 제19조의 규정에 의한 모·부자복지상담소의 상담원 및 모·부자복지시설의 종사자

⑤ 靑少年의 性保護에 관한 法律 중 다음과 같이 개정한다.
제17조제1항 중 '母子福祉法 第7條의 規定에 의한 母子福祉相談所'를 '모·부자복지법 제7조의 규정에 의한 모·부자복지상담소'로 한다.
⑥ 女性農漁業人育成法 중 다음과 같이 개정한다.
제11조제1호를 다음과 같이 한다.
1. 모·부자복지법 제4조제2호의 규정에 의한 모·부자가정 중 농어업을 경영하는 모자가정에 대한 지원

부칙(정부조직법)〈제7413호,2005. 3.24.〉
제1조(시행일) 이 법은 공포한 날부터 시행한다. 다만 다음 각 호의 사항은 각 호의 구분에 의한 날부터 시행한다.
1. 제26조⋯⋯부칙 제2조 내지 제4조의 규정은 이 법 공포 후 3월 이내에 제42조의 개정규정에 의한 여성가족부의 조직에 관한 대통령령이 시행되는 날
2. 생략
제2조 생략
제3조(다른 법률의 개정) ① 내지 ④ 생략
⑤ 모·부자복지법 일부를 다음과 같이 개정한다.
제4조제1호라목 중 '보건복지부령'을 '여성가족부령'으로 한다.
제5조, 제10조제5항, 제11조제2항, 제12조제2항, 제19조제2항, 제20조제3항 및 제21조 중 '保健福祉部令'을 각각 '여성가족부령'으로 한다.
제10조제3항, 제23조제1항 및 제31조 중 '保健福祉部長官'을 각각 '여성가족부장관'으로 한다.
⑥ 내지 ⑭ 생략
제4조 생략

부칙〈제8119호, 2006.12.28.〉

① (시행일) 이 법은 공포 후 3개월이 경과한 날부터 시행한다. 다만 제5조의2의 개정규정은 2007년 1월 1일부터 시행한다.

② (미혼모시설에 관한 경과조치) 이 법 시행 당시 종전의 규정에 따라 설치·운영 중인 미혼모시설은 제19조제1항제5호의 개정규정에 따른 미혼모자시설로 본다. 다만 이 법 시행일부터 1년 이내에 제20조제3항의 규정에 따른 시설기준을 갖추어야 한다.

③ (미혼모자 공동생활가정의 신고에 관한 경과조치) 이 법 시행 당시 미혼모자 공동생활가정을 설치·운영하고 있는 자는 이 법 시행일부터 3개월 이내에 제20조제3항의 규정에 따른 시설기준을 갖추어 시장·군수·구청장에게 신고하여야 한다.

④ (다른 법률의 개정) 保護施設에 있는 未成年者의 後見職務에 관한 法律 일부를 다음과 같이 개정한다.

제2조제1호라목 중 '19조제1항제5호의 규정에 의한 미혼모 시설'을 '제19조제1항제5호·제6호 및 제8호의 규정에 따른 미혼모자시설·미혼모자 공동생활가정 및 미혼모 공동생활가정'으로 한다.

부칙〈제8655호, 2007.10.17.〉

제1조(시행일) 이 법은 공포 후 3개월이 경과한 날부터 시행한다. 다만 부칙 제6조제12항의 개정규정은 2008년 2월 4일부터 시행한다.

제2조(보호대상자에 대한 경과조치) 이 법 시행 당시 종전의 '모·부자복지법'에 따라 보호대상자가 된 자는 이 법에 따라 보호대상자가 된 자로 본다.

제3조(모·부자복지상담원에 대한 경과조치) 이 법 시행 당시 종전의 '모·부자복지법'에 따라 임용된 모·부자복지상담원은 이 법에 따라 임용된 한부모가족복지상담원으로 본다.

제4조(모·부자복지상담소 및 모·부자복지시설에 관한 경과조치) 이 법 시행 당시 종전의 '모·부자복지법'에 따라 설치된 모·부자복지상담소 및 모·부자복지시설은 각각 이 법에 따라 설치된 한부모가족복지상담소 및 한부모가족복지시설로 본다.

제5조(모·부자복지단체에 관한 경과조치) 이 법 시행 당시 종전의 '모·부자복지법'에 따른 모·부자복지단체는 이 법에 따른 한부모가족복지단체로 본다.

제6조(다른 법률의 개정) ① 건강가정기본법 일부를 다음과 같이 개정한다.
제21조제4항 중 '모·부자가정'을 '한부모가족'으로 한다.

② 농어촌주민의 보건복지 증진을 위한 특별법 일부를 다음과 같이 개정한다.
제26조의 제목 중 '모·부자가정'을 '한부모가족'으로 하고, 같은 조 중 '모·부자가정'을 '한부모가족'으로, '모·부자복지법'을 '한부모가족지원법'으로 한다.

③ 保護施設에 있는 未成年者의 後見職務에 관한 法律 일부를 다음과 같이 개정한다.
제2조제1호라목 중 '모·부자복지법'을 '한부모가족지원법'으로, '제8호'를 '제9호'로 한다.

④ 복권 및 복권기금법 일부를 다음과 같이 개정한다.
제30조제3호 중 '모·부자복지법'을 '한부모가족지원법'으로, '모·부자가정'을 '한부모가족'으로 한다.

⑤ 사회복지사업법 일부를 다음과 같이 개정한다.
제2조제1호마목을 다음과 같이 한다.
마. '한부모가족지원법'

⑥ 아동복지법 일부를 다음과 같이 개

정한다.

제26조제2항제10호 중 '모·부자복지법'을 '한부모가족지원법'으로, '모·부자복지상담소'를 '한부모가족복지상담소'로, '모·부자복지시설'을 '한부모가족복지시설'로 한다.

⑦ 여성농어업인 육성법 일부를 다음과 같이 개정한다.

제11조제1호를 다음과 같이 한다.

1. '한부모가족지원법' 제4조제3호에 따른 모자가족 중 농어업을 경영하는 모자가족에 대한 지원

⑧ 여성발전기본법 일부를 다음과 같이 개정한다.

제22조제2항 중 '母子家庭'을 '모자가족'으로 한다.

제24조제2항 중 '偏父母家庭'을 '한부모가족'으로 한다.

⑨ 영유아보육법 일부를 다음과 같이 개정한다.

제28조제1항제2호 중 '모·부자복지법'을 '한부모가족지원법'으로 한다.

⑩ 제주특별자치도 설치 및 국제자유도시 조성을 위한 특별법 일부를 다음과 같이 개정한다.

제337조의 제목 중 '모·부자복지'를 '한부모가족복지'로 하고, 같은 조 중 '모·부자복지법'을 '한부모가족지원법'으로 한다.

⑪ 청소년의 성보호에 관한 법률 일부를 다음과 같이 개정한다.

제17조제1항 중 '모·부자복지법'을 '한부모가족지원법'으로, '모·부자복지상담소'를 '한부모가족복지상담소'로 한다.

⑫ 법률 제8634호 청소년의 성보호에 관한 법률 전부개정법률 일부를 다음과 같이 개정한다.

제21조제2항제9호 중 '모·부자복지법'을 '한부모가족지원법'으로, '모·부자복지상담소'를 '한부모가족복지상담소'로, '모·부자복지시설'을 '한가족복지시설'로 한다.

제30조제1항 중 '모·부자복지법'을 '한부모가족지원법'으로, '모·부자복지상담소'를 '한부모가족복지상담소'로 한다.

⑬ 학교급식법 일부를 다음과 같이 개정한다.

제9조제2항제1호 중 '모·부자복지법'을 '한부모가족지원법'으로 한다.

제7조(다른 법률과의 관계) 이 법 시행 당시 다른 법률에서 종전의 '모·부자복지법'을 인용하고 있는 경우 이 법 중 그에 해당하는 규정이 있는 때에는 종전의 규정에 갈음하여 이 법의 해당 규정을 인용한 것으로 본다.

● 학교급식법

[일부개정 2007.10.17. 법률 제8655호], 시행일 2008.1.18.

제1장 총칙

제1조(목적) 이 법은 학교급식 등에 관한 사항을 규정함으로써 학교급식의 질을 향상시키고 학생의 건전한 심신의 발달과 국민 식생활 개선에 기여함을 목적으로 한다.

제2조(정의) 이 법에서 사용하는 용어의 정의는 다음과 같다.
1. '학교급식'이라 함은 제1조의 목적을 달성하기 위하여 제4조의 규정에 따른 학교 또는 학급의 학생을 대상으로 학교의 장이 실시하는 급식을 말한다.
2. '학교급식공급업자'라 함은 제15조의 규정에 따라 학교의 장과 계약에 의하여 학교급식에 관한 업무를 위탁받아 행하는 자를 말한다.
3. '급식에 관한 경비'라 함은 학교급식을 위한 식품비, 급식운영비 및 급식시설·설비비를 말한다.

제3조(국가지방자치단체의 임무)
① 국가와 지방자치단체는 양질의 학교급식이 안전하게 제공될 수 있도록 행정적·재정적으로 지원하여야 하며, 영양교육을 통한 학생의 올바른 식생활관리능력 배양과 전통 식문화의 계승·발전을 위하여 필요한 시책을 강구하여야 한다.
② 특별시·광역시·도·특별자치도의 교육감(이하 '교육감'이라 한다)은 매년 학교급식에 관한 계획을 수립·시행하여야 한다.

제4조(학교급식 대상) 학교급식은 대통령령이 정하는 바에 따라 다음 각 호의 어느 하나에 해당하는 학교 또는 학급에 재학하는 학생을 대상으로 실시한다.
1. '초·중등교육법' 제2조제2호 내지 제5호의 어느 하나에 해당하는 학교
2. '초·중등교육법' 제52조의 규정에 따른 근로청소년을 위한 특별학급 및 산업체부설 중·고등학교
3. 그 밖에 교육감이 필요하다고 인정하는 학교

제5조(학교급식위원회 등) ① 교육감은 학교급식에 관한 다음 각 호의 사항을 심의하기 위하여 그 소속하에 학교급식위원회를 둔다.
1. 제3조제2항의 규정에 따른 학교급식에 관한 계획
2. 제9조의 규정에 따른 급식에 관한 경비의 지원
3. 그 밖에 학교급식의 운영 및 지원에 관한 사항으로서 교육감이 필요하다고 인정하는 사항
② 제1항의 규정에 따른 학교급식위원회의 구성·운영 등에 관하여 필요한 사항은 대통령령으로 정한다.
③ 특별시장·광역시장·도지사·특별자치도지사 및 시장·군수·자치구의 구청장은 제8조제4항의 규정에 따른 학교급식 지원에 관한 중요 사항을 심의하기 위하여 그 소속하에 학교급식지원심의위원회를 둘 수 있다.
④ 특별자치도지사·시장·군수·자치구의 구청장은 우수한 식자재 공급 등 학교급식을 지원하기 위하여 그 소속하에 학교급식지원센터를 설치·운영할

수 있다.
⑤ 제3항의 규정에 따른 학교급식지원심의위원회의 구성·운영과 제4항의 규정에 따른 학교급식지원센터의 설치·운영에 관하여 필요한 사항은 해당 지방자치단체의 조례로 정한다.

제2장 학교급식 시설·설비 기준 등

제6조(급식시설·설비) ① 학교급식을 실시할 학교는 학교급식을 위하여 필요한 시설과 설비를 갖추어야 한다. 다만 2 이상의 학교가 인접하여 있는 경우에는 학교급식을 위한 시설과 설비를 공동으로 할 수 있다.
② 제1항의 규정에 따른 시설·설비의 종류와 기준은 대통령령으로 정한다.

제7조(영양교사의 배치 등) ① 제6조의 규정에 따라 학교급식을 위한 시설과 설비를 갖춘 학교는 '초·중등교육법' 제21조제2항의 규정에 따른 영양교사와 '식품위생법' 제36조의 규정에 따른 조리사를 둔다.
② 교육감은 학교급식에 관한 업무를 전담하게 하기 위하여 그 소속하에 학교급식에 관한 전문지식이 있는 직원을 둘 수 있다.

제8조(경비부담 등) ① 학교급식의 실시에 필요한 급식시설·설비비는 당해 학교의 설립·경영자가 부담하되, 국가 또는 지방자치단체가 지원할 수 있다.
② 급식운영비는 당해 학교의 설립·경영자가 부담하는 것을 원칙으로 하되, 대통령령이 정하는 바에 따라 보호자(친권자, 후견인 그 밖에 법률에 따라 학생을 부양할 의무가 있는 자를 말한다. 이하 같다)가 그 경비의 일부를 부담할 수 있다.
③ 학교급식을 위한 식품비는 보호자가 부담하는 것을 원칙으로 한다.
④ 특별시장·광역시장·도지사·특별자치도지사 및 시장·군수·자치구의 구청장은 학교급식에 품질이 우수한 농산물 사용 등 급식의 질 향상과 급식시설·설비의 확충을 위하여 식품비 및 시설·설비비 등 급식에 관한 경비를 지원할 수 있다.

제9조(급식에 관한 경비의 지원)
① 국가 또는 지방자치단체는 제8조의 규정에 따라 보호자가 부담할 경비의 전부 또는 일부를 지원할 수 있다.
② 제1항의 규정에 따라 보호자가 부담할 경비를 지원하는 경우에는 다음 각 호의 어느 하나에 해당하는 학생을 우선적으로 지원한다. <개정 2007.10.17.>
1. 학생 또는 그 보호자가 '국민기초생활 보장법' 제2조의 규정에 따른 수급권자, 차상위계층에 속하는 자, '한부모가족지원법' 제5조의 규정에 따른 보호대상자인 학생
2. '도서·벽지 교육진흥법' 제2조의 규정에 따른 도서벽지에 있는 학교와 그에 준하는 지역으로서 대통령령이 정하는 지역의 학교에 재학하는 학생
3. '농림어업인 삶의 질 향상 및 농산어촌지역 개발촉진에 관한 특별법' 제3조의 규정에 따른 농산어촌에 있는 학교와 그에 준하는 지역으로서 대통령령이 정하는 지역의 학교에 재학하는 학생
4. 그 밖에 교육감이 필요하다고 인정하는 학생

제3장 학교급식 관리·운영

제10조(식재료) ① 학교급식에는 품질이 우수하고 안전한 식재료를 사용하여야 한다.
② 식재료의 품질관리기준 그 밖에 식재료에 관하여 필요한 사항은 교육인적자원부령으로 정한다.

제11조(영양관리) ① 학교급식은 학생의 발육과 건강에 필요한 영양을 충족할 수 있으며, 올바른 식생활습관 형성에 도움을 줄 수 있는 식품으로 구성되어야 한다.
② 학교급식의 영양관리기준은 교육인적자원부령으로 정한다.

제12조(위생·안전관리) ① 학교급식은 식단작성, 식재료 구매·검수·보관·세척·조리, 운반, 배식, 급식기구 세척 및 소독 등 모든 과정에서 위해한 물질이 식품에 혼입되거나 식품이 오염되지 아니하도록 위생과 안전관리에 철저를 기하여야 한다.
② 학교급식의 위생·안전관리기준은 교육인적자원부령으로 정한다.

제13조(식생활 지도 등) 학교의 장은 올바른 식생활습관의 형성, 식량생산 및 소비에 관한 이해 증진 및 전통 식문화의 계승·발전을 위하여 학생에게 식생활 관련 지도를 하며, 보호자에게는 관련 정보를 제공한다.

제14조(영양상담) 학교의 장은 식생활에서 기인하는 영양불균형을 시정하고 질병을 사전에 예방하기 위하여 저체중 및 성장부진, 빈혈, 과체중 및 비만학생 등을 대상으로 영양상담과 필요한 지도를 실시한다.

제15조(학교급식의 운영방식) ① 학교의 장은 학교급식을 직접 관리·운영하되, '초·중등교육법' 제31조의 규정에 따른 학교운영위원회의 심의를 거쳐 일정한 요건을 갖춘 자에게 학교급식에 관한 업무를 위탁하여 이를 행하게 할 수 있다. 다만 식재료의 선정 및 구매·검수에 관한 업무는 학교급식 여건상 불가피한 경우를 제외하고는 위탁하지 아니한다.
② 제1항의 규정에 따라 의무교육기관에서 업무위탁을 하고자 하는 경우에는 미리 관할청의 승인을 얻어야 한다.
③ 제1항의 규정에 따른 학교급식에 관한 업무위탁의 범위, 학교급식공급업자가 갖추어야 할 요건 그 밖에 업무위탁에 관하여 필요한 사항은 대통령령으로 정한다.

제16조(품질 및 안전을 위한 준수사항) ① 학교의 장과 그 학교의 학교급식 관련 업무를 담당하는 관계 교직원(이하 '학교급식관계교직원'이라 한다) 및 학교급식공급업자는 학교급식의 품질 및 안전을 위하여 다음 각 호의 어느 하나에 해당하는 식재료를 사용하여서는 아니 된다.
<개정 2007.4.11.>
1. '농산물품질관리법' 제15조의 규정에 따른 원산지 표시 또는 같은 법 제16조의 규정에 따른 유전자변형농산물의 표시를 거짓으로 기재한 식재료
2. '수산물품질관리법' 제10조의 규정에 따른 원산지 표시 또는 같은 법 제11조의 규정에 따른 유전자변형수산물의 표시를 거짓으로 기재한 식재료
3. '축산법' 제40조의 규정에 따른 축산

물의 등급을 거짓으로 기재한 식재료
4. '농산물품질관리법' 제4조 또는 '수산물품질관리법' 제5조의 규정에 따른 표준규격품의 표시, '농산물품질관리법' 제5조 또는 '수산물품질관리법' 제6조의 규정에 따른 품질인증의 표시, '농산물품질관리법' 제8조 또는 '수산물품질관리법' 제9조의 규정에 따른 지리적 특산품의 지리적 표시를 거짓으로 기재한 식재료
② 학교의 장과 그 소속 학교급식관계 교직원 및 학교급식공급업자는 다음 사항을 지켜야 한다.
1. 제10조제2항의 규정에 따른 식재료의 품질관리기준, 제11조제2항의 규정에 따른 영양관리기준 및 제12조제2항의 규정에 따른 위생·안전관리기준
2. 그 밖에 학교급식의 품질 및 안전을 위하여 필요한 사항으로서 교육인적자원부령이 정하는 사항

제17조(생산품의 직접사용 등) 학교에서 작물재배·동물사육 그 밖에 각종 생산활동으로 얻은 생산품이나 그 생산품의 매각대금은 다른 법률의 규정에 불구하고 학교급식을 위하여 직접 사용할 수 있다.

제4장 보칙

제18조(학교급식 운영평가) ① 교육인적자원부장관 또는 교육감은 학교급식 운영의 내실화와 질적 향상을 위하여 학교급식의 운영에 관한 평가를 실시할 수 있다.
② 제1항의 규정에 따른 평가의 방법·기준 그 밖에 학교급식 운영평가에 관하여 필요한 사항은 대통령령으로 정한다.

제19조(출입·검사수거 등) ① 교육인적자원부장관 또는 교육감은 필요하다고 인정하는 때에는 식품위생 또는 학교급식 관계공무원으로 하여금 학교급식 관련시설에 출입하여 식품·시설·서류 또는 작업상황 등을 검사 또는 열람을 하게 할 수 있으며, 검사에 필요한 최소량의 식품을 무상으로 수거하게 할 수 있다.
② 제1항의 규정에 따라 출입·검사·열람 또는 수거를 하고자 하는 공무원은 그 권한을 표시하는 증표를 지니고, 이를 관계인에게 내보여야 한다.
③ 제1항의 규정에 따른 검사 등의 결과 제16조제2항제1호 또는 제2호의 규정을 위반한 때에는 교육인적자원부장관 또는 교육감은 해당 학교의 장 또는 학교급식공급업자에게 시정을 명할 수 있다.

제20조(권한의 위임) 이 법에 의한 교육인적자원부장관 또는 교육감의 권한은 그 일부를 대통령령이 정하는 바에 따라 교육감 또는 교육장에게 위임할 수 있다.

제21조(행정처분 등의 요청) ① 교육인적자원부장관 또는 교육감은 '식품위생법'·'농산물품질관리법'·'축산법'·'축산물가공처리법'·'수산물품질관리법'의 규정에 따라 허가 및 신고·지정 또는 인증을 받은 자가 제19조의 규정에 따른 검사 등의 결과 각 해당 법령을 위반한 경우에는 관계행정기관의 장에게 행정처분 등의 필요한 조치를 할 것을 요청할 수 있다.
② 제1항의 규정에 따라 요청을 받은 관계행정기관의 장은 특별한 사유가 없

는 한 이에 응하여야 하며, 그 조치결과를 교육인적자원부장관 또는 당해 교육감에게 알려야 한다.

제22조(징계) 학교급식의 적정한 운영과 안전성 확보를 위하여 징계의결 요구권자는 관할학교의 장 또는 그 소속 교직원 중 다음 각 호의 어느 하나에 해당하는 자에 대하여 당해 징계사건을 관할하는 징계위원회에 그 징계를 요구하여야 한다.
1. 고의 또는 과실로 식중독 등 위생·안전상의 사고를 발생하게 한 자
2. 학교급식 관련 계약상의 계약해지 사유가 발생하였음에도 불구하고 정당한 사유 없이 계약해지를 하지 아니한 자
3. 제19조제3항의 규정에 따라 교육인적자원부장관 또는 교육감으로부터 시정명령을 받았음에도 불구하고 정당한 사유 없이 이를 이행하지 아니한 자
4. 학교급식과 관련하여 비리가 적발된 자

제5장 벌칙

제23조(벌칙) ① 제16조제1항제1호의 규정을 위반한 학교급식공급업자는 7년 이하의 징역 또는 1억 원 이하의 벌금에 처한다.
② 제16조제1항제2호 또는 제3호의 규정을 위반한 학교급식공급업자는 5년 이하의 징역 또는 5천만 원 이하의 벌금에 처한다.
③ 다음 각 호의 어느 하나에 해당하는 자는 3년 이하의 징역 또는 3천만 원 이하의 벌금에 처한다.
1. 제16조제1항제4호의 규정을 위반한 학교급식공급업자

2. 제19조제1항의 규정에 따른 출입·검사·열람 또는 수거를 정당한 사유 없이 거부하거나 방해 또는 기피한 자

제24조(양벌규정) 법인의 대표자나 법인 또는 개인의 대리인·사용인 그 밖의 종업원이 그 법인 또는 개인의 업무에 관하여 제23조의 위반행위를 한 때에는 그 행위자를 벌하는 외에 그 법인 또는 개인에 대하여도 같은 조의 벌금형을 과한다.

제25조(과태료) ① 제16조제2항제1호의 규정을 위반하여 제19조제3항의 규정에 따른 시정명령을 받았음에도 불구하고 정당한 사유 없이 이를 이행하지 아니한 학교급식공급업자는 500만 원 이하의 과태료에 처한다.
② 제16조제2항제2호의 규정을 위반하여 제19조제3항의 규정에 따른 시정명령을 받았음에도 불구하고 정당한 사유 없이 이를 이행하지 아니한 학교급식공급업자는 300만 원 이하의 과태료에 처한다.
③ 제1항 및 제2항의 규정에 따른 과태료는 대통령령이 정하는 바에 따라 교육인적자원부장관 또는 교육감이 부과·징수한다.
④ 제3항의 규정에 따른 과태료 처분에 불복하는 자는 그 처분을 고지받은 날부터 30일 이내에 교육인적자원부장관 또는 교육감에게 이의를 제기할 수 있다.
⑤ 제3항의 규정에 따른 과태료 처분을 받은 자가 제4항의 규정에 따른 이의를 제기한 경우에는 교육인적자원부장관 또는 교육감은 지체 없이 관할법원에 그 사실을 통보하여야 하고, 그 통보를 받은 관할법원은 '비송사건절차법'에 따른 과태료의 재판을 한다.

⑥ 제4항의 규정에 따른 기간 이내에 이의를 제기하지 아니하고 과태료를 납부하지 아니한 경우에는 국세 또는 지방세 체납처분의 예에 따라 이를 징수한다.

부칙〈제7962호, 2006.7.19.〉
제1조(시행일) 이 법은 공포 후 6개월이 경과한 날부터 시행한다.
제2조(학교급식을 실시하는 학교에 대한 경과조치) 이 법 시행 당시 종전의 규정에 따라 교육인적자원부장관이 필요하다고 인정하여 학교급식을 실시하고 있는 학교는 제4조제3호의 개정규정에 따라 교육감이 인정하여 실시하는 것으로 본다.
제3조(학교급식전담직원의 배치에 관한 경과조치) 이 법 시행 당시 종전의 규정에 따라 학교급식시설에 배치된 학교급식전담직원은 제7조제1항의 개정규정에 따라 영양교사가 배치될 때까지 근무할 수 있다.
제4조(위탁급식에 관한 경과조치) 이 법 시행 당시 종전의 '학교급식법' 제10조의 규정에 따라 위탁급식을 실시하고 있는 학교는 이 법 시행일로부터 3년간 효력을 가진다.
제5조(다른 법령과의 관계) 이 법 시행 당시 다른 법령에서 종전의 '학교급식법' 또는 그 규정을 인용한 경우에는 이 법 중 그에 해당하는 규정이 있는 때에는 종전의 '학교급식법' 또는 그 규정에 갈음하여 이 법 또는 이 법의 해당 규정을 인용한 것으로 본다.

부칙(축산법)〈제8354호, 2007.4.11.〉
제1조(시행일) 이 법은 공포한 날부터 시행한다. <단서 생략>
제2조 내지 제7조 생략
제8조(다른 법률의 개정) ① 내지 ⑥ 생략
⑦ '학교급식법' 일부를 다음과 같이 개정한다.
제16조제1항제3호 중 '축산법 제32조'를 '축산법 제40조'로 한다.
⑧ 생략
제9조 생략

부칙(한부모가족지원법)〈제8655호, 2007.10.17.〉
제1조(시행일) 이 법은 공포 후 3개월이 경과한 날부터 시행한다. <단서 생략>
제2조부터 제5조까지 생략
제6조(다른 법률의 개정) ①부터 ⑫까지 생략
⑬ 학교급식법 일부를 다음과 같이 개정한다.
제9조제2항제1호 중 '모·부자복지법'을 '한부모가족지원법'으로 한다.
제7조 생략

황근수 ——————————————————————————————

▌약력

전남대학교 대학원 법학과(법학박사)

한국기업법학회 평생회원
한국상사법학회 평생회원
한국보험법학회 평생회원
한국해법학회 평생회원
한국산업재산권법학회 평생회원
한국상사판례학회 평생회원
한국법학회 회원
전남대학교 법과대학 법률행정연구소 연구원
現, 全南大·光州大 등 강사

▌주요논문 및 저서

持株會社에 관한 硏究(전남대학교대학원, 박사학위논문), 2002
2006년 會社法改正案의 내용과 향후의 전망, 한국기업법학회, 2007
醫療紛爭과 醫師賠償責任保險에 관한 고찰, 한국상사법학회, 2007
(신기술)醫療行爲의 特許法的 保護에 관한 고찰, 한국산업재산권법학회, 2007
어음·수표의 僞造와 變造에 관한 책임문제, 전남대학교 법률행정연구소, 2008
독일·일본·미국에서 持株會社의 株主保護方案에 관한 고찰, 한국상사판례학회, 2008
한국에서 執行任員制度의 현황과 향후의 운용방향, 서울대학교 법학연구소, 2008
인터넷상 저작권보호 및 저작권법 제25조의 문제점, 한국법학회, 2008
보험약관의 교부·설명의무위반과 그 효과의 문제, 원광대학교 법학연구소, 2008 등

電子商去來와 法的 責任, 전남대학교출판부, 2003
持株會社의 法理, 한국학술정보(주), 2006
法學의 理解, 한국학술정보(주), 2007

2009년 초판

여성과 법

초판인쇄 | 2009년 2월 20일
초판발행 | 2009년 2월 20일

지은이 | 황근수
펴낸이 | 채종준
펴낸곳 | 한국학술정보㈜
주 소 | 경기도 파주시 교하읍 문발리 513-5 파주출판문화정보산업단지
전 화 | 031) 908-3181(대표)
팩 스 | 031) 908-3189
홈페이지 | http://www.kstudy.com
E-mail | 출판사업부 publish@kstudy.com

등 록 | 제일산-115호(2000. 6. 19)
가 격 | 24,000원

ISBN   978-89-534-1182-1 93360(Paper Book)
        978-89-534-1184-5 98360(e-Book)